그리핀의 날개 아래

그리핀의 날개 아래

유라시아 신화와 인류 문명의 기원:
그리핀에서 메소포타미아 문명까지

2026년 1월 15일 초판 1쇄 발행

지은이 김경상
펴낸이 권이지
편 집 권이지 · 이정아

인 쇄 성광인쇄
펴낸곳 홀리데이북스
등 록 2014년 11월 20일 제2014-000092호
주 소 서울시 금천구 가산디지털1로 16 가산2차 SKV1AP타워 1415호

전 화 02-6223-2302
팩 스 02-6223-2303
E-mail editor@holidaybooks.co.kr

ISBN 979-11-91381-24-5 (03900)

현생인류(Homo sapiens sapiens):
"신전·왕의 가방·별자리·달력·수학"

그리핀의 날개 아래

유라시아 신화와 인류 문명의 기원: 그리핀에서 메소포타미아 문명까지

"The Origins of Eurasian Myth and Civilization:
From the Griffin to Mesopotamian Civilization"

김경상 사진집

HOLIDAYBOOKS

"그리핀의 날개 아래" 알타이의 새벽 바람을 타고, 잊힌 신화와 악기의 음색이 인류의 첫 걸음을 안내합니다.

　인류 문명의 여명을 알리는 알타이의 새벽 바람은 잊혀진 신화와 선율을 싣고 고요히 불어옵니다. 이 바람에 실려 온 데니소바인의 전설과 그리핀의 날개 소리는 인류가 처음 걸음을 내딛던 고원의 바위와 몽골의 넓은 초원을 물들이며 먼 세월을 이어왔습니다. 마치 그 옛날 초원의 불꽃처럼 우리의 기억 속에서 다시 살아나, 고대의 소리와 빛으로 현재의 우리를 비춥니다.

　끝없이 펼쳐진 남부 우랄의 언덕 위에는 불의 정령과 붉은 땅의 노래가 잠들어 있습니다. 그 노래는 칼미크 공화국의 흐르는 강물과 함께 오래도록 메아리치며, 역사의 뿌리를 깊이 내립니다. 그리하여 우리는 신화와 역사의 경계를 넘어 코카서스의 암벽을 타고 불의 나라, 별빛에 물든 신화와 방주의 그림자를 마주합니다. 아라라트 산 정상에서 대홍수의 희망을 품은 전설은 인류 문명의 큰 흐름 속에 새로운 의미를 부여합니다.

　푸르고 고요한 반 호수에 반사되는 우라르트 왕국의 그림자는 천년의 비밀과 이야기를 감싸 안은 채 흐르고 있습니다. 먼 옛날 아나톨리아 남쪽 땅에서 돌과 흙, 바람과 기억은 거대한 신전과 고대 마을을 이루었습니다. 카라한테페의 미로 같은 신비, 티그리스 강가에 새겨진 본주클루탈라 구슬발 유적, 그리고 괴베클리테페의 신비로운 기둥들은 그곳에 깃든 사람들의 꿈과 신앙을 우리에게 전해 줍니다.

　밤하늘의 별자리를 바라보며 꿈꾸던 이들, 샨르우르파의 고대인들은 돌과 피, 그리고 희

망으로 새로운 문명의 길을 열었습니다. 수메르의 새벽빛은 그렇게 우리 역사에 단단한 뿌리를 내리며, 수천 년의 시간을 넘어 우리의 마음속 깊이 자리합니다.

아브라함의 빛과 산르우르파의 고요함을 지나 니느웨 궁전의 섬세한 벽화와 오래된 수도원의 종소리는 잊혀진 제국과 신들의 숨결을 우리에게 들려줍니다. 메소포타미아 들판에 스쳐 간 바람은 바빌론의 공중정원과 바벨탑의 전설과 함께 다시 살아나, 세계의 박물관 한켠에서 새로운 빛으로 환하게 빛나고 있습니다.

이 책은 동서 문화의 접점에서 춤추는 고대 문명의 노래입니다. 시간과 공간을 넘나들며 기록된 신화와 역사, 그리고 그 속에서 살아 움직이는 유물과 이야기들은 우리에게 깊이 있는 통찰과 영감을 선사할 것입니다. 그리핀의 날개 아래 펼쳐지는 신비로운 세계에 발을 들여 놓는 순간, 독자 여러분은 인류 최초의 문명들이 남긴 빛나는 여정을 함께 할 것입니다.

미소가 수천 개의 색채로 살아난 듯, 화려한 모자이크들이 영원한 생명력을 뿜어낸다.

CONTENTS

01.
알타이 데니소바인과 태양 신화의 그리핀: 고르노알타이와 몽골알타이

1-1. 고르노알타이
"Gorno-Altai"

(파지릭 문화 Pazyryk Culture)

고르노알타이, 데니소바인의 흔적과 그리핀 신화

인류 문명의 새벽을 알리는 알타이 고원의 깊은 땅에는 현생 인류의 오랜 사촌인 데니소바인의 발자취가 깊게 새겨져 있다. 러시아 알타이 산맥 데니소바 동굴에서 발견된 41,000년 전의 손가락뼈와 어금니 화석은 이 미지의 고인류 존재를 세상에 알리며, 인류 역사의 지평을 확장하는 계기가 되었다. 43만 년 전부터 2-3만 년 전까지 시베리아, 우랄 산맥, 알타이 산맥, 동남아시아에 이르는 광범위한 지역에서 생존했으며, 데니소바인은 현생 인류 및 네안데르탈인과 별도로 독자적으로 진화한 고생인류의 한 종류이다.

이들의 존재는 데니소바 동굴에서 발견된 치아와 다리뼈 화석 뿐 아니라 티베트인과 오세아니아 멜라네시아 원주민 일부의 유전자 검사에서도 확인되었다. 2008년 7월 처음 발견된 6~7살 어린 소녀의 새끼손가락뼈는 처음에는 동굴곰의 뼈로 오인되었으나, DNA 분석 결과 데니소바인의 것으로 밝혀졌다. 데니소바인은 네안데르탈인 및 현생 인류와도 관련돼 있으며, 공통 조상은 약 100만 년 전 존재한 것으로 예측된다. 특히 데니소바 동굴에서 발견된 네안데르탈인과 데니소바인의 1대1 혼혈 화석은 이들 간 교배가 활발히 이루어졌음을 분명히 보여준다. 티베트 고원에서 발견된 데니소바인 아래턱 화석은 이들이 아시아 전역에 폭넓게 분포했으며, 고산 적응 유전자를 현생 인류에 전달했을 가능성을 시사한다.

고르노알타이 대표적 명소 추야 강, 주변에 수많은 고분과 암각화가 산재해 있다.

데니소바인은 현생 인류의 지능과 네안데르탈인의 강인한 체력을 물려받아, 티베트 고산지대와 같은 극한 환경에도 적응할 수 있었던, 문자 그대로 '슈퍼맨'과 같은 존재로 추정된다. 이들은 알타이 산맥의 맹주로, 이 지역과 깊은 관계를 맺는다. '황금'을 뜻하는 알타이 산에는 실제로 풍부한 금이 출토되며, 고대부터 독수리가 많이 서식한 지역이다. 오늘날에도 독수리와 함께 말을 타며 사냥하는 알타이 부족의 전통이 이어지고 있다.

그리핀 석상과 문양은 메소포타미아, 페르시아, 그리스·로마 유적지에서도 많이 발견되며, 그리핀 석상은 제왕의 상징으로 신화에 자주 등장한다. 알타이 지역의 그리핀은 고대 중근동 및 그리스·로마 문명까지 이어진 문화적 연결 고리라 할 수 있다.

이러한 배경을 바탕으로 데니소바인을 그리핀의 상징으로, 독수리 부족을 그리핀 병사로 보는 상상은 매우 흥미롭다. 고대 그리스 역사가 헤로도토스는 황금을 지키는 그리핀 병사와 황금을 훔치러 온 스키타이족과의 전투를 기록하였다. 이는 알타이 지역의 고유한 자연과 문화적 특징이 결합해 그리핀 신화의 기원에 깊은 영향을 미쳤음을 보여준다.

알타이 지역은 고대부터 수렵민과 유목민이 거주해 다양한 문명이 발달한 곳이다. 알타이 산맥과 주변 강과 계곡, 추야 강 및 유스티드 계곡에는 수많은 고대 무덤과 암각화가 분포한다. 특히 '울란드리크' 유적은 고대 수렵민과 유목민의 생활상을 보여주는 대표적인 고분군이며, 바양 올 솜 지역 중심의 암각화 유적들은 고대인들의 사냥, 의식, 신앙을 담고 있어 그들의 정신세계를 엿볼 수 있는 중요한 문화유산이다.

알타이는 유라시아 대륙의 중심에서 고대부터 중요한 교통로 역할을 해왔다. 추야 강과 그 지류를 따라 형성된 고대 도로는 문명 교류에 크게 기여했다. '산지 알타이', '평지 알타이', '초원 알타이'로 구분되는 알타이 문명 지역에는 몽골, 중국, 러시아, 카자흐스탄 국경에 걸친 다양한 민족과 문화가 혼합되어 있다. 특히 알타이 공화국 내 우코크 고원에서는 '얼음 공주' 미라 등 뛰어난 유물이 출토되어 고대 알타이 문명의 신비를 생생히 보여준다. 알타이 강 주변 유적들은 고대 인류의 생활, 신앙, 사회 구조를 이해하는 데 매우 중요한 단서를 제공하며, 이 지역의 자연환경과 문화가 조화를 이루었음을 알려준다.

알타이 지역은 알타이 산맥과 그를 따라 흐르는 강줄기를 중심으로 고대부터 인류가 삶의 터전을 닦아온 중요한 공간이었다. 수렵민과 유목민이 공존하던 이 땅에는 다양한 문명과 흔적이 남아 있으며, 지금도 강 주변 곳곳에서 그 발자취를 확인할 수 있다.

추야 강 계곡과 유스티드 계곡 주변은 대표적인 고대 유적 밀집지로 꼽힌다. 이곳에서는 수많은 고분과 무덤이 발견되었는데, 특히 쿠바레프가 조사한 울란드리크 고분군은 고대 수렵민과 유목민의 생활상과 장례 문화를 잘 보여주는 사례다. 무덤 속에 남은 부장품과 매장 형태는 이 지역 사람들이 어떻게 삶과 죽음을 이해했는지를 엿볼 수 있는 귀중한 기록이다.

알타이 시 북서쪽으로 가면 암각화들이 집중된 바양 올 솜 지역이 있다. 산 바위에 새겨진 수천 점의 암각화에는 사냥 장면, 제의의식, 그리고 자연과 신을 향한 신앙심이 고스란히 담겨 있다. 암각화는 당시 사람들이 세계를 어떻게 인식하고, 그 속에서 자신들의 존재를 어떻게 표현했는지 보여주는 문화유산으로, 동시대 유라시아 다른 지역의 예술과도 교차점을 가진다.

알타이는 지리적으로도 특별한 곳이었다. 유라시아 대륙의 교차로라 불린 이곳에는 추야 강과 그 지류를 따라 고대 도로가 형성되어, 동서 문명 교류를 잇는 통로가 되었다. 교역과 이동은 사람과 물자 뿐 아니라 사상과 문화를 흘려보내며 고대 알타이 문명의 성격을 다채롭게 만들었다.

문화적 관점에서 알타이 문명은 크게 산지 알타이, 평지 알타이, 초원 알타이로 구분된다. 몽골과 중국, 러시아, 카자흐스탄이 맞닿은 국경지대에 위치한 탓에 이곳은 일찍부터 다양한 민족과 전통이 섞이며 살아 숨 쉬는 문화의 용광로가 되었다. 고대인들의 신앙과 생활 방식, 그리고 서로 다른 문화권의 흔적이 이 땅 위에서 켜켜이 쌓였다.

그 중에서도 우코크 고원은 알타이공화국을 대표하는 세계적 고고학 발굴지다. 이곳에서 출토된 '얼음공주' 미라는 빙결 속에 보존된 채 발견되어 학계와 세간에 큰 파장을 불러일으켰다. 화려한 문신, 직물, 장신구와 함께 잠들었던 이 미라는 고대 알타이인의 정신세계와 미적 감각, 장례 문화를 생생히 전해준다.

알타이 강 주변에 흩어진 숱한 유적들은 단순히 고대의 흔적이 아니라, 당시 인류의 생활 방식과 신앙, 사회 구조를 풀어내는 열쇠 역할을 한다. 특히 수렵과 유목이라는 두 생활 기반이 어우러진 자취는, 알타이 문명이 단지 변방이 아닌 동서 문명의 중심축으로 기능했음을 잘 보여준다. 이러한 유적과 문화적 흔적은 오늘날에도 고대 인류가 자연환경과 조화를 이루며 살아갔던 방식을 증언하며, 알타이를 유라시아 문화사의 중요한 교차점으로 만들어 주고 있다.

고르노알타이 추야 강. 전망대 앞 오색천 성황당

추야 강 언덕 위에 세워진 성황당에는 바람에 나부끼는 오색천이 걸려 있다. 다섯 가지 색의 천은 단순한 장식이 아니라, 오랜 세월 사람들의 믿음과 기원을 담아온 신성한 상징물이다. 붉음과 푸름, 노랑과 흰빛, 그리고 검은빛은 각각 동서남북과 중앙을 가리키고, 동시에 목·화·토·금·수로 이어지는 오행의 질서를 나타낸다. 오색천은 하늘과 땅, 그리고 자연의 조화를 잇는 다리로 여겨지며, 마을 사람들은 그것을 바라보며 풍요와 건강, 공동체의 안녕을 빌어왔다.

특히 언덕 위 성황당에 묶인 오색천은 마을을 지켜주는 수호신과 자연신을 모시는 상징이었다. 흔들리는 천 조각은 바람에 실려 사람들의 기도를 하늘에 전하는 듯 보였고, 또한 악귀를 물리치고 신성한 기운을 불러들이는 신령한 표식이 되었다. 이렇게 오색천을 걸거나 묶는 행위는 단순한 풍습을 넘어 신과 인간, 그리고 자연을 연결하는 의식적 행위였다.

흥미로운 것은, 이러한 오색천의 전통은 한국 민속 신앙에서만 볼 수 있는 것이 아니라, 멀리 알타이 지역과 고대 중앙아시아 문화권에서도 유사한 모습으로 나타난다는 점이다. 알타이 산맥과 초원 지대에서 다양한 색의 천이나 깃발은 하늘과 자연을 숭배하는 표식으로 쓰이며, 인간이 자연과 더불어 살아가는 삶의 질서를 드러내 왔다. 추야 강 언덕 위 성황당의 오색천은 바로 이런 교차의 지점에 서 있다. 하늘과 산, 강의 힘을 마을과 연결하며, 고대부터 이어져 온 자연신앙과 조상 숭배의 기억을 오늘에까지 전하고 있는 것이다.

고르노알타이 초입 타우 국립공원, 강강술래와 그네타기

한국에서도 오색천은 민속 의례에서 중요한 의미를 지녔다. 경북 울릉도의 영등고사에서는 제물을 앞에 두고 오색천을 펼쳐놓은 후, 제사가 끝나면 다른 집의 오색천을 몰래 가져와야 바느질이 잘 된다는 속신이 전해지기도 했다. 또 어떤 곳에서는 대나무에 오색실을 묶어 신체로 삼거나, 마을의 우물에 오색천을 담가 신령함을 보태기도 했다. 이처럼 오색천은 단순한 천 조각이 아니라 생활 속에서 신과 만나는 통로이자 공동체의 안녕을 지켜주는 수호의 표식이었다.

추야 강 언덕 위에서 바람에 펄럭이는 오색천은 지금도 강가를 바라보는 사람들에게 오래된 기원의 목소리를 들려준다. 그것은 자연과 신, 그리고 인간이 아주 오래전부터 함께 맺어온 유대의 증거이며, 세대를 이어 전해지는 문화적 기억이다. 오색천은 이 언덕 위 성황당에서, 예나 지금이나 변함없이 공동체의 평안과 생명의 흐름을 지켜주는 소중한 상징으로 남아 있다.

알타이 산맥의 품에서 불어오는 바람은 때로 황금빛 들판을 가로질러 끝없이 펼쳐진 메밀밭과 해바라기밭을 흔들어 놓는다. 카자흐스탄 북부, 고르노알타이로 이르는 길목에 자리한 알타이 타우 국립공원은 마치 아득한 옛 기억을 불러오는 거대한 풍경화와도 같다. 여행자는 문득 이 드넓은 풍광 속에서 '이곳이 한민족의 고향일지도 모른다'는 깊은 감상에 젖는다. 구름이 몰려오는 평원의 하늘, 진초록 삼림의 겹겹이 쌓인 능선, 그리고 물기를 머금은 대지

위로 퍼지는 아침의 안개는 마치 어릴 적 한국 산골마을의 고요한 정경을 떠올리게 한다.

도로 표지판에 시선을 두니, 놀랍게도 한국의 강강술래와 옛 그네 타기 놀이를 그린 모습이 있다. 맑은 초원의 하늘 아래 모여 둥글게 손을 잡은 사람들이 굽이도는 춤을 춘다. 또 다른 곳에는 장대 그네를 타는 이들과 그 주변의 이방 여인, 아이들, 말 타는 젊은이가 웃음꽃을 피운다. 여행자의 마음은 어느새 알타이산을 중심으로 엮인 수천 년 한민족의 신화와 전설 속을 헤맨다. 갑자기, '아, 이곳이야말로 한민족의 진정한 고향이구나'라는 강렬한 깨달음이 온몸을 감싸게 된다.

알타이의 의미는 '황금'이다. 그 소리와 뜻이, 우리의 조상들이 귀하게 여겼던 쇠금(金)과 맞닿아 있다. 김씨 성의 뿌리 또한 이 황금의 산에서 비롯된 것만 같다. 전설에서는 철의 태생과 황금의 빛이 한데 섞여 태풍처럼 평원을 휘돌던 젊은 용사들이 등장한다. 그들은 하늘의 별을 따라, 대지 위로 흐르는 강과 산을 넘어, 알타이의 황금 들판을 건너는 여정 속에서 각 민족의 기원이 깃든 춤과 놀이, 제의를 계승하였다고 한다.

그 곳 메밀밭 사이로 불어오는 바람은 먼 옛날 고조선, 부여, 고구려로 이어지던 민족 이동의 소리와 맞닿아 있었고, 초원을 딛고 선 해바라기 꽃잎 사이로 펼쳐지는 풍경은 한반도의 사계절과 닮아 있었다. 알타이 산맥은 신성한 곳이었다. 각 종족을 이어주는 구심점이자, 땅의 신과 하늘의 신이 교차하는 고원이었다. 그리고 하늘을 향해 솟은 산과 들판은 마침내 '한민족의 영혼'이 처음 태어난 근원으로 남았다.

길을 따라 앞으로 나아가던 여행자는 이 황금 고원의 한복판에서 시나브로 알타이의 전설을 떠올린다. 어린 시절 들었던 강강술래, 그네 놀이, 가락지 돌리기, 농악춤의 모티브가 이 먼 변방에서도 생생하게 이어지고 있다는 점에 마음이 뭉클해진다. 고원 민족의 축제와 놀이 속에는, 산과 들을 경계 삼아 살아가는 민족의 희망과 기원이 깊게 깔려 있다. 곧 알타이 황금 들판의 노래는 곧 한국인의 옛 노래요, 수천 년 동안 잊히지 않은 민족의 혼이었다.

그렇기에 여행자는 고르노 알타이 진입로의 아름다운 국립공원을 바라보며 다시 한 번 속삭인다. "알타이여, 황금의 땅이여, 이곳이야말로 우리의 신화가 시작된 곳이다." 한국인의 본향이 멀리 황금의 산맥 너머에 있다는 옛 선인의 전설은, 이 아득한 자연과 민속의 고요한 풍경 속에서 그 진실함을 되살린다. 한민족의 신화는 끝없이 이어지는 초원과 하늘 아래에서, 지금 이 순간에도 새롭게 태어나고 있다.

고르노알타이. 원시림 카툰강

현생 인류는 약 5만~6만 년 전 아프리카에서 중근동을 거쳐 유라시아 대륙으로 퍼져 나갔다. 대다수는 인도와 동남아시아, 오세아니아로 이동했고, 또 다른 집단은 중국 남부와 동부 해안을 따라 북상하여 만주와 시베리아까지 도달하였다. 최근 연구 결과, 중근동에서 유라시아 내륙 스텝을 따라 몽골 초원, 바이칼 호수, 아무르강 일대까지 이르는 '북방 내륙 경로' 또한 실제 존재했던 이동로임이 밝혀졌다. 다만, 이 경로는 알타이 산맥 일대를 경계로 데니소바인과 네안데르탈인, 그리고 현생 인류가 복잡하게 뒤섞이던 완충지대 역할을 했다.

알타이 산맥의 데니소바인은 장기간 그 지역에 거주하면서 네안데르탈인과 교류했고, 현생 인류와의 혼혈도 일어났다. 그러나 혹독한 기후, 기존 인류와의 경쟁, 환경의 변화 등 여러 요인으로 인해 중근동에서 동쪽 몽골, 만주, 시베리아로 직접 진입하는 인류의 이동은 제한적이었다. 일부 집단만이 알타이 산맥과 시베리아를 넘어 동아시아로 이동했고, 이로 인해 몽골계·만주·한국·일본인의 유전자에는 소량(1% 미만)의 데니소바인 유전자가 남게 되었다. 반면 필리핀, 오세아니아, 티베트 등지 인류에게서는 더 높은 비율(3~5% 미만)의 데니소바인 유전자가 관찰된다.

이처럼 유라시아 동서 인류 집단은 알타이 산맥과 그 주변의 데니소바인 집단을 완전한 장벽이 아닌, 교류가 제한되는 완충지대로 경험했다. 그 결과, 서쪽에서는 중근동과 코카서스, 아나톨리아 남부 일대에서 신석기 농경문화와 메소포타미아 문명 등이 발달하였고, 반면 동쪽에서는 만주, 한반도, 일본, 중국 동부 인류가 고유의 문명과 유전적 특징을 발전시켰다.

결국 유라시아 동서 인류의 분화는 알타이 데니소바인의 역할뿐만 아니라, 기후, 생태환경, 수렵·채집·농경 방식의 변화 등 다양한 요인의 복합적 결과로 이해하는 것이 최신 연구의 관점에 가깝다. 알타이 지역은 단일한 '차단선'이 아니라, 집단 간 상호작용과 유전자 분화가 일어난 중립 지대였던 셈이다

카툰 강은 알타이 산맥에서 발원하여 고르노알타이 공화국을 관통하는, 이 지역의 역사와 문화, 그리고 자연을 함께 품어온 생명의 젖줄이다. 수만 년 전부터 이 강 주변에는 수렵과 유목을 병행하며 살아간 사람들이 터전을 이루었다. 사냥과 목축, 농경은 모두 강과 맞닿아 있으며, 그 속에서 사람들은 생존의 길을 찾았다. 시간이 흐르며 이 강은 스키타이 문화를 비롯한 유라시아 초원의 유목문화와 깊이 연결되었다. 카툰 강 변에서 발견되는 무덤과 유물은 스키타이 사람들의 흔적을 말해주며, 그 문화적 교류의 중심지로서 강이 얼마나 중요한 위치에 있었는지를 잘 보여준다.

중세에 이르러 카툰 강은 단순히 물길이 아니라 동서 문명을 이어주는 교통로이자 교역로가 되었다. 물자의 이동과 사람들의 왕래는 강을 따라 이어졌고, 알타이 지역은 하나의 문명 교차로로 기능했다. 이렇게 카툰 강은 고대부터 현대에 이르기까지 늘 인간의 삶과 연결된 길이자 통로였다.

강 주변에는 지금도 알타이인들이 터를 잡고 살아가고 있다. 이들은 텡그리즘적 세계관 속에서 자연과 하나 되는 생활 방식을 이어왔으며, 그 전통은 오늘날에도 강한 울림을 준다. 특히 알타이 지역을 대표하는 독수리 조련 문화는 이곳 사람들의 삶과 정신을 상징한다. 사냥용 독수리를 길들이는 전통은 단순한 기술이 아니라 용맹함과 자유를 드러내는 상징적 행

위로 간직되어 왔다. 또한 민속 음악과 춤, 축제는 강 주변 마을마다 이어지며 인간과 자연의 공존을 노래한다.

카툰 강은 자연환경에서도 특별한 면모를 보여준다. 알타이 산맥의 깊은 골짜기에서 흘러내린 맑고 차가운 물은 강줄기를 따라 청정한 산악 하천을 이루며, 양옆으로는 원시림과 고산 초원이 펼쳐진다. 이곳은 귀한 산양과 사슴, 그리고 하늘을 나는 맹금류의 서식지이기도 하다. 계절에 따라 강은 그 모습을 달리한다. 차갑게 얼어붙는 겨울, 수량이 불어나 격렬하게 흘러내리는 봄과 여름, 황금빛 숲으로 물드는 가을은 강을 찾는 이들에게 그때마다 다른 풍경을 선물한다.

오늘날 카툰 강은 생태 관광의 중심지로도 사랑받고 있다. 하이킹과 래프팅, 그리고 사진 촬영 등 다양한 활동은 이 강의 아름다움과 생태적 가치를 새롭게 드러내며, 사람들로 하여금 자연과 다시 마주하게 만든다.

카툰 강은 그저 흐르는 물줄기가 아니다. 그것은 고대 수렵민과 유목민의 삶을 품은 역사이자, 스키타이 문화를 간직한 문화의 몸짓이며, 교역로를 따라 이어진 교류의 기억이다. 동시에 그것은 알타이인의 전통과 신앙, 독수리의 날갯짓과 민속 예술이 살아 숨 쉬는 문화의 터전이다. 또한 청정한 자연과 계절의 변화, 그리고 현대의 생태 탐방이라는 새로운 활력을 품고 있는 공간이다. 카툰 강은 결국 알타이 사람들의 삶과 떼려야 뗄 수 없는, 역사와 문화, 자연이 한데 어우러진 진정한 생명줄이라 할 수 있다.

데니소바인 동굴은 러시아 알타이 산맥의 바셸락스키
산맥에 위치해 있으며, 비스크(Biysk)에서 남쪽으로 약 96㎞ 떨어진 아누이 강 계곡에 있다.

아시리아 니네베 궁전 벽화 속 생명의 나무를 바라보는 그리핀. 왕권과 신성함을 상징하는 보호신으로, 영생과 번영을 의미하는 생명의 나무와 함께 왕을 수호하는 신화적 존재를 묘사한 부조.

데니소바인은 시베리아 알타이 지역의 데니소바 동굴에서 발견된 고대 인류로, 네안데르탈인과 현생인류 사이에서 혼혈이 이루어진 집단이다. 이들은 강인한 체력과 함께 고산지대에 잘 적응할 수 있는 생리적 특성을 지니고 있었으며, 이러한 능력은 일부 현대 인류 집단에게까지 유전적으로 전해졌다. 실제로 티베트 고산족에게서 발견되는 고산 적응 유전자는 데니소바인으로부터 비롯된 것으로 알려져 있으며, 이는 필리핀 섬 주민이나 오세아니아 원주민, 그리고 만주 일대 인구 집단에서도 부분적으로 확인된다. 결국 데니소바인의 특성은 단순히 잊혀진 고인류의 흔적이 아니라, 현대 인류의 생존 환경과 신체 적응에 여전히 중요한 역할을 하고 있는 셈이다.

한편, 문명교류의 흔적을 보여주는 고고학적 사례도 눈에 띈다. 메소포타미아의 수메르 할라프 문화에서 발견되는 굽다리 토기와 바리(돌절구), 그리고 두만강 옥저 유적에서 출토된 유사한 바리와 돌절구들은 동서 문명 간 접촉과 교류 가능성을 보여준다. 더 나아가 오르도스 고원의 도사 유적에서 확인된 토기 문양은 수메르 할라프 큰 눈 아이돌 문양과 흡사한 모습을 띠고 있다. 이러한 사실은 알타이를 비롯한 중앙유라시아 지역이 단순한 변방이 아니라, 동서 문명 교류의 핵심 허브로 자리 잡았음을 시사한다. 그곳에서 활동한 고대 유목민과 정착민들은 서로의 문화를 주고받으며 새로운 사회적, 예술적, 종교적 전통을 발전시켰던 것으로 보인다.

이 맥락에서 아나톨리아 남부의 카라한테페와 괴베클리테페 같은 신석기 시대 초기의 거대한 제사터를 살펴볼 때, 데니소바인의 후손이 이들 문명에 일정 부분 영향을 미쳤을 가능성 역시 논의할 여지가 있다. 데니소바인의 유전적 흔적이 현대 인류에게까지 남아 있는 만큼, 이들의 후예가 고대 동서 문명 창조와 발전에 직간접적으로 기여했을 가능성을 완전히 배제할 수 없다. 알타이를 중심으로 한 교차 문화권이 동아시아와 서아시아, 나아가 오세아니아까지 연결되었던 점을 고려하면, 이와 같은 접근은 매우 의미 있는 연구 주제라 할 수 있다.

또한 알타이 지역에서 발견되는 독수리와 그리핀 형상의 상징물은 메소포타미아 문명 속 신화와 예술에서도 두드러지게 등장한다. 이러한 도상이 지닌 보편적 성격은 단순한 우연이라기보다, 유라시아 대륙을 가로지르는 문화적 전파와 접촉의 결과로 이해할 수 있다. 특히 그리핀은 권력과 신성함을 상징하는 존재로서, 알타이 유목민과 메소포타미아 사회 모두에서 중요한 의미를 지닌 상징이었다. 이는 알타이 문화권이 단순한 변두리 문명이 아니라, 동서 문명을 잇는 정신적·예술적 매개체로 기능했음을 잘 보여준다.

결국 데니소바인은 인류의 형질 속에 여전히 남아 있는 고대의 흔적일 뿐만 아니라, 동서 문명의 교류와 상호작용이라는 큰 흐름 속에서도 일정한 의미를 지니고 있다. 그들의 생물학적 특징은 현대 인류의 생존을 가능케 한 중요한 요인이 되었고, 그들의 후예가 남긴 흔적은 알타이와 메소포타미아, 동아시아와 서아시아를 잇는 문화적 네트워크의 일부로 자리 잡았다. 인류 진화와 문명 교류의 교차점에서 데니소바인을 조명하는 일은, 곧 인간의 과거와 현재를 이해하는 중요한 열쇠가 될 것이다.

카자흐스탄 국경 인근, 군부대의 특별한 허가를 받아 촬영한 적석총과 석인상은 유라시아 초원 고대사의 중요한 단면을 생생히 보여주는 유적이다. 이 지역은 옛날부터 수많은 유목민족들이 지나고 머물렀던 장소로, 그 흔적들이 돌무지무덤과 인물상으로 지금까지 남아 있다.

먼저 적석총은 돌을 층층이 쌓아 올린 무덤으로, 청동기 시대부터 철기 시대에 걸쳐 유라시아 전역의 초원 지대에서 널리 만들어졌다. 이 돌무덤 안에서는 당시 사람들의 유골 뿐 아니라 무기, 장신구, 말과 관련된 유물들이 다수 출토되었다. 이는 고대 유목민들이 어떻게 장례를 치렀는지 그리고 사후 세계를 어떻게 이해했는지를 잘 보여준다. 특히 카자흐스탄과 몽골 국경 부근의 적석총은 스키타이와 사르마트, 그리고 알타이 일대 투르크계 유목민들의 문화와 깊이 연결되어 있으며, 초원을 무대로 활발히 이동하며 서로 문화를 주고받았던 고대 유목민족의 흔적 그 자체라 할 수 있다.

이 적석총 주변에 함께 자리한 석인상은 더욱 인상적이다. 석인상은 무덤의 주인이나 전사를 형상화하거나, 그 무덤을 지키는 수호자의 역할로 세워졌다. 사실감 있게 새겨진 얼굴과 의복, 무기 등은 당시 사회의 위계질서와 신분을 보여주는 증거이자, 동시에 죽은 이를 기리고 영혼을 보호하려는 신앙적 의지가 반영된 결과물이다. 카자흐스탄과 몽골 국경 지역에서 발견되는 석인상들은 투르크계 유목민과 스키타이 문화의 영향을 강하게 받았으며, 기마민족 특유의 세계관과 예술 감각을 고스란히 담고 있다.

이 지역이 가진 역사적 배경 또한 빼놓을 수 없다. 유라시아 초원은 동서 문명이 만나는 전략적 요충지였고, 스키타이, 사르마트, 투르크계 유목민 등 수많은 집단이 이곳을 거쳐 가며 자신들의 전통과 문화를 남겼다. 적석총과 석인상은 단순한 돌덩이가 아니라, 당시 사회

고르노알타이 파지릭 적석총과 얼음공주(시베리아 미라) 고르노알타이 박물관 전시장면

의 권력 구조와 집단의 위계, 그리고 인간과 사후 세계를 잇는 신앙 체계를 증언하는 상징물이다. 더 나아가 이곳은 여러 민족과 문화가 교차한 국경지대였기에, 동서 교류의 흐름을 살펴보는 데에도 핵심적인 의미를 지닌다.

사진 속에 보이는 원형 적석총은 바로 파지릭 문화의 대표적인 무덤 가운데 하나이며, 이곳은 알타이 산맥 우코크 고원에서 발견된 '얼음공주'의 무덤과 같은 유형에 속한다. 얼음공주는 약 2,500년 전, 기원전 5~6세기 무렵 이 지역에 살았던 스키타이계 유목민 여인의 미라로, 오늘날까지도 고대 알타이 유목문화를 상징하는 인물로 평가받는다.

그녀는 나무로 만든 목곽(木棺) 안에 안치되어 있었고, 그 위에는 원형 형태로 거대한 돌무지가 쌓여 적석총이 완성되었다. 파지릭 문화의 무덤은 이러한 독특한 구조를 지니며, 내부에는 고인의 신분과 삶을 보여주는 풍부한 부장품이 함께 묻혀 있었다. 의복, 무기, 장식품, 장례 의식에 쓰인 도구들이 출토되었고, 말과 마구 장식 또한 당시 뛰어난 기마문화를 증명해 주는 증거로 남아 있다. 특히 얼음공주의 무덤에서는 그녀의 복식과 장신구, 정교한 문신까지 칭하 속에 완벽히 보존되어 발견되었기에, 고대 유목민들의 미적 감각과 예술성, 그리고 사회적 교류 양상을 보여주는 귀중한 자료가 되었다.

얼음공주는 단순한 고대의 미라가 아니라, 당시 유목 사회에서 중요한 지위를 차지했던 여성으로 추정된다. 그녀의 화려한 복식과 장신구는 파지릭 문화가 다른 지역과 활발히 교류했음을 보여주며, 알타이 지역을 중심으로 이루어진 광범위한 문화적 네트워크를 증명한다. 또한 그녀의 몸에 남아 있는 진한 문신은 단순한 장식이 아니라 종교적·주술적 의미를 지닌 것으로 해석되며, 당시 사회의 정신적 세계를 엿볼 수 있게 한다.

이처럼 파지릭 문화는 뛰어난 기마술과 장례문화를 바탕으로 유라시아 초원 전역에 영향을 끼쳤고, 얼음공주는 그 문화적 정수와 상징적 의미를 담고 있는 인물이라 할 수 있다. 이 원형 적석총과 연결된 얼음공주 미라는 알타이 지역 고대 유목민들의 삶과 신앙, 기술 수준을 연구하는 데 있어서 매우 중요한 단서를 제공하며, 고대 문명과 역사 이해에 큰 가치를 지니고 있다.

1-2. 몽골알타이 타왕복드 산과 그리핀 마을
긴 꼬리 달린 알타이 그리핀 병사와 태양 암각화는
메소포타미아와 고대 태양신의 상징이 되다.

"The long-tailed Altai Griffin warriors and sun petroglyphs became symbols
of Shamash in Mesopotamia, Apollo in Greece, and ancient solar deities."

(파지릭 문화 Pazyryk Culture)

타왕복드 산 일대는 중앙아시아 고대 유목문화를 압축해 보여주는 거대한 야외 박물관과도 같다. 산과 계곡, 평원 곳곳에는 석인상과 사슴돌, 고분군, 암각화, 그리고 생활 유적들이 남아 있어, 이 지역을 거쳐 간 수많은 문화와 인류의 흔적을 지금도 생생히 전해준다.

먼저 투르크식 석인상은 이 지역의 대표적인 유물 가운데 하나다. 6세기에서 8세기경, 투르크계 유목민들은 조상과 전사, 지도자를 기리며 무덤이나 의식 공간 주변에 인물상의 석상을 세웠다. 석인상에는 인물의 얼굴, 복식, 무기와 장신구가 세밀하게 조각되어 있어 당시 사회의 계급과 권위를 드러낸다. 이는 단순한 조각상이 아니라 사후 세계에서 영혼을 보호하고 명예를 지속시키려는 신앙적 장치였으며, 유라시아 초원의 샤머니즘적 세계관이 깊이 투영되어 있다.

이와 함께 타왕복드 산 주변 평원 곳곳에서는 '사슴돌'이라 불리는 기석들이 발견된다. 청동기 시대에서 철기 시대로 이어지는 시기에 제작된 이 돌기둥에는 사슴과 다양한 동물이 정교하게 새겨져 있다. 사슴은 생명과 풍요, 신성함의 상징으로, 사슴돌은 자연과 더불어 살아가려는 고대인의 염원을 담은 신앙적 표식이었다. 이 돌들은 무덤이나 제의 터 앞에 세워져, 고대 유목민들의 영적 세계관을 대변하는 상징물로 기능했다.

타왕복드 산 계곡과 주변 평원에 남아 있는 고분군 또한 중요한 자료다. 청동기 시대부터 철기 시대에 이르기까지 다양한 유형의 무덤이 발굴되었으며, 그 속에서 무기, 장신구, 말

몽골알타이의 광활한 타왕복드 설산을 말을 타고 올라갔다.

장식품 등이 함께 출토되었다. 특히 말을 부장품처럼 무덤 속에 함께 매장한 사례는 말이 단순한 교통수단을 넘어 사회적 지위와 신분, 그리고 사후 세계에서의 동반자로 간주되었음을 보여준다. 이 유적들은 고대 유목민들이 죽음과 저승을 어떻게 이해했는지를 잘 말해준다.

산자락 바위 곳곳에 새겨진 암각화 또한 빼놓을 수 없다. 이곳에는 사냥 장면, 동물 형상, 기마 전사들의 모습 등이 수천 년의 시차를 두고 겹겹이 남아 있다. 선사시대의 단순한 선각부터 중세 기마민족의 정교한 도상에 이르기까지, 암각화는 시대별 생활상과 신앙을 대변하는 시각 기록으로 기능했다. 자연과 동물, 신과의 관계를 그림으로 남긴 암각화는 당시 사람들이 세계를 이해하고 표현하는 방식을 잘 보여준다.

또한 께렉수르와 발발 지역 유적에서는 단순한 무덤이나 조각 뿐 아니라 실제 생활터전과 의식 공간의 흔적이 확인되었다. 발굴 과정에서 다양한 토기와 석기, 금속 유물이 출토되

었으며, 건축 구조의 흔적도 드러났다. 이는 유목민들이 단순히 이동만 하는 집단이 아니라, 정착과 의례가 결합된 복합적 사회 구조를 이루고 있었음을 보여준다.

결국 타왕복드 산 주변에 남겨진 유적과 유물들은 단순한 고대인의 흔적이 아니라, 수천 년 동안 이어진 유목문명과 신앙, 그리고 삶의 총체적인 기록이라 할 수 있다. 석인상과 사슴돌, 무덤과 암각화, 생활 유적에 이르기까지, 각각은 고대 유라시아 초원에서 인간이 자연과 교감하며 살아낸 궤적을 선명히 증언한다. 타왕복드 산은 그야말로 고대 유목민의 삶과 정신세계를 이해하는 열쇠이자, 동서 문명 흐름 속에서 알타이가 지닌 역사적 의미를 되새기게 하는 곳이다.

알타이 지역은 수만 년 전부터 인간이 뿌리내리고 살아온 고대의 삶터였다. 이곳에서는 일찍이 수렵과 채집을 중심으로 한 문화가 꽃피었으며, 산과 계곡의 바위 위에 새겨진 알타이 암각화가 그 사실을 증명하고 있다. 암각화에는 사람들의 생활과 사냥 장면, 신성한 동물을 향한 숭배의 흔적이 담겨 있어, 알타이가 단순한 유목의 땅이 아니라 훨씬 깊은 역사와 전통을 품고 있음을 알려준다.

기원전 철기 시대로 올라가면, 파지릭 문화가 이 지역을 중심으로 형성된다. 흔히 파지릭 문화는 스키타이 계열의 유목문화로 알려져 있지만, 그 문화를 이루는 바탕에는 이미 오래 전부터 이어져 내려온 알타이 선사 수렵민들의 전통이 자리하고 있었다. 다시 말해 파지릭 문화는 어느 날 갑자기 나타난 것이 아니라, 알타이 땅에 켜켜이 쌓여온 생활과 신앙, 기술의 맥 위에서 피어난 역사적 한 단계였던 것이다.

이와 함께 주목할 점은 알타이가 지닌 지리적 위치다. 남우랄에서 알타이에 이르는 광활한 지역은 고대부터 메소포타미아와 중근동, 다시 크레타와 그리스·로마, 그리고 인도까지 이어지는 문화와 인구 이동의 거대한 축으로 작용했다. 이 길을 따라 사람과 물자, 언어와 사상이 흐르며 인류 문명의 기원을 확산시켰고, 알타이는 이 흐름의 중심에 놓여 있었다. 따라서 알타이를 변방의 땅으로 보는 시각보다는, 오히려 고대 문명과 문화 전파의 중요한 출발점 가운데 하나로 이해할 필요가 있다.

결국 알타이 암각화와 그 속에 담긴 수렵민 문화, 그리고 이를 계승하여 발전한 파지릭 문화는 모두 하나로 이어진 연속선상에 놓여 있다. 이 연속성은 단순히 한 지역의 특수성에 머무르지 않고, 고대 유라시아 전체를 바라보는 큰 문화사의 관점에서 중요한 의미를 지닌다. 알타이의 오래된 전통과 그 위에 쌓인 역사적 층위들을 살펴볼 때, 우리는 인류 문화의 기원과 확산을 더 깊이 이해할 수 있으며, 알타이가 고대 세계사 속에서 어떤 역할을 했는지 더욱 분명하게 인식할 수 있게 된다.

알타이 산맥은 인류의 역사와 문화 발달을 이해하는 데 있어 핵심적인 공간으로, 다양한 고고학적 유적과 유물이 이곳에서 발견되고 있다. 그중 파지릭 계곡에서 출토된 파지릭 문화의 고분들은 기원전 5~4세기 유목민들의 생활과 예술적 성취를 잘 보여준다. 이 고분들은 돌무덤 형태를 이루고 있으며, 내부에서는 '황금인간'이라 불리는 화려한 금장식 유물과 더불어 말 장식, 무기, 직물, 가죽제품들이 출토되었다. 이를 통해 당시 유목민들이 단순한 유

목 생활을 넘어 고도의 장례 문화와 정교한 예술적 감각을 지니고 있었음을 알 수 있다.

알타이산에는 인류의 더 먼 기원을 보여주는 유적도 존재한다. 데니소바 동굴에서 발견된 데니소바인의 흔적과 타조알로 만든 정교한 장신구는 약 4만 5천 년에서 5만 년 전의 것으로, 구석기 시대 인류가 이미 뛰어난 기술력과 문화적 복잡성을 지니고 있었음을 증명한다. 이는 알타이 지역이 단순히 유목 제국의 발흥지일 뿐 아니라, 인류 진화의 중요한 무대였음을 보여주는 귀중한 증거이다.

또한 알타이 산맥 곳곳에는 고대 유목민들이 남긴 암각화와 제사터가 존재한다. 타왕복드산 주변에서는 사람 얼굴 모양의 바위와 사각형 제단 바위가 발견되었는데, 이는 고대인들이 하늘과 자연을 숭배하며 제사를 올리던 거룩한 공간으로 추정된다. 이러한 제사 유적은 샤머니즘적 신앙의 흔적일 뿐 아니라, 동서양 고대 종교와 신앙 체계가 연결되는 중요한 연구 단서가 되고 있다.

청동기와 철기 시대에 이르러 알타이 지역은 더욱 활발한 문화 교류와 기술 발전의 중심지로 자리 잡았다. 이곳에서 출토된 다양한 무기, 도구, 장신구들은 당시 금속 기술 수준을 잘 보여주며, 특히 갈과 관련된 장식품과 무기류는 기마 문화의 발전과 군사력 강화에 큰 기여를 했다. 이는 흉노, 돌궐, 몽골로 이어지는 강력한 유목 제국들의 등장을 가능케 한 기반이었다.

이러한 고대 유산들이 오늘날까지 비교적 잘 보존될 수 있었던 이유는 알타이 고산지대의 독특한 자연환경 덕분이다. 빙하천을 비롯한 차갑고 건조한 기후 조건은 목재, 직물, 가죽 같은 유기물까지 보존할 수 있게 해 주었고, 덕분에 다른 지역에서는 보기 힘든 귀중한 유물들이 원형에 가까운 상태로 발굴되고 있다. 현재도 알타이산 일대에서는 활발한 고고학적 탐사와 연구가 이어지고 있으며, 이는 이 지역이 가진 역사적 위상을 끊임없이 재조명하게 만든다.

결국 타왕복드 산과 그 주변의 유적들은 인류의 선사시대부터 역사시대에 이르기까지 광범위한 문화를 아우르며, 고대 유목민들의 생활과 신앙을 이해하는 데

타왕복드 산의 빙하천

타왕복드 산의 사람 얼굴 바위

결정적인 단서를 제공한다. 파지릭 문화의 황금 유물, 데니소바 동굴의 선사시대 장신구, 암각화와 제사터, 그리고 청동기·철기 시대 금속기술 유물들은 모두 알타이가 단순한 지역적 산맥이 아니라, 동서 문명이 교차하고 인류 문화가 발전한 중심 무대였음을 증언하고 있다.

알타이산은 중앙아시아의 심장부에 자리 잡은 신성한 산맥으로, 인류의 고대 역사와 종교, 그리고 동서 문화 교류에 있어 중요한 의미를 지닌 장소였다. 특히 최고봉인 타왕복드 산은 수천 년 동안 자연과 신을 숭배하는 제사의 중심지로 기능했으며, 지금도 그곳에는 고대 신앙의 흔적이 남아 있다. 정상 부근에서 확인되는 사람 얼굴 모양의 바위와 거대한 제단 같은 바위는 단순한 자연 형상이 아니라, 고대 유목민들이 하늘과 땅, 그리고 자연의 신들에게 제사를 올리던 의례 공간으로 해석된다. 이는 알타이 지역을 기반으로 이어져 온 샤머니즘과 자연 숭배 전통을 상징하며, 알타이산이 종교적 중심지로서 어떤 위상을 가지고 있었는지를 보여준다.

알타이산맥은 또한 유라시아 대륙을 동서로 잇는 거대한 교차로였다. 고대 유목민들은 이곳에서 목축과 기마술을 발전시켰고, 이를 통해 말과 가축, 금속기술, 예술 양식 등을 동서 양측에 전파했다. 알타이 지역의 청동기 문화는 동아시아를 비롯해 중앙아시아와 유럽 일부 지역에까지 영향을 끼쳤으며, 이는 인류 초기 문명 교류의 중요한 매개 역할을 했다. 특히 알타이에서 형성된 제사 문화와 신앙 체계는 이후 몽골, 돌궐, 만주, 한민족 등 동아시아 여러 민족의 샤머니즘과 무속 신앙의 근간이 되었고, 동서 문명 속에서 보편적으로 관찰되는 하늘 숭배 사상의 토대를 제공했다.

이러한 배경 속에서 알타이 지역은 단순한 유목민의 거처가 아닌, 문명 발전의 원동력이 되는 공간이었다. 수렵과 채집, 목축이 어우러진 다층적 생활 양식 속에서 금속 제련 기술이 발달했고, 말을 중심으로 한 기마 유목 문화가 탄생했다. 이는 훗날 흉노, 돌궐, 몽골 제국으로 이어지는 강력한 유목 제국들의 기반이 되었으며, 동서 문명의 활발한 교차와 교류를 가능케 한 힘이었다. 타왕복드 산 주변의 제사터와 암각화들은 고대 인류가 자연과 우주를 이해하고 숭배하며 자신들의 정신세계를 표현한 흔적이다. 이러한 흔적은 단지 지역적 의미를 넘어, 동서양의 종교와 철학의 발전에도 깊은 자취를 남겼다.

결국 알타이산은 단순한 산맥이 아니라, 신성한 제의 공간이자 문명의 교차로, 그리고 문화와 사상의 발원지였다. 타왕복드 산의 빙하천과 제사터가 보여주는 상징성은 고대 유목민들의 세계관을 드러내며, 더 나아가 알타이의 고대 역사가 동아시아, 중앙아시아, 나아가 유럽에 이르기까지 광범위한 문명 발전과 상호작용에 중요한 영향을 주었음을 일깨워준다.

타왕복드 산 가는 길목에서 촬영한 암각화는 알타이 지역 고대 유목문화의 한 단면을 잘 보여주는 귀중한 자료이다. 이 지역의 암각화는 대체로 기원전 1만1천년경부터 기원후 1천년경 사이에 제작된 것으로 추정되며, 당시 유라시아 초원에서 전개된 유목민들의 생활상과 신앙, 기술적 발달 과정을 생생하게 전하고 있다.

그중 말을 타고 사냥하는 장면은 청동기 시대 후반에서 철기 시대 초기, 즉 약 기원전 1천 년 무렵에 해당한다. 이 시기는 유라시아 초원에서 본격적인 기마문화가 형성되고, 말을 이용한 사냥과 전쟁 기술이 발달하던 시기와 맞물린다. 고대 유목민들에게 말은 생계 수단이자 전투력의 기반이었으며, 말을 타고 활을 쏘는 모습은 단순한 사냥 장면을 넘어 당대 사회의 생활 방식과 전사적 문화를 반영하는 중요한 상징이었다.

또한 바퀴 달린 마차가 새겨진 암각화도 큰 의미를 지닌다. 이는 철기 시대, 기원전 1천년 이후부터 나타나는 특징으로, 당시 마차와 수레가 단순한 이동 수단을 넘

몽골알타이 암각화. 말을 타고 사냥하는 선사인과 순록 사냥

어 교통, 전쟁, 의례에서 중요한 역할을 했음을 보여준다. 특히 알타이와 그 주변 유라시아 초원에서는 스키타이, 사르마트, 그리고 투르크계 유목민들이 말을 길들이고 마차를 운용하며 기마문화를 발전시켰다. 마차는 단순한 교통수단이 아니라 권력과 신분을 나타내는 상징물이기도 하였으며, 전장에서의 기동성과 충격력을 강화시킨 도구이기도 했다.

이처럼 타왕복드 산 암각화는 단순한 그림이 아니라, 고대 유목민들이 어떻게 살고, 무엇을 중시하였으며, 어떤 방식으로 세계와 자신들을 이해했는지를 담아낸 기록이다. 사냥 장면 속에는 그들의 생계와 전투 기술이, 그리고 마차의 표현 속에는 이동성과 권력, 사회적 위계가 투영되어 있다. 따라서 이 암각화는 알타이 지역 고대인의 생활과 신앙, 사회 구조, 그리고 기술 수준을 짚어낼 수 있는 중요한 고고학적 증거라 할 수 있다.

이 암각화는 단순히 오래된 돌 위의 흔적을 넘어, 기원전 2천 년경부터 기원후 1천 년경 사이 유라시아 초원에 살아갔던 인류의 정신과 문화를 오늘날에 전해주는 귀중한 유산이다.

알타이 암각화와 반구대 암각화에 새겨진 표범 그림은 서로 다른 지역에서 만들어졌음에도 불구하고 놀라운 유사성을 보여준다. 두 암각화는 모두 표범을 사실적이고 세밀하게 묘사하고 있는데, 특히 몸통에 점무늬를 새겨 넣은 표현 방식이 유사하다. 이는 단순한 동물의 외형을 그린 것이 아니라, 특징을 정확히 관찰하고 그것을 예술적으로 구현하려는 고대인의 세심한 시각과 예술 감각을 잘 보여주는 사례이다. 알타이 암각화가 주로 음각 기법에 의해 제작된 반면, 반구대 암각화는 선각과 음각을 혼합한 표현 방식을 사용했음에도 불구하고, 두 지역 모두에서 동물의 형태와 무늬를 부각해 강조하는 방식은 공통적이다.

문화적 의미에서도 표범은 두 지역에서 비슷한 상징성을 지닌

울주군 반구대 암각화 점박이 표범 그림

몽골알타이 타왕복드 산 암각화 점박이 표범 그림

다. 표범은 강력한 힘과 용맹함을 대표하고, 자연의 정령 같은 존재로 여겨졌다. 알타이 지역과 한반도 반구대 모두 당시 수렵·채집 사회의 주 무대였으며, 사람들은 동물과의 긴밀한 관계 속에서 살아갔다. 따라서 표범이 새겨진 암각화는 생존을 좌우하던 사냥의 성공을 기원하거나, 신성한 존재에 대한 존경과 숭배의 의미를 담은 것으로 해석할 수 있다. 이러한 점에서 두 지역의 표범 암각화는 단순한 미술적 산물이 아니라, 선사시대 사회의 정신적 세계와 생활상을 드러내는 유산이라고 할 수 있다.

　지리적 관계에서 보자면, 알타이와 한반도는 멀리 떨어져 있지만, 유라시아 대륙을 따라 동서로 이어지는 긴 교류의 흐름 속에서 두 지역이 문화적으로 연결되었을 가능성이 충분히 존재한다. 암각화에 나타나는 유사한 동물 표현 방식은 고대 동아시아와 유라시아 초원 문화권 내에서 일정 부분 공통된 예술적 언어와 종교적 코드가 형성되어 있었음을 보여준다. 특히 사냥 장면과 동물 문양은 동아시아 전역에 걸쳐 반복적으로 나타나는 중요한 문양 체계로, 이러한 문화적 공유는 사람들이 이동과 교류를 통해 전파했음을 시사한다.

따라서 알타이 암각화와 반구대 암각화의 표범 그림은 단순히 두 지역의 예술적 우연이 아니라, 고대 동아시아와 유라시아 초원을 연결한 문화적 연속성과 교류 가능성을 보여주는 중요한 단서이다. 이 두 지역의 유사성은 고대인의 세계관과 교류망을 이해하는 데 커다란 학술적 의미를 부여한다.

알타이 그리핀 병사들은 데니소바인과 현생인류 사이에서 태어난 뛰어난 체력과 지능을 가진 제3의 인류라고 볼 수 있다. 데니소바인은 고대 인류의 한 분파로, 오늘날 동아시아 지역 고산지대 인구들의 유전자 일부에도 그 흔적이 남아 있다. 이와 현생인류의 유전자가 혼합되면서, 알타이 지역에서 독특한 문화와 신체적 특징을 지닌 집단이 형성되었는데, 이것이 바로 '그리핀 병사'라고 불리는 존재다.

이들은 뛰어난 심폐 기능과 강인한 체력, 그리고 전투와 생존에 필요한 민첩성과 지능을 두루 갖춘 것으로 추정된다. 알타이라는 지역이 고산지대로서 생존 자체가 곧 강인함을 요구하는 환경이라는 점을 고려하면, 이들이 지닌 신체적 우수성은 자연스러운 결과이기도 하다. 더불어 '그리핀'이라는 상징이 이들 병사의 용맹함과 신비로운 힘을 상징하며, 메소포타미아 문명에도 이 상징이 전해져 영향을 끼친 점은 이들의 역사적 중요성을 보여준다.

따라서 알타이 그리핀 병사는 단순한 신화적 존재가 아니라, 데니소바인의 후손으로서 고대 문명의 군사와 문화에서 핵심적인 역할을 수행한, 인류 진화의 한 단면을 보여주는 특별한 집단이라고 할 수 있다. 이 점은 고대 인류학과 문명 연구에 새로운 관점을 제공하며, 우리의 인류사 이해에 깊이를 더한다.

결론적으로, 알타이 그리핀

몽골알타이 암각화. 꼬리달린 활쏘는 수렵인

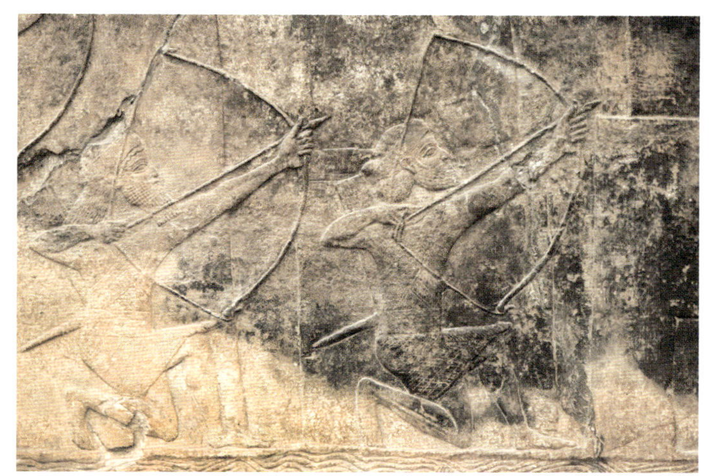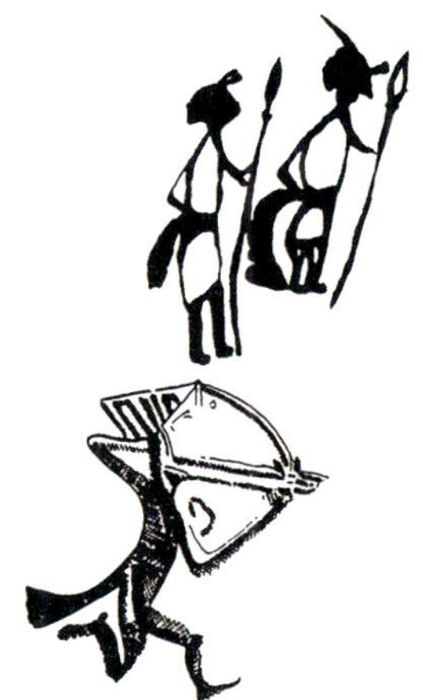

아시리아 니느웨 궁전부조 활쏘는 꼬리달린 병사 부조

병사로 대표되는 제3의 인류는 고대 문명의 군사적, 문화적 주체로서 메소포타미아 등 대표적 제국의 형성과 발전에 깊이 관여했으며, 이것은 고대사와 인류 진화 연구에 새로운 시각을 제공한다. 이로 인해 고대 문명은 다양한 인류 집단과 문화가 융합된 복합적 산물임을 재확인하게 된다.

그리스 역사가 헤로도토스의 『역사』에 등장하는 "황금을 지키는 그리핀" 전설은 알타이와 중앙아시아의 금광, 그리고 이 일대의 신화적 전사 집단과 깊은 관계가 있다. 헤로도토스와 고대 그리스·로마 저술에는 알타이산맥과 오비 강 상류 등지에서 황금을 지키는 그리핀과 아리마스포이(Arimaspeans)라는 일안족 유목 전사, 그리고 스키타이 계열의 궁수와 말탄 무사, 꼬리·동물가죽 장식 등 특징적인 복식을 갖춘 집단이 등장한다. 알타이 암각화에 반복적으로 나타나는 꼬리 달린 궁수는 바로 이러한 신화적 수호자 전사 집단의 원형을 보여준다. 이 꼬리 장식은 단순한 장식물이 아니라, 고대 유라시아 전사 집단의 뛰어난 체력과 전투성, 신성함, 샤먼적 정신, 집단의례와 동물의 힘을 모두 상징하는 매우 중요한 표상이다.

이러한 '꼬리 달린 궁수' 도상은, 알타이·몽골 일대에서 오랜 시간 반복되며, 이후 그리핀(Griffin)이라는 신화적 상상동물에 병합되어 "황금을 지키는 전사 집단"의 이미지로 오래도록 이어졌다. 금을 지키는 수호 동물과 전사는 단순히 신화로만 남지 않았고, 스키타이·사

카자흐스탄 탐갈리(Tamgaly) 알타이의 태양 암각화, 카자흐스탄 탐갈리 계곡에서 발견된 청동기~철기시대 태양 머리 인물상 암각화. 인류 최초 집단 태양 숭배를 상징하며, 생명력과 우주 질서를 의미함.

하트라의 대표신 마란 샤마쉬(Lord Sun), 이라크 니느베 주 동부, 고대 도시 하트라(Hatra)의 태양신. 빛, 왕권, 사법, 예언을 관장하는 메소포타미아 태양신상의 전형.

에페소의 아르테미스 신전 근처의 헤카테 동상. 투르키예 에페소스(Ephesos) 신전 터, 삼신상으로 불리는 헤카테상.태양·달·주술신, 그리스-로마시대 천체 여신의 상징.

카·흉노 등 유목 전사상의 실체적 기초가 됐다. 실제 고고학적 사실로도 알타이 일대에서는 데니소바인(Denisovan)과 현생 인류가 혼합된, 신체적으로 우수하고 생존력이 강한 독특한 집단이 밝혀져 있다. 이들은 강인한 체력과 민첩성, 신성성, 전투력, 그리고 샤먼 신앙적 상징을 공동체 중심 가치로 발전시켰으며, 암각화, 부조, 금속 유물 등 수많은 고대 유물에 반복적으로 등장한다.

　이와 같은 '그리핀 병사'의 정체성은 메소포타미아 아시리아 부조와 루리스탄 제의용 도구, 오리엔트·이란·유럽의 예술로 전파된다. 메소포타미아의 왕궁 부조와 페르시아 궁전, 그리스·로마의 신화와 예술품에는 날개달린 그리핀이 집단적 왕권·신성·용맹의 상징으로 자리잡는다. 알타이에서 유래한 꼬리 달린 궁수 문화와 샤먼적 상징은, 동서 교역과 문명 이동, 상징 모티프의 확산을 통해 오리엔트와 유럽에서 신성성과 왕권 수호의 정령, 용맹의 상징으로 발전했다.

　결국 알타이와 중앙아시아 암각화에 나타나는 꼬리 달린 무사와 아시리아 궁수 부조의 도상은 신화적 상상력이 아니라 고대 인류 이동과 하위 집단 간 문화혼종, 집단 정체성의 인류사적 증거로 이해할 수 있다. 이들은 단순한 신화가 아닌, 데니소바계와 현생 인류의 융합이 만들어낸 인류사적 유산이자 메소포타미아, 페르시아, 유럽의 왕권과 신성, 집단 정체성의

태양의 신 아폴론, 안탈리아 박물관. 투르키예 안탈리아 박물관 소장 고대 그리스 신상. 빛·진리·예언·음악·치유의 신으로, 서구 태양신 전승 대표

그리스 신화 태양의 신 헬리오스. 태양의 전차를 몰고 하늘을 달리는 그리스 신화 속 헬리오스상. 시간과 권위, 빛의 신화를 시각적으로 구현.

자유의 여신상. 미국 뉴욕 자유의 여신상(Liberty Enlightening the World). 고대 태양신상에서 유래한 머리 광선이 '자유·정의·보편 권리'를 상징하는 현대 인류의 아이콘

상징으로 다양한 문화에 살아 숨 쉬고 있다

중앙아시아의 고원, 특히 카자흐스탄 탐갈리(Tamgaly)와 알타이의 암각화에서 목격되는 태양 머리 인물상은 인류 최초의 태양 숭배 전통을 시각적으로 상징한다. 탐갈리 계곡 등지에서는 머리 위에 방사형 태양광선을 이고 선 인물상들이 청동기·철기 시대 집단 의례의 중심 신으로 남아 있다. 이 인물들은 집단으로 춤을 추거나 의례적 행진을 하며, 태양의 근원적 에너지·빛·정의·왕권을 상징하고 있다. 유네스코 세계유산으로도 평가받는 탐갈리 태양신 암각화는, 인류가 자연과 우주 질서를 신적 존재로 인식하고 이를 공동체의 중심 가치로 삼았음을 분명히 보여준다.

이 원형적 태양신 상징은 메소포타미아 문명으로 전파된다. 수메르·아카드·바빌로니아의 태양신은 우투(UTU/샤마쉬)로, 태양의 순환과 광명, 정의, 사법 및 예언의 힘을 상징한다. 우투와 샤마쉬는 점토판과 석제 부조, 칠판 도장 등 살라신의 이미지를 통해 반복 표상되며, 현세와 내세를 아우르는 빛과 시간의 신이 된다. 점토판 법전과 부조에서는 태양광선이 왕

말 위에 앉은 아이와 그를 도와주는 어른의 모습에서 세대를 잇는 전통과 가족 간의 따뜻한 교감이 느껴진다. 말은 유목민 생활의 중심이자 이동 수단이며, 아이가 말을 배우는 모습은 그들의 삶과 문화가 자연스럽게 이어지고 있음을 보여준다.

권과 정의를 부여하는 최고의 권위로 묘사된다. 바빌로니아에서는 샤마쉬 신전, 태양의 신상례, 제의 등 수없이 많은 상징적 행위가 태양신을 중심으로 이루어졌다.

이 태양 신앙의 모티프는 이후 오리엔트와 소아시아, 지중해 세계로 전파되며 특별한 진화를 거친다. 그리스 신화의 아폴론(Apollo)은 동방의 태양신 우투/샤마쉬와 동일 신성을 지닌 '빛의 신'으로 정립된다. 아폴론은 진리·예언·음악·치유·사회적 규범과 시간 질서의 수호자로 숭배되며, 고대부터 신성 왕권과 공공 정의의 대표적 신으로 받아들여졌다. 고대 아나톨리아와 이란·알타이중앙아시아 신앙권에서 시작된 태양·예언·음악 신성 전통이 그리스로마 문명의 중심 신화로 자리 잡은 것이다.

동방의 태양신 상징은 고대 서방에서도 자유·정의·보호의 상징으로 변형된다. 미국 뉴욕의 자유의 여신상(Liberty Enlightening the World)은 머리에 일곱 개의 태양광선을 장식하며, 인류에게 자유와 빛을 선사한다는 의미를 드러낸다. 자유의 여신상은 고대 리베르타스와 동방 태양신(이슈타르, 아스타르테, 인안나 등)의 정체성을 현대적으로 계승해, 세계 인류가 추구하는 보편적 가치를 상징하게 된다. 일곱 개 광선은 태양의 완전성, 세계 각지로 퍼지는 빛, 정의의 보편성을 표현하는 고대의 표상을 현대적 언어로 치환한 것이다.

이처럼 알타이·카자흐스탄 태양 머리 암각화에서 시작된 인류의 태양신 숭배는, 메소포타미아의 샤마쉬, 그리스의 아폴론, 그리고 오늘날 자유의 여신상까지 이어지는 장대한 신화·문화의 계보다. 태양신은 고대 집단 의례와 왕권 수호, 시간과 질서, 정의와 사회 규범의 근간을 이루었으며, 이후 보편적 인권과 공동체의 중심 가치로 진화·계승되어 왔다. 그 정점에 뉴욕의 자유의 여신상이 '인류의 빛'과 '자유의 수호자'로 다시 태어난다. 태양신 상징은, 수천 년간 인류의 우주관·집단성·법과 질서·사회적 정의를 아우르며 오늘날까지 살아 숨 쉬는 인류 보편의 유산이 되었다.

　몽골 소녀가 아침 일찍 소젖을 짜는 모습은 유목민들의 전통적인 일상을 담아낸 매우 인상적인 장면이다. 몽골 유목민들은 수천 년 동안 자연과 더불어 살아오며, 가축과 맺는 깊은 관계 속에서 삶을 이어왔는데, 이 사진은 바로 그 생활의 모습이 고스란히 드러나는 순간이라 할 수 있다.

　몽골의 유목민들은 양, 말, 소, 낙타, 염소 등 다양한 가축을 기르며, 그 젖으로 요구르트, 치즈, 발효유 음료 등 여러 유제품을 만들어왔다. 아침 일찍 일어나 젖을 짜는 일은 하루를 여는 중요한 의식과도 같으며, 가족과 공동체의 생존을 위한 가장 기본적이고 필수적인 노동이다. 하지만 단순히 노동에 그치는 것이 아니라, 오랜 경험과 손끝의 섬세한 기술이 필요한 숙련된 작업으로, 어린 소녀들이 이를 배우며 성장해 가는 과정은 또 하나의 전통 계승이라 할 수 있다.

　몽골 유목민의 삶은 계절과 기후에 맞춰 이동하며 새로운 목초지를 찾아 나서는 여정 속에서 이어진다. 가축과의 밀접한 관계와 세심한 돌봄이 그들의 생활의 중심에 놓여 있으며, 이와 같은 일상은 그 자체로 대자연 속에서 살아가는 지혜를 보여준다.

　현대화와 도시화가 깊게 파고든 오늘날에도, 많은 유목민들은 여전히 게르에서 생활하고, 전통적인 목축과 유제품 생산을 이어가고 있다. 이 전통은 단순히 생활을 유지하기 위한 생계 수단이 아니라, 몽골인의 정체성과 문화적 자부심을 이루는 핵심 가치이기도 하다.

　한 소녀의 섬세한 손길 속

소젖 짜는 몽골 소녀

몽골 홉수골의 차탕족 샤먼

몽골 흡수골의 차탕족 샤먼

에서, 몽골 유목민들이 수천 년간 이어온 생활 방식과 자연에 순응하며 살아온 지혜, 그리고
그 속에 담긴 끈질긴 문화적 뿌리가 한눈에 전해지기 때문이다.

시베리아 샤머니즘은 광대한 시베리아 전역에 걸친 여러 민족들 속에 깊이 뿌리내린 신
앙 체계로, 자연과 영혼, 그리고 조상신과의 교감을 통해 공동체의 안녕과 치유를 도모하는
종교적 전통이다. 이 신앙의 중심에는 '샤먼'이라 불리는 영적 지도자가 서 있으며, 그는 인
간과 신의 세계를 잇는 매개자 역할을 한다. 샤먼은 때로는 병을 치유하거나 영혼을 불러내
며, 예언과 재난 방지의 역할까지
담당한다. 서로 다른 지역과 부족
에 따라 의식 방식에는 차이가 있
으나, 드럼과 노래를 활용해 무아
지경, 즉 엑스터시 상태에 도달하
고 영혼의 세계를 여행한다는 점
은 공통적으로 나타난다. 이는 자
연 숭배와 영혼 세계 신앙이라는
근본적 상징 속에서, 시베리아 샤
머니즘이 하나의 통합된 영적 체
계로 기능했음을 보여준다.

몽골 흡수골의 차탕족 최고 원로 샤먼, 보름달이 뜬 새벽에 신당에
서 굿을 한다. 이 원로 국가 문화재 샤먼은 신당에서만 굿을 하고 야
외에서 한번도 굿을 한적이 없다고 한다.

　　몽골 알타이 지역의 차탕족 샤먼은 혹독한 자연환경과 긴밀히 맞닿아 있다. 차탕족은 순록과 숲, 산을 신성하게 여기며 자연과 조화로운 삶을 살아왔고, 샤먼은 이를 대표하는 존재로서 게르(전통 천막) 안에서 굿을 진행한다. 의식은 새벽이나 깊은 밤에 열리는 경우가 많으며, 샤먼은 드럼을 치고 노래를 부르며 영혼과 조상신을 불러낸다. 이를 통해 '천계 여행'이라 불리는 의식 속에서 영혼의 세계를 떠돌며 공동체의 문제를 해결하고, 병을 고치거나 예언을 전한다. 마을 입구나 숲속에는 샤먼상과 제단이 세워져 있는데, 이는 공동체를 지켜주는 수호의 상징이자 자연 신성의 표징으로 여겨진다. 이러한 현장은 단순한 종교 행위가 아니라, 공동체 구성원 모두가 삶의 의미를 확인하는 신성한 순간으로 기능한다.

　　시베리아 샤머니즘은 종교를 넘어 문화적 정체성의 근간으로 이해할 수 있다. 그것은 자연과 인간, 조상과 후손을 이어주는 다리였으며, 북방의 유목민들이 자신들의 삶을 정립해 온 정신적 근거였다. 몽골, 부리아트, 투바, 에벤키를 비롯한 수많은 북방 민족들에게 샤머니즘은 단순한 종교가 아니라 공동체적 삶의 질서를 유지하는 구심점이었다. 오늘날에도 일부 지역에서는 이 전통이 축제와 의식 속에서 이어지고 있으며, 여전히 사회적·문화적 의미를 지니고 있다.

　　따라서 시베리아 샤먼은 단순히 의례를 집전하는 수행자가 아니라, 인간과 자연, 그리고 눈에 보이지 않는 영적 세계를 연결하는 존재였다. 차탕족 샤먼이 새벽의 게르에서 드럼과 노래로 굿을 하는 장면은, 고대부터 이어져온 북방 유목민들의 세계관을 압축적으로 보여주는 상징적 경험이라 할 수 있다. 샤머니즘은 곧 자연 숭배와 조상 숭배가 결합된 북방의 독특한 문화

알타이의 독수리 서식지, 고대 그리핀 신화의 원형을 간직한 생명의 땅

체계이며, 이는 지금까지도 그 생명력을 이어가고 있다.

차탕족은 몽골 북부 흡스골 아이막의 깊은 숲과 산악 지대에서 살아가는 순록 유목민으로, 몽골화된 튀르크계 민족이다. 이들의 이름인 '차탕'은 몽골어로 '순록을 쫓아다니는 사람'을 뜻하는데, 이는 곧 그들의 삶이 순록과 불가분의 관계임을 잘 보여준다. 실제로 차탕족에게 순록은 단순한 가축이 아니라 생활 전반을 지탱하는 핵심으로, 교통수단이자 귀중한 가죽과 뿔, 젖을 제공하는 자원이면서 동시에 문화와 정체성의 중심에 자리한다. 차탕족은 주로 타이가라 불리는 북방 침엽수림 지대에서 생활하며, 계절에 따라 순록 떼와 함께 이동하는 전통적인 유목 방식을 유지한다. 이들은 혹독한 자연환경 속에서 가족 중심의 소규모 공

메소포타미아 아시리아 그리핀 부조　　　몽골알타이 그리핀 병사

동체를 이루어 살아가며, 서로 협력하며 생존을 이어간다. 순록과 관련된 의례와 축제는 이들의 문화에서 중요한 위치를 차지하며, 자연과 더불어 살아가는 삶의 철학을 반영한다.

　언어와 문화적 측면에서 차탕족은 러시아 투바 공화국의 투파족, 소요트족 등과 밀접한 관련이 있다. 생활 방식 또한 유사하여, 북방 순록 유목민이 공유하는 보편적인 특징을 잘 보여준다. 그러나 차탕족은 몽골 내에서 독자적인 정체성을 지켜왔고, 몽골 사회와의 접촉 속에서 몽골화된 문화를 형성하기도 했다. 현대에 들어 차탕족의 생활은 점차 변화를 맞이하고 있다. 외부에서 관광객이 꾸준히 찾아오면서 전통 생활양식이 일부 상업화되거나 단절될 위험에 직면하고 있는 것이다. 그럼에도 불구하고 공동체 내부에서는 여전히 전통을 지키려는 노력이 이어지고 있다. 몽골 정부와 국제 기구들도 차탕족의 문화 보존과 생계 지원을 위해 다양한 프로그램을 마련하고 있다.

　차탕족의 삶은 단순히 한 민족의 생활 방식에 그치지 않는다. 이는 몽골 북부 유목민 문화 연구에서 빼놓을 수 없는 중요한 사례이며, 인간과 자연, 나아가 인간과 가축이 맺는 관계가 어떻게 한 집단의 문화와 정체성을 규정할 수 있는지를 잘 보여준다. 순록과 더불어 이어지는 그들의 삶은 오늘날에도 여전히 독특한 문화적 가치와 연구적 의의를 지니고 있다.

차탕족의 전통 의례와 신앙 체계는 몽골·시베리아 순록 유목민의 세계관과 샤머니즘, 그리고 자연에 대한 깊은 경외심에 기반을 두고 있다.

차탕족 사회에서 샤먼은 공동체의 의사이자 주술사, 조상과 자연령과의 중재자로서 중요한 역할을 한다. 누군가 아프거나 집단에 중대한 일이 발생할 때 샤먼이 의식을 주재하며, 이 과정에서는 순록과 관련된 상징물을 사용하고, 북(드럼)이나 사슴뿔, 술잔 등을 활용해 조상령과 자연신들에게 바친다. 차탕족의 신앙은 천지(하늘과 땅)의 힘을 신봉하는 텡그리 신앙, 즉 텡게리즘(Tengerism)적 요소를 포함한다. 이들은 높은 산, 거목, 강 등 자연 주변에 신령이 깃들어 있다고 여기며, 특정 지점에는 '오보(oovo)'라는 돌무더기 제단을 쌓고 제의를 올리기도 한다. 오보에 돌이나 나무를 얹으며 평안을 기원한다. 흥미로운 점은 차탕족이 유목하는 다르하드 저지대 남부에는 이름난 오보가 13개 있는데, 이 중 12개는 몽골 12지신(쥐, 소, 호랑이 등)을 상징하고, 하나는 공통의 대오보다. 이곳을 지나거나 방문할 땐 오보 주변을 돌며 자신이 태어난 해의 동물상 오보에서 소원을 빈다. 순록은 단순한 가축이 아니라 신성한 존재로 대우받는다. 각 집안에는 샤먼이 점지한 '수호 순록'이 있으며, 이 순록은 의례 때 자유롭게 방목된다. 이처럼 순록에게 감사를 표하고 경외심을 갖는 문화는 차탕족의 전통적 이야기, 노래, 전승을 통해 세대에 걸쳐 크게 강조된다. 순록을 함부로 대하거나 해치는 것은 엄격한 금기로 여긴다.

계절 의례로는 정령들과의 조화와 안전한 이동, 순록의 건강과 번식을 기원하는 제사가 반복적으로 행해진다. 봄철 순록 출산기에는 외부인의 방문을 삼가는 등, 순록과 자연의 평안을 최우선하는 규범이 많다. 이밖에도 가족의 안녕, 사냥의 성공, 질병 치유 등 다양한 목적의 샤머니즘 의식이 있다. 이처럼 차탕족의 전통 의례와 신앙 체계는 샤머니즘, 자연 숭배, 순록 신성화가 어우러진 복합적 구조로, 이들의 문화와 정체성의 핵심을 이루고 있다고 할 수 있다.

그리핀 병사의 역사적 기원과 고대 그리스 문헌에서의 언급

그리핀(Griffin)은 독수리의 머리와 날개, 사자의 몸을 가진 신화적 존재로, 그 기원은 고대 인도-이란 지역과 중앙아시아 유목 문화에서 비롯된 것으로 추정된다. 이 존재는 메소포타

몽골 그리핀 부대: 독수리 조련은 소년 시절부터 아기 독수리와 함께 시작되며, 성인이 되면 사냥에 함께 참여한다.

미아, 이집트, 그리고 고대 그리스 문명 전반에 걸쳐 영향을 미쳤으며, 특히 유라시아 초원 지대에서는 청동기 시대부터 금속 공예품이나 무기, 장신구 등에 그리핀 형상이 빈번히 나타났다. 이는 당시 유목민들이 그리핀을 용맹과 권력의 상징으로 삼았음을 보여준다.

고대 그리스의 역사가 헤로도토스는 그의 저서『역사』에서 그리핀 병사들에 대해 언급하며, 이들이 알타이 산맥 인근 지역에서 황금을 지키던 용맹한 전사 집단이었다고 기록하였다. 헤로도토스는 그리핀을 단순한 신화적인 존재로만 보지 않고, 실제 역사와 문화 속에서 상징적이자 군사적 의미를 가진 존재로 해석하였다. 또한, 그리스 신화 및 미술에서 그리핀은 신성한 수호자이자 권력과 힘의 상징으로 등장하여 신전 장식이나 무기, 문장 등에 널리 사용되었다.

그리핀은 하늘의 독수리와 땅의 사자를 결합한 형태로, 하늘과 땅, 신과 인간을 잇는 신성한 존재로 간주되었다. 이 신화적 존재는 부와 권력, 신성함을 나타내며, 유목민 사회뿐 아니라 정착사회에서도 중요한 문화적 상징이었다. 유라시아 초원의 기마 유목민들은 그리핀 문양을 군사적 용맹과 보호의 기호로 활용하였고, 이는 동서 문명 간 문화 교류의 생생한 증거이기도 하다.

요약하자면, 그리핀 병사의 기원은 인도-이란과 중앙아시아 유목민 문화에서 시작하여 메소포타미아와 그리스를 거치는 과정을 통해 서양 신화와 역사에 깊게 자리잡았다. 고대 그리스의 역사가 헤로도토스는 그리핀 병사들을 알타이 산맥 주변에서 황금을 지키던 용맹한 전사들로 기록하며, 그리핀이 단순한 신화가 아닌 실제 군사적·문화적 상징임을 보여주었다. 그리핀은 하늘과 땅을 연결하는 신성한 존재로 고대 문명들 사이의 문화적 교류를 상징한다.

이와 같은 그리핀의 역사와 상징성은 고대 동서 문명 연구에서 중요한 위치를 차지하며, 신화와 실제 역사가 결합된 복합적인 문화 현상으로 평가받는다.

참고로, 헤로도토스의 기록은 그의 저서『역사』에 서술되어 있으며, 그가 고대 세계 여러 지역을 여행하며 수집한 다양한 이야기와 사실들을 담고 있다

그리핀은 전설 속 신화적 존재로, 독수리 머리와 날개, 그리고 사자의 몸을 가진 혼합 동물이다. 고대부터 그리핀은 힘과 권력, 수호의 상징으로 여겨졌으며, 특히 황금과 보물을 지키는 용맹한 수호자로 묘사되어 왔다. 고대 그리스의 역사학자 헤로도토스는 그의 저서『역

사』에서, 그리핀 병사들이 황금을 지키는 용맹한 전사들이라 기록함으로써 그리핀이 단순한 신화 이상의 군사적 상징임을 드러냈다.

알타이 지역은 고대 스키타이와 사르마트 등 기마 유목민들의 문화가 발달한 곳으로, 이 유목민들은 그리핀 문양을 군사적 상징과 장식에 널리 사용하였다. '그리핀 병사'는 신화적 존재를 넘어서 알타이 유목민의 용맹과 황금을 지키는 전사들을 상징하는 개념으로 해석된다. 또한, 히타이트, 수메르, 메소포타미아 문명에서도 그리핀 문양이 발견되는데, 이는 알타이와 유라시아 초원 문화가 동서 고대 문명 사이에서 상징적 연결고리 역할을 했음을 보여준다.

헤로도토스는 기원전 5세기 그리스에서 활동한 역사학자로, 그의『역사』에는 스키타이를 비롯한 주변 유목민들의 풍습과 전설이 상세히 소개되어 있다. 그는 그리핀 병사들이 알타이 산맥 일대에서 황금을 수호하며 용맹을 떨친 전사들이었다고 전한다. 이 기록은 고대 그리스인들이 유라시아 초원을 인지하고 있었음을 보여줄 뿐만 아니라, 그리핀 상징이 신화가 아닌 실제 문화적·군사적 의미를 지닌다는 점을 강조한다.

오늘날 카자흐스탄과 몽골 알타이 지역에서는 독수리 사냥과 기마술을 계승하는 '독수리 병사'들이 이 전통을 이어가고 있다. 이들은 고대 그리핀 병사의 용맹과 수호 정신을 상징적으로 표현하며, 자신들의 문화적 자부심과 역사적 정체성을 드러낸다. 독수리와 그리핀은 모두 하늘과 땅, 힘과 보호를 상징하는 동물로서, 알타이 유목민 정신의 중요한 상징으로 자리 잡았다.

따라서 그리핀 병사는 고대 그리스 역사학자 헤로도토스가 기록한, 알타이 지역의 황금을 수호하던 용맹한 유목민 전사들의 상징이며, 힘과 권력, 수호라는 의미를 내포한다. 이 상징은 알타이 유목문화와 동서 고대 문명을 잇는 문화적 연결점임을 알 수 있다. 오늘날에도 알타이의 '독수리 병사'들이 이 전통과 상징을 계승하며 그 뿌리를 명확히 하는 중이다.

몽골 초원의 드넓은 풀밭 한가운데서, 암소가 송아지에게 젖을 먹이는 장면은 아주 오래된 역사의 서사 속 하나의 고요한 순간이다. 초원의 바람과 햇살을 머금은 대지 위에 선 두 존재는 단순한 가축 이상의 의미를 지닌다. 송아지는 어미의 젖을 통해 생명을 이어받고, 어미는 자신이 지닌 모든 영양과 온기를 물려주려 정성스럽게 송아지를 감싼다.

이 모성의 풍경은 몽골 대초원, 나아가 유라시아 스텝 전역의 오랜 유목 역사와 연결된다. 인류가 목축을 시작하고 가축과 더불어 살아온 이래, 어미와 자식 사이의 유대는 공동체의 생존과 번영을 이어가는 핵심이었고, 이를 중심으로 가족과 부족, 국가의 존립이 뿌리내려 왔다. 송아지의 성장과 어미의 보호는 단순한 생물학적 행위로 끝나지 않고, 후손에게 이어지는 삶의 토대를 마련한다.

몽골 유목민의 삶에도 이 모성애의 풍경이 반복된다. 산과 초원이 이어진 자연 속에서 인간과 가축의 생명력은 서로 기대어 굳건해진다. 그리고 그 가슴속 따뜻함과 돌봄의 마음은

초원 한가운데에서 아기 소에게 젖을 먹이는 어미 소의 따뜻한 모성.
광활한 자연 속에서 목가적인 삶과 조화로운 자연 환경이 잘 드러나는 순간

세대를 거쳐 이어져 온 역사의 서사로 겹쳐진다.

　이렇게 몽골 초원의 젖먹이 송아지와 그 곁을 지키는 암소의 모습은, 자연 안에서 삶과 사랑, 그리고 역사의 흐름이 조화롭게 어우러져 있다는 것을 다시 한번 일깨워준다.

02.
유라시아 폰틱-카스피 초원의 인도유럽어 기원과 얌나야, 남우랄, 안드로노보 문화

2-1. 인도유럽어족의 기원과 남우랄 문화 및 안드로노보 문화

"The Origin of Indo-European Languages,
the South Ural Culture, and the Andronovo Culture."

러시아 남부 볼고그라드, 카자흐스탄, 우즈베키스탄

"The Lower Volga Region: Southern Russia (Volgograd), Kazakhstan, and
Uzbekistan"

지도는 인도유럽어족의 확산 과정을 시각적으로 보여주고 있으며, 특히 앞서 언급한 폰틱카스피안 문화와 긴밀한 관련을 지닌다. 폰틱카스피안 문화는 기원전 약 5천 년 전, 흑해 북부와 카스피해 서부에 걸친 넓은 지역에서 전개되었으며, 인도유럽어족의 초기 기원지 가운데 하나로 평가된다. 이 지역에서 발생한 언어와 문화는 시간이 흐르면서 주변으로 퍼져나갔는데, 지도 속 화살표는 바로 그 확산의 길을 보여준다.

화살표는 흑해와 카스피해 주변에서 출발해 남쪽과 서쪽, 그리고 동쪽으로 뻗어나간다. 일부는 인도와 이란 지역으로 흘러들어가 오늘날 인도-이란 언어군의 뿌리를 이루었고, 또 다른 일부는 그리스를 비롯한 지중해 세계로 전해져 고대 인도유럽어족의 서방 전파를 이끌었다. 이 과정에서 폰틱카스피안 문화권은 인도유럽어족 언어와 문화가 확산되는 중요한 출

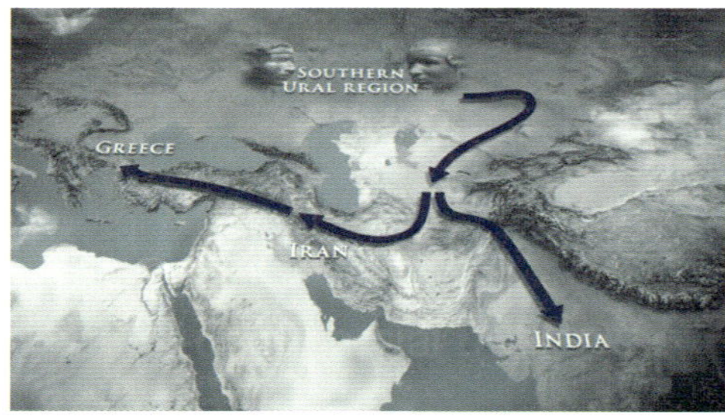

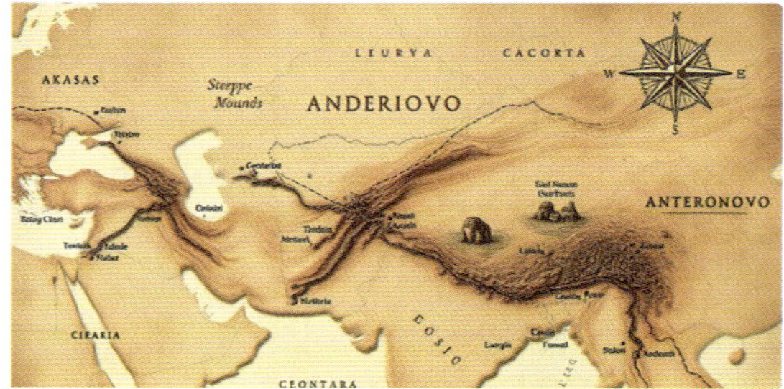

우랄산맥 풍경

카자흐스탄 북부 스텝의 독수리 상

발점이자 교두보 그실을 했다.

　이에 비해 파지릭 문화는 시베리아 알타이 지역을 기반으로 하는 철기 시대의 스키타이 계열 유목문화다. 파지릭 문화는 인도유럽어족의 직접적인 확산 경로와는 깊은 관련이 없지만, 유라시아 초원의 거대한 문화망 속에서 중요한 자리를 차지했다. 화려한 무덤 유물, 동물 문양 예술, 그리고 전사적 유목문화를 통해 당시 초원 지대에서 전개된 또 다른 인류 문명의 모습을 보여준다.

　결국 이 지도는 인도유럽어족이 어디에서 시작해 어떻게 넓은 세계로 퍼져나갔는지를 설명해주며, 폰틱카스피안 문화가 그 기원과 분산의 핵심적 무대였음을 드러내준다. 동시에 파지릭 문화와 같은 다른 초원 문화와의 비교 속에서, 우리는 고대 유라시아 세계의 다양성

폰틱카스피안 문화 카자흐스탄 북부 초원 유목민들의 전투 장면

과 상호 연결성을 함께 바라볼 수 있다.

우랄산맥과 폰틱카스피안 문화는 유라시아 스텝 지역에서 전개된 고대 기마문화의 핵심 배경을 이루는 두 가지 중요한 축으로 이해될 수 있다. 이 지역들은 단순히 지리적 경계나 문화권이 아니라, 동서 문명의 연결 고리로서 인류 이동과 교류의 무대 역할을 하였다.

우랄산맥 문화

우랄산맥은 예로부터 유럽과 아시아를 나누는 경계선으로 인식되어 왔으며, 그 남쪽 지역은 다양한 문화가 교차하는 통로였다. 이곳에서는 청동기 시대와 철기 시대를 아우르는 다채로운 고고학적 흔적이 발굴되었는데, 특히 기마문화를 반영하는 유물이 두드러진다. 무덤, 토기, 무기류, 그리고 말과 관련된 유물들이 대표적이다. 이러한 유물은 단순한 생활도구를 넘어, 당시 사람들의 사회구조와 전투 양식을 이해할 수 있는 중요한 단서를 제공한다. 남우랄 지역의 문화적 성격은 유라시아 스텝 전역의 기마문화 확산 과정과 깊은 관련이 있으며, 나아가 인도유럽어족의 이동 역사와도 연결된다. 따라서 우랄산맥 문화는 '스텝의 관문'으로서의 의미를 지니며, 유라시아의 역사를 이해하는 데 중요한 고리로 작용한다.

폰틱카스피안 문화는 흑해와 카스피해 사이, 오늘날 러시아 남부 볼가 강 유역과 우크라이나 일부 지역을 중심으로 발달하였다. 이 지역은 초기 기마문화의 중심지로, 스키타이와 사르마트 같은 고대 유목민들의 활동 무대였다. 이들 집단은 말을 중심으로 한 생활양식을 형성하였고, 무덤 구조나 장신구, 전쟁 무기 등을 통해 고유한 문화적 특징을 남겼다. 특히 볼고그라드 일대에서 발굴된 무덤들은 당시 말과 전사가 사회에서 차지하는 위상을 보여주는 중요한 자료이다. 폰틱카스피안 지역은 기마문화를 바탕으로 고대 그리스, 페르시아, 인도 등지로의 문화와 기술 전파에 직접적인 영향을 미쳤고, 스텝을 통한 문명의 확산 중심지로 기능하였다.

두 문화의 연관성과 의의

우랄산맥 문화와 폰틱카스피안 문화는 모두 유라시아 기마민족의 생활 기반을 형성한 두 축으로 볼 수 있다. 이 두 지역에서 발견된 말 관련 유물과 무덤 양식은 기마민족들의 생활양식, 전쟁 기술, 그리고 사회적 위계를 이해할 수 있게 해준다. 또한 두 문화는 단지 지역사적 의미에 그치지 않고, 보다 큰 맥락에서 인도유럽어족의 확산과 맞물려 있다. 결국 이 지역들은 고대 인류의 이동과 문화 전파, 그리고 동서양 교류사에서 빠질 수 없는 중요한 무대였다.

우랄산맥과 폰틱카스피안 문화는 오늘날까지도 학자들에게 많은 관심을 끌고 있으며, 기마문화의 발원과 인류사의 대이동을 이해하는 데 핵심적인 열쇠로 평가된다. 이들은 결국 유라시아 스텝 지역을 하나의 거대한 문화 교류의 장으로 만든 중심적 동력이었다고 할 수 있다.

폰틱카스피안 문화는 흑해와 카스피해 사이의 광대한 초원 지대에서 형성된 고대 유목민들의 문화로, 오늘날의 러시아 남부, 우크라이나, 카자흐스탄 지역에 걸쳐 존재하였다. 기원전 1천년 전후부터 이곳에서는 말과 밀접히 연결된 기마문화가 발달했는데, 스키타이, 사르마티아, 사카 등 이란계 언어를 사용하는 유목민족들이 그 주인공이었다.

이들은 단순히 마차를 이용하는 수준을 넘어, 말을 직접 타고 기동력 있게 싸우는 최초의 기마민족으로 평가받는다. 말 위에서 활을 쏘며 전투를 벌이는 전술은 그들의 전쟁 양상에 혁명적인 변화를 가져왔고, 빠른 기동력은 적을 제압하는 데 압도적인 우위를 제공했다. 이러한 배경 속에서 말은 단순한 이동 수단을 넘어 사회적 지위와 권력의 상징이 되었으며, 말과 관련된 장식품, 안장, 각종 마구류가 정교하게 제작되어 여러 유적지에서 발견되고 있다.

이들의 무덤 양식 또한 주목할 만하다. 쿠르간(적석묘) 무덤에서는 주인과 함께 희생된 말의 유골, 무기와 장신구, 다양한 생활 도구가 함께 묻혀 나왔는데, 이는 말과 전사, 그리고 사후세계에 대한 신앙이 긴밀하게 연결되어 있음을 잘 보여준다. 복식 또한 실용성과 기동성을 강조했는데, 가죽과 모피로 만들어진 옷을 착용하고 활, 창, 검 등 다양한 무기를 함께 사용하였다. 현대 카자흐스탄의 전통 기마인의 복식과 전투 재현 장면들 속에서도 이러한 전통이 강하게 이어지고 있음을 확인할 수 있다.

카자흐스탄은 폰틱카스피안 문화의 동쪽 경계에 해당하는 지역으로, 기마문화가 오늘날까지도 뚜렷하게 남아 있는 곳이다. 광활한 대초원 위에서 말을 다루며, 활을 쏘고 전투를 재현하는 모습 속에는 고대 유목민들의 전통이 현대 문화와 결합한 유산으로서 전해진다. 또한 카자흐스탄은 고대로부터 동서 문명이 만나는 교차로 역할을 수행했으며, 기마문화가 중국, 중동, 유럽 등지로 확산되는 데 중요한 통로가 되었다. 이러한 배경 때문에 폰틱카스피안 기마문화는 인도유럽어족의 확산과도 긴밀히 연결되어 있으며, 유라시아 대초원 전체의 문화적·언어적 교류를 이해하는 데 결정적인 위치를 차지한다.

이와 함께 우랄산맥 주변의 고대 문화 유적들도 기마문화와 유목민 사회를 이해하는 데 핵심적인 단서를 제공한다. 알타이 산맥 인근에서 발견된 파지릭 고분군은 대표적인 예로, 기원전 5세기에서 3세기 무렵 스키타이 문화권의 흔적을 보여준다. 이곳에서는 말과 함께 묻힌 유골과 정교한 태피스트리, 다양한 무기들이 발견되었는데, 이는 유목민들의 생활 양상을 잘 보여주는 귀중한 자료이다.

또한 우랄 강변의 쿠르간 무덤에서는 나무로 무덤방을 만든 뒤 돌과 흙으로 봉분을 쌓는 방식이 확인되었는데, 이는 한반도의 신라 적석목곽분과 구조적으로 유사성을 보인다. 이를 통해 북방계 유목문화가 동쪽으로 확산되며 한반도의 무덤 양식에도 영향을 미쳤을 가능성이 제기된다. 나아가 우랄산맥 전역에서 발견된 거석문화 유적들은 선사시대부터 청동기 시대에 이르기까지 사회와 신앙 구조를 드러내며, 돌방무덤과 멘히르, 메갈리틱 종교 복합체 등은 권력과 제의가 밀집된 공간임을 시사한다.

첼랴빈스크 주변에서는 청동기와 철기 시대에 걸친 광범위한 유적이 확인되고 있는데, 이 지역은 광물 자원이 풍부하고 교통로가 발달하여 고대 산업과 교류의 중심지로 기능했다. 따라서 우랄산맥 일대는 유럽과 아시아를 잇는 지리적 요충지

아파나시에보 문화 카자흐스탄 실크로드 주변의 토성

로서 다양한 민족과 문화가 교차하며 독특한 문화층을 이루어냈다고 할 수 있다.

결국, 폰틱카스피안 문화와 우랄 지역의 유목·기마문화는 단순히 특정 민족의 생활사에 한정되지 않고, 인도유럽어족의 확산, 유라시아 대륙에서의 동서 문화 교류, 그리고 기마 전술과 사회 구조의 발전을 이해하는 데 핵심이 된다. 오늘날 카자흐스탄의 기마문화 전승 또한 고대의 이러한 전통을 계승한 것으로, 민족 정체성과 문화유산의 중요한 기반을 이룬다.

아파나시에보 문화는 유라시아 대륙 청동기 시대 초기의 대표적인 고고학적 문화로, 인도유럽어족의 동쪽 확산과 깊이 연관되어 있다. 특히 토하라어의 기원을 설명할 수 있는 유력한 문화적 배경으로 평가되며, 중앙아시아와 시베리아의 고대 민족 이동사를 이해하는 데 핵심적인 단서를 제공한다.

이 문화는 기원전 3300년경부터 기원전 2500년경, 또는 기원전 3000년기 중엽부터 2000년기 초까지 지속된 것으로 추정된다. 주요 분포 지역은 시베리아 남부의 미누신스크 분지와 알타이 산맥 동부, 그리고 더 나아가 준가리아 일대까지 넓게 퍼져 있었다. 이러한 지리적 범위는 단일 지역이 아니라 복합적인 확산 과정을 보여주며, 당시 스텝 지대 전역에서 활발한 문화 교류가 이루어졌음을 시사한다.

고고학적으로 아파나시에보 문화는 주로 둥근 형태의 쿠르간(봉분) 무덤으로 특징지어진다. 지름이 최대 12미터에 달하는 봉분들은 석재로 테두리를 두른 구조였고, 이후 시베리아 일대에서 이어지는 안드로노보 문화, 스키타이 문화의 장례 양식으로 계승되었다. 경제 활동은 곡물 재배와 가축 사육을 동시에 이루었으며, 청동기 문화를 대표하듯 금속 가공 기술을 보유하고 있었다. 이는 단순한 유목적 생활을 넘

부하라의 "칼란 모스크(Kalon Mosque, Kalyan Mosque)"

사마르칸드의 "비비 하눔 모스크(Bibi-Khanym Mosque)"
티무르 제국 시기 건축 기술의 정점이자, 사마르칸드의 대표적인 랜드마크

어서 정착과 농경, 금속공예가 어우러진 복합적 생활 방식을 보여준다.

아파나시에보 문화의 기원은 흑해 북부와 카스피해 주변에서 발달했던 얌나야 문화와 직접적 연관이 있는 것으로 여겨진다. 얌나야 문화는 인도유럽어족의 중심적 문화권으로, 이들의 동방 진출이 아파나시에보 문화를 형성했다는 견해가 지배적이다. 따라서 아파나시에보 문화는 유라시아 스텝 지대를 통한 인도유럽인의 이동과 확산을 보여주는 최초의 동쪽 확산 사례로 설명된다.

이러한 점에서 아파나시에보 문화는 단순히 시베리아 지역의 고고학적 문화가 아니라, 유라시아 대륙 전체의 언어·민족 변동을 이해하는 열쇠와 같은 존재이다. 특히 중앙아시아와 중국 신장 일대, 그리고 토하라인의 기원 문제를 연구하는 데 있어 빠질 수 없는 중요한 문화적 증거로 작용하고 있다.

한편, 사진 속에 보이는 고성은 아파나시에보 문화와 같은 고대 배경과는 시기가 다르지만, 중앙아시아 지역의 역사적 전통을 이어주는 흥미로운 유적이라 할 수 있다. 이 성벽은 흙벽돌과 진흙으로 축조된 것으로 보이며, 건조한 기후와 제한된 자원 환경에서 흔히 사용되던 구조 방식이다. 언덕이나 산기슭에 축조되어 방어력을 높인 모습은 전형적인 중앙아시아의 고대 요새 건축 양식을 반영한다.

특히 카자흐스탄과 인근 지역은 실크로드 교역로를 따라 다수의 성채가 세워졌고, 이들은 교역로 보호와 군사적 거점 역할을 동시에 수행했다. 대표적으로 카자흐스탄 일리 강 삼각주 인근의 카라메겐 유적이나 카자흐스탄 남부의 쿠냐-아크 성채는 흙벽돌 성곽의 전형을 보여준다. 더 나아가 중국 신장 투루판에 위치한 고창고성 역시 이러한 전통의 연장선상에 있으며, 흙벽돌 성벽과 도시 구조가 잘 남아 있다.

　　결국, 사진 속 고성은 카자흐스탄이나 중앙아시아 실크로드 주변에서 흔히 볼 수 있는 고대 흙벽돌 성채 유적으로 볼 수 있다. 이는 단순히 방어 시설에 그치지 않고, 교역과 행정, 문화 교류의 요충지로서 기능했던 복합적 공간이었다. 아파나시에보 문화가 유라시아 대륙의 인도유럽어족 확산을 보여주는 고대 선사 문화라면, 이러한 성채 유적은 실크로드 시대를 화려하게 열어준 역사적 무대라 할 수 있다. 두 유산은 시간과 맥락은 다르지만, 모두 중앙아시아가 얼마나 오랫동안 세계사의 중요한 중심지였는지를 증명하고 있다.

　　우즈베키스탄의 부하라는 실크로드를 대표하는 고대 도시이자, 인류 문명이 오랜 세월 축적된 살아 있는 역사 현장이다. 이곳은 이미 기원전 2천년기부터 사람이 거주한 흔적이 발견될 만큼 유서가 깊으며, 쿠샨 제국 시기부터 정치와 문화의 중심지로 자리 잡았다. 이후 이슬람 문화가 융성하면서 학문, 건축, 종교의 거점으로 성장하였고, 오늘날에는 사마르칸

중앙아시아 고대 다민족 초상화

트, 히바와 함께 우즈베키스탄을 대표하는 역사 도시로 평가받고 있다.

부하라의 고대 유적 가운데 가장 널리 알려진 것은 이스마일 사마니의 묘이다. 10세기에 건립된 이 건축물은 초기 이슬람 건축 양식을 잘 보여주며, 특히 정교한 벽돌 공예와 기하학적 문양으로 유명하다. 단순한 무덤을 넘어 예술적 완성도가 뛰어난 건축물로 꼽히며, 부하라 역사 지구의 핵심 유적이다.

도시의 정치적 상징은 아르크 성이다. 거대한 성벽으로 둘러싸인 이 요새는 약 3.9헥타르에 달하는 면적을 차지했으며, 내부에는 왕궁과 행정 건물이 들어서 있었다. 성벽은 높이 16~20미터에 달해 방어적 기능을 충실히 수행했으며, 동시에 도시 권력의 중심을 이루었다.

부하라의 대표 건축물 중 하나인 칼란 미나레트는 높이 약 45미터에 이르는 거대한 탑으로, '사막의 등대'라 불리며 부하라의 상징으로 자리 잡았다. 이 탑은 단순히 예배용 건축물이 아니라 도시를 수호하는 상징적 의미를 지녔고, 아름다운 장식과 웅장한 높이로 지금까지도 방문객들의 감탄을 자아낸다.

부하라 외곽에는 초르바크르(Chor-Bakr) 네크로폴리스라 불리는 무덤 유적지가 있는데, 이는 이슬람 장례 문화와 건축미를 보여주는 귀중한 자료다. 또한 부하라에는 마고키 아타리 모스크, 탈리팟치 성문, 세이크 잘랄 성문, 세르지론 성문, 바라흐샤 유적 등 다채로운 고대의 흔적이 남아 있어 도시의 다층적 역사를 고스란히 전해 준다.

부하라가 지닌 문화적·역사적 의미는 매우 크다. 이 도시는 실크로드를 따라 수많은 상인, 학자, 장인, 종교인들이 왕래하며 동서 문명의 교류를 가능케 한 곳이다. 이슬람 문명권에서 부하라는 오랫동안 학문과 종교, 예술의 중심지로 기능했으며, 지금은 유네스코 세계문화유산에 등재되어 그 가치를 인정받고 있다.

사진 속에 보이는 조각상은 유머러스하고 친근한 인물을 묘사한 것으로, 부하라의 전통적이고 풍요로운 문화를 상징적으로 보여준다. 이는 부하라가 단순히 고대의 유산을 간직한 도시가 아니라, 오늘날에도 활기찬 문화적 정체성을 이어가고 있음을 보여주는 한 단면이다.

결국 부하라의 고대 유적은 실크로드의 역사적 흐름을 증언하고, 이슬람 세계의 문화적 정수를 보여주는 중요한 자산이다. 고대에서 중세, 그리고 현대에 이르기까지 부하라는 문화와 문명이 교차한 중심지로 남아 있으며, 그 유적들은 오늘날에도 연구자와 여행자들에게 깊은 울림을 전해 준다.

카자흐스탄은 역사와 지리적 특성으로 인해 다양한 민족이 공존하는 다민족 국가이다. 현재 인구 구성에서 가장 큰 비중을 차지하는 것은 약 71.3%를 차지하는 카자흐인으로, 국가의 주류 민족이자 문화적 중심을 이루고 있다. 그 뒤를 이어 약 14.6%를 차지하는 러시아인이 두 번째로 큰 민족 집단을 형성하며, 주로 도시 지역과 북부, 동부 지역에 집중적으로 거주한다. 이외에도 인접 국가와의 역사적 연계에 따라 약 3.3%를 차지하는 우즈베크인, 1.8%의 우크라이나인, 1.5%의 위구르인 등이 존재한다. 독일인 공동체와 타타르인도 각각 1.1%를 구성하며, 체첸인, 코카서스계, 폴란드인, 카라칼팍인, 고려인을 포함한 다양한 소수 민족이 약 5.3%를 이룬다.

이러한 소수 민족의 존재는 카자흐스탄의 오랜 역사적 배경과 밀접히 연결되어 있다. 독일인의 경우,

사마르칸트(아프로시압 궁전 등) 수렵도: 7세기 소그드인의 사냥 장면으로, 말을 탄 무사가 사슴을 활로 쏘는 모습이 역동적으로 그려져 있다.

고구려 무용총(舞踊塚) 수렵도: 5세기경 벽화로, 말을 탄 무사들이 동물을 추격하거나 활을 쏘는 모습이 표현되어 '파르티안 샷'(말을 타고 뒤돌아 쏘기)이 대표적 벽화이다.

사마르칸트 수렵도와 고구려 수렵도의 무사들은 모두 위가 뾰족하게 솟거나 장식이 조우관 혹은 깃장식 모자를 쓰고 있다. 고구려 벽화 속 조우관은 금속 장식이나 깃털을 꽂은 형태가 주로 나타나며, 이는 비슷한 시기 중앙아시아 소그드, 투르크, 사마르칸트 지역 벽화 속 무사 모자에서도 동일하게 확인된다.

처음에는 18세기 러시아 제국 시절에 초청 이주를 통해 카자흐스탄 땅에 들어왔다. 그러나 20세기 소련 시기에는 강제 이주 정책과 수용소 생활로 인해 이곳에 정착할 수밖에 없었다. 그럼에도 이들은 독일어와 독자적 문화 전통을 유지하며 지역 사회에서 독일계 공동체를 형성해 나갔다. 몽골계 민족과 타타르인은 징기즈칸 시대와 그 후예들의 정복 활동 이후 중앙아시아에 남아 정착한 집단으로, 오늘날에도 그들의 전통과 생활 방식은 카자흐스탄 사회에 깊이 자리 잡고 있다. 위구르인 역시 카자흐스탄 인구 구성에서 중요한 비율을 차지하는데, 이는 중국 신장 지역과 인접한 위치 덕분에 이루어진 활발한 인적·문화적 교류의 결과이다. 이들 위구르인은 카자흐와 마찬가지로 이슬람 문화를 공유하며 오랜 세월 함께 생활해왔다.

현대 카자흐스탄 정부는 국가의 다민족 구성을 인정하고, 각 공동체의 정체성을 존중하는 정책을 강조하고 있다. 소수 민족의 언어와 문화를 보존하고 이를 진흥하기 위해 다양한 제도적 장치를 마련했으며, 민족 간 평화와 화합을 중요한 가치로 삼고 있다. 이러한 정책은 각 민족이 자신들의 전통적인 명절과 축제를 유지할 수 있게 장려하고, 문화행사와 지역사회를 통해 서로의 문화를 공유할 수 있도록 지원하고 있다.

결국 카자흐스탄은 카자흐인을 중심으로 하면서도 러시아인, 우즈베크인, 우크라이나인, 위구르인, 독일인, 타타르인 등 다양한 소수 민족이 함께 뿌리내려 살아가는 나라이다. 특히 독일인과 몽골계 타타르인은 그들의 역사와 문화를 오늘날까지 이어오며, 카자흐스탄이라는 국가의 다채로운 민속적 구성과 문화적 다양성 형성에 크게 기여하고 있다. 이와 같은 다민족 특성은 카자흐스탄을 단순한 중앙아시아의 국가가 아닌, 유라시아의 정체성을 품은 문화적 교차로로 만들어 주고 있다.

조우관은 고구려를 대표하는 독창적인 관모로, 중국이나 신라, 가야 무사들의 복식에서 찾아볼 수 없는 상징적 요소이다. 특히 고구려 무사들이 조우관을 썼다는 사실은 고구려 문화의 뚜렷한 정체성과 자부심을 반영한다. 이러한 조우관은 중앙아시아에서도 발견되는데, 대표적인 사례가 바로 우즈베키스탄 사마르칸트 아프라시압 궁전 벽화이다. 이 벽화는 7세기경에 그려진 것으로 추정되며, 고구려에서 파견된 사절단의 모습을 묘사하고 있다. 벽화 속 인물들은 모두 조우관을 쓰고 있는데, 이를 통해 그들이 고구려 사절임을 한눈에 알아볼 수 있다.

아프라시압 궁전 벽화는 당시 고구려가 단순히 만주와 한반도에 머무르지 않고, 실크로드를 따라 중앙아시아와 활발히 교류했음을 보여주는 중요한 사료이다. 특히 연개소문이 권력을 쥐고 당나라와 대립하던 격동의 시기에, 고구려는 동시에 중앙아시아 각국과의 외교를 이어가며 국제적 위상을 과시했다. 따라서 이 벽화 속 조우관 사절의 등장은 고구려가 국제질서 속에서 중요한 외교 주체였음을 증명하는 생생한 장면이라 할 수 있다.

한편, 고구려 특유의 수렵도 벽화 역시 조우관과 깊은 관련성을 지닌다. 평양과 그 주변의 고분벽화, 특히 무용총과 사신총, 각저총 등에 새겨진 수렵도는 고구려 귀족과 왕실의 권력을 과시하고, 군사적 위용을 드러내는 중요한 주제였다. 벽화 속 인물들은 말을 타고 달리며 활을 쏘고, 때로는 사냥개와 함께 사슴, 멧돼지, 호랑이 같은 야생동물을 쫓는다. 이들의 머리에는 고구려 특유의 관모와 투구, 그리고 조우관이 등장하는데, 이는 단순한 장식이 아니라 고구려 귀족 사회의 권위와 정체성을 드러내는 상징적 장치였다.

수렵 장면은 단순히 생계 활동을 넘어 군사적 훈련과 권력 과시의 성격을 지녔으며, 자연과 인간의 관계를 표현하는 세계관의 일부로도 해석된다. 특히 활의 화살 끝에 '명적(鳴鏑)'이라 불리는 소리를 내는 장치가 달려 있다는 점은 고구려 수렵문화의 특징을 잘 보여준다. 동물들은 생생하게 묘사되어 있으며, 인물들의 동세와 복식 표현 역시 뛰어나 고구려 미술의 정수를 확인할 수 있다.

결국 아프라시압 궁전 벽화 속의 조우관 사절과, 고구려 고분벽화 속 수렵도의 전사들은 서로 다른 공간에서 발견되었음에도 하나의 맥락으로 이어진다. 이들은 모두 고구려라는 국가가 지녔던 독특한 문화적 정체성과 예술성을 드러내며, 동시에 국제적 위상과 교류의 흔적을 증명한다. 조우관은 고구려의 상징으로서, 그리고 수렵도는 고구려인의 정신과 권력을 시각화한 예술로서, 동아시아 미술사 속에서 독보적인 위치를 차지하고 있다.

2-2. 볼가강 하류 초원의 얌나야 문화
"The Yamnaya Culture of the Lower Volga Steppe"

러시아 칼미크 공화국, 볼고그라드 천마 마을
"Kalmyk Republic, Russia, Cheonma Village, Volgograd"

칼미크 공화국의 입구에 세워진 공룡 조각상은 이 지역의 자연사적 상징과 문화적 메시지를 함께 담고 있는 조형물이다. 광활한 볼가강 하류의 초원과 사막 지대에 자리 잡은 칼미크 공화국은 오랜 세월 동안 유목민의 삶의 터전이었지만, 동시에 선사시대 생명체들이 살았던 흔적을 간직한 땅이기도 하다. 공룡은 이러한 자연사의 깊이를 상징적으로 표현하는 대상이며, 조각상은 인간과 고대 생명, 그리고 미래 세대를 연결하는 의미를 지니고 있다. 특히 소년과 함께 표현된 점은 자연을 존중하고 미래 세대와 조화를 이루며 살아가야 한다는 메시지를 담고 있다고 볼 수 있다.

칼미크 지역의 인류사는 주로 신석기 시대 이후 본격적으로 전개되었지만, 러시아와 중앙아시아 전역에서 중생대 공룡 화석이 발견된 사실로 미루어 보아 이 지역 역시 과거 공룡이 서식했을 가능성을 배제할 수 없다. 그러나 이 조각상의 의미는 과학적 사실보다는 자연과 역사의 연속성을 강조하는 상징적 표현에 더 가깝다. 공룡이라는 이미지가 과거와 현재, 그리고 미래를 이어주는 상징으로 선택된 것이다.

사진 속 글씨에는 "Республика Калмыкия"라고 적혀 있는데, 이는 "칼미크 공화국"을 뜻한다. 그 아래에 보이는 "Малодербетовский район"은 행정구역명으로, 칼미크 공화국 내의 '말로데르베토프스키 구역'을 가리킨다. 오른편에는 칼미크 공화국의 국기와 문장이 배치되어 있어, 이곳이 곧 칼미크 공화국의 영토임을 알리는 표지판의 역할을 한다.

칼미크 공화국의 입구에 세워진 칼미크 상징 공룡 조각상

따라서 이 공룡 조각상과 표지판은 단순한 입구 장식을 넘어, 칼미크 공화국의 자연과 역사, 정체성을 함께 드러내는 문화적 상징물이라 할 수 있다. 공룡은 고대 생명력의 상징으로, 미래 세대와 자연의 조화를 담은 시각적 표상이며, 동시에 칼미크 공화국의 자부심과 독자적 정체성을 강조하는 조형물이기도 하다.

칼미크 시내에 세워진 공룡과 소년 조각상은 단순한 장식물이 아니라, 이 지역의 자연사와 인류사, 그리고 미래 세대에 대한 메시지를 담은 상징적 작품으로 이해할 수 있다. 칼미크 공화국이 자리한 볼가강 하류 평원은 지질학적으로 고생대 이후 신생대에 걸친 다양한 퇴적층으로 이루어져 있다. 비록 이 지역에서 직접적으로 공룡 화석이 다수 발견된 기록은 없지만, 러시아와 중앙아시아 일대에서는 중생대에 속하는 공룡 화석들이 꾸준히 출토되었다. 이를 고려하면 칼미크 지역 또한 중생대에 공룡이 살아가던 환경이었을 가능성을 충분히 지니고 있다. 따라서 도시 한가운데 세워진 공룡 조각상은 과학적 사실보다는 자연과 역사의 깊이를 상징적으로 표현한 것으로 보는 것이 적절하다.

칼미크 지역의 인류사는 주로 신석기 시대부터 본격적으로 시작된다. 구석기와 신석기 시대의 석기 도구 뿐 아니라 초기 농경과 가축화, 유목 생활과 관련된 다양한 흔적이 발견되어 왔다. 이후 청동기 시대를 거치며 본격적인 유목민 문화가 발전했고, 현재 칼미크족으로 이어지는 몽골계 민족의 조상들이 이 지역에 정착하게 되었다. 이런 배경은 칼미크가 인류와 자연이 오랜 세월 공존해 온 터전이라는 점을 보여준다.

이러한 맥락에서 공룡과 소년이 함께 표현된 조각상의 의미가 드러난다. 공룡은 고대 생명을 상징하며, 인간이 도달할 수 없는 장구한 시간의 흐름 속 자연의 힘과 영속성을 일깨우는 존재이다. 반면 소년은 미래와 희망, 그리고 새로운 세대를 대표한다. 두 조형물이 나란히 놓여 있다는 사실은 과거와 현재, 인간과 자연을 연결하는 의미를 담고 있으며, 미래 세대에게 자연과 역사, 전통을 잊지 말라는 메시지를 전달한다.

결국 칼미크 시내의 공룡과 소년 조각상은 고대 생명의 흔적과 인류의 삶, 그리고 미래 세

칼미크 공화국의 시내에 세워진 공룡과 소년 조각상

대에 대한 교훈을 함께 아우르는 문화적 상징물이다. 주민들에게는 역사와 자연을 기억하게 하는 역할을 하고, 방문객들에게는 칼미크 공화국의 정체성과 자연에 대한 존중을 시각적으로 보여주는 대표적 예술작품으로 자리하고 있다.

볼가강 하류 지역은 고대 유라시아 스텝 문화가 교차하던 중심지로, 이곳에서는 폰틱카스피안 문화와 얌나야 문화라는 서로 다른 성격의 문화가 전개되었다. 두 문화는 시기와 지역에서 일정 부분 겹치면서도 서로 다른 특징을 보여주며, 이후 동유럽과 중앙아시아, 더 넓게는 세계사 전개에 지대한 영향을 미쳤다.

먼저 폰틱카스피안 문화는 청동기 시대에서 철기 시대에 걸쳐 카스피해와 흑해 주변, 그리고 볼가강 하류 일대를 중심으로 형성된 문화권이다. 이 문화권은 유목민과 정착민이 혼재하여 목축과 농경을 함께 병행하는 복합적인 경제 체계를 이루었다. 무기와 도구, 장신구, 토기 등의 유물이 다수 출토되며, 스텝 유목문화와 인접한 농경 문명과의 교류 흔적도 뚜렷하다. 사회적으로는 부족 단위의 구조 속에 전사 계급과 귀족층이 존재했으며, 이러한 기반 위에서 후대 스키타이나 사르마트와 같은 기마 유목민 집단이 성장할 토대를 마련했다. 결국 폰틱카스피안 문화는 동유럽과 중앙아시아, 코카서스 지역을 연결하는 교량 역할을 하며 다양한 문화가 융합된 복합적 성격을 지닌 문화권이었다.

칼미크인들은 징기스칸의 후예들이다.

이에 비해 얌나야 문화는 기원전 약 3300년에서 2600년경, 청동기 시대 초중기에 흑해 북부와 캅카스, 그리고 볼가강 중·하류 지역을 중심으로 발전한 보다 이른 시기의 문화였다. 얌나야 문화는 특히 인도유럽어족의 원형 집단으로 평가되며, 이후 유럽과 아시아 전역으로 언어와 기마문화를 전파한 결정적 주역으로 꼽힌다. 이들의 대표적 무덤 양식은 움무덤, 즉 쿠르간 무덤으로, 무덤 안에는 말과 무기, 장신구가 함께 묻혀 있어 당대 사회가 전사적 성격을 중심에 두었음을 보여준다. 유전학적 연구에서도 얌나야인은 동유럽 수렵채집인과 남쪽의 농경인 계통이 혼합된 집단으로 확인되었으며, 이는 인도유럽어족 확산의 원동력으로 작용했다.

두 문화는 지리적으로 겹치는 공간에서 형성되었으나, 그 성격에서 차이를 보인다. 폰틱카스피안 문화가 다양한 민족과 생활 방식이 혼합된 복합적 문화권이었다면, 얌나야 문화는 보다 전사 중심이고 기마 유목에 특화된 집단이었다. 얌나야가 인도유럽어족 확산과 기마문화 발전에 집중적인 역할을 했다면, 폰틱카스피안 문화는 스키타이와 사르마트 등 후대 기마민족의 전신이 되는 기반으로 작용했다.

따라서 폰틱카스피안 문화는 복합적이고 융합적인 성격을 지닌 문화권으로 스텝 세계의 다양성을 보여주며, 얌나야 문화는 보다 특화된 기마 전사 사회로서 유라시아 전역에 결정적인 언어적·문화적 영향을 끼친 집단으로 자리한다. 두 문화는 서로 다른 길을 걸었지만, 모두가 고대 유라시아 초원의 역사와 인류 문명 전개에 핵심적인 기여를 남긴 중요한 문화였다.

칼미크 공화국은 러시아 연방 내에 위치한 자치 공화국으로, 그 주민 다수는 몽골계 민족인 칼미크족으로 이루어져 있다. 칼미크족은 몽골 제국 시절부터 이어져 온 유목민의 후손으로, 오늘날에도 언어와 문화, 종교를 통해 몽골 전통을 강하게 유지하고 있다. 이들의 언어인 칼미크어는 몽골어의 한 갈래로, 전통적으로 몽골 문자를 사용하며, 종교는 티베트 불교를 따르고 있다. 특히 칼미크 공화국은 유럽에서 유일하게 불교를 국교적 신앙으로 지닌 지역이라는 점에서 독특한 위상을 갖는다.

칼미크족의 기원은 몽골 고원과 동부 시베리아 일대의 유목 집단에서 비롯되었다. 17세기 초, 이들은 서쪽으로 대규모 이동을 시작하여 결국 러시아 남부 볼가강 하류 지역에 이르렀다. 이곳에서 토르구트 부족을 중심으로 한 칼미크 칸국이 세워졌으며, 러시아 제국과 마주

칼미크 고대 기마 여전사들

칼미크 군사 고대 전투장면. 칼미크의 상징은 알타이 독수리이다.

하면서 복잡한 정치적 관계 속에서 일정한 자치권을 유지하였다. 그러나 20세기에 들어 소련 체제가 확립되면서 칼미크족의 운명은 새로운 시련을 맞이한다.

1920년대에 칼미크 자치주가 설립되었고, 뒤이어 1935년에 칼미크 소비에트 사회주의 공화국이 세워졌다. 하지만 2차 세계대전 시기인 1943년, 소련 정부는 칼미크족을 집단적으로 강제 이주시켜 혹독한 탄압을 가했다. 많은 칼미크인들이 사망하거나 뿔뿔이 흩어졌고, 고향은 텅 비게 되었다. 그들은 긴 세월 타국에서 고통을 겪어야 했으며, 이 사건은 칼미크족 집단 기억 속에 커다란 상처로 남아 있다. 1957년이 되어서야 비로소 칼미크족은 고향으로 돌아올 수 있었고, 다시 자치권을 회복하였다. 이로써 칼미크 공화국은 오늘날 러시아 내에서 몽골계 문화와 불교 전통을 이어온 독자적인 공동체로 자리잡게 되었다.

문화적으로 칼미크족은 전형적인 유목 기마민족으로서 말과 함께 한 생활을 이어왔다. 기마술은 단순한 교통 수단이 아니라 군사력의 원천이 되었으며, 오래전부터 칼미크 기병의 용맹함은 널리 알려져 있었다. 그들의 전사 문화는 남성뿐 아니라 여성에게도 이어졌는데, 벽화에 묘사된 여전사 기병은 이러한 전통을 잘 보여준다. 여성도 기병으로 전투에 참여할 수 있었음을 보여주는 이 이미지는, 칼미크 사회가 지닌 강한 공동체 의식과 전투정신을 상징하는 귀중한 자료라 할 수 있다.

칼미크족은 몽골계라는 본질적 뿌리를 지니면서도, 볼가강 유역이라는 유럽의 관문에서 정착하여 독특한 문화적 융합을 이룩하였다. 그들의 문화는 몽골 전통과 불교 신앙, 그리고 러시아 및 유럽과의 교류 속에서 형성된 다층적 정체성을 보여준다. 즉, 칼미크 공화국 국민의 정체성은 몽골 고원에서 발원한 역사적 연결성과, 서쪽으로의 대이동과 정착, 소련 시대의 고난과 회복의 경험, 그리고 오늘날까지 이어지는 불교적 세계관 속에서 형성된 복합적 산물인 것이다.

벽화 속 여전사 기병의 모습은 바로 이러한 정체성을 압축적으로 담아내고 있다. 그것은 단순한 전투 장면을 넘어, 유목민의 전통, 불굴의 의지, 그리고 민족의 자긍심을 형상화한 상징이라 할 수 있다. 결국 칼미크족은 유럽 속에 뿌리내린 몽골계 민족으로서, 전통과 현대를 아우르는 독특한 문화적 정체성을 지켜가고 있는 것이다.

볼가강 하류 볼고그라드 지역에서 촬영된 목책과 천마지도는 단순한 전시물 이상의 역사적 의미를 지니고 있다. 볼가강은 유럽에서 가장 긴 강으로, 러시아 남부와 동유럽 내륙을 연결하는 거대한 수로였다. 고대부터 이 지역은 스키타이와 사르마티아, 훈족 등 기마 유목민들이 활발히 활동했던 공간이었고, 이후 몽골 제국과 타타르 세력, 러시아 제국에 이르기까지 다양한 집단이 차례로 통치한 전략적 요충지였다. 따라서 이 지역은 언제나 정착민과 유목민, 동양과 서양이 교차하며 혼종적인 문화를 형성한 역사적 퍼즐의 한 조각이었다.

사진 속에 재현된 목책은 바로 이러한 역사를 상징적으로 보여준다. 드넓은 평원 위에 세

러시아 볼가강 하류 볼고그라드 천마마을

워진 목책 성곽은 기마민족이 단순히 이동만을 일삼는 집단이 아니라, 필요에 따라 방어 거점을 구축하고 일정한 생활 공간을 지켰음을 보여주는 증거다. 촘촘히 세운 나무 기둥들의 장벽은 적을 방어하고 내부 거주민과 가축을 보호하는 기능을 수행했으며, 동시에 교역로를 통제하기 위한 군사 전략적 장치이기도 하였다. 이는 유목 세계에서도 치밀한 방어 조직과 사회적 결속이 존재했음을 잘 드러낸다.

또한 현장에서 언급된 천마지도는 고대 신라 경주의 천마총에서 출토된 '천마도'를 연상케 한다. 천마도는 말의 옆에 날개를 그린 장식화로, 현실의 말을 넘어 하늘을 나는 신성한 존재, 곧 권력자와 공동체를 수호하는 상징이었다. 이 그림은 단순한 장식이 아니라 정치적 권위를 의미하고 영적인 보호를 담아낸 신화적 상징이었다. 흥미로운 점은 그 재료가 한반도 남부에서 쉽게 구할 수 없는 자작나무 껍질 위에 그려졌다는 사실이다. 자작나무는 시베리아, 알타이, 북방 유라시아 지역에 널리 자라는 나무로, 이는 천마도의 제작 재료 자체가 한국과 북방 기마문화권의 연결고리를 암시한다. 따라서 천마도는 한반도 내부에서만 독자적으로 발생한 문화물이 아니라, 북방 기마민족의 예술과 종교적 상징이 신라 사회와 접목되어 나타난 복합적 산물일 가능성이 크다.

볼가강 하류에서 이 천마와 관련된 이미지가 함께 언급되는 것은 단순한 우연이 아니다. 이 지역은 유라시아 스텝을 따라 동쪽 알타이와 서쪽 흑해를 이어주는 문화 교류의 가교였고, 기마민족들의 신화적 상징인 하늘을 나는 말은 동서양에서 공통적으로 존중받던 모티프였다. 따라서 볼가강 지역에서 목책과 천마 이미지가 나란히 등장하는 것은 유목민들의 군사적 실체와 그들의 신성한 상징 체계가 동시에 표현된 결과라 할 수 있다.

종합하자면, 볼가강 유역은 단순히 하나의 지리적 공간이 아니라, 군사적 방어를 상징하는 목책과 영적·상징적 보호를 담은 천마의 이미지가 교차하는 곳이다. 이는 곧 이 지역이 단순히 전쟁과 침략의 무대가 아니라 문화적·종교적·예술적 흐름이 교차하며 새로운 문화를 창출해온 역사적 현장이었음을 보여준다. 신라의 천마도가 시베리아와 알타이의 문화적 자산과 연결되어 있듯이, 볼가강 하류 또한 동서 문명이 교차하고 기마문화가 번성한 광대한 역사 네트워크 속의 중요한 고리로 자리 잡아왔다.

카자흐스탄 초원의 벌집 유적

카자흐스탄의 벌집 모양의 흙집 유적은 고대 중앙아시아 정착민들이 남긴 독특한 건축 문화의 한 예로 볼 수 있다. 이 집들은 주로 흙벽돌(어도브)과 진흙으로 쌓아 올려 지었으며, 두껍고 단단한 벽과 함께 원추형 혹은 돔형의 구조를 지니고 있다. 내부는 벌집의 육각 구조처럼 층층이 쌓인 듯한 형세를 보이기도 하며, 중앙부에는 환기구나 채광창이 있어 자연스럽게 바람이 통하고 햇빛이 들어오도록 설계되었다. 이러한 구조적 특징은 여름철에는 내부를 시원하게, 겨울철에는 따뜻하게 유지할 수 있는 단열 효과를 제공하여, 건조하고 극심한 기온차가 나는 초원과 사막 환경에 알맞은 전통 건축 지혜였다.

이 흙집들의 용도는 다양했다. 가장 일반적으로는 주거 공간으로 사용되었으며, 두꺼운 흙벽은 거주민들에게 안정된 생활 환경을 제공했다. 동시에 곡물이나 꿀, 농산물을 보관하는 저장고로 쓰이기도 했는데, 벌집 모양의 구조가 내부 공간 활용에 효율적이었기 때문이다. 일부 학자들은 이러한 건축 양식이 단순한 주거·저장 기능을 넘어, 꿀벌을 기르는 양봉장으로도 사용되었을 가능성을 지적한다. 둥근 구조와 내부 환경이 벌의 서식에 적합했기 때문이다. 또 어떤 지역에서는 종교적 의식이나 제사 공간으로 활용되었다는 해석도 존재해, 용도 면에서 복합적인 성격을 가진 건축 양식이라 할 수 있다.

특히 이 카자흐스탄의 벌집 모양 흙집은 튀르키예 남동부 하란에 남아 있는 아시리아 전통의 벌집 주택과 striking한 유사성을 보인다. 하란의 전통 주택 역시 흙벽돌과 진흙으로 원추형을 이루며, 수천 년 전부터 이어져 온 건축 양식이다. 이는 두 지역이 멀리 떨어져 있음에도 불구하고, 건조하고 기온 차가 큰 자연환경에 대응하는 유사한 기술적 해법을 선택했음을 보여준다. 나아가 중앙아시아와 메소포타미아 지역 사이에 문화적·기술적 교류가 존재했음을 시사하는 사례로도 볼 수 있다.

결국 카자흐스탄의 벌집 모양 흙집은 단순한 건축물이 아니라, 자연환경에 대한 지혜로운 적응과 생존의 산물이며, 동시에 다른 고대 문명과의 교류와 연결을 보여주는 중요한 흔적이다. 하란의 아시리아 벌집 주택과의 유사성은 중앙아시아와 메소포타미아가 고대부터 서로 영향을 주고받았음을 말해주며, 이는 곧 유라시아 문화사의 폭넓은 연속성과 교차를 엿볼 수 있는 귀중한 증거라 할 수 있다.

카자흐스탄에서 발견된 벌꿀 모양의 흙집 유적은 단순한 주거 공간을 넘어, 여러 기능이

카자흐스탄 스텝의 벌집 마을 유적

결합된 복합적 건축물로 이해할 수 있다. 유적의 구조적 특징과 주변 흔적을 살펴보면, 이곳은 인간의 생활뿐 아니라 가축 관리, 물 저장, 그리고 이동하는 유목민들의 쉼터로 활용되었음을 짐작할 수 있다.

먼저 말과 가축 사육과 관련된 기능이 주목된다. 유적 주변이나 내부에서 가축을 기른 흔적이 확인된 점은, 이 흙집이 단순히 거주 공간이 아니라 말과 가축을 함께 보호하고 돌보는 장소였음을 보여준다. 두꺼운 흙벽은 외부의 극심한 더위와 혹독한 추위를 동시에 막아주는 역할을 했으며, 이는 가축을 안전하게 지키는 데도 적합했을 것이다.

또한 일부 구조는 물을 저장하거나 모으는 저수조 역할을 했을 가능성이 높다. 사막과 건조 평야에서는 물 공급이 곧 생존을 좌우했기 때문에, 자연적으로 빗물을 모으거나 일정한 습도를 유지하는 시설을 마련했을 것으로 추정된다. 내부에 뚫린 환기구나 개구부는 단순한 통풍 기능을 넘어, 실내의 습도를 조절하고 물 저장 조건을 유지하는 데에도 기여했을 가능성이 있다.

이러한 흙집은 사막이나 초원의 이동 경로와 교통로 근처에서 일종의 쉼터이자 거점으로 기능했을 것이다. 유목민이나 이동 중인 부족들은 이곳에서 휴식을 취하고, 가축을 돌보며, 물을 보충했을 가능성이 크다. 따라서 벌꿀 흙집 유적은 단순히 '집'의 역할을 넘어서, 이동 생활과 열악한 환경 속에서 공동체가 살아가는 데 필요한 다양한 기능을 수행한 다목적 공간이라 할 수 있다.

결국 카자흐스탄의 벌꿀흙집 유적은 주거, 가축 사육, 물 저장, 쉼터 등 복합적인 용도를 가진 전통 건축 양식이었다. 극심한 자연환경 속에서 통풍과 단열, 습도 조절이 가능하도록 고안된 구조는 유목민들의 생존 지혜를 잘 보여준다. 이 유적은 단순한 생활 공간이 아니라, 유라시아 초원에서 고대인들이 어떻게 자연과 조화를 이루며 적응했는지를 보여주는 귀중한 문화유산이라 할 수 있다.

고대 인류가 말을 조련하고 안장과 재갈을 발명한 과정은 인류사의 큰 전환점으로, 문명의 발전에 지대한 영향을 끼쳤다. 약 5,000~6,000년 전 인류는 야생마를 길들이기 시작했으며, 이는 단순히 동물을 사육하는 행위 이상의 의미를 지녔다. 초기에 사람들은 말을 다루고 길들이는 데 집중했지만, 시간이 흐르면서 약 1,000년에 걸친 점진적인 기술 발전을 통해 말을 타고 조종할 수 있는 도구인 재갈과 안장을 고안해냈다. 이 발명은 인류가 단순히 가축을 부리는 수준을 넘어, 말과 한 몸처럼 이동하고 전투할 수 있는 가능성을 열어주었다.

말의 조련과 기마 기술의 발전은 도시 문명에 거대한 변화를 가져왔다. 무엇보다 교역과 운송 방식이 획기적으로 바뀌었다. 말을 이용해 무거운 물자를 빠르고 효율적으로 운반할 수 있게 되면서 도시 간 물자 교류가 활발해졌고, 이는 도시 문명의 경제적 터전을 크게 확장시켰다. 동시에 군사적인 측면에서도 혁명적 변화를 일으켰다. 기마병의 등장은 전쟁의 양상을 완전히 바꾸어 놓았다. 빠른 이동을 통해 기습과 정복이 가능해지면서 보병 위주의 전투 체계는 점차 약화되었다. 말과 기마 전술을 장악한 집단은 곧 전쟁에서 우위를 점하게

카스피-폰틱 기마 문화

되었고, 이는 약탈, 확장, 정복으로 이어져 도시국가 간의 경쟁을 더욱 치열하게 만들었다.

이로써 사회 구조에도 큰 변화가 일어났다. 말을 다루고 기마 전술을 지배한 엘리트 계층은 권력을 독점했으며, 이 과정에서 부와 힘이 집중되는 계급 사회가 형성되었다. 기마 전술은 단순히 군사적 성공 수단을 넘어, 새로운 지배 질서의 바탕이 되었다고 볼 수 있다.

이러한 변화의 대표적인 사례로 수메르와 아카드의 역사를 들 수 있다. 기원전 3천 년경, 수메르는 인류 최초의 도시 문명 가운데 하나로 등장했지만, 결국 아카드 제국에게 정복당했다. 아카드인들은 말을 이용한 군사적 우위를 앞세워 수메르 도시국가들을 차례로 통합하고 전복시켰다. 말 조련과 기마 전술의 발달은 아카드 제국의 흥기에 중요한 토대가 되었으며, 동시에 수메르 멸망의 결정적 요인이 되었다.

결국 말 조련과 재갈, 안장의 발명은 단순한 교통의 혁신에 머물지 않고, 경제적 성장, 군사적 변혁, 사회 구조의 변화까지 촉발한 문명의 열쇠였다. 수메르와 아카드의 사례에서 볼 수 있듯, 기마 기술은 도시 문명의 성쇠를 좌우한 결정적 동력이자, 이후 인류 역사 전체에 걸쳐 반복적으로 문명의 향방을 바꾸는 힘으로 작용하게 되었다.

수메르와 아카드 문명 간의 전쟁에서 사용된 동물과 전술은 오늘날 우리가 떠올리는 완전한 '기마 전술'과는 다소 차이가 있다. 기원전 3천 년대 후반, 즉 이 시기에는 아직 현대적 의미의 말이 개량되지 않았고, 전쟁에서 주력으로 쓰인 기마병 역시 등장하지 않았다. 대신 메소포타미아의 전쟁터에는 당나귀(donkey), 오나거(onager, 야생 당나귀), 혹은 이 둘을 교배한 혼합종이 사용되었다. 이들은 오늘날 말보다 체구가 작고 속도도 느렸지만, 전쟁에서는 무거운 짐을 운반하거나 초기형 전차를 끄는 중요한 전투 자원이 되었다.

전장의 변화를 이끈 것은 바로 초기 형태의 전차였다. 이 전차는 목제 바퀴와 간단한 구조로 이루어져 있었고, 당나귀나 오나거 혼합종이 이를 끌었다. 비록 속도와 기동성이 제한적이었지만, 메소포타미아 평원의 평탄한 지형 위에서는 보병보다 빠르게 이동할 수 있었다. 전차는 크게 네 가지 역할을 수행했다. 첫째, 병력을 빠르게 이동시키는 수송수단이 되었고, 둘째, 돌진하여 적 보병 대열을 흐트러뜨리는 심리적·물리적 충격을 주었으며, 셋째, 지휘관이 탑승하여 전장을 시찰하고 병력을 지휘하는 지휘차량으로 활용되었다. 넷째, 전차에 탄 병사가 활이나 창을 사용해 적을 공격하는 원거리 공격 플랫폼으로도 사용되었다.

아카드 제국의 사르곤 대왕은 이러한 전차 전술을 군사 조직 개편과 결합하여 탁월하게 활용했다. 수메르 도시국가들이 각기 독립적으로 보병 위주의 방어적 체계를 갖춘 데 반해, 아카드 군대는 보다 기동적이고 공격적인 전략을 펼쳤다. 잘 훈련된 보병과 함께 전차를 결합하여 전장을 압도하면서, 분산된 수메르 군대를 개별적으로 격파하는 방식으로 전쟁을 주도했다.

따라서 수메르와 아카드 문명 간 전쟁에서 말 그 자체의 역할은 아직 제한적이었으나, 당나귀와 오나거 혼합종이 끄는 초기 전차는 군사적 판도를 바꾸는 핵심 도구가 되었다. 이는 메소포타미아 전쟁사 속에서 기마 전술이 태동하는 순간이었으며, 이후 인류사에서 말과 전차가 전쟁의 양상을 근본적으로 변화시키는 시발점이 되었다고 할 수 있다. 아카드인들의 승리와 수메르 문명의 쇠퇴 속에는 이러한 "기동력의 혁신"이 자리잡고 있었던 것이다.

카스피-폰틱 문화의 기마 문화는 메소포타미아와 페르시아의 인도 유럽어족 시조이다.

03.

코카서스 3국의 신화:
아제르바이잔 고부스탄,
조지아 카즈베기,
아르메니아 아라라트와
폰틱-카스피 문화

3-1. 아제르바이잔
- 고부스탄 암각화군과 불의 전설
"Azerbaijan - Gobustan Petroglyphs and the Legend of Fire"

동 카스피 신석기 문화 (East Caspian Neolithic Culture)

아제르바이잔의 아프셰론 반도와 고부스탄 일대는 고대 불 숭배 신앙, 조로아스터교의 유산, 그리고 선사시대 암각화와 악기 전통까지 이어지는 매우 풍부한 문화·역사적 흔적을 품은 땅이다.

먼저 아테슈가(Ateshgah) 사원은 바쿠에서 약 30㎞ 떨어진 수라카니(Suraxani)에 위치한다. '불의 집', 혹은 '불의 장소'를 뜻하는 이 사원은 땅속에서 자연적으로 솟아오르는 가스가 타오르는 현상으로 인해 신성시된 장소였다. 역사가들에 따르면, 이 지역에는 이미 기원전 109세기 무렵 불 숭배 사원들이 세워져 있었고, 아제르바이잔 땅은 조로아스터교의 핵심 중심지 가운데 하나로 발전했다. 당시 추종자들은 이곳에 수많은 마바드(사원)를 세웠으나, 이후 이슬람이 전래된 뒤 대부분 파괴되거나 쇠락했다. 오늘날 우리가 보는 아테슈가 복합 사원은 1718세기에 다시 지어진 것이며, 이는 불 숭배 신앙이 장구한 세월을 거쳐 다양한 형태로 존속해왔음을 보여준다.

고부스탄(Qobustan) 지역은 또 다른 의미에서 독특하다. 이곳은 선사시대 암각화와 동굴 유적, 그리고 고대의 생활 흔적이 밀집한 보호구역으로 지정되어 있다. 연구에 따르면 약 20개의 주요 동굴이 발견되었으며, 대표적으로 아나-자가(Ana-zaga), 카니자(Kaniza), 오브출라르 자가시(Ovchular zagasi), 오쿠즐라르(Okuzlar), 피루즈(Firuz), 다샬티(Dashalti), 제이란(Jeyran)

동굴이 있다. 이곳에서는 구석기와 신석기, 청동기 시대를 거쳐 후기 역사 시대까지 사람들이 거주했던 흔적이 남아 있다. 암벽에는 사냥 장면, 무기, 그리고 사람과 가축이 함께 진 depicted한 그림들이 남아 있으며, 발굴에서는 석기 도구, 무기, 야생 동물과 가축의 뼈, 불을 피운 흔적 등이 다수 발견되었다. 이러한 자료는 당시 사람들의 생활 방식과 믿음, 사회 구조를 이해하는 중요한 자료가 된다.

여기에 더해 고부스탄에는 '가발다쉬(Qavaldas)'라 불리는 특이한 유물이 있다. 우리말로는 '탬버린 돌'이라 번역할 수 있는 이 돌들은 고대의 가장 오래된 악기 가운데 하나로 평가된다. 가발다쉬는 거대한 편평한 암석이 다른 돌 위에 걸쳐진 구조인데, 이를 다른 돌로 두드리면 다양한 음높이의 소리가 울려나온다. 이렇게 연주되는 직접적인 멜로디는 종종 제의적 춤이나 종교적 의식과 함께 사용되었을 것으로 보이며, 위험이 닥쳤을 때 경보를 알리는 신호로도 쓰였을 가능성이 있다. 현재까지 알려진 가발다쉬는 진기르다그(Cingirdag) 산과 보윅다쉬(Böyükdas) 산 기슭에서 각각 한 점씩 발견되었다.

이처럼 아테슈가의 불의 사원, 고부스탄의 동굴 암각화와 악기 전통은 아제르바이잔 지역이 고대부터 인류의 삶과 신앙, 예술과 과학이 교차한 공간이었음을 보여준다. 불 숭배에서

아제르바이잔 바쿠 불의 사원 (Ateshgah of Baku, Fire Temple of Baku)

이슬람 신앙으로 이어지는 종교의 변화, 그리고 선사인들의 생활과 음악적 창의성이 어우러진 이 지역은 단순한 고고학 유적을 넘어, 인류 문명사의 중요한 단편을 증언하는 유산으로 오늘날까지 살아 있다.

　　아제르바이잔의 고부스탄과 아프셰론 반도 일대는 예로부터 불 숭배 신앙과 깊은 관련을 맺어온 지역이다. 고대 시대 이곳에는 불을 신성시하는 제단과 사원이 세워졌고, 먼 나라에서 온 불 숭배자들이 이곳을 찾아 순례하곤 했다. 역사가들의 연구에 따르면, 기원전 10~9세기 무렵 이미 이 지역은 조로아스터교의 중요한 중심지 가운데 하나로 자리 잡았으며, 그 추종자들은 여러 곳에 신전을 짓고 불을 향한 신앙을 이어왔다. 그러나 아제르바이잔 지역이

바쿠 불의 사원(Ateshgah of Baku, Fire Temple of Baku)
독수리 부조 아래 풍속 고대인 그림이 있는 카페트와 불의 사원 풍경

이슬람을 받아들인 이후, 불 숭배와 관련된 대부분의 사원과 제단은 점차 파괴되거나 자취를 감추게 되었다.

그럼에도 불구하고 이 전통은 일부 곳에서 명맥을 이어갔는데, 대표적인 사례가 바로 수라카니(Suraxani)에 위치한 아테슈가(Ateshgah) 사원이다. '아테슈가'는 '불의 집', '불의 장소'를 뜻하는데, 이는 이곳 땅속에서 솟아오르는 천연 가스가 타올라 불꽃이 꺼지지 않는 독특한 자연 현상에서 비롯된 이름이다. 바쿠에서 약 30㎞ 떨어진 이 사원은 고대부터 신성한 장소로 여겨졌으며, 현재 남아 있는 건물들은 주로 17세기에서 18세기 초 사이에 건립된 것이다. 흥미로운 점은, 이 건물들이 사실상 서기 2~3세기 무렵 이미 존재했던 더 오래된 사원의 폐허 위에 다시 세워졌다는 사실이다.

따라서 아테슈가 사원은 단순히 하나의 종교 건축물이 아니라, 고대 불 숭배 신앙이 이슬람 도래 이전까지 이어졌음을 보여주는 산 증거라고 할 수 있다. 이곳은 불을 숭배하던 옛 신앙과, 지하 가스가 만들어낸 자연 현상, 그리고 여러 시대를 거치며 재건된 건축 흔적이 겹겹이 쌓여 있는 문화적 유산으로, 오늘날까지도 아제르바이잔의 정체성과 역사적 뿌리를 증언하고 있다.

아제르바이잔 바쿠의 이체리 세헤르(구시가지)에 있는 두 조각상, 즉 '연주를 하는 사람'과 '양머리 사람' 조각상은 고대 바쿠 지역의 문화와 신앙, 예술적 전통을 이해하는 데 중요한 단서를 제공한다.

먼저 '연주를 하는 사람' 조각상은 손에 악기를 들고 연주하는 장면을 표현하고 있다. 조각 속 악기의 형태는 정확히 식별되지는 않지만, 고대의 현악기나 관악기 중 하나로 추정된다. 이 모습은 단순히 음악을 즐기는 행위가 아니라, 음악이 당시 사회와 의식에서 신성하고 필수적인 역할을 했음을 상징적으로 보여준다. 연주자의 얼굴 표정은 단순하지만 집중하고 몰입하는 모습으로 형상화되어 있어, 음악이 종교적 의례나 공동체 행사에서 중요한 의미를 지녔음을 뒷받침한다. 이는 곧 바쿠 지역에서 음악과 예술이 단순한 오락을 넘어 영적·사회적 가치가 부여된 영역이었으며, 음악가나 예술가의 사회적 지위가 상당히 높았음을 시사한다.

'양머리 사람' 조각상은 사람의 몸에 양의 머리를 한 형상으로 제작되었는데, 이는 고대 신화적이거나 종교적 상징을 강하게 담고 있다. 양은 코카서스와 중동 지역 전반에서 풍요와

바쿠의 이체리 셰헤르(구시가지)에 있는 두 조각상 '연주를 하는 사람'과 '양머리 사람' 조각상은 고대 바쿠 지역의 유목민 문화와 신앙, 예술적 전통을 설명한다.

다산, 희생, 보호를 의미하는 중요한 동물로 여겨졌다. 따라서 이 조각상은 단순한 우화적 표현을 넘어 공동체의 수호신, 혹은 제의적 행위에서 중요한 역할을 맡았던 신격화된 존재를 상징하는 것으로 해석된다. 얼굴과 몸의 표현은 사실적이라기보다는 상징적이고 원시적인 양식을 띠고 있는데, 이는 고대 부족 사회가 지녔던 신앙 체계와 밀접하게 연결된다. 부족이나 집단을 초월적으로 보호하는 신적 존재, 혹은 의례에 사용된 신격화된 인물의 형상으로 이해할 수 있는 것이다.

결국, 이 두 조각상은 모두 바쿠 지역의 고대 사회가 어떻게 신앙과 예술을 결합하여 표현했는지를 잘 보여준다. 음악을 통해 공동체의 결속과 신성한 의례를 형상화했으며, 양머리 사람을 통해 풍요와 보호를 기원하는 상징적 신앙 체계를 드러냈던 것이다. 특히 이곳이 바쿠 구시가지, 즉 이체리 셰헤르라는 역사적 공간에서 발견되었다는 점은 바쿠가 고대로부터 여러 문화와 신앙이 공존하며 살아 숨 쉬던 도시였음을 보여주는 중요한 증거라 할 수 있다.

아제르바이잔 바쿠의 이체리 셰헤르(Icheri Sheher) 구시가지 야외 박물관에 전시된 조각상들은 고대부터 중세 초기까지 다양한 시기에 걸쳐 제작된 중요한 문화유산이다. 이 조각상들은 기원전 1천년경 청동기 말기에서 철기 초기(약 기원전 20001000년경)부터 중세 초기인 912세기까지의 긴 시간 동안의 문화층을 반영한다. 이체리 셰헤르는 바쿠에서 가장 오래된 거주지로, 여러 시대의 문화적 변천을 굳이 쌓아올린 복합적인 도시 공간인 만큼 이 조각상들도 그 역사적 상황을 보여준다.

문화적으로 이 조각상들은 코카서스 지역 및 아제르바이잔 고대 부족 사회에서 신앙과 권력의 상징 역할을 하였다. 많은 조각상은 부족이나 공동체의 수호신을 나타내며, 고대 신앙과 조상 숭배, 자연신앙을 반영한다. 특히 얼굴의 윤곽이 단순화된 인물 모습은 신격화되거나 신을 상징하는 것으로 해석되어, 단순한 인물형 조각이 아닌 종교적 기념비적 역할을 수행하였다. 사회적으로는 부족장이나 권력자의 권위를 나타내는 상징물로서 부족과 권력 구조를 표현했으며, 조각의 단순함 속에 코카서스 지역 고유의 석재 가공술과 예술성이 반영되어 있다.

중앙에 위치한 큰 석상은 보호 신격 혹은 부족 수호신으로 이해된다. 눈과 코가 과장되지 않고 단순하게 형상화된 이 조각은 고대 코카서스 지역에서 흔히 볼 수 있는 예술 양식이다. 주변에 배치된 작은 인물들은 의식을 수행하거나 신의 대리자로 여겨졌으며, 부족 사회 종교 의식에서 중요한 역할을 담당했다. 또 다른 기념비적 석조물들은 고대 무덤이나 제단의 일부일 가능성이 크며, 의식 공간을 구성하였을 것으로 추측된다.

이 조각상들은 고대 바쿠와 코카서스 지역 사회의 종교적 신앙과 사회구조, 예술적 전통을 이해하는 데 결정적인 자료이자 증거이다. 특히 이체리 셰헤르라는 역사 깊은 도시 공간 내에서 발견된 덕분에, 바쿠가 고대부터 중세까지 연속적으로 인류 문명의 중심지로 발전해 온 장소임이 입증된다. 이들은 코카서스 지역 내 문화 교류와 종교 변천을 연구하는 중요한 실마리를 제공함과 동시에, 바쿠 고대 도시 경관과 조화를 이루어 오늘날까지도 지역 문화유산의 가치를 크게 높이는 역할을 하고 있다.

바쿠의 이체리 셰헤르(구시가지)에 있는 고대 조각상

　고부스탄 암각화는 인류의 초기 문명이 남긴 흔적을 바위 위에 펼쳐놓은, 일종의 "돌로 된 책"과도 같다. 오늘날 우리가 누리는 문명은 불과 수천 년의 시간에 걸쳐 이루어진 것이지만, 고부스탄의 바위그림은 그보다 훨씬 오래전, 인류가 막 주변 세계와 관계를 맺고 생활 방식을 정립해 가던 시기의 모습을 보여준다. 당시 사람들의 흔적은 아직 미약하여, 주변 환경에 남긴 영향은 크지 않았다. 그러나 고부스탄에서 발견된 암각화와 생활 도구들은 그들이 어떤 삶을 살았고, 무엇을 믿었으며, 어떻게 예술을 시작했는지를 알려주는 귀중한 기록이다.

　바위에 새겨진 수많은 그림 속에는 가면을 쓴 인물, 사냥 장면, 춤을 추는 모습, 가축과 인간의 관계가 포함되어 있다. 이는 단순한 그림이 아니라 당시 사람들의 직업과 종교적 신앙, 그리고 예술의 출발점까지 반영한 상징적 흔적이다. 예컨대 가면을 쓴 모습은 원시적인 신앙과 의식을 나타내며, 이는 집단적인 삶과 초자연적인 세계에 대한 인식을 시각적으로 표현한 것이다.

그렇기 때문에 고부스탄은 인류 초기 생활과 신념 체계를 파악할 수 있는 중요한 보고라 할 수 있다. 수많은 암각화는 정착민들의 관습과 직업, 의례와 예술 활동을 하나의 연대기로 엮어내고 있으며, 이것은 곧 인류 문명이 나타나고 성장해온 과정을 압축적으로 보여준다. 문학과 학계에서도 고부스탄은 자주 언급되고, 사진

고부스탄 암각화군 선사시대 움집(Gobustan petroglyphs prehistoric dwellings)

으로도 널리 알려져 있지만, 그것이 가진 의미를 온전히 설명하기란 쉽지 않다.

결국 고부스탄이 우리에게 제기하는 질문은 단순하다. 이 암각화를 남긴 사람들은 누구였을까? 왜 이 땅을 선택해 삶과 의례의 흔적을 남겼을까? 그리고 이 정착은 어떤 과정을 거쳐 진화했을까? 이러한 물음에 대한 답을 찾는 과정이야말로, 돌에 새겨진 선사 문명의 책장을 차례로 열어가는 여정이다. 고부스탄은 바로 그 질문을 던지며, 우리로 하여금 인류의 기원을 깊이 성찰하게 하는 인류사의 중요한 문화적 증언이라 할 수 있다.

러시아 극동 블라디보스토크 인근에서 발견된 악마문 동굴은 인류 이동사 연구에서 매우

고부스탄 암각화 박물관의 현생인류 이동 지도,
Map of modern human movement at the Gobustan Rock Art Museu

중요한 의미를 지닌다. 유전학적 분석 결과, 이곳에서 살았던 인류는 남방계 인류와 긴밀한 관련성을 지니고 있음이 밝혀졌다. 현생인류가 아프리카에서 출발하여 동아시아로 이동한 시기를 약 2만 5천 년 전으로 추정할 때, 악마문 동굴 인류는 바로 그 남방계 집단이 동북아시아까지 진출해 남긴 흔적이라고 해석할 수 있다. 이는 곧 그 시기 이미 남방계 인류가 북방으로 이동하여 동북아시아에서 생활하고 있었음을 보여주는 확실한 증거다.

이런 점에서 악마문 동굴 인류는 한국인 기원 연구와도 깊은 관련이 있다. 유전학적 연구가 보여주듯 한국인은 남방계와 북방계 인류가 혼합되어 형성된 집단이다. 즉, 악마문 동굴에 거주했던 인류는 남방계 계통을 지닌 초기 거주민으로, 이후 북방계 인류와의 융합을 통해 오늘날 동아시아인의 유전자 흐름에 기여했으며, 한민족의 기원과 발전에서도 중요한 위치를 차지하게 되었다. 요약하면, 2만 5천 년 전 동북아시아로 들어온 남방계 인류의 후예들 가운데 하나가 악마문 동굴 인류였고, 이들은 인류 이동과 진화 과정의 중요한 연결고리로 평가된다.

한편, 카스피해 연안에 위치한 고부스탄 역시 인류사의 기원을 보여주는 또 다른 현장이다. 고부스탄은 암각화와 고대 거주지, 무덤, 동굴, 거석 구조물이 밀집한 거대한 야외 박물관으로, 6,000점이 넘는 암각화가 발견되었다. 이 그림들에는 사냥과 전투, 농경과 어로, 의식적 춤과 동물 숭배 등 인류 생활 전반이 담겨 있어, 당시 사회와 신앙을 생생히 증언해 준다. 고부스탄은 단순히 지역적 현상이 아니라, 카스피해 연안에서 시작된 고대 문화가 코카서스와 아나톨리아, 더 나아가 메소포타미아로까지 이어지는 문명적 확산 과정의 일부로 이해된다.

이처럼 고부스탄은 초기 부족 연합과 고대 국가가 발생한 역사적 요람으로서, 인류 문명 형성의 흐름 속에 자리 잡고 있다. 따라서 이곳을 연구하는 것은 아제르바이잔뿐 아니라 코카서스 전역, 메소포타미아, 아시아 소아시아 지역의 고대사를 이해하는 데 중요한 의미를 지닌다. 20세기 역사가 아놀드 J. 토인비가 강조했듯, 고부스탄을 설명하려면 그 자체만 보아서는 안 되고, 더 큰 문명사의 맥락 속에서 바라보아야 한다. 악마문 동굴에서 출발한 인류의 이동 경로와 고부스탄의 거석 문화는 결국 서로 다른 지역에서 같은 질문을 던진다. "인류는 어디서 와서, 어디로 향하는가?"라는 물음에 답하기 위해서는 이 두 유산을 함께 조망해야 한다.

고부스탄 암각화군은 수만 년 전부터 사람들이 거주하며 남긴 흔적으로, 사냥과 농경, 종

고부스탄 암각화군 박물관의 고대 선사인 재현, Reproduction of ancient prehistory in the Gobustan Petroglyphs Museum,
고부스탄 암각화군 박물관의 활을 쏘는 사람 암각화Bow shooter petroglyphs in the Gobstan Rock Carving Group Museum,

교적 의식 등 당시 인류의 다양한 생활을 보여주는 귀중한 기록이다. 바위 위에 새겨진 수천 점의 그림은 단순한 예술적 표현을 넘어, 인류가 주변 환경에 적응하고 문명을 향해 나아가던 과정을 생생히 증언하고 있다. 역사가 아놀드 J. 토인비가 지적했듯, 고부스탄은 카스피해 연안에서 시작되어 코카서스와 동부 아나톨리아로 이어진 문명 확산의 맥락 속에서 이해되어야 한다. 이는 곧 고부스탄 지역에서 살았던 고인류가 메소포타미아와 아나톨리아 신석기 문명 발전에 직·간접적 영향을 주었을 가능성을 시사한다. 즉, 고부스탄 거주민들은 단순한 지역적 집단이 아니라, 후대 신석기 문명의 형성에 문화적·인구학적 연속성을 제공한 조상 집단 가운데 하나일 수 있다. 물론 이러한 주장은 아직 가설의 영역에 머물러 있으며, 이를 보다 명확히 하기 위해서는 광범위한 학술적 연구가 필요하다. 유전학적 분석을 통한 인구 이동의 추적, 고고학 발굴을 통한 생활양식의 비교, 그리고 문화적 상징과 종교적 표현의 연속성을 탐구하는 비교 연구가 함께 이루어져야 한다. 이와 같은 맥락에서 고부스탄 암각화군을 얌나야 문화, 알타이의 안드로노보 문화와 연결해 살펴보는 접근은 매우 의미가 있다. 카스피해 연안에서 시작된 인류 문명의 흐름이 초원을 거쳐 유라시아 대륙 전반으로 확산되는 과정 속에서, 고부스탄은 그 출발점이자 중요한 매개 지점이었다. 따라서 고부스탄 고인류가 메소포타미아와 아나톨리아 신석기 문명의 조상 가운데 하나일 가능성은 충분히 타당하며, 앞으로도 깊이 있는 연구 주제로 탐구할 가치가 크다.

고부스탄 암각화군은 인류의 초기 역사와 문명을 이해하는 데 있어 절대적으로 중요한 유적지로 평가된다. 학자 이그라르 알리에프는 "고부스탄이 없다면 우리의 역사를 상상하는 것은 불가능하다"고 말하며, 고부스탄을 단순한 유적지를 넘어선 진정한 야외 박물관이자 미술관으로 규정했다. 바위에 새겨진 6,000점이 넘는 암각화와 더불어 주거지, 매장지, 동굴, 거석 구조물이 함께 발견된 이 지역은 중석기 시대부터 후대에 이르는 긴 시간 동안 사람들의 생활과 신앙, 예술 활동을 기록한 공간이다.

암각화 속에는 사냥과 전투, 농경과 어로, 의식과 춤, 새와 뱀, 가축과 물고기, 태양과 배 등이 생생하게 묘사되어 있다. 단순한 그림을 넘어 당시 사람들의 세계관과 신앙 체계, 그리고 삶의 방식을 이해할 수 있는 귀중한 자료들이다. 우아하면서도 역동적인 조각과 그림은 선사시대 예술의 빼어난 아름다움을 오늘날에도 전해준다.

고부스탄 암각화군에서 바라본 카스피해
Caspian Sea seen from the Gobustan petroglyphs

고부스탄 암각화 가는 길
The road to the Gobustan petroglyphs

　최근 고고학적 조사에 따르면, 고부스탄뿐만 아니라 전반적인 압셰론 반도가 여전히 많은 비밀을 간직하고 있음이 드러났다. 이곳을 해독해 나가는 과정은 쉽지 않고 여러 학문의 협력을 필요로 하지만, 궁극적으로 그 성과는 아제르바이잔은 물론 코카서스, 메소포타미아, 소아시아에 이르는 광대한 지역의 역사를 새롭게 이해하는 데 기여할 것이다. 왜냐하면 고부스탄의 문화와 예술은 결코 지역적으로 한정된 현상이 아니라, 카스피해 연안에서 태동해 코카서스와 아나톨리아, 나아가서 동부 지중해 세계까지 확산된 거대한 문명 발전 과정의 일부이기 때문이다.

　카스피해 주변은 지중해 지역과 마찬가지로 초기에는 부족 연합의 중심지였으며, 후대에는 동방 역사의 흐름을 크게 결정지은 고대 국가들의 발상지가 되었다. 따라서 고부스탄을 단순히 독립적 현상으로 해석하는 것은 심각한 오류일 것이다. 그것은 분명 더 큰 문명사의 일부이자 연결 고리였다. 이 점에서, 저명한 20세기 역사가 아놀드 J. 토인비의 조언은 여전히 유효하다. 그는 "부분을 이해하기 위해서는 먼저 전체에 주의를 집중해야 한다"고 말했는데, 고부스탄 현상을 이해하는 데에도 이 접근은 반드시 적용되어야 한다. 고부스탄은 단순한 지역 문화가 아니라, 인류 문명의 기원과 발전을 잇는 거대한 그림 속 하나의 중요한 조각이며, 따라서 전체 맥락을 통해서만 그 진정한 의미가 드러난다.

아제르바이잔의 고부스탄 지역은 인류가 매우 이른 시기에 정착했던 역사적 땅임을 보여
준다. 역사가들은 코카서스 지협이 인류 조상의 삶의 보금자리 중 하나였다고 지적하며, 고
부스탄은 그 증거로 손꼽는다. 이 지역에서 발견된 초기 매장지는 기원전 1만 8천 년까지 거
슬러 올라가며, 이는 사람들이 새로운 사냥터와 정착지를 찾아 이곳으로 이주했음을 시사한
다. 당시 인구는 많지 않았는데, 그 이유는 질병, 굶주림, 그리고 끊임없는 맹수의 위협 속에
살아야 했기 때문이다.

고부스탄에 정착한 최초의 인간 집단은 무리를 이루어 살아가며, 풍부한 초식 동물과 열
매, 식용 식물에서 생존을 위한 자원을 얻었다. 동시에 바위와 동굴은 그들에게 포식자와 악
천후로부터 피난할 수 있는 안전한 쉼터를 제공했다. 이 시기는 인류 물질문화의 발전이 본
격적으로 시작된 중요한 전환기였으며, 프랑스의 르 무스티에(Le Moustier) 동굴을 기준으로
명명된 무스티에(Mousterian) 시대에 해당한다. 이 시기 사람들은 다양한 석기 도구를 만들어
사용했는데, 칼, 스크레이퍼, 첨두 도구, 드릴, 작살 등 100가지에 가까운 도구가 이미 존재
했다. 또한 뼈 역시 도구 제작에 활용되며, 무기의 종류가 늘어나자 초식 동물을 더욱 효과
적으로 사냥하고 맹수의 위협에도 대항할 수 있었다. 남부 코카서스 지역에서는 낚시도 일
찍부터 발달했으며, 여전히 열매와 뿌리 채집은 중요한 식량원으로 남았다.

고부스탄의 초기 집단은 수렵·채집 경제를 중심으로 살아가면서 동굴과 바위 아래의 피
난처를 활용했다. 때로는 나뭇가지로 프레임을 만들고, 동물 가죽이나 풀로 이를 덮어 임시
거처를 마련하기도 했다. 따라서 이들은 단순한 유목민이 아니라 장기간 특정 지역에서 생
활한 정착민에 가까운 존재였다.

사회 구조적으로는 모계 중심의 공동체-씨족 체계를 형성했을 가능성이 크다. 생산 수단
이 집단의 공유 재산이었던 사회에서 여성들은 주요한 역할을 담당했다. 여성은 거처의 관
리인, 아이의 양육자, 그리고 무엇보다 매일 집단의 음식을 확보하는 주된 공급자로 자리했
다. 풍부한 식량 채집 능력 외에도, 건강하고 다산인 여성은 씨족의 성장과 노동력 확보에도
중요한 의미를 지녔다. 이러한 이유로 여성은 종교적 신념과 금기 체계에서도 중요한 지위
를 갖게 되었으며, 고부스탄 암각화에 기록된 모계적 전통은 오랜 세월 동안 지속되었다.

그러나 시간이 흐르면서 사회 구조에는 변동이 일어났다. 창, 투창, 작살, 활과 화살 같은
원거리 무기의 개발은 사냥에서 더 많은 성과를 거두게 했고, 남성들이 점차 사냥과 전투에

서 두각을 나타내면서 공동체 내 역할이 변화하기 시작했다. 여기에 가축 사육과 농업 같은 새로운 경제 활동이 등장하면서, 점차 남성 주도의 사회 구조가 자리 잡아갔다.

결국 고부스탄은 초기 모계 사회에서 남성 중심 사회로 이행해 가는 거대한 변화의 무대를 보여주는 중요한 증거다. 암각화와 고고학적 흔적 속에는 인류가 가족, 씨족, 신앙 공동체를 이루어가며 문명으로 향해 나아가던 원형이 고스란히 새겨져 있다.

고부스탄의 최초 주민들이 누구였는가 하는 물음은 언제나 학자와 여행자들의 상상과 호기심을 자극해왔다. 아직 체계적인 발굴이 시작되기 전에는 수많은 이론들이 제시되었고, 그 모습과 기

고부스탄 선사 원주민 유전자는 고대 그리스인과 게르만인, 그리고 고대 슬라브인들에게서도 일치한다.
The genes of the prehistoric indigenous people of Gobustan are also consistent with the ancient Greeks, Germanic peoples, and ancient Slavs.

원에 대해 다양한 가설이 오갔다. 오늘날 고고학자와 인류학자들의 연구 성과는 그들이 하나의 단일 집단이 아니라 서로 다른 신체적 특성을 지닌 사람들의 집합이었다는 사실을 보여준다. 어떤 이들은 짧고 둥근 두개골을 지닌 *단두형(brachycephalic)*이었으며, 다른 이들은 길고 좁은 두개골을 지닌 장두형(dolichocephalic)이었다.

흥미로운 점은 이 장두형 특성이 특정 민족이나 지역에 한정된 것이 아니라, 여러 인종과 집단에서 나타났다는 사실이다. 석기시대 유럽에서도 이미 장두형이 지배적이었고, 이는 고

대 그리스인과 게르만인, 그리고 고대 슬라브인들에게서도 공통적으로 확인된다. 즉, 고부스탄의 첫 번째 주민들도 인류 전체 진화 과정 속에 놓여 있었고, 그들의 외형적 특징은 세계 다른 지역의 초기 집단과 결코 고립된 것이 아니었다.

고부스탄의 무덤에서 나온 가장 오래된 해골은 키가 150㎝를 넘지 않는 것으로 분석되었지만, 그들 중에는 더 큰 체격을 가진 이들도 있었을 가능성이 크다. 당시 사람들의 모습은 왜소해 보였을지 모르나, 그들의 삶은 결코 보잘것없는 것이 아니었다. 원시적인 조건 속에서도 도구를 제작하고, 동물을 사냥하며, 불을 다루고, 공동체를 이루며 살아갔다. 이는 인류가 연약한 육체를 넘어 자신을 지탱할 수 있는 사고와 창조의 능력을 지니고 있었음을 방증한다.

프랑스의 사상가 블레즈 파스칼은 인간을 두고 "인간은 자연 속에서 가장 연약한 갈대지만, 생각하는 갈대다"라고 말했다. 우주는 인간을 무너뜨리기 위해 강력한 힘을 필요로 하지

고부스탄 암각화의 이러한 선형 그림은 주로 인간 형상, 집단 의례, 춤, 사냥 및 신성한 행위 등을 의미한다. 그림에서 볼 수 있는 여러 명의 길고 똑바른 선으로 이루어진 인간 형상은 집단 사냥, 춤, 의식, 제의행위, 혹은 공동 노동을 나타낸다
These linear drawings of Gobustan petroglyphs mainly refer to human figures, group rituals, dances, hunting, and sacred acts. The human figures of several long, straight lines seen in the painting represent group hunting, dancing, rituals, ceremonial acts, or communal labor

않는다. 찬 바람 한 줄기, 물 한 방울, 작은 사고 하나만으로도 인간은 쓰러질 수 있다. 그러나 설령 온 우주가 인간을 압도하고 짓눌러버린다 하더라도, 인간은 여전히 그 살해자보다 고귀하다. 왜냐하면 인간은 자신이 얼마나 약한지를 알고 있으며, 동시에 자신을 둘러싼 세계를 인식하고 설명하는 능력을 지녔기 때문이다. 우주는 거대한 듯 보이지만, 자신이 무엇을 하고 있는지도 모르며, 그 의미도 깨닫지 못한다.

따라서 고부스탄의 첫 거주자들은 비록 작은 체구와 원시적 삶을 살았을지라도, 생각하는 존재로서 세계를 인식하며 살아갔던 '생각하는 갈대'였다. 그들의 흔적은 암각화와 뼈, 도구로 남아 오늘의 우리에게 말을 건네고 있으며, 그 작은 발걸음이 결국 인류 문명의 거대한 여정을 열어주었다.

인류의 삶에 큰 변화를 가져온 혁신 가운데 하나는 식량을 저장하는 기술의 발달이었다. 고부스탄에서도 확인되듯, 사람들은 땅속에 구덩이나 우물을 파고 그 안을 점토로 바르거나 돌로 쌓아 식량을 보관했다. 이러한 저장고는 단순히 생존의 수단을 넘어 사회 구조에까지 영향을 미쳤다. 남는 식량은 사람들을 미래에 대한 불안에서 해방시켜 주었고, 아이들의 사망률을 낮추었으며, 사회 내부의 분화와 불평등을 촉진했다. 더 많은 식량을 확보한 집단이나 개인은 점차 권력을 가지게 되었고, 이에 따라 상속과 사유 재산이라는 개념이 태동하기 시작했다. 이는 장차 계급 사회로 나아가는 기반이 되었다.

신석기 시대에는 최초의 도자기가 나타나 요리나 물, 곡물을 저장하는 데 쓰였고, 숟가락 같은 식기도 만들어졌다. 아마도 이 시기 직조 기술도 중동과 마찬가지로 시작되었을 것으로 보지만, 재료가 취약하여 고고학적으로 뚜렷한 흔적을 남기는 경우는 드물다. 이제 사람들의 집은 단순한 원형 움막을 넘어 직사각형 구조로 바뀌었고, 벽은 짚을 섞은 진흙으로 발라 단열과 안정성을 높였다. 생활은 점점 더 편안하고 정주적인 형태로 변해갔다.

경제 활동은 농업과 가축 사육, 사냥과 낚시에 기반하며, 이 모든 것은 씨족의 수장이나 장로의 관리 아래 이루어졌다. 이 단계에서 종교적 신앙 역시 모습을 바꾸어, 조상 숭배와 다산 숭배가 중심이 되었다. 고인의 묘에는 그릇과 장식품, 도구가 함께 묻혀 조상 숭배의 흔적을 보여주었고, 풍요와 생명의 상징으로 여성과 동물의 형상이 제작되었다. 다산 숭배를 나타내는 상징적 조형들은 대부분 농업과 관련되어 있었다. 그러나 아직 체계적인 신전 같은 종교 건축은 나타나지 않았고, 신앙은 가족과 씨족 단위의 생활 속에서 형성되었다. 이러한 믿음은 주변 환경과 자연 현상에 대한 경외를 바탕으로 자라났다. 시간이 흐르면서 신성한 형상이 창조되고 점차 신들의 체계, 즉 판테온이 형성되기 시작했다. 기원전 6~5천 년 무렵에는 이미 부족 사회 안에서 사제직이 분명한 역할을 차지했다.

이 시기에는 전사라는 직업이 존재하지 않았다. 모든 성인 남자는 부족의 수호자로서 필요할 때 무기를 들었다. 흥미로운 점은 정착지들 사이에 넓은 자유 공간이 남아 있었기에 갈등의 필요성과 경제적 동기가 크지 않았다는 것이다. 발굴에서 확인된 무기들도 사냥용과 군사용이 명확히 구별되지 않아, 이 시기를 인류 역사에서 가장 평화로운 시기 가운데 하나라 평가할 수 있다.

고부스탄의 흔적에서 보이듯, 저장기술과 정주의 확산은 단순히 생존을 넘어 사회와 신앙, 그리고 인간 관계의 성격까지 바꾸어 놓았다. 이는 곧 인류 문명이 장차 발전하게 될 토

고부스탄 암각화군 활을 쏘는 사람 암각화
Gobustan Rock Carvings Archer Petroglyphs

대가 된 혁명적 전환이었다.

철기 시대가 시작되면서 압세론 반도는 아제르바이잔 역사에서 중요한 역할을 이어갔다. 이곳은 단순히 해안선의 작은 정착촌들뿐 아니라, 인간 공동체의 신앙과 문화가 집중된 특별한 공간이기도 했다. 현재 우리가 알고 있는 마르다칸, 부조브나, 라마나, 노브하니, 수라하니, 아미르잔, 지그와 같은 소규모 정착지는 모두 그 시기에 형성된 흔적을 간직하고 있다.

압세론은 지하에서 뿜어 나오는 불꽃 때문에 일찍부터 신성한 장소로 여겨졌다. 불은 단순히 현실적 에너지원이 아니라, 종교적 의미를 지닌 상징이었다. 이러한 자연적 특성 덕분에 압세론은 세계 종교적 의미를 가진 불 숭배의 중심지로 자리매김했다. 조로아스터교를 비롯한 불 숭배 전통은 사람들을 공동체로 묶는 정신적 토대가 되었고, 부족 단위 공동체가 하나의 더 큰 종교 공동체로 응집하는 데 기여하였다.

1960년대, 아제르바이잔 학자 이드리스 알리예프가 연구한 반두스투 정착지는 그러한 문화적 전통을 잘 보여주는 사례였다. 이곳에서는 청동기 시대 초기부터 중세에 이르기까지의 석조 건물, 도구, 장신구, 그리고 암각화가 발견되었다. 이 유물들은 단순한 생활 흔적을 넘어, 의식을 집행하던 사원과 제사의 존재를 증명하며, 아제르바이잔 고대 신앙생활의 복잡성과 풍요로움을 드러내 준다.

또 다른 증거는 로마 제국의 흔적이다. 고부스탄 보윅다쉬 산 기슭에서 발견된 라틴어 비문이 그 예이다. 이 비문은 서기 1세기, 도미티아누스 황제(재위 81~96년) 시기의 것으로, "도미티아누스 황제 카이사르 아우구스투스 게르마니쿠스, XI 군단의 백부장 루키우스 율리우스 막시무스"라고 기록되어 있다. 이는 로마 군단이 사르마트족에 맞서 원정을 벌였음을 증언한다. 아마도 이 군단은 압세론과 고카서스 전역에서 현지 부족과 충돌하며 패배했을 가능성이 있다.

이러한 사실은 아제르바이잔이 고대 세계 강대국들의 각축장이었음을 보여주며, 동시에 외부의 침략과 압력이 부족 사회의 결속을 가속화했음을 의미한다. 외부의 공격은 새로운 대응을 낳았고, 이는 곧 사회 조직의 변화와 군사화, 그리고 부족 연합의 확대를 이끌었다.

압세론 반도의 역사적 의미를 단순히 지역적 범위로만 이해해서는 안 된다. 불이 솟구치는 이곳은 아제르바이잔 고대 국가들의 정체성이 형성되고, 사람들을 하나의 공동체로 묶어

낸 종교와 문화의 중심지였다. 불 숭배는 단순한 신앙을 넘어, 세계 종교적 기능을 수행하면서 사람들에게 공통의 가치를 제공했고, 그들로 하여금 자신들을 통합된 공동체, 하나의 "불의 땅"의 주민으로 인식하게 했다.

압셰론은 이렇게 아제르바이잔 국가의 형성과 응집력에 결정적인 기여를 한 요람이자, 불의 상징으로 오늘날까지 이어지는 정신적 중심지였다.

고고학자들의 연구에 따르면, 인류는 처음 금속을 다루게 되었을 때 구리에서 시작했다. 구리는 산에서 자연 상태로 발견되는 너겟 형태로 존재했는데, 사람들은 이를 단순히 두드리는 과정에서 깨지지 않고 모양이 변한다는 사실을 발견했다. 이 단순한 관찰이 인류 금속 기술의 출발점이었다. 초기의 가공은 냉간 단조였으며, 구리는 비교적 부드러운 금속이었기에 쉽게 형태를 바꿀 수 있었지만, 동시에 손으로 수리하거나 다시 펴서 사용하는 것도 가능

고부스탄 암각화군 춤추는 고대 선사인
Gobustan rock carvings Dancing ancient prehistoric

했다. 따라서 구리로 만든 도구는 수명도 길고, 사용하기 편리했다. 무엇보다도 구리 무기는 사냥이나 전투에서 석기보다 훨씬 예리하고 치명적이었다.

기원전 4천년 무렵, 사람들은 우연히 구리 광석 속에 있는 주석과의 합금, 즉 청동을 만들어내기 시작했다. 청동은 순수 구리보다 훨씬 단단하고 내구성이 뛰어나며, 용해와 주조도 한층 수월했다. 청동으로 만든 도구와 무기는 날카로울 뿐 아니라 대량 생산이 가능했기에 농업 생산성과 전쟁 능력을 획기적으로 향상시켰다. 금속을 녹여 틀에 부어 만드는 주조 기술은 금속제품의 제조를 단순화시켰고, 인류는 이전보다 훨씬 빠르게 더 많은 도구와 무기를 만들 수 있게 되었다.

아제르바이잔 지역에서 청동기의 시작은 기원전 5천년 후반으로 거슬러 올라간다. 카스피해 연안, 코카서스 산기슭과 산악지대, 그리고 이란 고원에 걸친 이 지역은 청동기 시대와 함께 경제적, 사회적, 문화적, 정치적 변화의 무대가 되었다. 채집과 수렵에 의존하던 경제는 농경과 목축을 바탕으로 한 생산경제로 완성되었고, 사회 조직과 권력 구조에도 큰 변화가 찾아왔다.

이러한 혁신은 아제르바이잔 땅에서만 일어난 것이 아니었다. 메소포타미아와 소아시아의 위대한 문명들과 긴밀히 연결되어 진행된 과정이었다. 특히 기원전 3천년 무렵 등장한 수메르와 아카드 왕국은 이 지역과 직간접적으로 교류했을 가능성이 크다. 수메르인들은 설형문자를 발명하고 바퀴와 벽돌 건축 기술을 발전시켰으며, 관개 농업을 통해 거대한 도시 국가를 세웠다. 그들의 뒤를 이어 히타이트, 바빌론, 아시리아, 엘람과 같은 강력한 국가들이 등장하여 근동과 소아시아, 동부 지중해 세계의 운명을 좌우했다.

일부 역사가들은 기원전 4~3천년 무렵 아제르바이잔 지역의 부족들과 메소포타미아 문명 사이를 연결하던 중재자 집단으로 룰루비(Lullubi)와 구티아(Gutian) 부족을 꼽는다. 룰루비는 자그로스 산맥에 거주하며 메소포타미아와 북방 코카서스, 아제르바이잔 사이의 다리 역할을 했고, 이들의 동맹은 교역과 문화적 교류, 때로는 전쟁을 통해 두 지역 문명의 상호작용을 가능케 했다.

따라서 구리와 청동의 발견과 이용은 단순한 기술적 진보가 아니라, 인류 사회의 성격을 근본적으로 바꾼 혁명이었다. 아제르바이잔은 그 중요한 무대 중 하나로, 동서 문명의 경계에서 금속기술의 발전과 함께 새로운 사회와 국가의 형성을 이끌어낸 지역이었다.

3-2. 조지아 –
프로메테우스 신화가 있는 카즈베기 산
"Georgia – Mount Kazbegi with the Prometheus myth"

(쿠라-아락스 문화 Kura-Araxes Culture)

조지아의 전통 그네 문화와 역사, 그리고 와인 생산의 깊은 뿌리에 대해 말하자면, 유라시아 스텝 지역을 따라 동서로 뻗어나간 고대 문명의 길목에서 조지아를 비롯하여 고르노알타이, 바이칼 호수 주변, 그리고 한국 민속에서 발견되는 전통 그네는 단순한 놀이 도구가 아니다. 이 그네는 의례와 축제, 공동체 결속의 상징으로 자리잡았다. 광범위한 스텝 지역에서

조지아의 전통 그네와 푸른 포도밭 풍경 - 자연과 와인 문화가 어우러진 유라시아의 농촌 일상.
Traditional Georgian swings and green vineyard landscapes - rural life in Eurasia with a blend of nature and wine culture.

유목민과 농경민이 서로 만나며 문화적 교류를 하였고, 그네도 이 과정에서 퍼져나가 각 지역 특색에 맞게 다채롭게 발전하였다. 한국의 전통 그네 또한 이 스텝 문화권의 영향을 받아 독자적인 모습으로 변화하였으며, 농경 사회에서 여성들의 공동체 놀이와 의례에 중요한 역할을 담당하였다.

조지아의 와인 역사는 인류 역사상 가장 오래된 것으로 알려져 있으며, 고고학적 연구를 통해 약 8,000년 전부터 조지아 카헤티 지역에서 포도 재배와 와인 양조가 시작된 사실이 밝혀졌다. 발효 흔적이 남아있는 토기인 클라드루리가 발견되어 세계에서 가장 오래된 와인 제조 증거로 인정받고 있다. 조지아 와인은 단순한 음료를 넘어 종교 의식과 사회적 교류, 정치적 연대를 위한 중요한 매개체였고, 전통 양조법인 크베브리 방식은 땅속 점토 항아리를 사용하는 자연 발효 방식으로 현재까지 이어져 내려오고 있다.

조지아 와인 문화는 오랫동안 유라시아 전역에 전파되어 다양한 와인 제조 기술과 포도 품종 발전에 큰 영향을 끼쳤다. 이는 와인이 단순 지역 특산품을 넘어 국가의 정체성과 문화유산의 중요한 중심이었음을 입증한다. 조지아의 오래된 전통은 오늘날까지 이어져 세계인에게 조지아 문화의 독특함을 경험할 기회를 제공한다.

즉, 유라시아 스텝을 따라 전파된 전통 그네 문화는 조지아를 비롯한 광범위한 지역사회에서 공동체와 의례의 상징적 행위로 진화하였고, 조지아는 8,000년 이상 이어온 세계 최장수 와인 생산지로서 독자적인 문화적 토대를 확립하였다.

조지아의 조각상에 등장하는 동물들은 조지아 역사와 문화에서 각각 독특하고 중요한 상징적 의미를 지닌다. 먼저 양은 고대 유라시아 지역에서 농경과 목축의 상징이었으며, 조지아가 오랜 기독교 국가인 만큼 성경과 기독교 전통에서 양은 순수함, 희생, 신앙의 상징으로 크게 존중받았다. 조지아 목축 문화와 경제에서 양은 생계와 의례에 깊이 관련되어 있어, 조각상에서 자주 볼 수 있다.

사자는 조지아 조각상에서 보이는 대표 맹수로서 용맹과 왕권, 보호를 상징한다. 고대부터 사자는 왕권과 권위의 상징이었으며, 조지아 왕국의 권력과 국가 수호를 의미한다. 이 상징은 조지아뿐 아니라 코카서스 지역 전체와 중동, 유럽에서도 널리 나타나, 예술과 건축물에 자주 표현되었다.

조지아 옛 유적에 새겨진 양, 사자, 말, 황소 부조 - 고대 코카서스의 상징 동물들.
Reliefs of sheep, lions, horses, bulls carved on the ruins of old Georgia - symbolic animals of the ancient Caucasus.

　말은 조지아 역사에서 군사력과 이동성, 그리고 자유의 상징이다. 조지아는 고대로부터 뛰어난 기마문화와 말 사육으로 유명했으며, 말은 전쟁, 교역, 문화 교류에서 핵심적인 역할을 했다. 조각상 속 말은 용맹과 귀족적 위상을 나타내면서 국가적 자부심과 기마문화의 중요성을 상징한다.

　황소는 조지아 고대 문화에서 힘과 번영, 농경의 상징으로 중대한 위치를 차지한다. 고대 신화와 의례에서 황소는 풍요와 생명력, 왕권과 신성함을 상징했다. 다양한 고대 유적과 건축물에서 황소의 형상은 보호와 번영을 비는 의미로 자주 활용되었다.

　이 네 가지 동물들은 조지아 역사와 문화의 다층적 의미를 담고 있으며, 권위와 신앙, 경제, 군사력 그리고 자연과 인간의 조화라는 국가적 가치들을 상징한다. 조지아가 고대부터 기독교 문화와 유목·농경 문화의 융합지였다는 점에서, 동물 조각상들은 단순한 장식 그 이상으로서 깊은 상징적 의미를 지닌다. 이들은 조지아의 역사적 정체성과 문화적 풍요를 표현하는 소중한 유산이다.

조지아의 전통 빵 문화는 단순한 음식의 역사를 넘어, 고대부터 이어져 온 인간의 생활사와 깊이 맞닿아 있다. 조지아에서 사용되는 원형 화덕 '토니'는 땅을 깊게 파고 내부를 원통형으로 만든 구조로, 그 벽에 반죽을 붙여 굽는 독특한 방식으로 잘 알려져 있다. 이 조리법은 오늘날에도 이어지고 있지만, 그 기원은 수천 년 전 고대 메소포타미아, 중앙아시아, 그리고 코카서

바닥 화덕 벽에서 구운 빵을 꺼내 펼치고 있다.
She takes out a piece of bread from the wall of the fire pit on the floor and spreads it out.

스 지역에 이르기까지 거슬러 올라간다. 불과 땅, 곡물이라는 기본적인 재료를 이용해 만들어진 이 화덕은 인류가 정착생활을 시작하고 농경 사회로 발전해 가는 과정 속에서 자연스럽게 발명된 조리 도구였다.

조지아가 '와인의 발상지'로 불리듯, 이 지역은 빵의 역사 역시 매우 뿌리 깊게 보존하고 있다. 코카서스 산악지대의 환경에 맞추어 발달한 토니 화덕은 고온을 오래 유지할 수 있어 적은 연료로도 빠르게 빵을 구워낼 수 있었으며, 이는 가정뿐만 아니라 공동체의 삶에서도 중요한 역할을 했다. 토니에서 구워낸 빵은 단순히 끼니를 해결하는 음식이 아니라, 종교적 제의나 마을의 모임, 잔치와 축제와 같은 공동체적 행사에서 빠질 수 없는 존재였다.

대표적인 조지아 빵인 '토니스 푸리'는 그 자체로도 역사적 의미가 크지만, 더불어 치즈를 넣어 만든 '하차푸리'나 옥수수 빵인 '므차디' 등은 이후 시대의 식문화 변화를 반영하는 산물이다. 이는 고대 이래 외부 문명과의 교류 속에서 조지아가 곡물 재배, 가축 사육, 그리고 다

양한 식재료 활용을 발전시켰음을 보여준다. 고대 교역로를 따라 들어온 새로운 재료와 조리법은 지역마다 다른 빵의 형태로 변주되었고, 이는 오늘날까지 이어지며 조지아의 다채로운 빵 문화로 자리 잡았다.

따라서 조지아의 빵은 단순히 식탁 위의 음식이 아니라, 구석기 이후 농경 사회의 정착, 인류의 이동로, 그리고 교역과 문화 교류의 한 단면을 보여주는 증거라 할 수 있다. 토니 화덕에서 굽는 빵은 곡물과 불, 그리고 시간을 아우르는 문명의 산물이자, 조지아가 품고 있는 수천 년의 역사적 전통을 증명하는 귀중한 문화유산이다.

조지아의 전통 와인 문화에서 중심이 되는 크베브리(Qvevri)는 땅속에 묻어 와인을 발효·보관하는 대형 점토 항아리로 잘 알려져 있다. 그런데 이 토기의 용례와 더불어, 조지아 고대 유적지에서는 옹관묘, 곧 토기로 만든 관에 시신을 매장하는 무덤 양식 또한 확인된 바 있다. 대표적으로 5~6세기경 조지아의 테라비 성(텔라비 포트리스) 인근에서 옹관과 함께 마구류가 출토된 무덤이 보고된 바 있으며, 이는 동아시아 지역의 옹관묘와 유사한 면모를 지닌 사례로 주목된다. 조지아는 고대부터 돌로 축조한 석곽묘, 석실분과 같은 무덤 양식이 공존했는데, 이 가운데 토기를 이용한 옹관묘도 일부 지역에서 나타나 동서 문화권 사이에서의 연결 가능성을 보여주는 귀중한 자료가 된다.

그러나 크베브리와 옹관묘는 그 본질에서 큰 차이를 가진다. 크베브리는 어디까지나 생활용기로서 와인을 담기 위해 제작된 항아리이며, 포도재배와 발효기술이 융성한 조지아에서 오늘날까지 계승되고 있는 생활문화의 일부다. 반면 옹관묘는 인체 매장을 목적으로 만들어진 토기 관 자체가 무덤의 주체이며, 죽음을 기념하고 공동체의 신앙적·사회적 의미를 담아낸

조지아의 토기 항아리
Earthenware jars in Georgia

장례 문화의 일환이다. 이처럼 동일한 '옹기(토기)'라는 재료를 사용했음에도, 그것이 삶과 죽음을 나누어 담는 다른 역할을 했다는 점에서 각 문화의 성격이 드러난다.

더 넓은 맥락에서 보자면, 옹관묘는 유라시아 대륙 전역에 고르게 퍼져 있지 않고, 특정한 지역에서 집중적으로 나타난다는 점이 특징적이다. 특히 지중해 연안과 아나톨리아, 메소포타미아와 같은 서쪽 끝, 그리고 한반도·일본·베트남 등 동쪽 끝 지역에서 발달하였다. 이 지역들은 일찍부터 농경사회가 형성되고 발효식품과 주류 문화가 성장한 공간이었다. 반대로 중앙아시아와 서아시아 내륙에서는 옹관묘의 사례가 거의 확인되지 않으며, 대신 쿠르간이나 돌무덤, 석곽묘와 같은 양식이 주축을 이루었다. 이는 단순히 무덤 양식의 차이일 뿐 아니라, 고대 인류의 이동 경로나 문화적 교류가 중간 지역에서 단절되었음을 시사하는 중요한 고고학적 사실로 받아들여질 수 있다.

이러한 분포 양상은 옹관묘가 단일한 문화권에서 파생되어 연속적으로 전파되었다기보다는, 각각의 지역에서 독립적으로 발전했거나, 혹은 고대 민속문화가 단절된 경로 속에서도 유사하게 창조된 결과임을 보여준다. 토기를 매장의 도구로 삼거나 발효 음식을 담는 용기로 삼은 것은 모두 인류가 흙과 불로 빚은 토기라는 기술을 공유했기에 가능했던 공통의 선택이었을 것이다. 따라서 옹관묘의 분포는 서로 멀리 떨어진 서쪽과 동쪽 지역에서 농경문화·발효문화·의례문화가 어떻게 유사하게 발전할 수 있었는가를 보여주는 동시에, 고대 민속문화가 반드시 연속적이지 않고 독립적·분절적으로 형성될 수 있었음을 설명해 준다.

결국 조지아의 옹관묘 사례는 크베브리와 아울러, 이 지역이 단순히 와인의 발상지일 뿐만 아니라 무덤과 생활문화 전반에서 토기를 매개로 한 독창적 전통을 발전시켜 왔음을 보여준다. 또한 옹관묘가 서쪽과 동쪽 끝에서만 집중적으로 나타나고 중앙부에서 사라지는 독특한 분포는, 고대 인류사의 단절과 교류, 그리고 각 문명권의 독립적 창조성을 동시에 드러나는 중요한 증거라 할 수 있다.

카즈베기산의 날카로운 봉우리와 그 아래 끝없이 이어지는 바위 절벽을 바라보고 있노라면, 단순히 웅장한 자연 풍경을 본다는 차원을 넘어선 감각이 찾아온다. 마치 저 산의 형태와 바람의 울림, 그리고 바위 사이사이에 남은 검은 흔적들이 수천 년 전 땅속 깊은 곳에서 치솟아 올라온 불과 용암의 기억을 지금도 품고 있는 듯하다. 카즈베기산은 코카서스의 가

조지아 카즈베기산 주상절리 봉우리
Columnar Peak of Mount Kazbegi, Georgia

장 웅장한 봉우리 중 하나로, 그 거대한 형체와 땅을 가로지르는 듯한 봉우리의 칼날 같은 윤곽은 고대부터 사람들에게 단순한 산이 아니라 신성한 세계의 문턱으로 여겨지게 만들었다. 불은 원초적 두려움이면서 동시에 생명의 씨앗이었고, 인간이 문명을 열 수 있었던 가장 큰 원동력이었다. 그러하기에 이 산에서의 화산 흔적과 불의 기억은 신화 속 이야기를 낳는 토양이 되었던 것이다.

고대 사람들은 화산의 폭발을 목격할 때마다 그것을 자연 현상 이상의 것으로 받아들였다. 하늘로 치솟는 불길, 대지를 뒤덮으며 흘러내리는 붉은 용암, 그리고 타오르는 연기는 신들만이 다룰 수 있는 힘으로 보였을 것이다. 신의 영역에서 흘러나온 불, 인간이 결코 스스로 가질 수 없었던 그 불은 언제나 신성한 힘의 상징이었다. 바로 이런 맥락에서 프로메테우스의 신화가 태어났다고 볼 수 있다. 그는 신들의 불을 훔쳐 인간에게 내어줌으로써, 인간 세계에 문명의 씨앗을 심은 존재였다. 그러나 그 댓가는 혹독했다. 그는 카즈베기 산 정상의 바위에 묶여 매일 독수리에게 간을 쪼이는 형벌을 받아야 했다. 그 끊임없는 형벌은 불을 얻게 된 인간의 축복과 동시에, 신들의 질서에 도전한 자가 겪어야 할 고통을 상징적으로 전해주었다.

날카로운 봉우리는 그 고통의 모습을 닮아있다. 마치 불길 속에서 굳어버린 돌처럼 우뚝 솟은 산의 형세는, 인간이 감히 넘보아서는 안 될 불의 영역을 경계 짓는 것만 같다. 그러나 동시에 그 봉우리는 불꽃을 얻게 된 인간의 의지와 창조 정신을 보여주는 기념비적 증거로도 보인다. 불은 인간을 원시의 어둠에서 벗어나게 했고, 따뜻함과 빛을 가져왔으며, 빵을 굽고 금속을 제련하며 새로운 세계를 열어주었다. 프로메테우스가 훔쳐낸 그 불씨는 결국 인류 문명의 불꽃이었다.

동양에서 금강산과 백두산 금강계곡이 신령한 산천으로 여겨졌던 것처럼, 카즈베기산 또한 인간과 신의 경계가 맞닿은 초월적 공간으로 인식되었다. 금강산의 깎아지는 봉우리와, 백두산 용암이 남긴 골짜기의 용암 협곡 풍경은 카즈베기의 화산 흔적과도 어딘가 닮아 있다. 이런 자연의 형상은 똑같이 인간에게 신성의 감각을 불러일으켰고, 시간의 흐름 속에서 신화와 전설로 승화되었다.

프로메테우스의 이야기는 단순히 신화를 넘어선 인간 정신의 은유다. 그것은 도전과 희생의 이야기이며, 동시에 창조와 해방의 이야기다. 프로메테우스가 묶인 산이 카즈베기라는 전승은, 자연과 신화가 한 몸처럼 얽히는 과정을 잘 보여준다. 산에서 불이 솟고 바위가 타오르던 장면은 오래전에 멈췄지만, 그 불은 인간의 가슴과 삶 속에서 여전히 꺼지지 않는 불꽃으로 남았다.

이렇듯 카즈베기산은 하나의 자연 경관이 아니라, 신성한 불이 깃든 장소이자 인간의 기억과 상상의 무대이다. 이곳에서 지질학의 흔적은 신화적 상징과 겹쳐지고, 바위는 단순한 암석에서 신화를 증언하는 서사시의 장면이 된다. 인간은 이 산을 통해 신을 경외하는 동시에, 문명을 일으킨 불의 힘을 찬미했으며, 또한 불을 얻기 위해 기꺼이 형벌을 감당한 프로메테우스의 희생을 기억했다. 결국 카즈베기산은 불의 흔적과 신화의 이야기를 함께 품은 채, 인간 문명이 신과 자연 사이에서 길어 올린 영원한 불꽃의 기념비로 서 있는 것이다.

조지아 카즈베기산 풍경. Scenery of Mount Kazbegi, Georgia.

카즈베기산, 코카서스 산맥의 거대한 봉우리는 단순한 자연의 장관이 아니다. 이 산에는 그리스 신화 속 프로메테우스의 전설이 깊게 깃들어 있다. 프로메테우스는 인간에게 신들의 불을 훔쳐다 준 자로, 그 대가로 제우스에 의해 카즈베기산의 험준한 바위에 쇠사슬로 묶여 매일 독수리에게 간을 쪼이는 끔찍한 형벌을 받았다. 그러나 그는 신의 불멸의 몸을 가졌기에 그 고통을 견디며, 하루가 지나면 다시 간이 재생되어 끝없는 형벌을 받는 운명이었다.

고대 조지아 사람들은 카즈베기산의 날카로운 봉우리가 마치 인간을 억압하는 신들의 형벌을 상징하는 듯하다 여기며, 이 산을 '프로메테우스의 감금 장소'로 신성시해왔다. 화산 활동의 흔적과 용암이 굳어 형성된 산의 강인한 모습은 신화 속 불의 힘과 고통의 상징으로서 무게를 더한다. 이 산 능선에서는 거대한 독수리 떼가 날아다니는 풍경도 전해져, 프로메테우스가 받은 형벌의 각인처럼 여겨진다.

프로메테우스 신화는 단지 신화적 이야기에 머무르지 않는다. 그것은 인간이 신성한 불을 얻음으로써 문명을 일으키고 빛과 지식을 가진 존재가 되었음을 상징한다. 동시에 신들의 금기를 어긴 대가로 끊임없는 고통을 감내해야 했던 희생의 이야기이기도 하다. 카즈베기산은 이 두 가지 의미, 즉 창조와 희생이 공존하는 상징의 산으로서, 인간과 신성, 자연과 운명이 하나로 얽힌 거대한 서사시의 무대가 되었다.

이 산의 신화는 조지아 문화의 정체성에도 깊숙이 자리 잡아, 자연을 섬기고 신의 뜻에 순응하는 전통과 맞닿아 있다. 고대인들은 이곳에서 자연 현상과 신화를 흡수하며, 불꽃과 바

조지아 카즈베기산의 게르게티 츠민다 사메바 교회 벽에 새겨진 매듭무늬와 메소포타미아 시대 인물 부조
Or the wall of the church of the Mt. Gergeti Tsminda Sameva, Georgia Kazbegi Carved knots and reliefs of Mesopotamian figures

위, 바람과 빙하가 함께 만들어낸 풍경 속에서 신들의 경고와 은총을 동시에 체험했다. 그리고 프로메테우스가 인간에게 전해준 불이 인간 문명의 빛이 됨을 기억했다.

오늘날 카즈베기산을 오르는 이들은 그 웅장한 풍광 속에서 신화의 숨결을 느끼며, 인간과 신의 경계에서 불꽃처럼 타오르는 프로메테우스의 영원한 고통과 그가 전한 빛의 가치를 다시금 되새긴다. 이렇게 카즈베기산은 불의 신화를 품은 살아 숨 쉬는 상징으로, 자연과 신화, 인간의 정신이 하나로 어우러진 경이로운 장소로 남아 있다.

조지아 북부, 카즈베기산은 고대부터 그리스 신화 속 프로메테우스가 제우스의 형벌로 인해 매여 있었던 장소로 깊이 전해져 내려오는 신성한 산이다. 해발 약 5,047미터의 이 봉우리는 코카서스 산맥의 장엄한 일부로, 그 험준하고 날카로운 봉우리들은 마치 신화 속 고통의 무대를 방불케 한다. 프로메테우스는 신들의 불을 훔쳐 인간에게 전해준 대신 제우스의 노여움을 사, 카즈베기산 어딘가 바위에 쇠사슬로 묶여 독수리에게 간을 찢기는 영원한 고통을 받았다. 하지만 그는 불사신의 몸을 가졌기에 간이 찢기고 나면 다시 재생되었고, 그 고통은 끝없이 반복되었다. 조지아 사람들은 이 산과 신화를 특별히 아끼며, 게르게티 츠민다 사메바 교회 앞에서 마주하는 카즈베기산은 그 신화를 떠올리는 상징적인 장소가 되었다. 이 교회 벽화에 등장하는 인물들이 치마 형태의 옷을 입은 모습은 고대 그리스 및 헬레니즘 문화의 영향을 강하게 시사한다. 조지아 지역은 오래전부터 그리스 문화권과 교류하면서 신화와 전설이 토착 문화와 혼합되어 독자적인 형태로 발전해 왔다. 특히 프로메테우스 신화와 연관된 상징적 인물이 교회 미술 속에 표현되었을 가능성은 충분히 흥미롭다.

더욱이 코카서스 지역은 단순히 그리스 신화만이 아니라 페르시아, 우라르트, 메소포타미아 같은 다양한 고대 문화가 교차하는 문화의 용광로였다. 이런 역사적 배경은 게르게티 교회의 벽화가 한 문화에만 국한된 것이 아니라 여러 문화가 융합된 결과임을 말해준다. 예를 들면 레위, 페니키아, 히타이트 문명에서 전해진 예술적 양식과 신화적 상징들이 조지아 미술에 스며든 사례가 많다. 이렇듯 프로메테우스 신화는 조지아 신앙과 예술에 깊은 영향을 주며, 신화적 인물이 지역적 맥락 속에서 재해석되는 과정을 보여준다.

카라테페 유적에서 발견된 신히타이트 후기 문화의 벽화와 부조들은 이러한 문화 교류 현상을 확인시켜 준다. 히타이트 전통과 주변 문화가 섞인 복합 예술 양식이 조지아 지역에서

조지아 카즈베기 산맥과 계곡의 폭포 - 장엄한 자연과 깎아지른 산세가 어우러진 코카서스의 풍경.

확인되는 만큼, 게르게티 츠민다 사메바 교회 벽화도 유사한 문화적 영향을 받은 것으로 해석할 수 있다. 특히 기하학적 매듭무늬와 신화적 인물 묘사는 메소포타미아 미술에서 자주 보이는 특징이다.

결국 카즈베기산과 그 주변 교회의 미술은 고대 그리스 신화와 더불어 메소포타미아를 포함한 광범위한 동서 문화 융합의 상징이다. 프로메테우스 신화가 이 지역에 전해지고 예술적으로 재현된 것은, 인간의 불과 문명에 대한 염원과 신화가 지역적 역사와 만나 새롭게 꽃핀 한 현상이라 할 수 있다. 이는 조지아가 동서 문명의 만남과 교류 속에서, 수천 년의 시간 동안 신화와 예술을 융합하며 고유한 문화를 만들어 온 과정의 한 단면이다.

조지아 지역의 고대인들이 카즈베기산 인근에 오래전부터 거주하며 수렵과 채집을 주된 생활 방식으로 삼았던 것으로 알려져 있다. 약 4만 년 전부터 현생인류가 이 지역에 정착한 기록이 있으며, 카즈베기산이 위치한 코카서스 산맥 일대는 울창한 산림과 풍부한 야생동물이 서식하는 자연환경을 갖추어 고대 수렵족들이 생존하기에 매우 적합한 터전이었다. 이 지역의 산악 지형은 수렵뿐 아니라 채집과 목축을 병행하는 생활 방식에 유리하였고, 고고학적 발굴 결과들이 이를 뒷받침한다.

조지아 전역의 신석기 시대부터 농경과 목축이 점차 발달하였으며, 포도 재배와 와인 문화 또한 약 8,000년 전부터 비롯된 것으로 조사된다. 이처럼 카즈베기산 주변 자연환경과 고대 유적의 조화는, 고대인들이 척박한 산악 지대에서도 안정적인 생활 터전을 구축하며 문화와 신앙을 발전시켜 나갔음을 증명한다.

요약하자면, 카즈베기산과 그 인근 지역은 고대부터 수렵과 목축을 병행하는 부족들이 거주하기 이상적인 환경이었으며, 실제 고고학적 흔적들이 이를 입증한다. 이 지역은 조지아 고대 역사와 문화, 그리고 신앙이 복합적으로 어우러진 곳으로, 거친 산악 자연 환경과 여러 시대의 유적들이 조화를 이루고 있다.

고대 카즈베기산 주변에 거주하던 수렵족들은 시간이 흐르며 인구가 증가함에 따라 생활 터전 확장을 위해 이주를 시도했다. 특히 신석기 시대에 접어들면서 인구 밀도 상승과 자원의 제한으로 인해 더 넓고 안정적인 정착지를 찾아 나섰다. 이에 따라 일부 수렵족들은 오늘날 튀르키예 남동부에 위치한 괴베클리테페와 카라한테페와 같은 신석기 유적으로 알려진

조지아 카즈베기산 주상절리 폭포

지역으로 이동했다.

괴베클리테페와 카라한테페는 인류 최초의 정착지 중 하나로, 농경과 목축이 본격화되기 전 수렵채집 생활의 중요한 유산을 간직한 곳이다. 이곳은 안정적인 기후와 비옥한 토지, 풍부한 수자원을 바탕으로 종교와 사회 체계가 발달한 공간으로 평가받는다. 카즈베기 수렵족의 이동은 단순한 거주지 변경이 아니라, 점차 정착 생활과 농경 변화로 이행하는 고대 인류의 중요한 문화적 변혁을 반영한다.

따라서 카즈베기산 주변의 산악 지대에서 시작된 수렵채집족의 문화와 인구 증가는 신석기 시대 중후반 아나톨리아 남부 괴베클리테페 및 카라한테페 지역으로의 이동과 연결되며, 이는 고대 유라시아 문명 발전의 한 축이 되었다고 볼 수 있다. 이 과정은 조지아 고대인들의 생존 전략과 문명 성장의 중요한 전환점으로 이해된다.

카즈베기산 신석기인들과 아제르바이잔 고부스탄 암각화군, 그리고 아나톨리아 남부 괴베클리테페 신석기 유적들은 지리적으로 가까운 코카서스와 카스피해 주변에 위치해 있어 역사적·고고학적으로 유기적인 연관성을 지닌다. 카즈베기산 주변 신석기인들은 풍부한 자연환경과 다양한 동물 자원을 바탕으로 수렵채집 생활을 영위했으며, 이들의 활동 시기는 대략 신석기 시대로 추정된다. 한편, 아제르바이잔에 분포한 고부스탄 암각화군은 약 4만 년 전부터 청동기 시대에 이르는 다양한 시기의 암각화를 포함하고 있어 당시 신석기인들의 문화와 생활상을 생생히 보여주는 중요한 유산이다. 두 지역 모두 코카서스와 카스피해 인근에 자리해 문화적 교류와 인류 이동이 충분히 가능했던 배경을 가진다.

폰틱-카스피안 지역은 고대부터 킴메르, 스키티아, 사르마티아 등 유목민들의 거주지였으며, 인도유럽어족의 기원지로 평가받기도 한다. 이곳은 신석기 시대부터 수렵채집과 초기 농경, 목축이 발달해 왔다. 이 때문에 카즈베기산 신석기인들과 고부스탄 암각화군 주민들이 이 폰틱-카스피 문화권에 포함될 가능성이 크다. 학계에서는 이들을 폰틱-카스피안 문화의 초기 형태 또는 관련 문화로 해석하는 견해가 타당하다고 본다.

아나톨리아 남부의 괴베클리 테페, 봉쿠클루탈라, 카라한테페 등은 모두 인류 최초의 신전과 정착 생활, 초기 농경 문화를 보여주는 신석기 유적지이다. 이곳 신석기인들은 코카서스와 카스피해 주변 신석기인들과 다양한 문화·기술 교류를 통해 상호 영향을 주고받은 것

조지아 카즈베기산 계곡 상류에 남우랄 문화 양식 전망탑이 있다.

으로 판단된다. 따라서 카즈베기산 신석기인과 고부스탄 암각화군 주민들이 아나톨리아 신석기 문화로 연장되는 흐름 속에 놓여 있다고 보는 것은 인류 초기 문명 발달과 인류 이동 양상을 이해하는 데 중요한 관점이다.

또한, 카즈베기산 신석기 수렵족은 인구 증가와 자원 압박으로 인해 좀 더 안정적이고 풍부한 생활 터전을 찾아 아나톨리아 남부의 괴베클리테페와 카라한테페 같은 유적지로 이동했을 가능성도 제기된다. 이 이동은 수렵채집 사회에서 정착사회로의 이행 과정에 중요한 역할을 했으며, 인류의 최초 문명 발달을 이해하는 데 필수적인 요소이다.

카즈베기산 인근 고대 유적에서 확인되는 탑은 남우랄 지역에서 발견되는 전망대 탑과 형태가 매우 유사하다. 이 탑은 산악 지대의 전략적 요충지에 세워져 주변 지역을 감시하고 방어하는 기능을 수행한 것으로 평가된다. 남우랄 전망대 탑 역시 고대 인도유럽어족 유목민들이 이동하면서 전략적으로 세운 구조물이며, 이러한 탑의 형태와 기능이 카즈베기산 인근에서도 발견된다는 점은 고대 유목민들의 이동 경로와 문화적 전파를 가늠할 수 있는 중요한 고고학적 증거다.

우랄 문화권은 인도유럽어족과 우랄어족 기원에 중추적 역할을 한 지역으로, 이곳에서 출발한 유목민들은 뛰어난 금속 가공 기술, 기마술, 전차술을 바탕으로 동서로 이동하며 다양한 문화와 문명을 형성했다. 특히 카즈베기산 일대는 코카서스와 중앙아시아, 동유럽을 연결하는 교차로 역할을 하였으며, 이 지역을 거쳐 인도유럽어족 유목민들의 문화 교류와 이동이 활발하게 이루어졌다는 점에서 매우 중요한 전략적 지리적 위치였다.

남우랄과 카즈베기산 전망대 탑의 기능성과 형태가 닮은 것은 단순한 우연이 아니라, 인도유럽어족 유목민들이 우랄 산맥을 출발해 카즈베기산 부근까지 이르러 전략적 거점이나 정착지로 삼으며 토착 문화와 융합했음을 시사한다. 이로 인해 카즈베기산 인근 일대 고대 유적은 우랄 문화권에서 내려온 인도유럽어족 유목민들의 활동 흔적과 밀접한 관련이 있다고 볼 수 있다.

따라서 카즈베기산 지역은 동서 교류의 거점이었으며, 고대 유목민들의 문화 융합과 전략적 활동 공간으로서 중요한 역할을 담당했음이 확실하다. 이런 맥락에서 카즈베기산 탐사와 연구는 인도유럽어족과 우랄 문화권 유목민들의 동서문화 확산 과정을 이해하는 데 중요한 실마리를 제공한다.

카즈베기산 일대에는 돌로 쌓은 전망탑과 적석총 등 다양한 고대 유적이 남아 있다. 이 지역의 돌 전망탑과 성채들은 대체로 방어의 목적으로 중세 이후까지도 활용됐지만, 산간 계곡과 고지대에서는 더 오래된 청동기·철기 시대의 돌무덤과 메갈리틱 유적(South Ural Megalithic structures)도 확인되고 있다. 이러한 구조물은 돌로 축조된 무덤이나 탑의 형태를 띠며, 북쪽 우랄 산맥 근처에서 보이는 대표적인 남우랄 메갈리틱 유물과 상당히 유사하다(South Ural Megalithic monuments, menhirs, stone rows).

고고학 연구에 따르면, 기원전 2200년경 북코카서스와 볼가-우랄 지역(the Ural-North Caucasus Steppe, Volga-Ural steppes)에는 쿠라-아락스(Kura-Araxes culture), 마이코프(Maykop culture), 룰라(Lola culture) 등 코카서스 계통의 문화가 영향을 미쳤고, 그 반향으로 남우랄 문

화의 특징이 일부 코카서스 지역에도 확인된다. 그 결과, 카즈베기산 인근에는 우랄-북코카서스 스텝(Ural-North Caucasus Steppe)과 연계되는 유목민 집단이나 혼합된 문화 집단이 유입 또는 교류한 흔적이 남아 있다.

이처럼, 카즈베기 주변의 적석총과 돌 전망탑은 우랄-북코카서스 스텝(Steppe)의 쿠르간 형태 및 목조건축적 특성을 공유하며, 고대 이동과 교류의 흔적임을 보여준다.

카즈베기산 인근 고대 유적의 사진들은 돌을 정성스럽게 다듬어 벽돌처럼 쌓아 올린 견고한 집들과 더불어 전망대 탑 위에 독수리 조각이 자리 잡고 있는 모습이 매우 인상적이다. 이 유적은 고대 산악 지역에서 발견되는 전형적인 씨족마을 형태로 해석되는데, 가족 단위나 혈연을 공유하는 씨족 공동체가 함께 거주하며 생활했던 곳이라 생각된다. 이 지역의 가파르고 험준한 지형 특성상, 돌을 가공해 쌓은 집은 단단한 방어 기능과 더불어 혹독한 기후에 대비한 보온 효과를 지닌 주거공간이었다.

전망대 탑은 주변 지형을 감시하고 외부 위협을 조기에 파악하기 위한 군사적 기능을 수행했다. 특히 탑 상단에 놓인 독수리 조각은 단순 장식이 아니라, 조지아와 코카서스 지역에서 권력과 신성함, 보호를 상징하는 매우 중요한 상징물이다. 독수리는 프로메테우스 신화와도 연관되어 신성한 메시지를 담은 동물로 여겨져, 씨족의 권위와 신앙심을 표현하는 문

조지아 카즈베기산 계곡 상류 남우랄 문화 양식 전망탑이 있는 돌담 및 돌집이 부서진 유적

화적 코드로 작용했을 것이다. 이렇듯 탑과 독수리 조각은 단순한 군사적 기능을 넘어 씨족 공동체의 권위와 문화적 정체성을 상징하는 상징물이었을 가능성이 크다.

이 같은 고대 유적지의 건축과 상징물은 카즈베기산 인근 고대 주민들이 자연환경과 지리적 조건에 능동적으로 적응하며 자신들만의 사회와 문화를 형성했음을 보여주는 중요한 증거다. 특히 씨족 중심의 마을 구조와 내구성 높은 돌집, 그리고 문화적·종교적 의미를 지닌 독수리 조각은 고대 코카서스 지역의 복합적인 사회 조직과 신앙 체계를 이해하는 데 중요한 실마리가 된다.

더 나아가, 이러한 유적은 동서 문명의 교차로였던 카즈베기산 지역에서 인도유럽어족 유목민들의 문화적 영향과 토착적 문화가 혼합된 결과일 가능성이 높아, 복잡하고 다층적인 고대 코카서스 문명의 모습을 드러낸다. 따라서 카즈베기산 고대 유적지는 당시 주민들의 삶과 정신 세계를 깊이 있게 엿볼 수 있는 귀중한 문화유산이라 할 수 있다.

우랄-북코카서스 스텝 지역의 신석기인들은 인도유럽어족, 특히 인도-이란어족(페르시아인의 조상 포함)의 직접적인 선조로 여겨진다. 고고학과 최신 유전학 연구에 따르면, 이 지역 신석기~청동기 시대 인구는 동유럽 수렵채집인(Eastern Hunter-Gatherer, EHG)과 코카서스 수렵채집인(Caucasus Hunter-Gatherer, CHG)이 혼합되어, 인도유럽 조어(Proto-Indo-European)를 쓰는 목축·유목 공동체를 형성했다.

야만나(Yamnaya culture) 문화의 등장과 함께 북코카서스·우랄·볼가강 일대에서 출현한 이 인구는 이후 대규모로 남쪽(이란 고원, 남아시아 등)으로 이동하며, 인도-유럽어족 전체와 인도-이란어족(Indo-Iranian, Indo-Iranian group)의 근간이 되었다. 이 이동 집단이 페르시아인의 직접 조상이 되었으며, 언어와 유전적 기반을 남기게 되었다.

결론적으로, 우랄-북코카서스 스텝 신석기인들은 페르시아를 포함한 인도유럽어족(Indo-European, Indo-Iranian) 집단의 시족(始祖) 민족으로 고고학·유전학적으로 인정된다

카즈베기 산 인근 고대 유적에서 발견되는 쿠르간 적석총은 돌을 쌓아 올려 만든 무덤으로, 고대 유목민과 정착민 사회에서 널리 사용된 묘제 양식이다. 적석총은 '돌무지무덤'이라고도 불리며, 고구려 신라 만주 일대, 알타이 파지릭 고분, 그리고 콤마게네 왕국 등 동서 유

라시아 전역에서 발견되어 그 문화적 연관성이 깊다.

특히 튀르키예 넴루트 산의 콤마게네 왕국에서 발견된 거대한 적석총은 신라 고분과 묘제 양식에서 뚜렷한 유사성을 보이며, 알타이 산맥 파지릭 문화 고분 역시 적석총 형태를 띠어 유목민들의 전통 묘제 문화를 잘 나타낸다. 만주 지역과 한반도 신라 고분에서도 적석총과 유사한 무덤 양식이 발견되어 동아시아 북방 민족과 한반도 문화의 연속성을 보여주었다.

이처럼 적석총 묘제 양식이 광범위한 지역에 걸쳐 공통적으로 나타난다는 것은 단순히 우연이라 보기 어려우며, 문화적 전통과 풍속을 함께 공유하는 민족 집단의 흔적일 가능성이 크다. 언어와 생활 양식은 변화하지만 조상 제례와 무덤 양식은 오랜 세월 흔들림 없이 전승되기 마련이다. 이는 한민족과 조지아, 콤마게네, 알타이, 만주 지역 고대 민족들이 문화적, 혈연적으로 연결되어 있다는 중요한 고고학적 증거로 평가받는다.

카즈베기산에서 출토된 쿠르간 적석총은 동서 유라시아 고대 유목민과 정착민 문화의 교차점으로서, 한민족을 포함한 여러 민족의 조상 제례와 묘제 전통이 공유되었음을 시사한다. 이 적석총들은 단순한 무덤 이상의 의미를 가지며, 고대 민족들의 문화적 정체성과 역사적 연속성을 상징하는 귀중한 유산으로 간주된다.

무덤의 형태와 구조, 그리고 그 상징적 의미는 민족 정체성과 문화적 전통을 보존하는 기능을 하며, 같은 묘제 양식이 여러 지역과 민족에서 발견되는 사실은 해당 민족들이 공통의 문화적 뿌리와 전통을 공유하고 있음을 보여준다. 이에 따라 적석총 연구는 고대 민족의 문화적 연결고리와 정체성 이해에 매우 중요한 단서로 자리한다.

조지아 신화에서 생명나무 또는 세계수는 자연과 생명, 그리고 조지아 땅의 풍요를 상징하는 청동부조

조지아 고대 농촌 풍경을 담은 청동부조 그림

조지아의 청동 부조는 단순한 농촌 풍경이나 일상 묘사를 넘어, 조지아 건국 신화와 문화적 정체성을 시각적으로 표현한 중요한 예술 작품으로 볼 수 있다. 이 부조에 나타난 포도, 뿔, 독수리의 상징성은 조지아 민족의 역사와 신화, 그리고 전통 문화를 이해하는 데 핵심적인 요소이다.

먼저, 포도는 조지아가 세계에서 가장 오래된 와인 생산지 중 하나임을 상징한다. 조지아의 와인 역사는 약 8,000년 전 신석기 시대로 거슬러 올라가며, 포도 재배와 와인 양조는 조지아 문화와 경제의 중심이었다. 포도는 풍요와 생명의 상징이며, 조지아인의 정체성과 깊이 연관되고 있다. 그리고 뿔, 특히 뿔잔은 고대 조지아에서 축제, 의식, 신성한 행사에서 사용된 도구로, 풍요와 축복, 권력을 의미한다.

다음으로, 부조에 등장하는 독수리는 조지아 신화와 전설에서 강력한 상징으로 자리 잡고 있다. 특히 프로메테우스 신화와 연관되어 있으며, 프로메테우스가 인간에게 불을 훔쳐 주어 신들의 형벌로 독수리에게 간을 쪼이는 고통을 받았다는 이야기가 카즈베기 산과 함께 전해진다. 독수리는 권력과 신성함, 하늘과 신의 메시지를 상징하며, 조지아 건국 신화와 왕권과도 깊이 연결되어 있다.

이러한 상징들은 단순히 장식적인 요소가 아니며, 조지아 민족의 기원과 건국 신화를 시각적으로 보여주는 상징적인 언어다. 포도와 뿔, 독수리는 자연과 인간, 신성한 권력과 풍요가 조화를 이루는 조지아인의 세계관과 문화적 정신을 반영한다.

이 청동 부조는 조지아의 와인 문화와 신화, 그리고 건국 역사를 한데 녹여낸 예술 작품이다. 조지아라는 나라와 민족의 정체성 형성에 있어 포도, 뿔, 독수리라는 상징적 요소가 얼마나 중요한 역할을 했는지 보여주며, 이를 통해 조지아인의 삶과 신앙, 문화를 깊이 있게 이해할 수 있다. 오랜 역사와 신화가 담긴 조지아 청동 부조를 보존하고 연구하는 것은, 조지아민족의 문화적 뿌리를 탐구하는 데 있어 매우 중요한 작업이자 가치 있는 기여임을 알 수 있다.

조지아 신화에서 나무, 특히 생명나무 또는 세계수는 자연과 생명, 그리고 조지아 땅의 풍요를 상징하는 매우 중요한 신성한 요소다. 고대 조지아인들은 자연 자체를 신성시하며, 세계수 같은 거대한 나무가 우주와 생명의 구조를 표현한다고 믿었다. 이는 인간과 자연, 신성한 세계의 연결고리로서뿐 아니라, 생명의 재생과 풍요, 우주의 질서와 조화를 상징하는 근본적 이미지였다.

조지아 신화의 한 부조에서 남성과 여성이 나무 가지를 함께 들고 있는 모습은 이 생명나무 신앙을 시각적으로 표현한 것으로 해석된다. 나무 가지는 단순한 식물의 일부가 아니며, 인간과 자연, 남성과 여성, 그리고 신성함과 세계가 조화를 이루는 신화적 메시지를 담고 있다. 이는 조지아 신화에서 인간과 자연이 서로 긴밀히 연결되어 있고, 모든 생명은 상호 의존적인 관계 위에 존재한다는 세계관을 반영한다.

더욱이 조지아는 고대부터 와인 문화가 발달한 곳으로, 포도나무 가지일 가능성이 큰 이 나무 가지는 풍요와 생명을 상징하며, 농업과 와인 양조의 신성함을 나타낸다. 이는 조지아 사람들이 일상생활 속에 신화와 자연 숭배를 깊이 통합했음을 보여준다.

따라서 청동 부조의 남녀가 나무 가지를 들고 있는 모습은 단순한 농촌 풍경을 넘어 조지아 고대 신화의 핵심적 상징인 생명나무를 형상화한 것이라 할 수 있다. 이 예술작품은 조지아의 풍요와 생명, 그리고 공동체의 조화를 신화와 자연, 인간이 융합된 형태로 전하고 있다.

조지아 신화와 문화에서 나무 가지가 지닌 의미는 단순한 자연물 이상의 상징성을 내포하며, 이는 조지아 민족의 정신세계를 이해하는 데 중요한 열쇠이기도 하다. 나무는 생명의 근원이자 중심이며, 인간과 신성, 자연을 이어주는 가교 역할을 한다. 이런 맥락에서 조지아 신화 속 세계수와 생명나무는 세계 여러 문화권의 세계수 신화와도 깊은 연관성을 지니는 보편적 상징이라 할 수 있다.

3-3. 아르메니아 – 노아의 방주 신화 아라라트 산, 반 호수의 우라르트 왕국

"Armenia – Mount Ararat and the Myth of Noah's Ark, Urartu Kingdom of Lake Van"

(Ancient Armenian Culture)

아르메니아 하흐파트 수도원

1. 아르메니아 "Armenia"

하흐파트 수도원은 10세기 후반에 바그라티드 왕조 아쇼트 3세의 왕비 호스로바누이쉬 여왕이 976년에 건립한 아르메니아 중세 건축의 걸작이다. 이 수도원은 비잔틴 양식과 코카서스 지역 토착 건축 양식이 조화롭게 융합된 독특한 십자가형 평면과 돔 구조를 갖추고 있으며, 단순한 종교 공간을 넘어서 교육과 종교의 중심지로서 중요한 역할을 수행하였다.

주 예배당인 '구세주의 대성당'은 네 개의 기둥이 돔을 받치는 전형적인 아르메니아 교회 양식을 충실히 보여주며, 내부는 견고한 석조로 지어져 시간이 흐르는 동안 여러 차례의 복원에도 원형을 잘 보존하고 있다. 수도원 단지는 대규모의 요새화가 된 구조를 갖추고 있어, 종탑은 방어용 망루로도 기능했으며, 수도원 내에는 성 그레고리 교회, 성모교회, 필사실, 회랑, 그리고 가족묘지 등 다양한 시설이 함께 자리해 복합적인 종교·문화 공간을 형성했다.

가르니 신전과 모자이크화가 있는 목욕탕

하흐파트 수도원은 아름다운 석조 조각과 섬세한 장식으로도 유명하다. 수도원 외벽과 내부에는 아르메니아 특유의 '카트치카(Khachkar)'라 불리는 석조 십자가와 기하학적 문양이 빼곡히 자리하고 있으며, 수도원의 벽면을 장식한 희귀한 석부조상은 예수상과 성모 마리아, 막달라 마리아, 12사도, 천사들이 함께 조각되어 예술적 가치를 높인다. 이 부조상에는 붉은색 염료가 칠해져 있는데, 이는 아라랏 계곡에서 채취한 딱정벌레 염료로, 아르메니아 전통의 독특한 특징이다. 이러한 석조 예술은 수도원의 종교적 의미를 강화하는 동시에, 당시 전쟁 승리나 교회 건축 기념 등 다양한 사회적 목적에서도 중요한 역할을 했을 것이다.

하흐파트 수도원은 1996년 유네스코 세계문화유산에 등재되어 그 역사적·문화적 중요성을 국제적으로 인정받았다. 이 수도원은 아르메니아 중세 종교 건축과 예술의 정수를 보여주는 대표적인 사례로, 비잔틴 건축 양식과 코카서스 지역 고유의 전통 양식이 조화를 이뤄 만들어진 독창적인 건축미와 깊은 신앙심이 공존하는 장소이다.

하흐파트 수도원과 그 앞에 세워진 석부조상은 아르메니아의 영적 문화와 중세 건축의 역사적 흐름, 그리고 미술적 성취를 한눈에 보여준다. 이곳은 단순한 종교 공간을 넘어 아르메니아인의 정체성과 역사, 그리고 예술 정신이 함께 담긴 소중한 문화유산으로 자리매김하고 있다.

미르 신앙과 관련하여 확인할 수 있는 고대 아르메니아 유적 및 유물의 사례는 매우 제한적이며, 현존하는 대표적 사례는 가르니 신전과 그 부속 유적이다. 아르메니아가 기독교를 세계 최초로 국교화한 국가라는 점을 고려할 때, 미르 신앙과 같은 이교적 요소들은 기독교화 과정 속에서 상당 부분 파괴되거나 소멸하였다. 따라서 오늘날 고대 아르메니아의 미르 신앙을 직접적으로 연구할 수 있는 주요 대상으로는 가르니 신전 단지가 거의 유일하게 남아 있다.

가르니 신전은 태양신 미르(Mihr)에게 봉헌된 것으로 기록되어 있으며, 아르메니아에서 발견되는 유일한 헬레니즘 양식 이교 신전이라는 점에서 특별한 역사적 의미를 지닌다. 기원전 1세기경 또는 서기 1세기, 티리다테스 1세 치세에 건설된 것으로 추정되는 이 신전은 구조적으로 그리스-로마 신전을 모방하고 있으며, 그 전형적인 특징은 24개의 기둥이 배치된 전면부에서 확인된다. 기둥 배열은 하루 24시간을 상징하는 것으로 해석되며, 이는 태양신 숭배와 시간의 흐름을 결부시키려는 종교적 의미가 내포된 것으로 보인다. 또한 신전이 아자트강 협곡의 단애 위에 건립된 입지는 자연 경관과의 조화를 의도한 것으로, 신성한 공간을 강조하는 동시에 태양신 숭배의 초월적 성격을 시각적으로 구현하는 의도라 할 수 있다.

신전 단지 내에는 왕실 목욕탕 유적이 발견되었는데, 이는 가르니 신전이 단순히 제의적 중심이 아니라 정치적·문화적 기능을 아울러 수행한 복합적 공간이었음을 보여준다. 목욕탕의 평면 구조는 전형적인 로마식 목욕탕 양식을 반영하며, 탈의실, 열탕, 온탕, 그리고 휴게실로 구성되어 있다. 특히 휴게실 바닥에 남아 있는 모자이크화는 당시 아르메니아의 예술 수준과 문화 교류 양상을 반영하는 중요한 유물이다. 이 모자이크는 사각형 틀 안에 주인공으로 설정된 남녀 인물을 그려 넣고 있으며, 남성은 뿔 달린 머리 장식을 하고, 여성은 길게 늘어진 머리와 커다란 눈으로 표현되었다. 도상학적 해석에 따르면 이 장면은 바다의 여신 테티스와 돌고래를 묘사한 것으로 알려져 있으며, 그 주변에는 헬라어로 "우리는 열심히

게하르트 수도원 메소포타미아 신화가 담긴 사자와 독수리 부조

일했지만 얻은 것은 없다"라는 문구가 새겨져 있다. 이러한 장식은 미르 신 그 자체를 직접적으로 표현하지는 않으나, 신전과 동일한 맥락 속에서 당시 헬레니즘 문화의 영향, 그리고 아르메니아 왕실의 예술적 취향을 반영하는 자료이다.

현재의 연구 성과에 의하면 미르 신과 직접적으로 결부된 독립적 조형물이나 유물은 확인되지 않고 있으며, 가르니 신전 그 자체가 미르 신앙을 대표하는 핵심적 유적이자 실질적 '유물'로 간주된다. 따라서 아르메니아의 태양신 숭배와 미르 신앙의 구체적 양상을 살피는 데 있어 가르니 신전 단지와 그 부속 유적, 특히 목욕탕 모자이크는 필수적인 해석의 단서를 제공한다. 결과적으로 가르니 신전은 단순한 헬레니즘 건축물이 아니라, 동서 문화 교류의 산물이자 고대 아르메니아의 종교사·정치사·예술사를 총체적으로 반영하는 자료로 자리매김한다.

게하르트 수도원 내부에는 두 마리의 사자와 독수리가 조각된 상징적인 조각상이 자리하고 있는데, 이 양식은 페르시아 문명과 메소포타미아 신화와 깊은 관련이 있는 것으로 보인다. 두 사자가 목에 줄이 매어 있는 가운데, 그 사이에 독수리가 날개를 활짝 펼치고 있으며, 독수리는 어린 양을 두 발톱으로 움켜쥐고 있다. 이 조각상은 권력과 신성함, 그리고 보호의 의미를 담고 있으며, 고대 근동과 페르시아 지역에서 사자는 왕권과 힘을 상징하는 동물로 자주 등장했다. 독수리는 신과 왕권을 연결하는 신성한 존재로 간주되었는데, 페르시아 아케메네스 왕조 유물에도 사자와 독수리, 그리고 그리핀과 같은 신화적 동물들이 왕권과 신성을 상징하는 중요한 요소로 나타난다.

특히 게하르트 수도원의 이 조각상은 페르시아 왕권 상징과 매우 유사한 의미를 갖는 것으로 해석되며, 동시에 메소포타미아 신화에 등장하는 '안주(Anzu)'라는 신화적 괴조와도 관련이 짙다. 안주는 사자의 머리와 발, 독수리의 날개와 발톱을 가진 거대한 신화적 새로, 하늘과 땅을 연결하는 권능을 지닌 존재이다. 메소포타미아 벽화와 부조에서도 사자와 독수리가 함께 등장하여 권력과 신성, 보호의 상징으로 쓰였으며, 이러한 전통적 이미지가 게하르트 수도원 조각상에 반영되었음을 알 수 있다.

안주는 신화 속에서 최고신 '안'의 '운명의 서판(Tablets of Destiny)'을 훔쳐 신들의 권위를 위협하는 혼돈의 세력으로 묘사된다. 운명의 서판은 우주의 질서와 신들의 권위를 상징하며,

아라라트산이 보이는 코르비랍 수도원

이를 둘러싼 닌우르타 신과 안주 사이의 투쟁은 질서와 혼돈, 권력과 반역의 상징적 대립을 나타낸다. 닌우르타는 전쟁과 사냥의 신으로서, 강력한 무기와 지혜로 안주를 물리치고 질서를 회복한다. 이러한 신화는 메소포타미아뿐 아니라 페르시아, 아나톨리아, 그리고 코카서스 지역까지 그 영향을 확장시켰다.

게하르트 수도원의 조각상은 이처럼 페르시아와 메소포타미아 신화의 권력 상징과 신성함을 담아내며, 코카서스 지역이 위치한 조지아가 고대부터 다양한 문명과 활발히 교류한 역사를 반영하는 중요한 문화적 유물이다. 이 조각상은 당시 왕권과 신성함을 표현하는 상징적 동물의 전통을 수용하면서도, 지역적 특성과 신앙이 융합된 독창적인 예술작품으로 평가받는다.

따라서 게하르트 수도원의 사자와 독수리 조각상은 단순한 장식물이 아니라, 고대 근동과 페르시아, 그리고 코카서스 지역에서 형성된 권력과 신성의 상징 체계가 교차하는 중요하고 복합적인 문화적 의미를 담고 있는 유산으로 이해된다.

아르메니아는 세계 최초로 기독교를 국교로 공인한 국가라는 점에서 역사적으로 매우 중요한 의미를 지닌다. 기독교는 예수 그리스도의 사도들에 의해 1세기경 전파되기 시작했으며, 아르메니아에 전해진 것은 3세기경으로 알려져 있다. 전승에 따르면 사도 바르톨로메오와 사도 데메트리우스가 아르메니아에 기독교를 전파하였으며, 초기에는 다양한 종교가 존속하였으나 점차 기독교 신앙이 확산되기 시작했다.

기록에 따르면 아르메니아는 301년, 당시 왕이었던 데베드 3세(또는 트르다트 3세)가 성 그레고리오스 루사베르츠(성 그레고리우스 조명자)의 영향 아래 기독교를 국교로 공식 채택한 최초의 국가다. 이 시점은 로마 제국이 콘스탄티누스 대제에 의해 313년에 기독교를 공인하고, 더 나아가 392년에 테오도시우스 황제가 기독교를 국교로 삼은 것보다 80~90년 앞선 것이다. 성 그레고리우스는 왕과 왕비를 개종시켜 전 국민적으로 기독교 신앙을 확산시켰으며, 그가 감옥에서 풀려난 지하감옥 호르비랍 교회는 오늘날 아르메니아 기독교의 상징적 장소로 남아 있다.

기독교가 국교로 공인된 이후 아

아라라트 평야 기슭에 자리한 코르비랍 수도원 전경

그레고리오스 성인은 수도원 내 지하 동굴에서 기도하다 순교

르메니아는 교회 중심의 사회 체계를 확립하였다. 교회와 수도원 건축이 활발하게 이루어졌으며, 5세기에는 메스롭 마쉬토츠가 아르메니아 문자를 창제하여 기독교 경전과 문서 보존에 크게 기여하였다. 아르메니아 사도교회는 동방 정교회와는 구별되는 독자적인 전통을 유지하며, 오늘날까지 아르메니아인의 문화 정체성과 신앙의 중심으로 자리 잡고 있다.

역사적·문화적으로 아르메니아의 기독교 국교화는 중세 유럽과 중동 세계의 종교적, 정치적 변동에 지대한 영향을 미쳤으며, 아르메니아가 동서 문명이 교차하는 전략적 요충지로서 독특한 문화적 위치를 확보하는 계기가 되었다. 따라서 아르메니아가 세계 최초로 기독교를 국가 종교로 선포했다는 사실은 기독교 역사뿐만 아니라 인류 문화사의 중요한 장면으로 평가된다.

아라라트산 앞, 아르메니아의 광활한 아라라트 평야 기슭에 자리한 코르비랍 수도원은 세월의 깊은 역사와 신앙의 빛이 서린 곳이다. 이곳은 단순한 수도원이 아니라, 아르메니아가 세계 최초로 기독교를 국교로 삼는 길을 연 성스러운 현장이자, 성 그레고리오스 루사베르츠 성인이 13년간 갇혀 신앙을 지킨 토굴, 깊은 지하 감옥이 숨 쉬는 신앙의 성지다.

코르비랍, 그 이름은 '깊은 우물' 또는 '깊은 구덩이'를 뜻한다. 바로 이 깊은 어둠 속, 좁고 깊은 토굴 안에서 성 그레고리오스는 긴 세월을 보냈다. 당시 아르메니아 왕 티리다테스 3세의 박해 속에서도 그는 흔들림 없이 기도하며, 민족과 왕의 마음을 돌이키는 사명을 지녔다. 그가 견디던 고난의 그늘 아래서, 아르메니아의 운명이 싹텄고 기독교는 뿌리내렸다.

수도원은 7세기에 처음 세워졌고, 17세기에 새롭게 거듭났다. 그 모습은 곧 성 그레고리오스가 감금되었던 지하 감옥 위에 우뚝 솟아 있어, 그가 남긴 신앙의 불꽃을 오늘까지 전한다. 그의 신앙과 희생은 곧 아르메니아가 301년 세계 최초로 기독교를 국교로 삼는 결정적인 계기가 되었다.

코르비랍 수도원 안의 동굴, 그 좁고 어두운 토굴은 성 그레고리오스의 기도와 눈물이 머무는 신성한 공간이다. 이 곳에서 그는 13년 동안 갇혀 있던 시간 동안도 군건히 하늘을 향해 마음을 열었고, 마침내 왕 티리다테스 3세의 마음을 움직여 기독교 개종을 이끌어냈다.

성 그레고리오스 루사베르츠는 아르메니아 교회의 첫 총대주교로 추대되며, 아르메니아 기독교의 '사도'로 불린다. 그의 삶과 순교, 그리고 그가 남긴 신앙의 씨앗은 오늘날까지 아

전쟁과 수호의 상징 칼을 입에 문 사자

르메니아인의 정신과 신앙을 흔들림 없이 지탱하는 근간이다.

코르비랍 수도원과 그 속의 지하 감옥, 그 곳에 깃든 성인의 이야기는 아르메니아 민족의 고난과 희망, 그리고 신앙의 승리를 상징한다. 아라라트산을 배경으로 펼쳐지는 이 신성한 전설은 세대를 넘어 지금도 깊은 울림으로 아르메니아인들의 마음속에 살아 숨 쉰다.

이 성지에서 우리는 인내와 믿음, 그리고 구원의 이야기를 만난다. 아르메니아 기독교 역사의 심장, 코르비랍 수도원은 그렇게 오늘도 신앙의 등불을 밝히고 있다.

성 그레고리오스 루사베르츠는 아르메니아 기독교의 창시자로, 그의 신앙과 고난의 이야기는 코르비랍 수도원 안 좁고 깊은 지하 감옥 동굴에서 시작된다. 이 동굴은 매우 좁고 깊은 토굴 형태로, 성인은 박해와 고난 속에서도 13년간 굳건한 믿음으로 기도하며 신앙을 지켰다.

이 감옥은 단지 육체적 감금의 장소가 아니라, 그의 정신과 신앙이 시험받고 단련된 신성한 공간이었다. 성 그레고리오스는 이 좁은 동굴 안에서 끊임없이 하늘을 향해 기도하며, 아르메니아 왕 티리다테스 3세의 마음을 돌리고 기독교를 받아들이도록 하는 데 결정적인 역할을 하였다.

전승에 따르면, 그의 깊은 신앙과 끈질긴 기도는 왕에게 영감을 주었고, 왕은 결국 기독교로 개종함으로써 아르메니아가 세계 최초로 기독교를 국교로 선언하는 역사적 순간을 맞게 된다.

아르메니아 땅과 그 백성을 한없이 보호하는 전설의 암 사자상

그러나 이 과정에서 성 그레고리오스는 심한 박해와 고난을 겪었으며, 그의 순교는 믿음과 희생의 상징이 되었다. 그의 좁은 동굴에서의 기도와 그로 인한 순교 이야기는 아르메니아 기독교 신앙의 근간으로 전해지며, 오늘날까지도 아르메니아아인의 신앙심과 민족정체성을 굳건히 하는 중심적 전설로 살아있다.

즉, 성인의 좁은 감옥 동굴에서의 끈질긴 기도와 순교는 아르메니아 기독교가 탄생하고 민족의 신앙이 굳건해지는데 결정적인 기폭제가 되었으며, 이 모든 것이 코르비랍 수도원의 신성한 역사로 남아있다.

옛날 옛적, 해와 별이 세상을 비추기 앞서, 대지 위에 아르메니아의 땅이 태어났다. 광활한 산맥과 깊은 계곡 사이에, 힘과 용맹을 상징하는 자들이 있었으니, 그들은 바로 사자들이었다. 이 사자들은 단순한 짐승이 아닌, 신성한 수호자였으며, 대지를 지키고 민족의 혼을 굳게 붙든 전설의 존재였다.

하나는 칼을 입에 문 사자. 그 사자의 눈빛은 밤하늘의 별처럼 빛나고, 그 몸은 산맥처럼 견고했다. 칼을 입에 문 채, 그 사자는 아르메니아 왕국의 하늘 아래 서 있었고, 그의 존재는 전쟁터에서 피어나는 용기와 끝없는 투쟁의 정신을 상징했다. 그 사자가 등장하는 곳마다 적

은 물러나고, 민족은 굳건한 힘으로 땅을 지켰다. 그의 모습은 왕궁과 성벽, 무덤의 문을 수호하며, 아르메니아인의 결의와 자주성, 그리고 진정한 용맹의 정신을 대대손손 전해주었다.

또 다른 사자는 암사자, 그 위엄은 부드러움 속에서 빛났다. 어머니의 품에서 자라난 아이처럼, 그의 마음에는 사랑과 보호가 가득하였기에 그 사자는 공동체의 안전과 모성애의 상징이 되었다. 그 암사자는 거리와 광장, 집마다 세워져 사람들의 마음을 달랬으며, 카트치카라는 신성한 십자가와 함께 민족의 뿌리 깊은 신앙과 정체성을 품고 있었다. 그 사자는 마치 어머니가 자식을 감싸 안듯, 아르메니아 땅과 그 백성을 한없이 보호하는 전설의 존재였다.

이 두 사자는 바람과 불, 산과 강을 넘어 아르메니아인의 심장 속에 깊이 새겨져, 힘과 보호, 용맹과 사랑을 조화롭게 잇는 다리로서 오늘날까지도 그 빛을 잃지 않는다. 사자상은 단순한 돌덩이가 아니라, 아르메니아의 이야기가 깃든 살아있는 전설이며, 민족의 혼을 수호하는 신성한 수호자의 모습이었다.

이렇듯 아르메니아와 사자상은 신화와 역사, 힘과 사랑이 어우러진 깊은 영혼의

에치미아진 대성당 독수리 부조 기념탑

상징이며, 그 신비로운 전설은 영원히 땅과 하늘 사이를 맴돌며 대지를 지킨다.

아르메니아와 사자상은 고대부터 깊은 상징적 연관을 지니고 있다.

아르메니아 고대 왕국에서는 사자가 권력과 용맹, 방어와 투쟁 정신을 대변하는 강력한 이미지로 자리 잡았다. 특히 사자가 칼을 물고 있는 형상은 전쟁과 수호의 의미를 더욱 강조하여 왕권의 권위와 민족의 자주성을 상징했다. 이와 같은 사자상은 아르메니아의 고대 유적지나 왕궁, 성곽, 무덤 등에서 발견되어 아르메니아인의 역사와 문화 속에서 용맹과 권위의 상징으로 중요한 문화유산으로 자리한다.

또 하나의 중요 사자상은 암사자로서, 보호와 모성애, 그리고 공동체 안전의 의미를 지닌다. 아르메니아 거리의 전통 석조 조각에서 흔히 볼 수 있는 암사자는 민족의 모성적 기운과 신앙, 정체성을 반영하며 특히 아르메니아의 석조 십자가(카트치카)와 어우러져 민족 정체성과 신앙적 문화의 시각적 표현으로서 중요한 역할을 한다.

에치미아진 대성당은 아르메니아 민족에게 단순한 성당이 아니라 신앙과 역사, 그리고 정체성을 동시에 품은 성스러운 공간이다. 기독교를 세계 최초로 국교로 받아들인 아르메니아인의 발자취를 상징하며, 사도교회의 총본산으로서 지금까지도 민족의 정신적 중심지 역할을 하고 있다. 대성당과 더불어 세워진 기념탑은 1915년 오스만 제국 시절 발생한 아르메니아 대학살의 희생자들을 추모하기 위한 것이었다. 기념탑은 단순한 추모의 공간을 넘어, 고통을 겪은 후에도 다시 일어서는 아르메니아인의 부활과 강인한 생명력을 형상화하고 있다. 이곳에는 특별히 노아의 방주에서 나온 것으로 전해지는 나무 조각이 십자가에 모셔져 있는데, 이는 아라라트산과 직결된 신앙의 전통을 드러낸다. 성경 속에서 방주가 머문 산으로 기록된 아라라트는 아르메니아인의 역사와 정체성에 깊숙이 자리 잡은 상징적 산이다. 나무 조각은 곧 아르메니아의 기독교적 뿌리와 노아 이후의 인류 회복을 의미하며, 민족의 신앙적 정체성을 확고히 보여준다.

기념탑의 조각 가운데 독수리 형상은 이러한 상징성을 한층 더 분명하게 드러낸다. 독수리는 하늘을 나는 왕으로서 고대 아르메니아의 왕조와 문화 속에서 권위와 신성을 나타내는 표상으로 사용되었다. 아르타세스 왕조와 아르샤크 왕조는 독수리를 왕권의 상징으로 삼

에치미아진 대성당 전시실에 놓인 쌍독수리상

앗으며, 이는 단순한 동물적 힘을 넘어 신의 보호와 권능을 담아낸 상징이었다. 또한 독수리는 자유로운 영혼과 용맹함을 대변하며, 민족이 지켜온 독립심과 신앙의 힘을 상징하였다. 오늘날 아르메니아의 국장에도 등장하는 독수리는 바로 이러한 전통의 연속성을 반영한다. 에치미아진 기념탑에 새겨진 독수리 조각은 단지 장식이 아니라, 아르메니아 민족이 겪어온 고난 속에서도 결코 굴하지 않고 다시 일어서는 힘, 그리고 하늘을 향한 신앙적 상승을 표현한 것이다.

결국 에치미아진 대성당과 그 기념탑은 신앙과 역사, 그리고 민족의 상징이 하나로 어우러져 있는 공간이라 할 수 있다. 아라라트산에 얽힌 노아의 전승은 아르메니아인의 뿌리를 성경적 세계와 연결시키며, 독수리라는 고대의 상징은 민족의 불굴의 정신을 현대에까지 이어준다. 이처럼 대성당과 기념탑, 독수리, 그리고 노아의 방주 조각은 아르메니아가 수천 년의 역사 속에서도 정체성과 신앙을 굳건히 지켜온 상징체계로, 앞으로도 그 정신은 민족과 교회의 중심에서 살아 숨 쉬고 있다.

에치미아진 대성당 전시실에 놓인 쌍독수리 상은 아르메니아의 역사와 종교, 그리고 민족 정체성을 보여주는 중요한 상징물이다. 두 개의 머리를 가진 독수리는 고대부터 강력한 의미를 지닌 문양으로 사용되어 왔는데, 권력과 신성함을 동시에 드러내며 제국의 통합과 지배 권위를 상징했다. 이러한 도상은 아나톨리아의 히타이트 문명에서도 확인되는데, 기원전 2천년경의 부조 속 쌍독수리 형상은 왕권을 수호하는 신성한 힘을 담고 있다. 또한 발칸 반도의 불가리아를 비롯한 여러 지역에서도 쌍독수리 문양이 출토되어, 이 상징이 단순히 지역적 현상에 머무른 것이 아니라 유럽과 아시아를 아우르는 광범위한 문화권 속에서 중요한 의미를 지니고 있었음을 보여준다. 아르메니아의 쌍독수리 역시 이러한 전통의 연장선 위에 있으며, 고대 근동에서 유라시아 스텝에 이르는 다양한 문화 교류의 산물로 이해할 수 있다.

아르메니아와 페르시아의 관계 역시 이 맥락 속에서 주목할 필요가 있다. 두 민족은 모두 인도유럽어족에 속하며, 언어적으로도 서로 가까운 위치에 자리하고 있다. 아르메니아인은 인도유럽어족의 독립된 분파를 이루고 있고, 페르시아인은 이란어파에 속한다. 지리적으로 인접해 있었던 두 민족은 고대부터 긴밀한 접촉과 교류를 이어왔으며, 특히 아케메네스 왕조와 사산 왕조 시대에 아르메니아는 페르시아 제국의 지배를 받기도 했다. 이 과정에서 정치 체계와 문화 면에서 페르시아의 영향이 깊이 스며들었으나, 아르메니아는 결코 정체성을 잃지 않고 고유한 언어와 문화를 간직하며 별개의 민족으로 자리해왔다. 따라서 아르메니아인과 페르시아인은 직접적인 조상과 후손의 관계라기보다는, 같은 뿌리를 지닌 언어적·문화적 친족으로서 오랜 역사적 경험을 공유해온 별개의 정체성을 가진 민족이라 보는 것이 타당하다.

에치미아진에 전시된 쌍독수리 상은 이러한 역사적 배경을 응축한 상징이라 할 수 있다. 그것은 곧 왕권과 국가의 통합, 그리고 신성한 보호를 의미하며, 아르메니아가 종교적·정치적 중심지를 통해 민족의 정체성을 굳건히 다져온 과정을 드러낸다. 동시에 쌍독수리는 아르메니아가 서 있는 장소적 특수성, 즉 동서 문화 교차로에서 받은 다양한 영향을 보여주는 이미지를 담아내고 있다. 히타이트와 불가리아를 비롯한 발칸, 페르시아와 비잔틴, 그리고 유라시아 스텝에 이르는 문화들의 도상이 융합된 가운데, 아르메니아의 독자적 정체성이 그 안에서 살아 숨 쉬고 있는 것이다.

　결국 아르메니아의 쌍독수리 상은 고대 근동과 스텝 문화권의 상징 체계를 계승하면서도, 신앙과 왕권, 그리고 민족 정체성을 수호하는 독자적 표상으로 발전하였다. 그것은 아르메니아가 겪어온 역사와 주변 문화와의 교류, 그리고 독립적인 자의식을 동시에 보여주는 살아 있는 문화유산이라 할 수 있다.

　에치미아진 대성당 갤러리에 전시된 금장 십자가 박스안의 나무 조각은 전통적으로 노아의 방주에서 전해 내려온 성물로 알려져 있다. 십자가 박스 안에 모셔진 이 나무 조각은 단순한 유물이 아니라, 아르메니아 기독교 전통과 민족 정체성을 상징하는 성스러운 표상으로 여겨진다. 아르메니아는 성경에서 노아의 방주가 머물렀다고 전해지는 아라라트산과 긴밀

십자가 뒤에 노아의 방주 나무조각이 모셔져 있다.

히 연결되어 있으며, 이 성물은 곧 아르메니아 신앙의 뿌리와 민족적 기원을 상징하는 상징물이 되었다. 아르메니아 사도교회에 있어 이 조각은 민족의 역사와 신앙의 정체성을 이어주는 신성한 유물로 존중받으며, 공동체가 수세기 동안 소중히 간직해온 문화유산이다.

한편, 최근에는 튀르키예 정부와 국제 탐사팀이 아라라트산 인근에서 노아의 방주로 추정되는 목조 구조물의 흔적을 발굴하고 있다. 현장에서 관찰된 거대한 선체 형태는 자연적인 지형 현상으로 보기 어려운 유선형 구조를 보여주며, 내부 중심부에서 발견된 인공적 구멍과 고대 해저 미생물의 흔적은 학계의 주목을 끌고 있다. 이러한 발견은 노아의 방주 전승이 단순한 신화적 이야기만이 아니라 실제 역사적 사건과 연결될 수 있는 가능성을 제기하며, 신앙과 학문 양쪽에서 큰 관심과 논의를 불러일으키고 있다.

노아의 방주 이야기는 아르메니아만의 전승이 아니라 전 세계 다양한 문화권에서 공통적으로 전해지는 대홍수 신화의 핵심을 이루며, 그중 아라라트산은 가장 중요한 중심지로 자리한다. 아르메니아 민족은 아라라트산을 민족적 기원의 상징으로 여겼고, 방주의 이야기를 통해 고난 속에서도 정체성과 신앙을 지켜온 자부심을 이어왔다. 이번 발굴 탐사는 이러한 오랜 신앙과 전통에 과학적 근거를 덧붙이는 계기가 될 수 있으며, 아르메니아와 아라라트산 신화가 단순한 전설을 넘어 역사적 실재성과 연결될 수 있음을 보여준다.

따라서 에치미아진 대성당의 노아의 방주 나무 조각은 아르메니아 기독교 신앙과 민족적 뿌리를 상징하는 신성한 유물이며, 아라라트산 발굴 결과는 노아의 방주 전설에 실체적 가능성을 더해주는 중요한 사건이라 할 수 있다. 이는 곧 아르메니아 정체성과 신앙 전통이 전설과 역사, 그리고 과학적 탐구 속에서 새로운 울림을 갖게 함을 의미한다.

2. 노아의 방주 아라라트산 "Noah's Ark on Mount Ararat"

아라라트산과 독수리 조각상이 한데 어우러진 이 작품은 아르메니아 민족의 역사와 신앙, 그리고 문화적 정체성을 상징하는 깊은 의미를 품고 있다.

먼저, 아라라트산은 아르메니아인의 신성한 산으로서, 성경 창세기에 등장하는 노아의 방주가 대홍수 이후 머문 산으로 전해진다. 이 산은 구원의 상징이자 새로운 시작의 장소로, 아르메니아인들에게 민족 정체성과 신앙의 중심이 되었다. 실제로 아르메니아 국기와 문장에도 아라라트산의 형상이 새겨져 있어 그 중요성을 말해준다.

한편, 독수리는 중근동과 유라시아 고대 문명 전반에 걸쳐 권력과 신성함, 보호와 승리의 상징으로 널리 숭배된 맹금류다. 메소포타미아, 히타이트, 페르시아, 알타이 등 여러 문화권에서 독수리는 왕권과 신성한 권위를 나타내는 징표였다. 특히 하늘을 나는 독수리는 신과 인간을 연결하는 매개자로 인식되었으며, 이 조각상에서 독수리가 펼친 날개 아래에 검이

튀르키예 국경에서 바라본 대아라라트산과 소아라라트산

함께 표현된 것은 권력과 군사적 힘, 그리고 수호의 의기를 더욱 강하게 드러낸다.

이 조각상은 아라라트산의 구원과 새로운 시작의 상징성과 독수리의 권력과 신성함을 결합하여, 아르메니아 민족의 신성한 뿌리와 강인한 정신을 시각적으로 표현한다. 독수리 아래의 검은 아르메니아인의 용맹함과 자주성

아라라트산과 독수리 조각상이 담긴 부조

을 상징하며, 동시에 중근동과 유라시아 스텝 문화권 사이의 역사적·문화적 연결고리를 드러낸다.

결국 이 작품은 아르메니아의 깊은 역사적·종교적 상징성을 담아내며, 아라라트산과 독수리라는 두 강력한 이미지가 어우러져 민족 정체성과 신념을 온전히 표현한 매우 뜻깊은 예술작품이다.

아라라트산은 튀르키예 동부에 위치한 거대한 휴화산으로, 두 개의 봉우리인 대아라라트산(해발 약 5,137m)과 소아라라트산으로 이루어져 있다. 튀르키예에서 가장 높은 산으로 꼽히며, 사계절 눈으로 덮여 웅장한 자태를 뽐내는 이 산은 지리적으로 아르메니아와 인접해 있어 역사적으로도 아르메니아 민족과 깊은 연관을 맺어왔다.

무엇보다 아라라트산을 세계적으로 유명하게 만든 것은 성경 창세기 8장에 기록된 노아의 방주 전승이다. 대홍수 이후 노아의 방주가 머물렀다는 산으로 전해지며, 여기서 인류가 새롭게 시작되었다는 이야기는 유대교, 기독교, 이슬람교를 아우르는 종교 전통 속에서 중요한 상징으로 자리 잡았다. 아르메니아인들에게 아라라트산은 단순한 자연의 산이 아니라 민족 정체성과 신앙의 중심이자 정신적 고향으로 여겨졌고, 지금도 아르메니아 국기와 문장 속에 그 모습이 담겨 있다.

이 산은 고대와 중세에도 전략적·문화적 중심지였다. 히타이트, 미탄니, 우라르투 등 여러 고대 문명이 아라라트산 주변을 중심으로 번성했으며, 아르메니아 왕국 또한 이 산을 민족의

상징으로 삼았다. 근대에 이르러서는 1829년 독일의 학자 프리드리히 파로트와 아르메니아의 시인 하차투르 아보뱐이 아라라트산 정상에 올라 최초의 등정 기록을 남기기도 했다.

오늘날 아라라트산은 튀르키예 영토 안에 속해 있지만, 아르메니아인들에게 여전히 민족적·종교적 상징으로서 큰 의미를 지니고 있다. 특히 최근 아라라트산 인근에서 국제 탐사팀이 방주로 추정되는 목조 구조물을 발굴하고 있으며, 내부에서 고대 해저 미생물 흔적이 발견되는 등 과학적 단서들이 보고되고 있다. 이러한 연구들은 노아의 방주 전승이 단순한 신화에 머무는 것이 아니라 역사적 사실과 맞닿아 있을 가능성을 제기하며 학계와 신앙 공동체 양쪽의 주목을 받고 있다.

결국 아라라트산은 아름다운 자연 경관만으로 설명되지 않는, 인류의 역사와 신화, 그리고 민족 정체성이 교차하는 독특한 장소다. 그것은 아르메니아 민족에게는 뿌리와 같은 상징이며, 전 세계인들에게는 신앙과 과학, 역사와 문화가 만나는 신비로운 산으로 기억되고 있다.

대아라라트 산 정상에서 보이는 사각형의 틀 모양은 배 형태로 오래전부터 노아의 방주와 관련지어 여러 해석을 낳아왔다. 하지만 현재 학계의 일반적인 견해는 이러한 형태가 지질학적 요인에 의해 형성된 자연적인 지형일 가능성이 크다는 것이다. 아라라트산은 거대한 휴화산으로 오랜 세월 동안 화산 활동과 지질 변동을 겪으면서 특유의 암석 구조와 독특한 형태가 발달해 왔다. 따라서 이 틀 모양을 방주가 미끄러진 흔적으로 단정하기는 어렵고, 인공 구조물인지 자연 지형인지를 구분하기 위해서는 보다 세밀한 과학적 검증이 필요하다.

반면 노아의 방주 전승에 대한 연구는 산 정상부보다 아라라트산 맞은편 언덕이나 주변지대를 중심으로 활발히 진행되어 왔다. 특히 최근 탐사에서는 배 모양을 닮은 거대한 구조물이 확인되었는데, 이는 자연적인 지질 형성으로 보기 어려운 유선형 굴곡을 지니고 있다. 더욱이 구조물 안에서 고대 해저 미생물의 흔적이 발견되면서 이곳이 단순한 지형적 우연이 아닌, 실제로 물과 관련된 특별한 환경에서 형성된 장소일 가능성이 제기되고 있다. 이러한 특징은 노아의 방주가 이 지역에 정박했을 것이라는 가설에 힘을 실어주며, 전설과 고고학적 단서가 맞닿는 지점으로 관심을 모으고 있다.

노아의 방주 이야기는 단지 성경 속의 신화에 머무르지 않는다. 전 세계 여러 문명에서 공

튀르키예에서 바라본 대아라라트산과 소아라라트산 전경. 대아라라트산 정상
좌측에 노아의 방주가 미끄러졌다는 사각 틀처럼 보이는 흔적이 보인다.

통적으로 전해지는 대홍수 서사 속에서 아라라트산은 특별한 상징성을 갖는다. 다만 과학적 탐사와 고고학적 연구들은 아직까지 방주의 실체를 입증할 결정적 증거를 내놓지는 못했다. 향후 정밀한 지질 조사, 연대 측정, 발굴 연구가 이어져야 하며, 그 결과에 따라 신화와 역사의 경계가 한층 더 명확해질 수 있을 것이다.

결국 대아라라트산 정상의 사각 틀은 자연 지형일 가능성이 크지만, 맞은편 언덕에서 확인된 목조 구조물은 노아의 방주 전승과 실제 역사의 접점을 찾는 중요한 단서가 되고 있다. 아라라트산 일대는 지금도 대홍수 신화와 과학적 탐구가 만나는 상징적인 장소로 남아 있으며, 앞으로의 연구 성과가 인류의 오랜 전설을 새로운 시각으로 조명할 수 있을지 주목된다.

노아의 방주 이야기와 메소포타미아의 길가메시 서사시에 나오는 대홍수 이야기는 기본 구조가 매우 유사하다. 두 전승 모두 신들이 인간의 죄악이나 질서를 파괴하는 행위에 분노해 대홍수를 일으키고, 선택 받은 소수가 방주를 만들어 가족과 동물들을 구한 뒤 다시 새로운 시작을 맞이한다는 점에서 큰 공통점을 지닌다. 이러한 유사성은 대홍수 신화가 고대 근동 지역 전반에 널리 공유되었음을 보여주는 대표적 사례라 할 수 있다.

성경 창세기에 기록된 노아의 방주 이야기는 하느님이 직접 인간의 악행을 심판하기 위해 40일간 홍수를 내리고, 의로운 노아에게 방주를 지어 자신의 가족과 생물을 구하라고 명령하는 내용으로 전개된다. 여기서 하느님은 전능한 단일신으로서 심판과 구원의 모든 과정을

아라라트산 맞은편 노아의 방주가 있는 산 설경풍경

노아의 방주 벽면 근접 촬영

주관하며, 그 권위는 절대적이다. 방주의 크기와 비율, 재료와 방수 처리법까지 매우 구체적으로 규정되어 있는 점이 특징적이며, 홍수 이후 하느님은 무지개 언약을 통해 다시는 세상을 물로 심판하지 않겠다는 약속을 준다. 이야기는 하느님의 공의와 자비, 인간의 순종과 구원, 그리고 새로운 희망의 시작을 강조하는 종교적 메시지를 담고 있다.

반면, 길가메시 서사시의 대홍수 이야기에서는 신들의 집단적 결정으로 홍수가 시작된다. 주인공 우트나피쉬팀은 신들의 계시를 받아 방주를 만들어 가족과 동물들을 구한다. 그러나 이 이야기 속의 신들은 일신교적 하느님과 달리 변덕스럽고 갈등하며, 인간에 대해 복잡하고 때로는 무자비한 태도를 보인다. 방주의 상세한 규모와 층수, 구획, 역청을 이용한 방수 방법 역시 기술되어 있지만, 그 결과는 다르다. 홍수 이후 우트나피쉬팀은 새로운 인류의 조상이 되는 대신 신들로부터 불멸의 축복을 받으며, 인간과 신의 관계, 운명과 불멸의 비밀에 대한 탐구가 중심으로 부각된다.

이 두 신화의 차이를 요약하자면, 노아의 방주 이야기는 단일신의 절대적 권위와 도덕적 교훈, 그리고 인간과 하느님의 언약을 중심에 두고 있으며, 길가메시 서사시는 다신교적 세계관 속에서 신과 인간의 갈등, 불멸과 지혜에 대한 탐구를 강조한다는 점이다. 또한 노아의 방주는 인류가 도덕적 심판 속에서도 다시 시작될 수 있다는 종교적 확신을 전하며, 길가메시의 대홍수는 자연과 신 앞에 놓인 인간의 운명과 한계, 그리고 불멸에 대한 염원을 반영한다.

결국 이 두 전승은 공통적으로 대홍수라는 거대한 재앙을 통해 인간 존재의 의미를 성찰했지만, 각각의 문화적 배경과 종교적 세계관에 따라 서로 다른 해석을 담아냈다. 노아의 방주 이야기는 유대교, 기독교, 이슬람교로 이어지는 단일신 신앙의 뿌리를, 길가메시 서사시는 수메르와 아카드 문명의 다신교적 사고를 반영하며, 오늘날 인류가 공유하는 중요한 문화유산으로 남아 있다.

튀르키예 아라라트산 인근에서 발견된 유선형 유적은 오랜 세월 노아의 방주 전설과 연결되어 주목을 받아왔다. 사진 속 구조물은 자연적으로 형성된 암석 지형과 달리 인공적으로 다듬어진 듯한 배의 형상을 드러내며, 특히 두루피나르 지층이라 불리는 지역에서 확인되었다. 이곳은 아라라트산 남쪽 약 30㎞ 떨어진 지점에 위치하며, 약 160m 길이의 타원형 언덕

산 아래에 길게 펼쳐진 타원형 지형, 노아의 방주 전체 형태가 뚜렷하게 드러난다.

형태를 이루고 있다. 초기 탐사에서 이 지역 토양 속에서 해양 퇴적물과 연체동물 화석이 발견되어 과거 물에 잠겨 있었던 흔적이 드러났고, 지하 깊은 곳에서는 직사각형 구조물과 부식한 나무 흔적이 보고되었다. 이는 단순한 지형 현상을 넘어 고대 목조 선박의 잔해일 수 있다는 가능성을 열어두게 했다.

이 유적은 2006년부터 본격적으로 세상에 알려지기 시작했으며, 2009년에는 중국 탐사팀이 기자회견을 열어 더욱 큰 관심을 모았다. 당시 탐사에서는 내부에 좁은 방과 곡선 형태의 벽 구조가 확인되었으나, 장비 부족과 붕괴 위험으로 인해 전면적인 조사는 이루어지지 않았다. 최근 들어 튀르키예 아타튀르크 대학 연구진이 토양 샘플을 정밀 분석한 결과, 부식된 나무 성분과 고대 해저 미생물 흔적이 발견되었다는 소식이 전해지면서 학계와 종교계 모두의 관심이 집중되고 있다. 이 발견은 오랫동안 신화로만 여겨졌던 노아의 방주 전승이 역사적 사실과 연결될 수 있는 중요한 실마리로 간주된다.

아라라트산은 성경 창세기에서 노아의 방주가 머물렀다고 전해지는 곳으로, 아르메니아인뿐 아니라 근동 지역 여러 민족에게 신앙과 정체성의 상징이었다. 따라서 두루피나르 지층의 유적은 단순한 발굴 성과를 넘어, 인간이 공유하는 대홍수 신화와 초기 문명의 기억을 구체적으로 보여주는 증거일 수 있다. 만약 이 유적이 실제 방주의 흔적으로 확인된다면, 이는 세계 종교사와 고고학, 지질학 연구에서 획기적인 전환점이 될 것이다.

결국 아라라트산 인근에서 발견된 이 유선형 유적은 아직 확증된 결론을 내리기에는 이른 단계에 있지만, 이미 노아의 방주 전설과 관련된 최초의 실체적 증거로 주목받고 있으며, 앞으로 이어질 발굴과 과학적 연구가 인류의 신화와 역사를 새롭게 조명할 열쇠가 될 것으로 기대된다.

노아의 방주 언덕 아래의 물 흐름 흔적과 퇴적층은 오래전 대홍수나 대규모 홍수 사건의 흔적을 간직한 지형으로 보인다.

사진 속에 보이는 언덕 아래의 물 흐름 흔적과 퇴적층은 오래전 대홍수나 대규모 홍수 사건의 흔적을 간직한 지형으로 이해할 수 있다. 물이 거대한 힘으로 흘러내린 뒤 남겨진 침식 자국과 퇴적물 층은 당시의 자연 현상을 고스란히 기록하고 있으며, 특히 아라라트산 인근과 같은 지역에서 관찰되는 이러한 흔적은 노아의 방주 전승과 긴밀히 연결될 수 있다. 실제로 이 지역은 고대에 여러 차례 거대한 홍수가 지형을 바꾸어 놓은 것으로 알려져 있으며, 이런 격변적 자연 현상이 노아의 방주 이야기가 생겨난 배경이 되었을 가능성이 크다.

함께 제시된 그림 속 장면은 노아의 방주가 드디어 육지에 닿고, 물이 빠진 뒤 동물들이 새 땅으로 나오는 광경을 묘사하고 있다. 이는 성경 창세기를 비롯해 수많은 대홍수 신화에 공통적으로 나타나는 상징적 장면으로, 인류와 생명이 다시 시작되는 순간을 형상화한다. 물이 빠지며 형성된 독특한 퇴적층과 자연 지형의 변화는 이러한 신화적 장면이 실제 자연 현상에서 비롯되었을 가능성을 보여주는 자연적 근거라 할 수 있다.

따라서 노아의 방주 전승은 단순한 상상의 산물이 아니라, 고대 인류가 실질적으로 경험한 대규모 홍수 사건의 기억이 신화로 전승된 것으로 볼 여지가 크다. 아라라트산 인근에서 발견된 유선형 구조물과 퇴적층의 과학적 분석 결과는 이러한 가설을 뒷받침하며, 노아의 방주 이야기가 역사적·지질학적 근거 위에 세워졌을 가능성을 제시한다.

결국 사진 속 물 흐름 흔적과 퇴적층은 대홍수의 실제 증거로 해석될 수 있으며, 그림 속 동물들의 육지 진출 장면은 그 기억을 신화적 형상으로 남긴 상징이다. 이는 노아의 방주 전설이 단지 신화가 아니라, 인류가 겪은 자연적 격변과 기억 속에서 태어난 역사적 전승임을 암시해준다.

3. 반 호수의 우라르트 왕국 "Urartu Kingdom of Lake Van"

우라르트 왕국은 오늘날 튀르키에 동부, 아르메니아, 이란 북서부 지역에 걸쳐 존재했던 고대 왕국으로, 특히 반 호수(Lake Van) 주변을 중심으로 발전하였다. 그 시작은 기원전 9세기 무렵으로, 기원전 6세기까지 존속하면서 당시 근동 지역에서 중요한 정치적 세력으로 자리 잡았다. 왕국의 수도는 반 호수 인근의 투슈파(Tushpa)였으며, 산악 지형 곳곳에 강력한 요새와 도시를 건설하며 군사적 요충지를 확보하였다.

우라르트는 히타이트 제국이 멸망한 뒤 그 공백을 메우며 부흥한 세력으로, 히타이트와 메소포타미아 문명과 밀접한 관계 속에서 성장하였다. 이 왕국은 무엇보다 강력한 군사력과 뛰어난 성채 건축 기술로 유명했으며, 험준한 산악 환경을 활용한 방어 체계가 특출났다. 또한 청동기와 철기 문화를 발전시키며 관개 농업과 금속 가공 기술에서 높은 수준을 보였다. 그들의 언어는 오늘날 독자적인 체계로 분류되는 우라르트어이며, 히타이트어와는 구분되는 독립적 언어권을 형성하였다. 종교적으로는 태양신 미르(Mir)를 비롯해 여러 신을 숭배하는 다신교적 신앙 체계를 갖추고 있었다.

정치 체제는 강력한 왕권을 바탕으로 봉건적 성격을 지니고 있었고, 지방 세력을 통제하는 방식으로 운영되었다. 기원전 8세기 후반 사르두리 2세(Sarduri II)의 통치기에 우라르트는 최대 영토를 확장하였으며, 이 시기에 메소포타미아의 패권을 차지하고 있던 아시리아 제국과 치열한 경쟁 관계를 이어갔다. 군사적으로는 말과 전차를 결합한 기마 전술에서 강점을 보였고, 험준한 산악 지형을 활용한 독특한 방어 방식으로도 유명했다.

문화적으로 우라르트는 독창적인 석조 건축과 요새 건설 능력을 보여주며, 청동과 철로 제작된 무기와 도구들이 발굴되어

그들의 금속 기술 수준을 증명한다. 반 호수 주변의 여러 고고학적 유적과 비문은 당시 정치, 군사, 종교, 경제 상황을 이해하는 데 결정적인 사료 역할을 하고 있다. 무엇보다 우라르트 문화는 훗날 아르메니아 문화와 닿아 있으면서 깊은 영향을 끼쳤으며, 지리적·문화적 연속성 속에서 아르메니아인의 고대 기원을 이해하는 데 중요한 단서를 제공한다.

우라르트 왕국은 히타이트와 아시리아 사이에서 독자적인 위치를 차지했던 산악 왕국으로, 고대 근동사의 흐름 속에서 빼놓을 수 없는 존재였다. 특히 그들의 군사력, 건축 기술, 종교적 신앙, 그리고 유적들은 오늘날 고고학적으로도 큰 가치를 지니며, 고대 문명의 다양성과 교류를 이해하는 데 중요한 열쇠로 평가된다.

우라르트 성은 고대 우라르트 왕국의 정치·군사적 중심지를 보여주는 대표적인 유적지

우라르트 성 전경

로, 오늘날 튀르키예 동부 지역 곳곳에서 발견된다. 그 가운데 가장 유명한 것은 수도였던 반 성(Van Fortress)이다. 반 성은 거대한 암벽에 직접 깎아 세운 성채로, 우라르트인들의 뛰어난 건축 기술과 정교한 군사적 전략을 잘 보여준다. 암벽 위에 세워진 이 요새는 외부로부터의 침략을 막는 강력한 방어 거점이자 권력의 상징이었다.

우라르트 문명의 특징 가운데 하나는 바위 무덤이다. 이들은 단순한 매장 시설을 넘어, 왕과 귀족의 권위 및 사후 세계에 대한 믿음을 반영하는 상징적 건축이었다. 성채와 함께 남아 있는 바위 무덤들은 우라르트인들의 독창적인 장례 문화와 종교적 세계관을 이해하는 데 중요한 자료를 제공한다.

우라르트 성은 반 성 외에도 튀르키예 동부 전역에 걸쳐 여러 곳에서 발견된다. 각 성채와 유적지는 당대의 정치적 상황, 사회 구조, 군사 전략, 그리고 종교 의례에 대한 흔적을 간직하고 있어, 우라르트 왕국의 역사를 다각도로 보여준다.

이러한 유적들은 단순히 고대의 군사 요새가 아니라, 우라르트 왕국의 정치와 문화, 그리고 군사적 힘을 증명하는 살아 있는 증거다. 따라서 우라르트 성은 고대 아나톨리아 문명을 이해하는 데 핵심적인 위치를 차지하며, 오늘날에도 그 발자취를 따라가며 고대 제국의 위상을 느낄 수 있는 특별한 장소로 남아 있다.

우라르트인은 고대 서방 아나톨리아와 코카서스 접경지대에 강력한 왕국을 세우고, 고도로 발달한 건축과 토목 기술을 남겼다. 그들의 가장 큰 특산은 수로와 댐 건설, 인공 호수 조성, 관개 시설과 늪지대 배수와 같은 대규모 공공사업이었다. 아시리아 기록에 따르면, 아시리아 왕들은 우라르트의 비옥함과 성전, 그리고 왕궁의 부유함을 언급하며 그들의 치밀한 환경 관리 능력을 높이 평가했다.

우라르트 왕국은 신권적 봉건 체제 아래 통치되었다. 국경 근처에는 초기 히타이트 시대와 유사한 소규모 도시국가가 존재했으며, 이들은 일정한 세금을 바치되 내부적으로는 상당한 자치를 유지했다. 이들의 요새화된 성은 평시에 행정과 종교 중심지였고, 전쟁이 일어나면 그들의 군대는 우라르트 왕의 지휘를 받았다.

우라르트의 건축은 독창적이었다. 성곽과 궁전, 사원은 주로 험준한 언덕이나 절벽 위에 세워졌으며, 무게가 20~25톤에 달하는 거대한 석재로 정교하게 다듬어 쌓아 올려졌다. 아시

우라르트 성 전경

우라르트 성 올라가는 길

리아 건축과 달리 우라르트 건축물은 견고한 석재 기초 위에 긴 목재 대들보를 얹는 방식으로 발전했다. 성곽은 다수의 탑으로 보강된 성벽으로 둘러싸여 있었으며, 내부에는 사원, 행정 건물, 창고, 작업장, 궁전이 질서 있게 배치되었다. 알틴-테페, 차부슈-테페, 카얄데레, 아딜제바즈 등지에서 발굴된 유적들은 왕들의 비문과 기록에서 언급된 공공 건설사업의 생생한 증거다.

우라르트 예술의 중요한 특징 중 하나는 벽화이다. 궁전과 성전에는 밝은 원색의 벽화가 장식되었는데, 이는 아시리아 예술의 영향을 받으면서도 독창적 스타일을 유지했다. 기하학적 무늬와 식물 문양이 결합되었으며, 신성한 나무, 날개 달린 그리핀과 스핑크스, 신성한 동물과 그들의 경연 장면 등 장식 요소가 자주 등장했다. 빨강, 파랑, 베이지, 검정, 흰색, 드물게 초록색까지 다양한 색깔을 사용하여 생생함을 더했다.

청동과 금속 예술 역시 뛰어났다. 우라르트식 청동 가마솥은 황소 머리 장식으로 유명하며, 프리지아·그리스·이탈리아 등지로 수출되었다. 청동제 방패, 헬멧, 벨트, 말갖춤 장식에는 동물 문양과 대칭적 연속 문양이 새겨졌으며, 소유자의 이름이 기록되기도 했다. 인장 제작에서도 독창성이 드러나 스탬프와 실린더 씰이 사용되었으며, 동물과 식물, 환상적 복합 동물 모티프가 다양하게 표현되었다. 또한 상아 조각 전통도 이어져 가구 장식품, 인형, 동물 형상으로 남아 있다.

왕들의 무덤은 아시리아의 영향을 받은 암반 매장실 형태였다. 왕과 귀족은 바위 속 석실에 나무 혹은 석관에 안치되었고, 표면 가까이에는 항아리 묘가 마련되어 있었으며, 경우에 따라 하인이나 노예들이 함께 묻혔다. 화장과 매장이 나란히 행해졌음을 보여주는 흔적도 발견되었다.

이처럼 우라르트의 성채와 궁전, 수로와 댐, 벽화와 금속 공예품들은 고대 근동 문명 속에서 독창적인 위치를 보여준다. 오늘날 알틴-테페, 반-토프라칼레, 무슈-카얄데레, 아딜제바즈 등지의 발굴과 박물관 컬렉션을 통해 우리는 우라르트 왕국의 장대한 역사와 예술 세계를 확인할 수 있다.

고대의 토성은 흙과 진흙, 모래, 자갈 등 자연에서 쉽게 구할 수 있는 재료를 사용하여 쌓은 성벽으로, 돌을 이용한 석성과는 다른 건축 양식을 보여준다. 성벽은 단순히 흙을 쌓아

토성으로 쌓은 우라르트 성

올린 것이 아니라, 흙을 여러 차례에 걸쳐 다져 올리는 방식을 사용하여 형태를 유지했다. 또한 다짐 과정에서 나무, 갈대, 짚, 잎과 같은 유기물을 함께 섞어 내구성을 강화했으며, 층과 층 사이에는 나무 기둥이나 쐐기를 박아 전체 구조가 쉽게 무너지지 않도록 했다. 이와 같은 기법은 단순히 흙으로만 만든 성에 비해 훨씬 높은 견고함을 제공했다.

특히 나무 쐐기의 사용은 토성 건축에서 핵심적인 기술이었다. 우라르트 성 등의 유적에서도 확인되듯, 성벽 내부로 박은 나무 말뚝은 흙의 무게를 효과적으로 분산시키면서 붕괴를 방지하는 역할을 했다. 바람이나 빗물에 의한 침식, 산악 지형에서 발생할 수 있는 지진에도 성벽이 안정적으로 유지될 수 있었던 것은 이 기술 덕분이었다. 더욱이 어떤 환경에서는 나무가 부패하지 않고 오랜 세월 동안 잘 보존되며, 이러한 특성은 성벽이 수천 년이 지난 지금까지 형태를 유지하는 데 크게 기여했다.

축조 방식으로는 판축공법(板築工法)이 대표적이었다. 흙을 층층이 쌓아 올리면서 각각을 단단히 다지고, 그 사이에 나무나 갈대를 넣어 결속력을 높이는 방식이다. 이와 같은 판축공법은 동아시아뿐 아니라 메소포타미아, 아나톨리아 지역에서도 널리 사용되었으며, 고대 건축에서 보편적인 기술로 자리 잡았다. 우라르트 성의 경우는 특히 산악 지형의 특성을 고려하여, 자연 암반 위에 토성을 결합하는 방식으로 방어력을 극대화한 점이 특징적이다. 암반 위에 성벽을 쌓음으로써 토성의 취약한 부분을 보완하고, 자연 지형까지 방어 체계 속에 포함시킨 것이다.

이러한 토성은 흙의 종류와 다짐 기술, 그리고 배수 설계에 따라 수백 년에서 수천 년까지도 그 형태를 유지할 수 있었다. 우라르트 성들의 경우, 토성과 석성을 혼합한 복합 구조를 지녔고, 나무 쐐기를 이용해 내구성을 강화했기 때문에 오랜 세월에도 불구하고 그 위용이 상당 부분 남아 있다. 여기에 더해 산악 지역의 건조한 기후 역시 흙벽이 쉽게 침식되지 않고 원형에 가까운 상태로 보존되는 데 긍정적 영향을 주었다.

결국 우라르트의 토성은 단순히 방어 목적으로 세워진 흙 성벽이 아니라, 산악 지형을 전략적으로 활용하고 다양한 건축 기술을 접목한 정교한 건축물이었다. 나무 쐐기를 이용한 보강법은 당대 건축 기술 가운데에서도 뛰어난 혁신이었으며, 이러한 기술 덕분에 우라르트 성은 오늘날에도 고대 건축술의 높은 수준과 창의성을 증언하는 귀중한 유산으로 남아 있다.

크세르크세스 1세는 페르시아 아케메네스 왕조의 왕으로, 기원전 486년부터 465년까지 통치하였다. 그는 다리우스 1세의 아들로, 자신의 통치와 관련한 업적, 신성한 권위, 그리고 제국 내 여러 민족과 지역에 대한 지배를 비문을 통해 기록하였다. 이 비문은 역사적으로 매우 중요한 자료로, 크세르크세스가 자신이 아후라 마즈다(Ahuramazda)라는 페르시아의 신에게 선택받은 왕으로서 신의 뜻에 따라 제국을 다스린다는 점을 강조한다.

비문에는 크세르크세스가 광대하고 다양한 민족과 도시가 속한 거대한 제국을 통치했으

우라르트 성 벽면

우라르트 비문

며, 반란 진압과 질서 유지에도 힘썼다는 내용이 담겨 있다. 또한 그는 그의 아버지 다리우스 1세가 시작한 여러 건설 사업을 이어받아 완성하고, 다리우스가 건설한 다리와 도로망의 유지를 지속했다는 기록도 포함되어 있다. 이와 함께 그리스 원정을 비롯한 대규모 군사 작전 역시 비문에 명시되어 있다.

크세르크세스 1세 비문은 그의 정당한 왕위 계승자임을 여러 차례 강조하며, 자신의 통치가 신의 뜻에 따른 것임을 반복해서 밝혔다. 이는 페르시아 왕권의 신성화 및 중앙집권적 통치의 정당성을 뒷받침하는 역할을 했다. 이러한 비문은 그의 통치 철학과 제국 운영 방식을 이해하는 데 중요한 자료일 뿐만 아니라, 페르시아 제국이 광범위한 지역과 다양한 민족을 통합했던 체계적인 정책과 권력 구조를 보여준다.

우라르트 왕국이 멸망한 이후 아케메네스 왕조는 우라르트 지역을 포함한 아르메니아와 주변 영토를 지배하게 되었다. 이곳 곳곳에는 페르시아 시대의 비문과 건축물이 남아 있어, 페르시아 문화와 행정 체계가 이 지역에 깊이 뿌리내렸음을 알 수 있다. 우라르트의 설형문자와는 달리, 페르시아 비문은 알파벳 형태를 지니며 페르시아어뿐 아니라 다양한 지방어로 기록되었다.

대표적인 페르시아 비문으로는 다리우스 1세가 새긴 '비수툰 비문'(Behistun Inscription)이 있는데, 이 비문은 세 가지 언어로 작성되어 고대 언어 연구에 큰 가치를 지니고 있다. 우라르트 지역에 남은 페르시아 비문과 건축물은 두 문화권이 교차하는 역사 현장을 생생히 보여주며, 고대 근동의 복잡한 정치·문화적 상호작용을 이해하는 데 매우 중요한 자료가 되고 있다.

페르시아 아케메네스 왕조는 우라르트 왕국의 멸망 후 이 지역을 중앙집권적으로 통치하면서 왕의 업적과 제국 통치 내용을 다양한 비문에 새겼다. 이 비문들은 왕권의 신성화와 제국의 통치력을 과시하는 동시에, 고대 언어와 역사

우라르트 왕국 유물, 앙카라 아나톨리아 문명박물관 소장

연구에 빼놓을 수 없는 귀중한 사료이다. 또한 우라르트 지역 내 페르시아 유적들은 두 문화가 교차한 중요한 역사 현장임을 증명한다.

앙카라 아나톨리아 문명박물관에 전시된 우라르트 유물들은 그들의 생활과 종교, 그리고 세계관을 보여주는 중요한 흔적이다. 전시된 도자기와 토기류는 다양한 크기와 형태로 제작되어 있으며, 항아리와 주전자, 그릇들 속에서 당시 사람들의 일상과 미적 감각을 동시에 엿볼 수 있다. 일부는 검거나 붉은 색조로 표면을 처리하여 단순한 실용성을 넘어선 장인의 솜씨를 느낄 수 있다.

작은 인물상과 조각상은 특히 종교적 의례나 제례와 밀접한 관련이 있는 것으로 보인다. 그것들은 신화적 존재나 왕족, 혹은 신관을 표현했을 가능성이 크며, 우라르트 사회의 신앙 체계와 권력 구조를 반영한다. 물질적인 생활 이면에 자리한 정신적·종교적 세계가 작은 조각상 안에서 드러나는 셈이다.

알틴테페 우라르투 벽화는 두 명의 날개 달린 신화적 인물이 양쪽에서 중앙에 위치한 '생명의 나무'를 감싸고 있는 구도로 구성되어 있다. 이 날개 달린 인물들은 신성한 존재로서 왕권을 수호하고 풍요와 우주의 질서를 상징한다. 중앙의 생명의 나무는 기하학적으로 양식화된 형태로 나타나 있으며, 이는 우라르투뿐만 아니라 메소포타미아와 아시리아 등 고대 근동 지역에서 왕권과 신성, 우주 질서를 표현하는 대표적 모티프이다. 벽화 테두리에는 꽃무늬와 기하학적 문양이 반복적으로 배치되어 있고, 적색, 청색, 베이지, 백색, 검정 등의 밝고 선명한 색채가 조화를 이루어 우

에르진잔(Erzincan) 인근 알틴테페(Altintepe)의 집회장(아파다나, Apadana) 긴 쪽 옆 벽을 장식했던 프레스코화의 일부이다. 이 프레스코는 기원전 7세기 말에서 6세기 초에 그려졌으며 두 날개 달린 신화적 인물이 생명나무를 양쪽에서 호위하는 모습이 표현되어 있다.

부조와 설형문자 비문으로 장식된 현무암 기단. 아딜제바즈 근처 케프 칼레시, 기원전 7세기. 앙카라 아나톨리아 문명박물관 소장

라르투 미술의 화려함과 상징성을 보여준다.

이 벽화는 아시리아 궁전의 '생명의 나무' 부조와 구도 및 상징에서 많은 유사점을 가진다. 아시리아의 부조에서도 생명의 나무를 중심으로 양쪽에 날개 달린 종종 인간 또는 독수리 머리의 수호령들이 대칭적으로 배열되어 왕의 신성함과 신의 보호, 왕권의 정당성을 나타낸다. 다만, 아시리아 부조가 세밀한 입체감과 상세한 장식(왕관, 팔찌, 의복 자수 등)을 특징으로 하는 반면, 우라르투 벽화는 평면적이고 장식적이며 반복적인 문양과 색채 사용에 중점을 두었다. 우라르투의 생명의 나무는 아시리아보다 더 단순화되고 기하학화된 형태를 띠어 우라르투만의 독보적 미적 감각을 담고 있다.

이 상징은 후리안 신화와 종교에서 비롯되어 아시리아와 바빌로니아 등 고대 근동 사회와 교류하며 발전했다. 우라르투에서는 왕권의 신성함과 우주의 질서, 풍요, 그리고 신과 인간 사이의 연결성을 상징하는 중요한 체계로 자리 잡았다. 우라르투 미술은 아시리아의 영향을 받았지만, 보다 엄격한 양식화와 장식성, 문양의 반복성, 상징의 단순화가 특징이다. 이 모티프는 궁전과 사원 벽화뿐 아니라 금속공예, 인장 등 다양한 매체에서도 반복적으로 등장한다.

또한, 반 호수 주변의 우라르투 성지에서도 유사한 상징 체계의 유물과 벽화 흔적이 확인되어, 우라르투 왕국 전역에서 생명의 나무와 날개 달린 존재가 왕권과 신성의 강력한 상징으로 널리 활용되었음을 보여준다.

결론적으로, 알틴테페 벽화 속 '두 명의 날개 달린 인물과 생명의 나무'는 아시리아 궁전 부조와 유사한 신화적 메시지를 담고 있으면서도, 우라르투만의 기하학적이고 장식적인 미적 양식을 반영한다. 이는 왕권의 신성함, 풍요, 우주의 질서, 그리고 신과 인간의 연결이라는 고대 근동 전역에 걸친 중요한 상징 체계를 시각적으로 구현한 대표적 작품이라 할 수 있다

우라르트 비문과 부조가 새겨진 기단은 현무암으로 제작된 기단으로, 표면에는 부조와 설형문자 비문이 새겨져 있다. 이 유물은 튀르키예 동부 아딜제바즈 근처 케프 칼레시에서 출토되었으며, 기원전 7세기 우라르트 왕국 시기의 작품이다.

부조에는 날개 달린 신화적 인물들이 사자 위에 서서 숭배 의식을 행하는 장면이 반복적으로 새겨져 있어, 우라르트 왕국의 종교적 신앙과 왕권의 신성함을 상징하고 있다. 기단 상단의 설형문자는 우라르트어로 기록되어 있으며, 왕의 업적이나 신에 대한 헌사, 건축 기록 등 중요한 역사적 정보를 담고 있을 가능성이 크다.

이 유물은 우라르트의 예술적 표현과 문자 사용, 그리고 종교적 신앙 체계를 이해하는 데 매우 중요한 자료이며, 메소포타미아 문명과의 문화적 교류 및 영향을 보여주는 증거가 되기도 한다.

우라르트인들은 수로 건설, 인공 호수 조성, 관개 작업, 늪지대 배수 등 대규모 공공사업을 수행한 것으로 알려졌다. 아시리아 기록에서도 우라르트의 비옥한 땅과 성전, 왕실의 부를 언급하고 있다. 신권 국가였던 우라르트는 봉건 체제로 통치되었으며, 국경 근처에는 개별 통치자가 다스리는 소도시 국가들이 존재했다. 이 통치자들은 그들의 땅에서 자치권을 가졌으나, 전쟁 시에는 우라르트 왕의 지휘를 받았다.

우라르트는 기원전 9~8세기에 권력의 절정에 도달했으며, 산악 왕국임에도 불구하고 환경을 통제하고 댐과 수로를 건설하는 등 공공사업에 힘썼다. 궁전과 사원 등 뛰어난 건축물을 남겼으며, 이들은 가파른 언덕에 무거운 돌로 정교하게 건설되어 아시리아 건축과 다른 독자적 발전을 보여준다.

알틴테페, 차부스테페, 아딜제바즈 등에서 출토된 건축물과 유물들은 우라르트 왕들이 남긴 건설 작업의 중요한 예로, 우라르트 예술에서는 벽화가 중요한 특징 중 하나다. 우라르트 벽화는 아시리아 예술의 영향을 받았으나 독특한 기하학적, 식물 모티브와 동물 장면을 밝은 색으로 표현했다.

이외에도 청동 가마솥, 헬멧, 방패, 상아 조각상 등 정교한 예술품들이 출토되어 우라르트 왕국의 고도의 예술성과 기술력을 보여준다. 매장 관행에서는 바위에 깎은 매장실이 있었으며, 장례식 방식은 매장과 화장이 모두 이루어진 것으로 나타난다.

박물관에는 알틴테페, 아그리-파트노스, 반-톱라칼레, 무스-카얄데레, 아딜제바즈 등지에서 출토된 풍부한 우라르트 유물 컬렉션이 소장되어 있다. 이 유물들은 우라르트 왕국의 문화와 역사를 이해하는 데 귀중한 자료이다.

04.
유프라테스와 티그리스 상류의 신석기 유적: 카라한테페, 본쿠클루-탈라, 괴베클레테페와 최초 신전들

4-1. 검은 머리 족장 카라한테페 유적
"Karahan Tepe archaeological site of the black-haired tribe chief"

카라한테페는 Tek Tek 산맥 국립공원에 위치하고 있으며, 샨르우르파 시내 중심에서 약 55킬로미터 떨어져 있다. 이 정착지는 자연석 석회암 지대에 자리하고 있으며, 그 주변 평지까지 확장되어 있다. 언덕 기슭에는 물을 저장하기 위한 27개의 저수지가 있는데, 각각을 연결하는 수로가 발달하여 효과적으로 물을 관리했다는 흔적을 보여준다. 주변에서는 유기적으로 사냥과 채집이 이루어진 증거도 풍부하게 발견된다. 예를 들어 근처에는 소금호수가

카라한테페 인근 산악지대와 유프라테스강 상류 풍경

있어, 당시 수집 채집 집단이 소금 생산도 가능했던 것으로 보인다.

주변 발굴 조사 결과, 초기 가옥에서는 사육된 식물이나 가축 흔적은 찾기 어렵고, Gazelle(가젤), 야생양, 양, 돼지 등 다양한 동물 뼈가 대량으로 출토된다. 이는 카라한테페 주민들이 농경 이전에 유목과 채집, 사냥 위주의 식생활을 유지했음을 보여준다.

카라한테페의 네모 형태의 공공 건물에서는 벤치 위에 앉아 있는 위치로 발굴된 인물상이 특히 주목된다. 이 인물상의 키는 245㎝에 달하며, 두 손으로 남근을 잡고 있는 모습을 하고 있다. 몸에서는 갈비뼈와 다른 골격적 특징이 크게 부각되어, 인물상이 단순한 인간 묘사에 머무르지 않고 신성함과 권위, 생명력, 혹은 다산과 힘을 상징하는 역할을 했음을 암시한다.

특히 인물상 바로 옆에는 붉은 독수리 조각상이 배치되어 있는데, 이 상징은 죽음과 관련된 의례를 암시한다. 붉은 독수리는 죽음, 신의 권능, 혹은 사후 세계로의 안내자 역할을 하는 존재로 해석되며, 인물상과의 조합은 집단 의례 혹은 사후 신앙, 공동체의 애도 의식과 깊은 관련이 있었음을 보여준다.

카라한테페의 정착지는 이러한 고도의 건축, 집단의 물 관리, 사냥 의례, 공공 건축물과 그 속의 상징적 조각상 등을 바탕으로 당시 주민들의 생활방식, 세계관, 사회조직의 복잡성을 잘 나타내고 있다. 그 속에서 인물상과 동물상이 결합된 장면은 인간의 생명과 죽음, 질서와 혼돈, 신성한 권위와 공동체 신앙을 동시에 보여주는 선사시대 상징 체계의 결정체라 할 수 있다.

카라한테페 발굴에서는 주거지 내부에서 야생 당나귀의 뼈가 발견되었으며, 이 동물은 주거지 바닥을 이루는 돌 위에 매우 사실적으로 새겨져 있었다. 이는 당시 사람들이 단순히 사냥을 통한 생존에 그치지 않고, 자신들이 마주한 자연과 동물을 세밀하게 관찰하고 그것을 예술적 방식으로 기록했음을 보여주는 중요한 증거다. 이러한 사실은 카라한테페 초기 거주민들이 여전히 사냥과 채집을 중심으로 생활하면서도 자연 환경과 긴밀히 연결되어 있었음을 잘 보여준다. 염소, 돼지, 소 등 다양한 동물의 뼈가 함께 발견된 점은 초기 정착민들이 농경과 가축화 이전에도 조직적인 사냥과 채집을 통해 안정적인 식량을 확보했음을 나타낸다.

2019년부터 본격적으로 진행된 발굴 조사 결과, 카라한테페는 기원전 9400년에서 8200년 사이, 즉 토기가 없는 신석기 시대 A와 B 시기에 해당하는 최소 세 단계의 거주 흔적을 지닌

Food and Agriculture Organization of the United Nations

gef

T.C. TARIM VE ORMAN BAKANLIĞI
DOĞA KORUMA VE MİLLİ PARKLAR GENEL MÜDÜRLÜĞÜ

Tek Tek Dağları Milli Parkı - KARAHANTEPE

Tek Tek Dağları, M.Ö. 12000-10000'lere uzanan Epi- Paleolitik Döneme ait çok önemli alan ve kalıntıların yer aldığı bir bölgedir.

Tek Tek Dağlarının 19 335 ha.lik bölümü 2007 yılında Milli Park olarak ilan edildi. Milli Park'ta Göbeklitepe ile aynı boyutlarda ve aynı döneme tarihlenen Karahantepe ve Harbetsuvan Höyüğü bulunmaktadır.

Soğmatar Antik Kenti, Büyüksenemağara Antik Kenti (Senemığar), Şuayip Şehri Antik Kenti, Senemağara Ören Yeri gibi Roma Dönemi'ne ait kalıntılar Milli Park'ın tarihi ve arkeolojik değerleridir

Karahantepe, Göbeklitepe büyüklüğünde bir ören yeridir. Bu ören yerinde "T" şeklinde Dikmetaşlar halen yerli yerinde ve 10.500 yıl önce konulduğu gibi durmaktalar. En önemlisi, Göbeklitepe gibi bu ören yeri üstünde herhangi bir geç dönem kültür tabakası bulunmamaktadır. Yani nasıl terk edildiyse öylece günümüze kadar gelmiştir.

카라한테페 입구 초원의 당나귀와 안내판

것으로 밝혀졌다. 현재까지 발굴된 면적은 약 10헥타르에 달하며, T자형 기둥이 발견된 석회암 채석장까지 포함하면 총 규모는 약 15헥타르에 이른다. 이는 괴베클리테페와 함께 이 지역 신석기인의 생활과 신앙을 복합적으로 보여주는 거대한 유적임을 말해준다.

지표 조사와 지구물리학적 연구를 통해 카라한테페는 크게 네 구역으로 나뉜다. 첫 번째 구역은 서쪽과 동쪽 테라스로, 이곳에서는 원형과 타원형 구조물이 구분된다. 두 번째 구역은 서쪽 테라스 북쪽 끝으로, 바위를 직접 파내 만든 구조물들이 자리하고 있다. 세 번째 구역은 표면에 기둥석은 보이지 않지만 연마석 등의 유물이 다수 발견된 남쪽 평지이며, 마지막 네 번째 구역은 실제로 T자형 기둥의 원석이 채석된 채석장이다. 이 네 구역은 단순히 주거지만이 아니라, 거주, 의례, 생산 활동이 복합적으로 어우러진 정착 양상을 보여준다.

카라한테페에서는 대형 조각상뿐 아니라 소형 조각상들도 발견되었다. 그중에는 개구리 형상과 황소로 추정되는 동물상이 있으며, 이는 당시 사람들의 생활과 신앙, 자연서관(自然序觀)을 표현한 예술적 산물로 이해된다. 사실적으로 바닥에 새겨진 야생 당나귀조차 이 공동체가 삶의 터전과 자연생태를 단순히 이용하는 차원을 넘어 깊이 관찰하고 상징화했음을 보여준다.

결국 카라한테페는 초기 정착민들의 생활, 종교, 예술이 한데 담긴 신석기 시대 복합 공동체의 모습을 고스란히 전해주는 보고라 할 수 있다.

　카라한테페 발굴 현장은 고고학자들이 텐트를 치고 현장에서 숙식하며 체계적이고 집중적으로 탐사를 수행하고 있는 모습이 보인다. 원형 구조 안에는 여러 개의 커다란 T자형 석주들이 세워져 있는데, 이 석주들은 카라한테페에서 처음 발견된 주요 유물로, 당시 사람들의 예술적 감각과 신앙 체계를 엿볼 수 있는 입체적인 사람 얼굴 조각 부조가 중앙에 자리잡고 있다.

　카라한테페는 괴베클리테페보다 약 38㎞ 떨어져 있으며, 거대한 신전이었을 것으로 추정된다. 현재까지 250개 이상의 T자형 석주가 발견되었으며, 이는 괴베클리테페의 돌기둥 수보다 많은 수치이다. 석주는 대부분 자연 암석을 다듬어 세운 형태로, 괴베클리테페와 비교하여 그 제작 방식과 형태에 있어 차이를 보여 준다. 돌기둥에 새겨진 사람 얼굴과 다양한 동물 형상들은 당시 인류의 신앙, 문화, 그리고 사회 구조를 연구하는 데 매우 중요한 단서가 된다.

　문화적, 역사적으로 카라한테페는 인류가 조직적 노동과 사회 통합을 통해 복잡한 사회 구조를 형성하고, 정착 생활을 본격적으로 시작한 시기를 보여주는 대표적 유적이다. 괴베클리테페와 더불어 세계에서 가장 오래되고 중요한 인공 구조물 중 하나로 간주되며, 신석기 후기 구석기 시대에 조성된 종교적·사회적 중심지로 평가받는다.

　카라한테페의 발굴은 아직 진행형이며, 앞으로 더 많은 유물과 정보가 밝혀질 가능성이

카라한테페 입구 유적

크다. 이를 통해 당시 사람들의 신앙 체계와 예술적 표현, 사회 조직에 대한 이해가 더욱 깊어질 것으로 기대된다. 카라 테페는 신석기 시대 인류 문명을 연구하는 데 있어 괴베클리테페와 함께 중요한 역사적 가치를 지닌다.

카라한테페에서 발견된 두 사람 얼굴 조각상은 신석기 후기 시대에 제작된 것으로, 특정 개인을 식별하는 용도라기보다는 종교적·의례적 상징성을 띤 인물상일 가능성이 크다. 당시 사회에서 이러한 조각상은 신성한 존재나 조상, 혹은 신격화된 인물을 표현하는 역할을 했으며, 신앙과 사회 체계에 깊이 연관되어 있었다.

이 얼굴 조각상들은 초기 인류의 예술적 표현 양식을 보여주는데, 얼굴의 형태와 특징은 사람들이 자신과 세계를 어떻게 인식하고 표현했는지를 반영한다. 그러나 지금까지의 연구로는 구체적인 지도자나 신화적 인물로 단정하기 어려우며, 주로 상징적 의미에 초점을 맞추고 있다.

비슷한 신앙 체계와 예술적 전통은 괴베클리테페 등 주변 신석기 유적에서도 발견된다. 이들 유적에서도 대체로 특정 개인보다는 조상 숭배나 신성한 존재를 묘사하는 조각들이 많아, 당시 사회가 집단 중심적 신앙과 의례로 구성되었음을 알 수 있다.

카라한테페 인물 조각상

카라한테페 기둥에 사람 그림이 부조되어있다.

따라서 카라한테페의 인물 조각상은 단순한 인물상이 아니라 당시 사회와 신앙, 그리고 문화적 정신세계를 반영하는 상징적 산물이자, 고대 인류의 집단적 기억과 신앙 체계를 이해하는 데 매우 중요한 유물이다.

신석기 시대는 농경과 정착이 시작되면서 인류의 생활 방식이 크게 변화한 시기였다. 이 시기에 사람들은 단순히 사냥과 채집으로 생존을 이어가는 데 그치지 않고, 안정된 거주와 함께 가죽이나 식물 섬유를 이용하여 옷을 만들어 입었을 가능성이 크다. 실제로 여러 신석기 유적에서 뼈바늘, 가락바퀴, 베틀과 같은 도구가 출토되고 있는데, 이는 사람들의 의복 제작이 이미 체계적으로 이루어지고 있었음을 뒷받침한다. 따라서 카라한테페의 조각상에 등장하는 치마 형태의 표현은 실제 당시 사람들이 옷을 착용했음을 상징적으로 보여주는 중요한 흔적이라 할 수 있다.

카라한테페에서 발견된 돌기둥과 벽면 조각 가운데 인물이 치마를 걸친 듯한 모습으로 새겨진 예가 있다. 이는 단순한 장식적 요소라기보다 당시 인류가 옷을 통해 자신들의 사회적 지위, 성별, 혹은 역할을 구분했음을 시사한다. 치마와 같은 의복은 단순히 기능적인 보호 수단에 그치지 않고, 공동체 내에서 특정 집단이나 인물을 상징하는 의미를 담았을 가능성이 크다. 특히 이러한 의복 표현은 여성성과 관련된 차별적 정체성, 혹은 의례와 권위의 상징일 수 있다.

의복 재료와 제작 기술은 시대의 발전과 함께 다변화되었다. 초창기에는 사냥한 동물의 가죽을 뼈바늘로 꿰매어 입었을 것으로 추정된다. 그러나 가락바퀴와 베틀의 사용이 시작되면서 사람들은 식물 섬유를 꼬아 직물을 짜는 기술을 발전시켰다. 이는 옷의 형태와 질감을 다양화시켰을 뿐 아니라, 의복이 사회적·종교적 표현 수단으로 자리 잡는 계기가 되었을 것이다. 특정 색이나 직물의 형태는 집단적 상징성을 지니고, 권위나 신성을 드러내는 표식이 되었을 가능성도 있다.

이러한 점에서 카라한테페 조각상에 표현된 의복은 단순한 생활복을 묘사한 것이 아닐 수 있다. 그것은 의례적 상황에서 착용된 특별한 복장이거나 신성한 존재를 나타내는 장식적 표현일 가능성이 크다. 조각상 속 치마는 곧 신석기 인류가 사회적 질서와 종교적 관념을 시각적으로 드러내는 하나의 상징 장치였다고 볼 수 있다.

결국 카라한테페의 치마를 입은 인물상은 인류가 이미 신석기 시대에 옷을 제작하고 착용했음을 보여주는 구체적 증거이자, 당시 사람들이 의복을 통해 사회적 정체성과 문화적 의미를 표현했음을 보여주는 상징이라 할 수 있다. 이는 인류 문명 초기에 의복이 생존적 도구를 넘어 공동체의 정신세계와 사회 구조를 반영한 중요한 문화 요소였음을 분명히 드러낸다.

카라한테페 부메랑 그림이 부조된 돌기둥

카라한테페의 돌기둥에 새겨진 곡선 형태의 문양은 언뜻 보기에 부메랑을 연상케 한다. 부메랑은 곡선형 사냥 도구로, 던졌을 때 되돌아오는 특징 때문에 호주 원주민들의 대표적인 생활 도구로 잘 알려져 있다. 그러나 중동이나 튀르키예 지역의 신석기 유적에서는 이러한 도구가 명확하게 출토된 사례는 드물다. 따라서 카라한테페 돌기둥의 곡선 무늬가 실제 부메랑을 묘사한 것인지, 혹은 상징적인 도상에 불과한지는 여전히 논의의 대상이다.

신석기 시대 인류가 다양한 무기와 사냥 도구를 사용했다는 점은 분명하다. 그러나 카라한테페의 기둥 문양을 특정한 사냥 도구, 특히 부메랑으로 단정하기는 어렵다. 이 곡선 문양은 사냥 도구를 상징했을 가능성도 있으나, 보다 넓게는 신앙적 의미나 의례적 맥락에서 추상적으로 표현되었을 가능성이 크다. 돌기둥에 새겨진 조각들은 동물, 무기, 기호가 뒤섞여 있어 당시 인류가 자연과 생존, 그리고 초자연적 세계를 다양한 상징으로 표현했음을 보여주기 때문이다.

이와 관련해 괴베클리테페에서 부메랑과 유사한 문양이 발견된 바 있는데, 이는 매우 흥미로운 사실로 평가된다. 일부 고고학자들은 이를 실제로 신석기 시대에 사용된 부메랑으로 해석한다. 만약 이 해석이 옳다면, 부메랑은 호주 원주민만의 독특한 도구가 아니라 인류 보편의 사냥 도구 중 하나였을 가능성이 존재한다. 아직 전 세계 유적이 모두 발굴되지 않았기에, 신석기 인류가 곡선형 도구를 널리 사용했을 가능성을 배제할 수 없다. 특히 카라한테페와 괴베클리테페 같은 초기 신석기 유적에서 이러한 흔적이 발견된 것은, 사냥 기술과 무기 발전의 보편성을 암시한다.

동시에 이 문양은 단순한 사냥 장비의 기록을 넘어선 문화적 상징일 수도 있다. 부메랑 형태의 곡선은 사냥의 성공과 생명력, 혹은 보호의 기원을 의미했을 가능성이 있으며, 의례 공간에서 사용된 돌기둥에 새겨졌다는 점은 종교적 신앙과 깊은 관련이 있었을 수 있다. 즉, 실제 도구를 묘사한 것이든, 혹은 상징적 기호이든 간에 부메랑 같은 곡선 문양은 당시 인류가 생존과 신앙을 연결하는 과정에서 중요한 도상이 되었던 것이다.

결국 카라한테페 돌기둥의 곡선 문양은 단순히 부메랑이라는 사냥 도구를 재현한 것인지, 아니면 생존과 신앙이 융합된 상징물인지는 단정하기 어렵다. 그러나 괴베클리테페에서의 유사한 사례와 함께 볼 때, 신석기 시대 인류의 사냥 문화와 정신세계가 지금보다 훨씬 복잡하고 보편적인 기반 위에 형성되었음을 보여주는 중요한 단서임은 분명하다. 이 문양은 사

카라한테페 검은 족장 인물 조각상이 있는 신전

냥 도구 발전의 증거이자, 신석기 인류가 삶과 신앙을 구체적 형태로 남긴 상징적 표현이라 할 수 있다.

카라한테페에서 발견된 가장 큰 석상은 '검은 머리 족장'으로 불리며, 이는 튀르키예어 '카라한(검은 머리)'이라는 명칭과 연관되어 흥미로운 해석을 낳는다. 이와 관련해 가장 주목할 점은, 수메르인들 역시 자신들을 "검은 머리 사람들(사메루)"이라고 불렀다는 사실이다. 두 문화에서 공통적으로 드러나는 '검은 머리'라는 자칭은 사회적 정체성과 집단적 상징의 중요한 단서를 제공한다. 이는 곧 카라한테페와 수메르 문명 사이에 상징적·문화적 연속성의 가능성을 떠올리게 한다.

카라한테페는 기원전 10번째 천년기 무렵의 신석기 유적으로, 메소포타미아에서 도시 문명이 형성되기 이전의 선행 문화 단계에 해당한다. 반면 수메르 문명은 약 기원전 4천 년경, 메소포타미아 남부에서 본격적으로 발전하였다. 시간적으로는 수천 년간의 간격이 존재하지만, 카라한테페와 같은 초기 신석기 공동체가 남긴 종교적 상징, 사회적 조직, 농경 기반 정착 생활은 훗날 수메르 문명이 꽃피우는 토양이 되었을 가능성이 있다. 즉, 카라한테페 문화가 직접적인 수메르인의 조상이라고 단정하기는 어렵지만, 일정한 문화적·정신적 기초를 제공했을 여지는 충분하다.

특히 '검은 머리 족장'이라는 상징은 단순히 외모적 특징을 말하는 것이 아니라, 공동체를 이끄는 사회적 권위의 표식이자 집단 정체성을 드러내는 표현일 수 있다. 수메르인들이 자신들을 '검은 머리 사람들'로 칭했던 것도, 외부 집단과 구분되며 집단적 주체성을 강조한 상징적 코드였을 가능성이 높다. 이러한 맥락에서 볼 때, 카라한테페의 상징 체계와 수메르인의 자칭 사이에는 일정한 문화적 공명(共鳴)이 존재한다.

물론 현 단계에서 카라한테페의 석상이 수메르인의 직접 조상을 나타낸다고 말할 수는 없

카라한테페, 검은 족장 남근 인물 조각상

다. 유전학적 근거와 구체적인 이주 경로를 입증하는 고고학적 자료는 아직 부족하기 때문이다. 그러나 신석기에서 청동기에 이르는 장기간의 문화적 연속성, 그리고 인류가 공통적으로 공유한 집단 상징 체계라는 맥락에서 본다면, 카라한테페의 '검은 머리 족장'과 수메르인의 '검은 머리 사람들'은 하나의 문화적 계보 속에 놓여 있다고 해석할 수 있다.

결국 카라한테페는 수메르인의 직접적인 조상이라기보다, 수메르 문명이 자리 잡을 수 있었던 장구한 문화적 흐름 속에서 중요한 선행 단계의 역할을 한 유적이라 할 수 있다. 이곳에서 확인되는 상징과 석상은 신석기 인류의 집단적 정체성과 권위를 드러내는 상징 체계가 훗날 문명화되는 과정에까지 이어졌음을 보여주는 의미 있는 연결 고리라 할 수 있다.

카라한테페의 남근상은 생명력, 다산, 그리고 권위를 상징하는 중요한 문화적·종교적 표현이다. 수메르 신화의 신들 가운데 엔키와 두무지가 이러한 상징과 밀접하게 연관된다.

첫째, 엔키는 수메르 신화에서 지혜, 물, 창조, 마법, 풍요를 관장하는 신으로 알려져 있다. 그는 '생명의 물'과 연결되며, 그의 정액은 땅을 비옥하게 하고 생명을 창조하는 힘으로 묘사된다. 이러한 측면에서 카라한테페 남근상이 상징하는 생명력과 다산의 의미와 매우 유사하다. 비록 엔키가 남근을 잡는 모습으로 직접 묘사되지는 않지만, 그의 신화적 역할 자체가 강력한 창조력과 생식력을 내포한다.

둘째, 두무지는 목동이자 식물과 농업의 신으로, 죽음과 부활을 반복하는 식물의 순환과 밀접하게 연관돼 있다. 그의 신화는 땅의 비옥함과 다산을 상징하며, 농업 사회에 적합한 풍요의 신이다. 두무지는 목동으로 주로 묘사되어 남근을 강조하는 조각상과는 다소 차이가 있지만, 다산과 번영이라는 점에서 카라한테페 남근상과 연결된다.

결론적으로, 카라한테페의 남근상이 지닌 다산과 생명력, 권위의 상징은 수메르 신화에서 엔키와 가장 밀접하게 연관되어 있다. 또한 두무지도 다산의 신이지만 그의 상징성은 주로 농업적 풍요와 계절적 순환에 초점이 맞춰져 있어 남근상의 직접적 강조와는 차이가 있다. 이러한 점에서 카라한테페 남근상은 고대 사회에서 생명력과 권위를 표현하는 복합적인 상징 체계로 이해된다.

수메르 신화에서 엔키는 지혜와 물, 창조, 마법, 풍요를 관장하는 신으로서 중요한 위치를 차지한다. 그는 바다와 담수, 특히 생명의 근원인 물과 깊은 연관을 맺고 있으며, 그의 정액은 땅을 비옥하게 하여 만물을 창조하는 힘으로 묘사된다. 엔키는 신들의 수호자이자 인간의 조력자로 나서며, 곤경에 처한 신들과 인간들을 돕고 보호하는 역할을 담당한다. 신들과 인간 사이에서 중재자 역할을 하며, 수메르 우주 질서 유지에 있어서 핵심적인 신이다. 그는 최고신 아누의 자손으로서 장남이지만 서자로 취급되는 독특한 위치에 있으며, 정복과 창조 신화에서 중요한 역할을 수행한다. 그는 최초의 도시 에리두를 세운 신으로도 알려져 있다. 신화에서는 그의 기지와 지혜로 신들에게 위기를 탈출하는 방법을 제시하고, 문명의 기초를 세우는 신으로 묘사된다.

안주는 얼굴은 독수리, 몸통은 사자인 전설 속 괴조 그리핀과 실질적으로 동일한 존재다. 알타이 지역에서 황금을 지키는 그리핀은 신성하고 강력한 수호자의 상징이다. 수메르 신화 속 안주는 바로 이 그리핀이 메소포타미아에 전래되어 신화적 존재로 변용된 사례 중 하나라고 할 수 있다.
이러한 관점은 수메르인들이 알타이 등 중앙아시아 지역에서 유래한 조상 문화를 가지고 있음을 의미한다. 즉, 신화 속 괴조인 안주는 원래의 그리핀 전설이 수메르 신화 체계에 편입되면서 신들의 권능과 질서를 상징하는 핵심적 신성 존재로 재구성된 것이다.
따라서 이러한 신화적, 문화적 연결고리는 고대 수메르 문명의 조상들이 알타이와 같은 아시아 내륙 고대 문화와 밀접한 관련이 있었음을 입증하는 중요한 증거로 간주된다. 이것은 수메르 신화와 고대 중앙아시아 문화의 연속성과 상호작용을 보여주는 의미 있는 사례다.

카라한테페 출토 독수리 조각상

두무지는 목동이자 식물과 농업의 신으로, 죽음과 부활을 반복하는 자연의 순환과 밀접한 관련이 있다. 그는 농경 사회에서 풍요와 다산을 상징하며, 특히 땅의 비옥함과 식물의 재생을 나타낸다. 두무지는 수메르 신화에서 인안나(이슈타르)의 남편이자 연인이며, 그의 죽음과 부활 신화는 자연의 사계절과 농업의 주기를 상징한다. 이 신화는 농업 사회의 삶과 밀접하게 연관되어 있고, 두무지의 부활은 인간과 농작물이 공동체에 다시 생명을 불어넣는 의례적 행위를 반영한다. 그의 죽음은 저승으로의 일시적 하강을 의미하며, 부활은 계절적 재생과 풍요를 나타낸다. 그의 누이 게쉬틴안나는 두무지의 죽음을 애도하며, 이는 공동체의 연대와 생명 존중을 상징한다.

엔키와 두무지는 수메르 신화에서 각기 다른 영역을 대표하지만, 모두 생명의 유지와 풍요, 그리고 인간 사회의 질서를 위한 중요한 신들이다. 엔키가 우주와 문명, 지혜를 상징한다면, 두무지는 자연과 농업, 생명의 주기와 재생을 나타낸다. 신화 속에서 두 신은 인간과 신 사이의 관계, 생명 탄생과 유지, 그리고 사회적·종교적 질서의 근간을 구성하는 신성한 원리로 나타난다.

이처럼 엔키와 두무지 신화는 신화 전반에 걸쳐 인류가 자연과 사회에서 겪는 삶의 근본 요소—지혜, 창조력, 생명력, 자연의 순환, 그리고 사회 질서를 상징적으로 표현하고 이해하는 데 중요한 의미를 지니고 있다. 이 신화들은 고대 메소포타미아 문명의 문화적, 종교적 기초를 형성하며, 인간과 자연, 신들 사이의 복잡한 상호관계를 반영한다.

안주는 메소포타미아 신화에 등장하는 거대한 괴조로, 사자의 머리와 발을 가지고 독수리의 날개와 발톱이 달린 신비한 새였다. 이 새는 매우 거대하여 한 번 날개를 퍼덕이기만 해도 회오리바람과 폭풍을 일으켰다. 안주는 우주의 운명을 기록하는 신성한 '운명의 서판'을 훔쳐 신들의 질서를 위협하는데, 이는 신계의 옥좌를 빼앗으려는 반역 행위였다.

최고신인 안이 자신의 권위를 위협받자 이를 되찾기 위해 안주와 대립한다. 그러나 안주는 강력한 힘으로 신들을 혼란에 빠뜨렸고, 신들은 그를 두려워하여 쉽게 맞서지 못했다. 결국 닌우르타라는 신이 나서서 안주와 맞서 싸우게 된다. 닌우르타는 강력한 무기로 안주의 깃털을 하나하나 떨어뜨리며 그를 몰아붙였다. 안주는 운명의 서판의 힘을 써서 깃털을 재장전하려 했지만, 닌우르타는 그 깃털에 화살촉을 달아 던져 결국 안주를 물리치고 운명의 서판을 되찾았다.

이 신화는 질서와 혼돈, 권위에 대한 도전과 복원의 상징으로 볼 수 있다. 안주는 자연의 강력한 폭풍과 바람을 의인화한 존재이면서, 신성한 권위를 위협하는 혼돈의 신으로 그려진다. 그리고 닌우르타는 이러한 혼돈을 물리치고 우주의 질서와 균형을 회복하는 역할을 맡는다. 안주는 수메르와 메소포타미아 신화 속에서 그리핀과 유사한 형상을 지며, 신성하고 강력한 수호자이자 신화적 괴물로서 중요한 위치를 차지한다.

4-2. 티그리스강 상류 구슬밭 마을 본쿠클루-탈라 유적

"Boncuklu-Tarla archaeological site, Bead Field Village in the upper Tigris River"

본쿠클루-탈라는 약 12,000년 전인 신석기 초기부터 후기 구석기 말기까지 이어진 중요한 유적이다. 이곳은 괴베클리테페보다 약간 더 오래된 시기를 포괄하는데, 두 유적 모두 튀르키예 남동부 지역에 위치하며 신석기 혁명의 초기 단계를 증언하는 중요한 고고학적 장소로 평가받는다. 괴베클리테페가 거대한 의례용 거석과 종교적 중심지로 그 가치를 인정받는다면, 본쿠클루-탈라는 보다 일상적이고 실질적인 정착 생활 모습, 사회 구조, 그리고 매장 문화와 장신구 제작 등 생활문화 전반에 대한 중요한 정보를 제공한다.

본쿠클루-탈라와 괴베클리테페는 모두 신석기 초기 인간이 농경과 정착 생활을 본격적으로 시작한 문화적 토대를 보여주지만, 이들이 후대 문명과의 직접적인 연속성을 가진 것은 아니다. 특히 수메르 문명은 메소포타미아 남부에서 기

본쿠클루-탈라 유적 가는 길. 시리아 국경에서 만난 농부

원전 약 4000년경부터 발달한 고대문명으로, 본쿠클루-탈라와 괴베클리테페는 그보다 훨씬 앞선 시기의 신석기 문화 현장이다. 따라서 이들 유적은 수메르 문명 이전 지역에서 이뤄진 농경, 정착, 사회 조직화, 그리고 의례 문화의 초기 단계를 보여주며, 수메르 문명이 태동하기 위한 배경 환경을 이해하는 데 필수적인 자료이다.

한편, 본쿠클루-탈라와 지리적으로 가까운 시리아 북동부의 할라프 유적은 기원전 약 6100~5400년경 후기 신석기 및 초기 청동기 문화를 대표한다. 할라프 문화는 농경과 가축 사육의 발전, 청동기 사용, 그리고 복잡한 사회 구조의 초기 모습을 잘 보여주며, 수메르 문명 형성에 결정적인 영향을 준 문화적 배경으로 평가받는다. 따라서 본쿠클루-탈라에서 할라프 문화에 이르는 신석기부터 청동기 시대로 이어지는 문화 발전과 문명 형성 과정을 연구하는 것은 메소포타미아 문명 기원의 중요한 열쇠가 된다.

본쿠클루-탈라는 괴베클리테페보다 약간 더 오래된 신석기 초기 유적으로서 신석기 혁명과 초기 정착 생활, 사회 조직화의 중요한 증거를 제공한다. 이들 유적은 직접적인 수메르 조상이라기보다는, 수메르 문명이 탄생하기 위한 배경과 토대를 보여주며, 할라프 유적과의 지리적·시간적 근접성은 신석기에서 청동기 시대로 이르는 문화 발전의 연결고리를 연구하는 데 필수적이라고 볼 수 있다. 이는 초기 인류 문명과 사회 복잡성의 발생 과정을 이해하는 데 있어 대단히 중요한 고고학적·역사적 사실이다.

본쿠클루-탈라는 튀르키예 남동부 마르딘 주에 위치한 고고학적으로 매우 중요한 신석기 유적지이다. '본쿠클루-탈라'라는 이름은 튀르키예어로 '구슬밭'이라는 뜻으로, 이곳에서는 수많은 구슬과 장신구들이 발굴되면서 붙여졌다. 본쿠클루-탈라는 2008년 일리수 댐 건설 프로젝트의 표면 조사 과정에서 처음 발견되었으며, 2012년부터 본격적인 발굴 작업이 시작되었다.

본쿠클루-탈라는 후기 구석기 시대에서 신석기 시대에 걸친 약 12,000년의 장구한 역사를 보여준다. 이 유적은 인류가 유목 생활에서 벗어나 영구적으로 정착생활을 하며 농경과 공동체 형성을 시작한 신석기 혁명의 초기 단계를 보여주는 중요한 실증 자료이다. 유적지 내에는 주거지, 공공 건물, 특별한 용도의 건축물 등 다양한 구조물이 자리하고 있으며, 이는

티그리스강 상류 본쿠클루-탈라 유적, 지표면 아래 연대층이 보인다.

당시 사람들의 생활 방식과 사회 구조를 체계적으로 파악하는 데 중요한 단서가 된다.

본쿠클루-탈라에서 출토된 유물은 매우 다양하고 방대하다. 약 20만 개 이상의 구슬과 200개가 넘는 무덤이 발굴되었는데, 특히 무덤에서 발견된 유골과 유물들은 당시 사람들의 매장 문화뿐 아니라 사후 세계에 대한 관념, 그리고 사회 내에서의 개인 지위와 역할 등을 연구하는 데 귀중한 자료로 기능한다. 구슬과 함께 발견된 목걸이, 팔찌, 동물 형상의 장신 구는 약 10만 점에 달하며, 이 가운데 약 11,000년 전 석기 시대 인류가 신체에 피어싱을 하였던 흔적도 확인되어 당시의 미적 감각과 문화적 행위를 상세히 보여준다. 또한 길이 2미터, 폭 20센티미터에 이르는 가공된 돌 블록이 발견되어 당시 건축 기술과 공간 활용에 대한 이해도 확대되고 있다.

지역적으로 본쿠클루-탈라는 괴베클리테페와 가까운 거리에 있으며, 두 유적지는 시간적·문화적으로 밀접한 연관성을 가진다. 괴베클리테페가 주로 의례용 대형 석조 구조물과 종교적 중심지로 인식되는 반면, 본쿠클루-탈라는 보다 일상적인 생활 공간과 사회 구조를 보여 주어 당시 신석기 사회의 다층적인 모습과 전환 과정을 이해하는 데 핵심 역할을 한다. 이로써 신석기 초기 인류가 종교와 의례, 생활을 어떻게 통합하며 발전시켰는지를 입체적으로 해석할 수 있다.

또한 인근 시리아 북동부에 위치한 할라프 유적과도 시간적으로 연결되어 있는데, 할라프는 수메르 문명과 시간적으로 맞닿아 있어, 본쿠클루 탈라에서 할라프, 나아가 수메르 문명에 이르는 문화적 발전과 문명 형성 과정을 연구하는 데 중요한 연결고리를 제공한다. 할라프 문화는 농경과 가축 사육, 청동기 기술, 그리고 복잡한 사회 구조가 나타나는 초기 문명 단계로 평가되며, 본쿠클루-탈라는 이러한 거대한 문화적 흐름의 토대를 제공하는 선구적 유적이라 할 수 있다.

본쿠클루-탈라는 인류 최초의 정착 공동체가 본격적으로 형성되었던 신석기 초기 시기의 생활상과 사회 조직, 문화적 변화를 드러내는 중요한 고고학적 증거이다. 이곳의 다양한 유적과 유물은 신석기 혁명의 전 과정을 심도 깊게 이해하는 데 기여하며, 신석기 문명과 후대 문명들의 발달 배경을 해명하는 데 필수적인 자료로서 고대 문명 연구의 새로운 지평을 여는 데 크게 이바지하고 있다.

본쿠클루-탈라는 약 12,000년 전 후기 구석기 말기부터 신석기 초기인 신석기 전기(Pre-Pottery Neolithic B)까지 이어진 매우 중요한 고고학적 유적지이다. 튀르키예 남동부 마르딘 주에 위치하며, '본쿠클루-탈라'라는 이름은 튀르키예어로 '구슬밭'을 의미하는데, 그만큼 다양한 구슬과 장신구가 다량 발견되어 인류 초기 정착 생활과 사회문화를 이해하는 데 핵심적인 단서가 된다.

이 유적은 신석기 혁명이라는 인류 문명의 대전환기를 대표하는 장소로, 인류가 수렵 채집 생활에서 농경과 목축으로 전환하며 영구적인 정착지를 형성하고 복잡한 사회 구조를 구

본쿠클루-탈라 유적의 부조가 있는 기둥석

축해 가는 과정을 생생하게 보여 준다. 본쿠클루-탈라에서 발견된 다양한 주거지와 공공건물, 그리고 특수한 용도의 건축물들은 이미 상당히 조직적이고 집단화된 사회가 형성되었음을 나타내며, 단순히 개인의 공간을 넘어선 공동체적 생활양식이 존재했음을 알 수 있다.

특히 본쿠클루-탈라에는 200개가 넘는 매장지가 발견되었으며, 이곳에서 출토된 유골과 유물들은 신석기 시대 사람들의 매장 방식과 사후 세계에 대한 신념, 그리고 사회 내 개인의 지위와 역할 분화 등을 연구하는 데 매우 귀중한 자료가 된다. 또한 약 20만 개가 넘는 구슬과 목걸이, 팔찌, 동물 형상의 장신구가 확인되어 당시 사람들의 미적 감각과 상징 체계, 개인과 집단의 정체성을 드러내는 문화적 행위를 잘 보여준다. 11,000년 전의 피어싱 흔적은 인류가 신체 장식을 통한 자기 표현을 오래전부터 해왔다는 점을 입증한다.

본쿠클루-탈라는 지리적으로 괴베클리테페와 가까우며, 두 유적은 시간상으로도 유사하거나 본쿠클루가 약간 더 이른 시기를 포함한다. 괴베클리테페는 대규모 의례 중심의 거석이 특징이라면, 본쿠클루-탈라는 일상 생활과 정착, 사회 운영과 매장 문화 등 보다 실질적이고 복합적인 신석기 삶의 모습을 보여준다. 따라서 두 유적은 상호 보완적인 관계 속에서 신석기 초기 인류의 사회적, 문화적 변화를 다각도로 조명하는 데 중요한 역할을 한다.

아울러 신석기 후기에서 청동기 초기까지의 시기를 대표하는 시리아 북동부의 할라프 유적과도 문화적 연계성이 있다. 할라프 문화는 수메르 문명과 직결되는 중요한 초기 문명 단계로 평가되는데, 본쿠클루 탈라에서부터 할라프, 그리고 수메르 문명에 이르는 과정을 연구하는 일은 메소포타미아 문명의 기원을 이해하는 데 결정적 열쇠가 된다.

결론적으로 본쿠클루-탈라는 인류가 정착 생활을 시작하며 농경과 사회 조직을 체계화하고, 신앙과 예술을 발전시킨 신석기 초기의 중요한 문화적 유산이다. 이곳의 발굴성과는 고대 문명의 기원을 해명하고, 인류 문화 발전의 초기 단계를 깊게 이해하는 데 필수적인 자료를 제공한다.

본쿠클루-탈라의 돌기둥에 새겨진 그림은 신석기 시대 초기 인류의 신앙과 사회 구조, 예술적 표현을 이해하는 데 매우 중요한 유물이다. 이 돌기둥 앞면과 옆면에 나타난 형상은 신화적 또는 상징적 인물로 보이며, 머리 위의 둥근 원형은 신성한 장식이나 권위를 나타내는

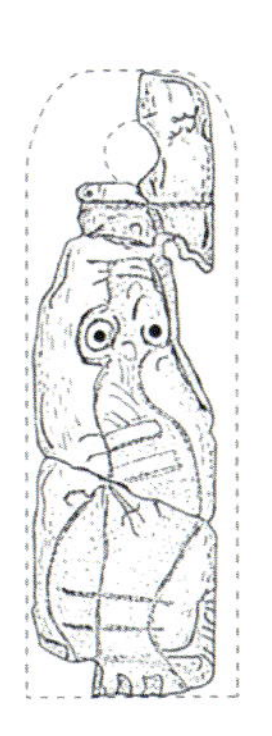

본쿠클루-탈라 유적의 신화 그림 부조가 있는 석재기둥

표식으로 해석된다. 얼굴은 옆모습으로 표현되었고, 특히 큰 눈이 강조되어 감시와 신성함을 상징하는 듯하다. 몸통은 단순화된 직선과 곡선의 조합으로 구성되어 있으며, 팔과 다리가 뚜렷하게 윤곽을 이루고 있어 특정한 제스처나 의례적 동작을 담고 있을 것으로 보인다. 돌기둥 하단에는 삼각형과 같은 기하학적 문양이 새겨져 있는데, 이는 단순한 장식 이상의 의미를 지닌 상징 체계로 추정된다.

본쿠클루 탈라 돌기둥 조각은 당시 인류가 자연과 초자연, 그리고 신과 인간을 연결하는 복합적 신앙 체계를 가졌다는 점을 시사한다. 머리 위 원형은 신적 존재를 상징하며, 인물의 자세와 문양은 공동체 내에서 특정 인물이나 계층을 나타내는 사회적 상징일 가능성이 크다. 이는 초창기 사회가 이미 일정한 권력 구조와 조직 체계를 갖추었음을 보여주는 중요한 증거이다. 예술적 측면에서는 단순하지만 명확한 선과 평면적 형태를 통해 인간과 신화적 이야기를 시각화한 점이 신석기 예술 특유의 특징임을 알 수 있다.

이러한 본쿠클루-탈라의 돌기둥 조각은 인근의 괴베클리테페 유적의 동물과 인물 조각과도 유사성을 보여 준다. 두 장소 모두 신석기 시대 초기의 종교적·의례적 의미가 짙은 조각문화를 공유하며, 상징과 신앙이 당시 문화권 내에서 매우 중요한 역할을 했음을 뒷받침한다.

또한 본쿠클루-탈라는 괴베클리테페보다 약 천 년 정도 앞선 유적으로, 2008년 발견된 이 유적은 약 185마일 떨어진 거리에 위치해 있다. 돌기둥, 동물 유적, 그리고 초기 인류의 정착 지적 흔적들이 대거 발견되어, 수천 년 전 선사시대 인류의 삶과 번영을 이해하는 데 귀중한 자료를 제공한다. 이러한 발견들은 본쿠클루-탈라가 신석기 혁명과 초기 정착 생활의 전환기를 보여주는 중요한 고고학적 현장임을 다시 한번 입증한다.

우리가 이 유적을 더 깊이 연구하고 이해할수록, 인류 역사의 복잡성과 다양성, 그리고 선조들이 살아가며 쌓아온 지혜와 문화적 유산이 점차 선명하게 드러난다. 본쿠클루-탈라는 그러한 역사적 진실을 밝히는 열쇠이며, 신석기 인류의 삶과 정신 세계를 오늘날에 되살려 주는 귀중한 창이라 할 수 있다.

본쿠클루-탈라 유적의 장신구들은 주로 작은 구슬들이 실처럼 꿰어져 목걸이와 팔찌 형태를 이루고 있다. 돌과 흑요석, 공작석 같은 자연 재료를 가공해 만든 다양한 크기와 모양의 장식도 포함된다. 특히 삼각형, 원형, 타원형 등 다양한 기하학적 형태가 조화롭게 배치되어

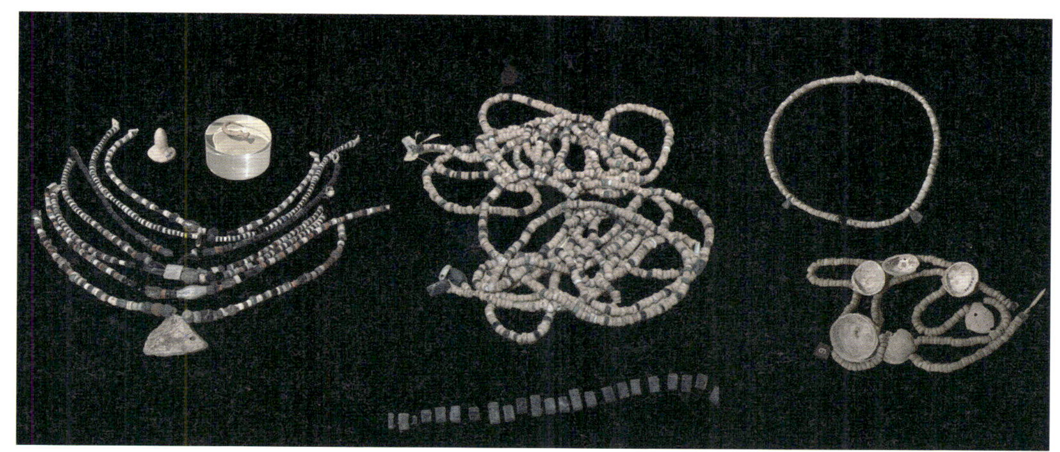

본쿠클루-탈라 유적의 구슬밭 장식품, 마르딘 박물관 소장

있는데, 이는 단순한 장식품을 넘어 당시 사람들이 사회적 지위, 신앙, 그리고 개인의 정체성을 표현하는 중요한 수단으로 기능했음을 시사한다.

이 장신구들은 뛰어난 석재 가공 기술과 정교한 예술성을 보여준다. 자연석을 다듬어 구멍을 뚫거나 형태를 가공한 흔적은 단순한 자연석이 아니라 의도적이며 기능적인 가공물임을 의미한다. 표면에 남은 긁힘 자국과 마모 흔적은 장신구 제작과 사용 과정에서 발생한 것으로, 당시 사람들이 섬세한 기술과 도구를 활용했음을 보여 준다.

본쿠클루-탈라에서 발견된 10만 점 이상의 장신구들은 신석기 시대 초기 인류가 이미 복잡한 사회 구조와 문화적 표현을 갖추고 있었음을 입증한다. 특히 마르딘 박물관에 전시된 이 구슬 장신구들은 당시 고대인, 특히 여인들이 미적 감각을 발달시키고 자신을 꾸미는 문화를 누렸음을 보여 준다. 고대 신석기 시대부터 목걸이, 팔찌, 귀걸이 등의 신체 장식품이 널리 사용되었으며, 이러한 전통은 이후 고대 그리스, 미노스 문명, 삼국시대 한국 등 다양한 문화권에서도 이어졌다.

따라서 장신구는 단순히 몸을 꾸미기 위한 도구를 넘어 인간의 사회적 지위와 역할, 신앙체계, 그리고 정체성을 상징하는 중요한 문화적 표현이었다고 할 수 있다. 이러한 복합적 기능은 고대 사회의 사회적 구조와 문화적 세계관을 이해하는 데 귀중한 실마리를 제공한다.

4-3. 수메르 신화 부조가 있는 사이부르크 유적
"Saiburk ruins with Sumerian myth reliefs"

사이부르크 유적은 튀르키예 동남부, 시리아 국경과 가까운 지역에 자리한 대표적인 선사 시대 유적으로, 인류가 수렵과 채집에서 벗어나 정착 생활로 나아가던 과정을 보여주는 중요한 현장이다. 이곳의 역사는 신석기 시대부터 청동기 시대로 이어지며, 특히 기원전 8천 년경으로 거슬러 올라가는 초기 정착의 흔적이 뚜렷하게 남아 있다.

유적의 주요 구성 요소는 당시 사람들이 거주하던 주거지 터와 돌로 쌓은 담, 다양한 형태의 토기 조각, 그리고 생활에 쓰였던 석기 도구들이다. 이러한 흔적은 단순한 생존이 아니라 농경과 목축을 기반으로 한 생활양식의 시작을 잘 보여주며, 인류가 한 곳에 뿌리내리고 공동체를 이루어 살아가기 시작한 과정을 생생히 증언하고 있다.

사이부르크에서 확인된 농경과 목축의 발달은 단순히 생활 방식의 변화만을 의미하지 않는다. 이는 곧 사회 구조의 재편, 생산과 분배 방식의 형성, 그리고 문화적 교류의 기틀을 마련하는 중요한 전환점이었다. 특히 이 지역은 메소포타미아 문명과 인접해 있었기에, 사이부르크가 보여주는 정착 사회의 발전은 훗날 문명권 형성과 교류로 이어질 가능성을 시사한다. 이러한 점에서 이 유적은 단순한 생활 터전의 발굴지를 넘어, 초기 문명 형성 과정 속 연결 고리로 학술적 주목을 받고 있다.

사이부르크유적은 여러 차례 발굴이 이루어진 결과, 당시 사람들의 일상과 사회 구조를 엿볼 수 있는 귀중한 생활 유물들을 다수 남기고 있다. 주변의 다른 선사 유적들과 함께 연

사이부르크 유적 마을

구될 때, 이곳은 고대 인류가 어떻게 농경과 목축을 통해 정착 사회를 이루고, 점차 복합적인 문화와 문명으로 나아갔는지를 보여주는 중요한 증거로 남는다. 결국 사이부르크는 튀르키예-시리아 국경 일대에서 이뤄진 초기 문명의 발자취를 이해하는 데 있어 빠질 수 없는 열쇠라 할 수 있다.

카라한테페와 사이부르크 유적은 연대상으로 수천 년의 간격을 지니고 있음에도 불구하고 동일한 풍속과 문화적 요소를 유지하고 있다는 점에서 대단히 중요한 고고학적, 문화인류학적 의미를 지닌다. 괴베클리테페, 카라한테페, 그리고 사이부르크는 모두 신석기 초기에서 중기 사이에 걸쳐 형성되었지만, 세부적으로 살펴보면 상당한 시간적 간극이 존재한다. 예를 들어 괴베클리테페는 약 1만 2천 년 전, 기원전 10,000년 무렵으로 올라가지만, 사이부르크는 약 9천 년 전인 기원전 7,000년경까지 이어지는 것으로 추정된다. 이처럼 서로

사이부르크 원형 신전 유적

2,000~3,000년에 달하는 차이가 있음에도 불구하고, 동일한 상징과 의례, 건축적 특징이 유지되었다는 사실은 주목할 만하다.

이들 유적에서 공통적으로 발견되는 T자형 기둥, 동물 조각, 의례적 부조, 그리고 특정한 상징 체계는 동남부 아나톨리아 지역의 신석기 문화가 단순히 일시적으로 번성한 것이 아니라, 오랜 세월 동안 안정적으로 전승되었음을 말해준다. 이는 단순히 문화적 영향이나 전파의 차원을 넘어, 신앙과 의례, 사회적 구조가 세대를 거쳐 굳건히 이어졌다는 증거라 할 수 있다.

수천 년 동안 동일한 풍속이 지속되었다는 것은 당시 인류 사회가 지니고 있던 생활방식과 신앙이 매우 견고했음을 보여준다. 물론 세부적인 변화와 발전은 존재했을 것이지만, 그 기본 뼈대를 이루는 상징과 의례, 건축 양식은 크게 변하지 않고 전승되었을 가능성이 크다. 이러한 지속성은 공동체의 정체성을 유지하고 강화하는 데 중요한 역할을 했을 것이며, 공동체 결속의 기반으로 작용했을 것이다.

특히 동남부 아나톨리아 지역은 신석기 시대부터 농경과 목축, 그리고 정착 생활이 일찍이 발달한 문화권이었다. 괴베클리테페, 카라한테페, 사이부르크를 비롯한 여러 유적들은 서로 영향을 주고받으며, 이 지역만의 독자적이면서도 연속된 문화권을 형성하였다. 이로써 아나톨리아는 초기 문명의 중요한 발원지로 자리매김했으며, 장기간에 걸쳐 같은 문화적 전통을 공유한 독특한 사례로 세계 고고학에서 높은 평가를 받고 있다.

결국 카라한테페와 사이부르크 유적 사이에 존재하는 수천 년의 시간 차이는 역사적 단절

사이부르크 유적, 발굴이 완료된 유적이라 대부분 비닐로 덮여있다.

이 아니라, 연속성과 안정성 속에서 이해되어야 한다. 이는 당시 인류가 신앙과 사회 구조를 단절 없이 전승하며 세대를 이어온 힘을 보여주는 것이며, 초기 복잡 사회가 어떤 방식으로 문화적 정체성과 전통을 보존했는지를 알려주는 귀중한 증거라 할 수 있다.

사이부르크 유적은 괴베클리테페와 지리적으로 가까운 곳에 위치하며, 두 유적 모두 튀르키예 동남부 신석기 시대의 중요한 정착지라는 점에서 밀접한 관계를 가진다. 괴베클리테페가 약 1만 2천 년 전, 인류가 본격적으로 농경을 시작하기 전 시기부터 세워진 종교적·의례적 성격의 거대한 석조 기념물군이라면, 사이부르크는 그와 같은 신석기 문화권 속에서 주거지와 생활의 모습을 보여주는 사례라 할 수 있다.

이 두 유적은 시대적, 문화적 배경에서 긴밀히 연결된다. 먼저 두 곳 모두 농경과 정착 생활이 막 시작되던 시기에 형성되었으며, 이는 인류가 단순히 생존을 넘어 사회적·의례적 활동을 동시에 영위하면서 복잡한 사회 구조를 형성해 나가던 과정을 잘 드러낸다. 괴베클리테페는 거대한 T자형 돌기둥과 동물 조각으로 대표되는 의례적·종교적 공간의 성격을 띠고 있으며, 반면 사이부르크에서는 주거 흔적과 생활 유물과 더불어 의례적 단서들이 함께 발견된다. 이를 통해 두 유적이 동일한 문화권 안에서 서로 상호 보완적인 기능을 수행했을 가능성을 짐작할 수 있다.

지리적 근접성 또한 주목된다. 두 유적은 서로 가까운 거리에 있어 당시 사람들의 이동과 교류가 활발하게 이루어졌음을 보여준다. 이는 괴베클리테페가 단순히 고립된 의례 중심지가 아니라, 주변 생활 정착지들과 긴밀히 연결된 복합체였음을 말해 준다. 즉 괴베클리테페에서 이루어진 종교적·집단적 행위는 사이부르크와 같은 정착지 공동체와의 관계 속에서 유지되었을 가능성이 크다.

이러한 맥락에서 두 유적의 역할은 상호 보완적이었다고 볼 수 있다. 괴베클리테페가 종교와 의례를 담당하는 정신적 중심지였다면, 사이부르크는 실제 생활과 농경, 정착이 이루어지는 생활의 장이었다. 다시 말해, 괴베클리테페는 신석기 인류의 신앙과 사회적 연대를 형성한 성소였고, 사이부르크는 그 세계관이 일상 속에서 구현된 생활의 터전이었다.

결론적으로 사이부르크 유적과 괴베클리테페는 신석기 초기 인류의 삶과 신앙을 이해하는 데 있어 두 축을 이룬다고 할 수 있다. 종교적 중심지와 생활 정착지가 서로 맞물려 존재

사이부르크 유적 부메랑 그림이 부조된 석재 기둥

함으로써, 인류 문명이 단순한 생존이 아니라 의례와 신앙, 사회적 연대 속에서 복합적으로 발전했음을 보여준다. 바로 이 점에서 두 유적은 하나의 지역 문화권 안에서 인류 초기 문명의 복잡하고 정교한 양상을 드러내는 귀중한 증거라 할 수 있다.

사이부르크 유적의 T자형 돌기둥에 새겨진 부메랑 문양은 신석기 시대 아나톨리아 지역에서 발견되는 매우 중요한 상징이다. 이 문양은 V자 형태로, 날개를 펼친 모습처럼 생겨 '승리'와 '힘'을 상징하는 의미를 지닌다. 나이키는 고대 그리스 신화에서 '승리의 여신'을 뜻하며, 이 문양은 그 의미와 연결되지만 직접적인 관련성은 아니다. 그러나 상징적으로 이 문양은 신성함과 권위, 공동체의 결속을 상징하는 주술적 보호의 의미로 해석된다.

카라한테페와 사이부르크 유적에서 발견되는 이러한 나이키 문양은 두 유적이 같은 문화권 내에서 깊은 상징적·의례적 연관성을 가졌음을 보여준다. 이 문양은 단순한 장식이 아니라 하늘과 땅, 신과 인간, 자연과 인간의 연결을 상징하는 신성한 기호로서 공동체가 자신의 삶과 운명을 신성한 영역과 연결시켜 축복과 보호를 기원하는 상징적인 역할을 수행하였다.

신화적으로 나이키 문양은 인류가 승리와 생명력, 권력의 힘을 시각적으로 구현한 표현이다. 신석기 인류는 이러한 문양을 통해 신과 조상, 자연의 힘과 자신들을 단단히 연결하면서

사이부르크 유적 기하학적 상징이 부조된 석재기둥

사회적 안정과 공동체 운영에 필요한 정신적 기반을 마련하였다. 특히 이 문양은 공동체의 결속과 번영을 기원하는 주술적 장치로서, 신성한 공간을 구성하는 요소 중 하나였다.

따라서 사이부르크 유적의 T자형 돌기둥과 카라한테페에서 발견된 나이키 문양은 신석기 시대 인류가 세운 복합적 신앙 체계와 문화적 전통의 산물이다. 이들은 승리와 보호, 연속된 생명의 상징으로서 공동체가 삶과 죽음, 자연과 신을 아우르는 신화를 시각적으로 구현한 것이다. 이런 점에서 나이키 문양은 당시 사람들의 세계관 속에 자리한 심오한 신화적 메시지를 전하는 중요한 기호라 할 수 있다.

사이부르크 유적의 기둥 부조에 새겨진 문양은 신석기 사회의 신화와 세계관, 그리고 집단적 상상력의 흔적이다. 이 문양은 기둥에 반복적으로 새겨진 다이아몬드(마름모) 패턴, 위로 뻗는 선(나이키 V자 혹은 날개 모티프), 그리고 반복적 삼각·기하학적 요소로 구성되어 있다. 고대인들은 이런 기하학적 상징을 통해 자신들의 삶과 자연, 신성한 질서, 그리고 집단적 기억을 기록하기 시작했다.

신화적으로 이 문양은 다음과 같이 해석된다.

기둥의 다이아몬드 문양은 곧 '생명의 씨앗', '우주적 알', '비밀의 중심'을 상징한다. 신석기 인류는 농경과 정착을 시작하면서 씨앗과 알, 그리고 수확의 기적을 우주적 생명, 탄생의 은유로 받아들였으며, 마름모 꼴 패턴은 그 '울타리'와 '수호'를 뜻한다. 이 문양 안에서 공동체는 자신들의 풍요와 안전이 신성한 보호 안에 놓여 있음에 감사를 표한다.

삼각과 날개, V자 선각은 하늘과 땅, 조상과 신, 인간과 자연을 잇는 '교차의 길', 그리고 '상승하는 힘'을 의미한다. 신화적 상상 속에서 이 패턴들은 인간이 신의 축복을 받아 하늘(승리와 출생, 정복의 상징), 혹은 땅(정착과 생명력, 평온의 상징)과 연결된다는 집단적 믿음을 품는다.

이 문양들은 집단의 주술사나 지도자가 신과 소통하는 기호로 사용되었으며, 의례 공간의 경계, 혹은 신성함의 근원을 나타내는 표시로 각인된다. 사이부르크의 T자형 기둥 전체가 상징적 조상-인간-신적 존재로 인식된 가운데, 기하학적 문양들은 그 힘의 원천·보호막·승리의 표식이 된다. 이 집단은 기둥 앞에서 태초 창조신화와 승리·생명 탄생의 신화를 암송했으며, 문양은 이 우주적 서사의 기억을 현재와 수천 년 후 미래로 전하도록 새겨진 것이다.

이 부조는 단순히 장식적 기법을 넘어, 공동체의 결속과 주술적 믿음, 신성한 보호의 기원, 생명의 근원에 대한 경외와 축복을 상징하는 신화적 서사가 담겨 있다. 기둥의 다이아몬

사이부르크 유적의 수메르 신화 그림이 부조된 벽화

드와 V자 문양이 반복되는 공간은, 신·자연·인간의 삼자 교차에 의한 세계 질서와 안정, 그리고 집단적 기억의 울타리를 의미하며, 신석기 사회에서 공동체를 잇고 미래를 기원하는 집단적 정신의 상징이 된다.

결국 사이부르크 유적 기둥의 부조 문양은 집단에서 신화적인 기원을, 창조와 승리의 서사를, 그리고 풍요로운 공동삶의 안전을 보장하는 힘의 근원을 시각적으로 전달하기 위해 아로새겨졌다. 그 시대 인류는 이 문양을 보며 자신들의 삶이 신의 울타리 안에 있음을 확인했고, 기둥 앞에서 의례를 올리며 생명의 축복과 승리를 기원했다. 이 문양들은 사이부르크만이 아니라, 카라한테페, 괴베클리테페 등 아나톨리아의 신석기 예술과 신화에 공통으로 깃든 정신과 상징의 유산이며, 오늘날까지 고대 인류의 집단적 기억과 정신을 전하는 실증적 증거로 남아 있다.

사이부르크(Sayburç) 유적에서 2021년에 발굴된 부조상은 신석기 시대 인류가 지니고 있던 신앙과 상징체계를 고스란히 드러내는 중요한 사례로 평가된다. 중앙에는 남성상이 크게 새겨져 있으며, 그는 두 손으로 음경을 움켜쥔 모습을 하고 있다. 이는 단순한 신체 묘사가 아니라, 당대 사회가 생명력과 번식력, 나아가 신성한 힘을 어떻게 이해했는지를 보여주는 상징적 표현이다. 신석기 사회에서 음경은 생명 탄생과 권력, 그리고 신성함의 근원과 깊이 연결된 의미 체계 속에 위치했으며, 이러한 남성상의 모습은 생명력의 집중과 통제, 혹은 신성한 힘을 발현하는 장면으로 해석될 수 있다.

남성상 양쪽에는 두 마리의 사자가 서로 덤벼드는 듯한 모습으로 배치되어 있다. 사자는 고대 문화에서 흔히 힘과 용맹, 그리고 왕권의 상징으로 여겨졌으며, 동시에 위험과 위협을 내포하는 존재였다. 사이부르크 부조에서의 사자는 남성상이 발현하는 생명력과 신성한 힘을 시험하거나, 혹은 수호하는 존재로 해석될 수 있다. 이는 단순히 인간과 동물의 대결을 묘사한 것이 아니라, 인간과 자연, 혹은 신과 동물 사이의 관계를 신화적 장면으로 표현한 것이라 할 수 있다. 인간이 자연을 제압하거나 조화를 이루는 세계관이 함축되어 있음을 보여주는 것이다.

이 부조는 카라한테페에서 발견된 '음경을 잡고 있는 조각상'과도 긴밀한 연관성을 지닌다. 두 유적에서 공통적으로 나타나는 모티프는 동남부 아나톨리아 신석기 문화권이 공유했던 상징 체계를 반영하며, 생명력, 남성성, 권력, 그리고 그것을 둘러싼 신성한 힘이라는 개념이 이 지역 사회에서 보편적으로 존재했음을 말해 준다. 이는 단순한 예술적 장식이 아니라, 당시 사람들의 집단적인 신화와 의례 속에 깊숙이 뿌리내린 세계관의 단면인 것이다.

따라서 사이부르크 부조상은 창조와 생명 탄생 신화, 권력과 보호를 주제로 한 신석기 사회의 신화적 이야기를 시각적으로 구현한 사례로 이해할 수 있다. 중앙의 남성상이 발현하는 생명의 힘은 사자에 의해 위협받기도 하고 동시에 지켜지기도 하며, 이는 인간과 자연, 힘과 보호의 긴장 속에서 형성된 세계 질서를 상징한다.

결론적으로 사이부르크 부조상은 신석기 시대의 생명력과 권력, 신성함을 상징하는 매우 중요한 신화적 모티프를 담고 있으며, 카라한테페 조각상과의 유사성은 두 유적이 같은 신화적 세계관을 공유했음을 보여준다. 이 부조는 당시 사람들이 삶과 신앙, 인간과 자연을 어

사이부르크 유적의 물소뿔 황소와 놀라는 사람 그림이 부조된 벽화

떻게 이해했는지를 드러내는 귀중한 단서이자, 신석기 사회의 정신세계를 가시적으로 표현한 걸작이라 할 수 있다.

사이부르크(Sayburç) 유적에서 발견된 벽 부조 가운데 물소 뿔을 가진 거대한 황소와 두 손을 들고 놀라는 사람의 장면은 신석기 시대 인류의 세계관을 잘 보여주는 극적인 표현으로 주목된다. 황소는 당시 사람들에게 단순한 사냥감이 아니라, 힘과 생명력, 풍요를 상징하는 존재였다. 부조에서 황소가 덤벼드는 장면은 사냥의 긴장감과 위험을 보여주는 동시에, 인간이 맞닥뜨린 자연의 거대한 위엄을 담아내고 있다. 이에 반해 두 손을 높이 들고 있는 인간 형상은 단순한 공포의 표현 그 이상일 수 있다. 그것은 위협에 직면한 인간의 몸짓일 수도 있지만, 동시에 종교적 제의의 상징적 제스처로 해석될 가능성도 있다. 경외, 두려움, 혹은 신에게 바치는 행위가 결합된 모습일 수 있다는 점에서 이 부조는 단순한 기록이 아니라 신성한 이야기를 담고 있는 장면으로 이해된다.

이러한 해석은 신석기 사회에서 사냥이 단순히 생존의 수단만이 아니라 의례와 공동체적 의미를 지닌 행위였음을 상기하게 한다. 강력한 동물을 사냥하는 일은 공동체의 결속력과 힘을 드러내는 동시에, 신성한 질서를 확인하는 의식과도 연결되었을 것이다. 물소뿔 황소의 거대한 형상과 그것에 반응하는 인간의 대비적 구도는 바로 이러한 사회적·종교적 맥락을 시각적으로 상징한다.

더 나아가 이 부조는 메소포타미아 신화, 특히 수메르 신화와 어떤 연관성을 지닌 것으로도 볼 수 있다. 수메르 신화 속에서 동물은 종종 신들의 현현으로 등장하거나 인간과 신의 중재자 역할을 한다. 황소는 풍요와 힘의 상징으로, 신들의 제의에 중요한 위치를 차지했다. 인간이 두 손을 드는 모습은 단순한 놀람이 아니라 신 앞에서 취하는 제의적 몸짓과도 유사하다. 이는 사르빅스 부조가 이미 신화적 서사와 의례의 시각적 표현이라는 차원을 지니고 있음을 보여준다.

메소포타미아 신화에서 하늘의 신 안(An), 사랑과 전쟁, 다산을 관장하는 여신 이슈타르(Ishtar), 지혜와 물의 신이자 인간 창조의 신으로 알려진 엔키(Enki), 그리고 집단적 신들의 계급인 아눈나키(Anunnaki)는 모두 인간과 동물, 신과 자연의 관계를 매개하는 존재들이다. 사이부르크 부조의 황소와 인간 형상은 바로 이러한 신화적 맥락과 맞닿아 있으며, 위험과 생명의 경계에서 인간이 신성한 질서와 마주하는 순간을 시각적으로 구현한 것이라 할 수 있다.

결국 이 벽부조는 단순한 장식물이 아니라, 신석기 사회가 지녔던 신화적 상상력, 생존과 신앙의 엮임, 그리고 인간과 자연·동물·신의 관계를 집약적으로 담아낸 중요한 유물이다. 사르빅스 부조를 통해 우리는 신석기 사회의 현실적 경험이 어떻게 신화적 서사로 승화되었는지를 생생히 엿볼 수 있다.

4-4. 수메르 문명의 별자리와 기호가 있는 괴베클리테베 신전

"Göbekli Tepe temple with Sumerian constellations and symbols"

괴베클리테페는 튀르키예 샨르우르파 북동쪽 약 15㎞ 지점, 오렌직 마을에서 2.5㎞가량 떨어진 곳에 위치한 신석기 시대 유적으로, 해발 약 770미터 높이의 게르무슈 산맥 봉우리 위에 자리 잡고 있다. 이곳은 남쪽으로 하란 평야를 내려다보고 있으며, 여러 개의 언덕과 낮은 지형으로 이루어져 있다.

한때 학자들은 이 유적에서 주거 흔적이 발견되지 않는다는 이유로, 괴베클리테페를 오직 의례만을 위해 조성된 순수한 의식 공간으로 이해했다. 그러나 최근 발굴에서 다양한 시기의 주거 건물이 발견되면서, 이곳은 생활과 의례가 공존하는 복합적인 공간이었음을 보여주고 있다.

특히 'C 특별 건물'이라 불리는 구조물은 주목할 만하다. 이 건물은 지붕이 있었던 흔적을 갖고 있으며, 둥글거나 타원형의 평면 구조와 함께 기념비적인 T자형 기둥들이 세워져 있다. 건물 중앙에는 두 개의 핵심 기둥이 자리하는데, 그중 서쪽 기둥(37번 기둥)에는 실제 크기에 가까운 여우 부조가 정교하게 새겨져 있다. 이 기둥은 바닥에 마련된 석재 받침대에 고정되어 있어 당시 사람들이 기둥 자체를 신성시했음을 짐작하게 한다.

기둥에 새겨진 동물 부조들은 단순한 장식이 아니라, 당시 신석기인들의 세계관과 신앙, 그리고 인간과 자연의 관계를 상징적으로 드러내는 증거로 여겨진다. 따라서 괴베클리테페는 단순한 의례 시설을 넘어, 공동체 생활과 종교적 신념이 어우러진 신석기 사회의 중심지

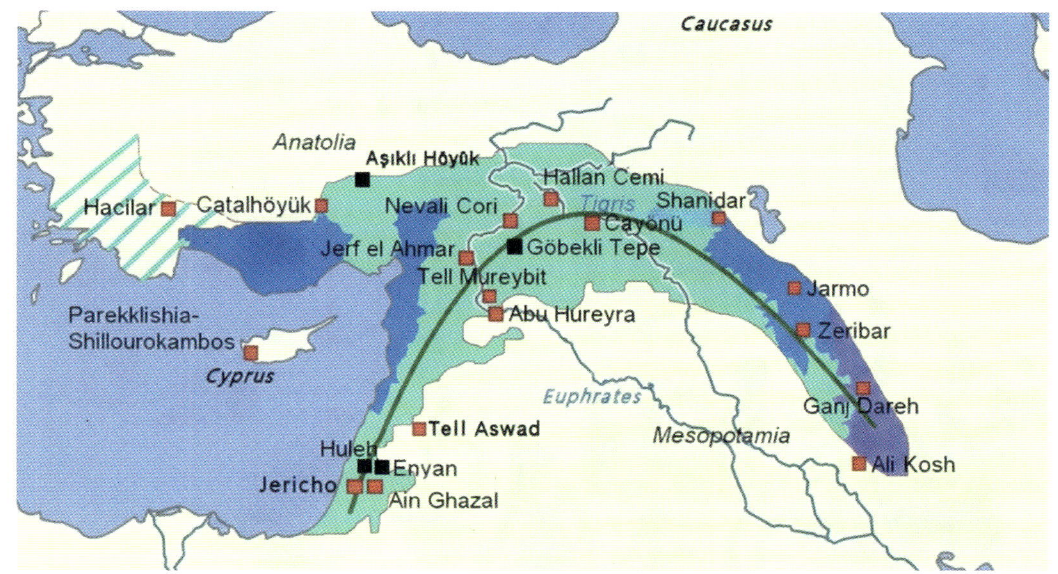

이 지도는 비옥한 초승달 지대(Fertile Crescent)를 중심으로, 선사 시대와 초기 신석기 시대(약 기원전 10,000~6,000년) 주요 거주지와 유적지들의 분포를 보여준다. 고대 아나톨리아, 레반트, 메소포타미아, 자그로스 산맥 일대의 대표적 초기 농경·정착지(예: 괴베클리 테페, 제리코, 차탈회위크, 네발리 코리, 간즈 다레, 앤 가잘 등)가 강조되어 있다. 이 지역들은 농경과 가축화, 초기 인류 문명의 기원이 된 곳으로, 문화·기후대별로 서로 다른 선사 문화권이 중첩된다.

로서 중요한 의미를 지니고 있다.

　괴베클리테페가 세상에 알려지기 전까지는 샨르우르파는 국제적으로 큰 주목을 받는 도시가 아니었다. 그러나 이곳은 오랜 역사와 전통을 간직한 고도(古都)였다. 고대와 중세 시기 샨르우르파는 여러 이름으로 불렸는데, 그리스어로는 에데사(Edessa)라 불렸고, 현지인들은 '루하(Ruha)' 혹은 '오하이(Ohai)'라는 이름을 사용했다. 전승에 따르면, 기원전 4세기에 알렉산더 대왕이 이 지역을 점령했을 때, 자신이 태어나고 사랑했던 도시의 이름을 기념하여 '루하'라는 명칭을 붙였다고 한다.

　19세기에 이르러 이 지역을 방문한 프로이센 군사 고문 헬무트 폰 몰케는 저서『튀르키예의 사건과 상황에 관한 서신』에서 샨르우르파를 상세히 묘사했다. 그는 우르파(오늘날의 샨르우르파)를 "석조 건축물과 도시 성벽, 그리고 거대한 바위 위의 성채가 도시를 굽어보는 아름다운 도시"라고 기록했다. 성채에는 두 개의 큰 기둥이 서 있고, 그 위에는 인상적인 기둥머리 장식이 있었다. 또 도시 안에는 울루자미(Ulucami)라는 이슬람 사원이 자리하고 있었는데, 가공된 큰 돌들을 벽돌 없이 정교하게 맞추어 쌓아올린 벽이 특히 오래된 전통을 보여주었다. 성채 주변에는 풍부한 샘물이 솟아나며, 버드나무와 플라타너스, 사이프러스 나무가 조경을 이루고 있었다. 곧게 뻗은 첨탑과 둥근 돔을 가진 메드레세(이슬람 학교)가 자리 잡고 있었으며, 도심 가까이에는 두 개의 신성한 연못이 있어 어떤 이도 손대지 않는 맑은 물에서 수많은 잉어들이 평화롭게 헤엄치고 있었다. 이 연못은 지금도 샨르우르파를 대표하는 상징적 장소로 남아 있다.

몰케는 또 다른 기록에서 우르파를 "사막 한가운데에 있는 오아시스로, 모래와 바위 사이에 과일나무와 버드나무가 자라는 곳"이라고 표현했다. 실제로 샨르우르파 남쪽에는 사막성이 짙은 지역이 펼쳐져 있으나, 현대에는 관개 시설 덕분에 점차 녹지로 변모하고 있다. 하늘에서 내려다본다면 허허벌판 속에 자리한 푸른 오아시스 도시의 이미지를 확인할 수 있을 것이다.

그렇다면 괴베클리테페는 샨르우르파 시내 중심부에 있는 것일까? 그렇지 않다. 괴베 클리테페는 하란 분지(Harran Ovasi)의 북쪽 가장자리에 접한 고원지대에 있으며, 게르쥬스 산맥(Gercü Da ları)에 속한 석회암 고원의 가장 높은 지점에 위치한다. 이곳의 해발은 약 801미터로, 멀리서도 확연히 구분될 만큼 높다. 북쪽으로는 동남부 토로스 산맥이 약 80~100㎞ 거리에서 솟아 있으며, 그 봉우리들은 3000m에 달해 이 지역의 북쪽 경계를 짓는다. 북동쪽 90㎞ 지점에는 카라자다그 화산(Karacada Volkanı)이 자리하고 있는데, 이곳은 세계에서 가장 오래된 식물 재배 흔적이 발견된 지역 가운데 하나로 알려져 있다.

괴베클리테페가 서 있는 고원은 남쪽으로 그릇처럼 열리며 하란 분지와 이어지고, 그 너머로 시리아의 평야지대가 시작된다. 서쪽에는 가지안테프 고원(Gaziantep Platosu)이 뻗어 있고, 북쪽에는 동남부 토로스 산맥이 둘러서며, 중앙에는 샨르우르파와 디야르바크르 고원, 남쪽으로는 신자르 산맥(Sincar Da ları)이 자리하며 더 멀리 사마라-히트(Samarra-Hit) 라인까지 이어지는 북부 메소포타미아 지역이 넓게 펼쳐진다. 이러한 지역들은 지리적·기후적 조건뿐 아니라 문화적 배경에서도 유사한 특징을 공유하여, 신석기 혁명과 더불어 인류 최초의 농경 사회와 문명이 태어난 배경을 형성했다.

괴베클리테페 앞 언덕 양떼들 풍경

따라서 괴베클리테페는 단순히 샨르우르파 근교의 유적지가 아니라, 고대 인류가 농업과 정착 생활로 나아가던 길목에서 정신적, 종교적, 문화적 혁신을 함께 이룬 장소이자, 인류 문명의 요람인 상부 메소포타미아 지형의 압축된 상징과도 같은 공간이다.

괴베클리테페는 고원지대의 정상부에 세워진 이 유적은 단순한 취락이 아니라, 장엄한 의식과 예술이 결합된 공간이었다는 점에서 주목된다. 괴베클리테페의 정착은 약 1500년 이상 이어진 것으로 추정된다. 이는 토기가 등장하기 이전의 신석기 시대 초기, 즉 기원전 9600년경부터 시작해 약 기원전 8000년까지 지속된다. 고고학자들은 이 시기를 크게 두 단계로 나누는데, 원형 특수 건물과 거대한 T자형 석주들이 등장한 초기 정착기는 PPNA 시기로, 이후 건축 양식이 일부 변화하며 정착의 성격이 달라진 시기는 PPNB 시기로 이해된다. 사냥과 채집으로 생계를 이어가던 집단이 정착을 시작하면서 처음에는 원형 건물들을 세웠으며, 내부에 우뚝 선 기둥과 정교한 부조를 남겼다. 출입구와 벽면에는 동물들이 새겨져 있었을 가능성도 제기되고 있다.

괴베클리테페의 건축 양식은 인근 지역에서도 확인된다. 네발리초리, 카라한테페, 사이부르크, 세페르테페 등지에서 유사한 구조가 발견되는데, 이들 모두 당시 형성된 광범위한 정착 네트워크 안의 일부였다. 그러나 규모와 위상 면에서 보자면, 괴베클리테페는 이들 가운데 중심적인 역할을 한 거대한 집합지였다. 비교적 작은 다른 정착지들이 지역 공동체의 생활 기반이었다면, 괴베클리테페는 상징적 의미와 의례적 기능을 결합한 집단적 중심지였던 셈이다.

　최근의 발굴 성과는 이 유적에 대한 이해를 한층 넓혀주고 있다. 2023년, 특별 건물 D에서 실물 크기의 멧돼지 조각상이 발견된 것이 대표적이다. 이 조각상은 앞다리를 낮은 부조로 표현한 뒤, 굽은 어깨와 탄력 있는 근육 구조를 사실적으로 나타냈다. 작은 눈, 벌어진 입, 앞으로 뻗은 혀, 그리고 정교하게 묘사된 앞니와 송곳니는 동물의 생생한 모습을 보여준다. 더욱 흥미로운 사실은 조각의 표면에서 붉은색 안료 흔적과 검은 반점이 확인되었다는 점이다. 이는 석주와 조각상들이 단순히 회색 석질로 남아 있었던 것이 아니라, 원래는 다채로운 색으로 채색되어 있었을 가능성을 강하게 시사한다.

괴베클리테페 원형 신전

이러한 발견은 괴베클리테페를 단순히 의례만을 위한 공간으로 한정할 수 없음을 알려준다. 오랜 세월에 걸쳐 인간이 집단적으로 모여 건물을 짓고, 동물을 상징화하며, 색과 형태로 의미를 표현한 공간이자 복합적인 정착지였던 것이다. 특히 동물 조각과 색채 사용은 당시 사람들의 정신세계와 예술적 감각, 신앙적 실천을 이해하는 데 길잡이가 된다. 괴베클리테페는 그 자체로 신석기 시대 사람들이 공동체와 세계를 어떻게 바라보고 이해했는지를 보여주는 창과 같은 존재라 할 수 있다.

괴베클리테페는 약 1만2천년전, 아직 토기가 등장하기 이전 신석기 초기 단계에 세워진 유적으로, 거대한 돌기둥과 원형 구조가 겹겹이 배열된 독특한 건축 양식을 보여준다. 이곳에서 발견된 20여 개의 원형 구조는 단순히 생활을 위한 공간이 아니라, 공동체 전체가 모여 종교적 의례와 제사를 거행하던 신성한 장소였음을 말해준다.

원형 구조는 그 자체로 중요한 상징성을 지니고 있다. 원은 모든 참여자가 서로를 마주 보며 동등하게 자리를 할 수 있는 형태로, 평등과 연대를 의미한다. 이러한 구조는 당시 사람들이 공동체 의식을 강화하고, 집단적 결속을 다지는 데 적합한 공간 구성이었다. 더불어 원형의 닫힌 구조 안에서 이뤄지는 의식은 신과의 교감을 집중시키는 종교적 의미를 부여했다.

괴베클리테페의 또 다른 중심은 T자형 돌기둥이다. 이 돌기둥들은 높이가 5.5~6미터에 이르고, 하나의 무게만도 약 20톤에 달한다. 단순한 기둥이 아닌, 인류 최초의 기념비적 상징물이라 할 수 있다. 일부 기둥에는 팔과 손이 조각되어 있어 사람의 형상을 추상적으로 나타낸 것으로 해석되며, 여기에 새겨진 여우, 멧돼지, 뱀과 같은 동물 문양은 당시 공동체의 신앙 세계와 상징 체계를 보여준다. 이러한 돌기둥은 신성한 존재를 대변하거나 조상의 영혼을 기리는 상징물로서, 공동체 의식의 중심으로 기능했을 가능성이 크다.

건축적 측면에서도 괴베클리테페는 매우 정교하게 설계된 공간이다. 원형 구조들은 일정한 간격과 비율을 유지하며 배치되어 있으며, 각 구조물마다 크기와 기둥의 수가 다르다. 이는 공간적 구성이 단순한 무작위 작업이 아니라, 철저하게 의도된 기하학적 설계였음을 시사한다. 아마 의식의 성격이나 중요도에 따라 공간을 구분하고, 특정 제사나 집단 의례가 이 안에서 이루어졌을 것이다.

왜 원형 구조와 돌기둥이 선택되었는가를 살펴보면, 그 답은 당시 사람들이 추구한 영속성과 신성성에 있다. 돌은 가장 오래 보존되는 재료로, 신성한 공간을 영원히 남기려는 의도가 담긴 것이다. 또한 원형은 인간과 신, 그리고 자연의 조화를 상징하며, 모두가 참여하는 종교적 의례를 가능하게 하는 구조였다. 무엇보다 수십 톤에 달하는 돌기둥을 운반하고 세우는 일은 상당한 협력이 없이는 불가능했을 것이다. 이는 괴베클리테페를 세운 이들이 이미 수렵·채집만으로 살아가는 단순한 사회 단계를 넘어, 조직과 분업이 이루어진 고도로 협력적인 집단 사회를 형성했음을 보여 준다.

결국 괴베클리테페의 원형 구조와 T자형 돌기둥은 단순한 유물이 아니라, 인류가 신을 의식하며 집단적 질서를 구축하기 시작한 순간의 기록이다. 원형은 공동체의 평등과 결속을 상징했고, 돌기둥은 신성한 존재와 권위를 보여주는 상징물이었으며, 정교한 설계와 집단적 노동은 인류가 이미 높은 수준의 사회적 조직력과 종교적 신념을 확립했음을 증명하고 있다. 이 모든 요소가 어우러진 괴베클리테페는 인류 문명의 기원을 엿볼 수 있는 가장 생생한 흔적이다.

괴베클리테페의 돌기둥 상단에 새겨진 이른바 '가방' 문양은 고대 메소포타미아의 부조, 나아가 이집트, 심지어 멀리 떨어진 메소아메리카 올멕 조각상에서도 반복적으로 발견되는

괴베클리테페 기둥 부조에 메소포타미아 왕들의 가방이 부조되어있다.

수수께끼 같은 상징이다. 이 문양은 단순히 생활 도구의 모양을 옮긴 것이라기보다는, 종교적이고 의례적인 맥락에서 사용된 보편적 상징으로 보는 시각이 유력하다.

메소포타미아의 수메르나 아카디아 미술을 보면, 신이나 왕이 작은 양동이나 가방 같은 물체를 들고 있는 장면이 자주 나타난다. 이때 옆에는 종종 솔 모양의 도구나 콘 모양의 물체가 함께 묘사되는데, 이는 땅을 정화하거나 풍요를 기원하는 의식에서 사용된 것이라는 해석이 있다. 즉, 그 안에는 성수나 씨앗, 혹은 신성한 물질이 담겨 있었고, 신이나 제사장이 이를 통해 축복과 풍요를 전하며 권위를 드러냈을 가능성이 크다.

괴베클리테페의 '가방' 문양도 같은 맥락에서 이해할 수 있다. 이곳은 신석기 초기 사회에서 인류 최초의 거대한 제사 의례장이었으며, 돌기둥에 새겨진 상징들은 당시 공동체가 공유했던 신앙 체계와 밀접하게 관련된다. 가방은 단순한 일상 도구가 아니라 신성한 지식과 권위, 그리고 공동체의 보호와 축복을 상징했을 것이다. 돌기둥의 중앙에 우뚝 선 거대한 기둥이 신성한 존재를 형상화했다면, 그 상단의 가방 문양은 그 존재가 신성한 힘을 '소지'하고 있음을 뜻했을 수 있다.

흥미로운 점은 이런 유사한 가방이나 버킷 모양의 문양이 고대 이집트와 메소아메리카 등 전혀 접촉이 없던 문화권에서도 나타난다는 사실이다. 올멕 조각상에서도 신과 같은 존재가 손에 가방 같은 물건을 쥐고 있는 모습이 반복적으로 나온다. 이는 단순한 우연이라기보다, 인류가 보편적으로 공유한 아키타입(원형적 상징)일 가능성을 제기한다. 즉, '무언가를 담아 나르는 작은 용기'는 인류의 무의식 속에서 지식, 생명, 신성함의 매개체로 기능하며 서로 다른 문명 속에서 동시에 나타난 것일지도 모른다.

물론 이러한 해석에는 다양한 의견이 존재한다. 어떤 연구자들은 그저 의례에서 쓰인 곡물을 담는 일상적인 도구에 불과하다고 하며, 또 다른 이들은 이를 지식의 상징, 창조의 도구, 심지어 외계적 기원의 첨단 유물이라고까지 추측한다. 하지만 정설은 아직 없다.

결국 괴베클리테페의 '가방' 문양은 단순한 그림이 아닌, 당시 사람들의 세계관과 신앙을 담은 수수께끼 같은 상징이다. 그것이 신의 권위인지, 생명을 담는 그릇인지, 혹은 우리가 아직 이해하지 못한 어떤 초월적 개념인지는 확실히 알 수 없다. 다만 이 문양이 지리적, 문화적, 시공간적 경계를 넘어 반복 등장한다는 사실 하나만으로도, 인류의 보편적 상상력과 잃어버린 신앙의 흔적을 엿볼 수 있는 중요한 단서임은 분명하다.

당신은 이 '가방'이 단순한 도구였다고 생각하는가, 아니면 고대 인류가 신과 교감하기 위해 만든 상징적 도구였다고 보는가? 혹은 우리가 전혀 상상하지 못하는 또 다른 의미가 숨어 있을지도 모른다. 오늘날까지 이어지는 이 고대의 상징은 여전히 인류의 호기심을 자극하며, 미완성의 수수께끼로 남아 있다.

괴베클리테페의 기둥에 새겨진 문양들은 단순한 장식이 아니라, 천문학적 상징과 시간 개념을 담은 복합적인 표현으로 해석되고 있다. 돌기둥에 새겨진 다양한 동물 문양들은 하늘의 별자리와 대응하는 것으로 보이는데, 예를 들어 백조자리(Cygnus), 전갈자리(Scorpius) 등이 그 예시로 자주 언급된다. 이러한 연결은 괴베클리테페가 단순히 제의 공간에 머물지 않고, 이미 1만 년 전 신석기 시대 사람들에게 하늘에 대한 지식과 천문학적 관측이 중요한 역할을 했음을 보여준다. 동물은 단순한 숭배 대상이 아니라, 하늘과 땅을 연결하는 상징체계 속에서 별자리를 나타내는 매개로 쓰였던 것이다.

특히 '가방' 모양 문양 위에 새겨진 체크 패턴은 음력 360일을 나타내는 일종의 달력 표시로 해석된다. 이는 12개월 × 30일이라는 구조를 바탕으로, 농경 주기와 종교적 의례, 그리

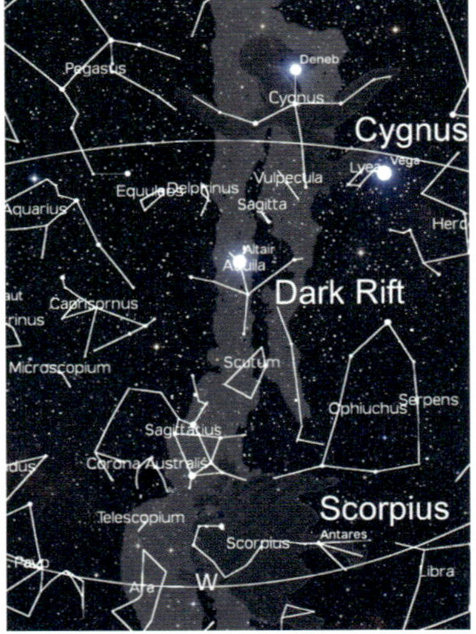

괴베클리테페 기둥 부조는 별자리 동물들이 부조되어 있다.

고 천문 관찰에 활용된 체계적인 시간 인식을 반영한다. 고대 메소포타미아와 이집트에서도 비슷한 방식의 달력 체계가 발견되는 만큼, 괴베클리테페의 기둥 역시 단순한 장식물이 아니라 시간과 우주의 질서를 기록한 상징적 도구였을 가능성이 크다. 즉, 이곳 사람들은 이미 수천 년 전부터 달과 별을 관찰하며, 그것을 집단적 기억 속에 새겨두고 신성화하는 과정을 시작한 셈이다.

이러한 점에서 괴베클리테페는 신석기 시대의 종교적 신앙과 초기 천문학이 결합한 대표적인 증거라 할 수 있다. 동물 문양은 하늘의 별자리와 대응하여 우주의 질서를 나타냈고, 체크 무늬는 인간이 시간의 순환을 의식하고 기록하려 했음을 보여준다. 이는 단순히 자연을 관찰한 차원을 넘어, 우주적 질서를 신성한 개념으로 받아들이고 이를 제사와 공동체 의식 속에 반영한 정신문화의 표현이다.

또한 '핸드백' 문양의 존재는 괴베클리테페가 훗날 메소포타미아 문명과도 문화적 상징을 공유했을 가능성을 시사한다. 메소포타미아 왕과 신의 부조에서 보이는 이 가방 문양과 괴베클리테페의 기둥에 새겨진 문양이 유사하다는 점은, 이곳이 단절된 독립적 유적이 아니라 이후 고대 문명들과 상징적으로 연결될 수 있었음을 보여주는 중요한 단서다.

결국 괴베클리테페의 기둥은 단순한 돌기둥이 아니라, 당시 사람들이 우주와 시간, 그리고 신성에 대해 체계적으로 사고한 결과물이다. 별자리와 달력을 표현한 동물 문양과 체크 무늬는 신석기 시대 인류가 이미 높은 수준의 천문 지식을 갖추고 있었음을 증명하며, 동시에 종교와 공동체적 의식 속에서 그것을 구현했음을 알려준다. 괴베클리테페는 인류가 하늘을 바라보며 우주의 질서를 이해하려 했던 최초의 노력 중 하나를 담고 있는, 매우 중요한 문화유산인 것이다.

괴베클리테페에서 발견된 동물 문양은 단순한 장식 이상의 의미를 담고 있으며, 최근 연구들은 이를 고대 천문학적 상징으로 해석하려는 시도를 보여주고 있다. 돌기둥에 새겨진 다양한 동물상과 추상 기호들은 당시 사람들이 하늘을 주의 깊게 관찰하고, 별자리나 천체 현상을 동물의 형상으로 표현했을 가능성을 강하게 시사한다. 이는 곧 괴베클리테페가 종교 의례 공간을 넘어 고대 인류의 천문학적 인식이 집약된 장소일 수 있다는 점을 암시한다.

그 가운데 가장 대표적인 사례로 꼽히는 것이 43번 기둥이다. 이 기둥에는 V자 모양의 마

괴베클리테페 석재 기둥에는 각종 동물 문양이 부조되어 있는데, 천문학적 상징을 담고 있다.

크와 여러 동물 문양이 함께 새겨져 있는데, 이를 별자리의 상징으로 보는 해석이 있다. V자 마크는 별자리 배열이나 특정 천체 현상을 표현했을 수 있으며, 주변 동물 도상과 함께 구성된 이 문양들은 신석기 시대 사람들이 계절 변화와 하늘의 움직임을 체계적으로 관찰했음을 보여주는 증거로 이해되고 있다.

또한 기둥에 반복적으로 나타나는 동물 문양들은 각각 별자리와 대응하는 상징으로 해석된다. 예컨대 뱀 문양은 뱀주인자리(Ophiuchus)와 연관되고, 독수리와 멧돼지 역시 하늘의 특정 별자리나 계절적 징후와 연결되는 도상으로 연구되고 있다. 여우 문양 또한 단순한 동물이 아니라, 천체와 관련된 신비한 상징체계 속에서 의미를 지닌 것으로 해석하는 시각이 떠오르고 있다.

일부 학자들은 이 같은 증거들을 바탕으로 괴베클리테페를 단순한 종교 시설이 아니라,

일종의 고대 천문 관측소로 보기도 한다. 원형 구조물들의 배치와 돌기둥의 방향이 태양이나 별의 움직임과 관계된다는 연구가 있으며, 이는 이곳이 의례와 더불어 천문학적 관찰을 위해 설계된 복합적 공간이었음을 뒷받침한다.

따라서 괴베클리테페의 동물 문양은 단순한 신화적 장식물이 아니라, 고대 인류가 하늘을 이해하고 신성시했던 방식의 상징적 표현으로 볼 수 있다. 특히 43번 기둥의 V자 마크와 동물 도상은 별자리와 천체 현상을 기록한 사례로 주목되며, 괴베클리테페가 종교, 사회, 그리고 천문학적 관찰이 융합된 신석기 문화의 중심지였음을 드러내는 중요한 단서가 되고 있다.

괴베클리테페와 카라한테페를 비롯한 지역 유적에서 공통적으로 발견되는 T자형 기둥은 주목할 만한 요소이다. 이 돌기둥들은 같은 시대, 같은 문화적 배경에서 비롯된 흔적일 가능

석재 기둥의 각 기호는 산스크리트어의 소리값이나 뜻을 해석한 것으로 보이며, 천문학적 또는 신화적 의미(예: Jupiter, Kundalini, Roaring 등)에 관련되어 있다.

성이 크다. 동일한 민족이 건설했을 수도 있고, 혹은 한 문화권 안에서 공유된 종교적 상징이 넓은 지역으로 확산되었을 가능성도 있다. 고고학적으로 이러한 유사성은 단순한 건축 양식의 모방을 넘어, 당시 사람들이 공간과 신성을 이해하는 공통된 세계관을 형상화했다는 점에서 의미가 크다.

또한 수메르인들이 청동기 제작에 필수적인 주석을 카라코람 인근에서 수입했다는 사실은 고대 문명의 교역망이 얼마나 광범위했는지를 잘 보여주는 사례이다. 수천 킬로미터라는 거리를 넘어선 교역이 가능했다는 점에서, 일부 수메르 집단이 단순히 교역만 한 것이 아니라 현지에 일정 기간 정착했을 가능성도 배제할 수는 없다. 이러한 시각은 흥미로우며, 인더스 문명이 보여주는 정교한 수학적 계획성—예컨대 60진법과 같은 체계나 대칭적 구조 설계—와의 연계성을 고려하면 더욱 설득력을 얻는다. 세계 최초로 수학적 체계를 창조한 수메르가 인더스 문명에 영향을 주었을 가능성은 결코 가볍게 볼 사안이 아니다.

인류 이동사의 관점에서 보면, 아프리카에서 출발한 현생 인류가 중동을 거쳐 인도, 동남아시아, 중국 남부, 한반도, 유럽으로 확산했다는 점은 인류학의 정설이다. 여기에 수메르어와 같이 교착어적 성격을 지닌 언어와 몽골어, 만주어, 일본어, 그리고 한국어의 어순 유사성이 주는 함의는 주목할 만하다. 물론 언어학적 차원에서 직접적인 계통적 연결성을 입증하기 위해서는 매우 복잡한 연구가 필요하지만, 이러한 유사성이 단순한 우연이라고 치부하기 어려운 측면이 있다.

결국 유라시아 스텝을 통한 인류 집단의 이동은 동아시아와 한반도에까지 영향을 끼쳤다는 점에서 높은 연구 가치를 지닌다. 수메르와 한반도의 간접적 연결을 추론하는 가설은 독창적인 접근이다. 이는 아직 학계의 정설로 자리 잡은 것은 아니지만, 현장을 직접 경험한 연구자의 시각에서 제시된 통찰은 새로운 연구 방향을 열어주는 자극제가 될 수 있다.

괴베클리테페의 T자형 기둥, 수메르의 무역망과 카라코람의 연결, 인더스 문명의 수학적 정교함, 그리고 유라시아 스텝을 따라 이어진 인류 이동사와 언어적 흔적은 모두 복합적이고 유기적으로 얽혀 있는 주제이다. 이러한 가설은 단순한 상상에 그치지 않고, 앞으로 고고학과 인류학이 더욱 깊이 탐구해야 할 중요한 문제를 선점해 보여주는 것이라고 할 수 있다.

괴베클리테페와 수메르 신화의 연관성을 다룬 연구는 주로 이 유적의 동물과 인간 조각

메소포타미아 날개달린 아프칼루는 괴베클리테페 독수리 조각상에서 시작되었다.

및 부조가 고대 메소포타미아 신화, 특히 수메르 신화에서 나타나는 신들과 상징들을 반영하고 있다고 본다. 괴베클리테페는 단순한 주거지나 의례 공간이 아니라 당시 신화적 세계관과 의례, 사회 구조를 시각적으로 구현한 복합적 장소라는 주장이 많다.

고고학자 클라우스 슈미트는 괴베클리테페가 원시 동양 신화나 샤머니즘과 관련된 초창기 신앙 공동체의 산물이자, 수메르 신화의 조상격인 원시신앙을 믿던 사람들이 만든 것으로 보았다. 그는 괴베클리테페의 기둥과 동물 조각이 초기 신성 개념과 조상 숭배를 보여주며, 이것이 후대 수메르 신화의 토대가 되었을 가능성을 제기하였다.

또한 일부 연구자는 괴베클리테페의 부조 중 일부가 길가메시 서사시 등 메소포타미아 신화에 나오는 홍수 신화와 연관된 시각적 표현일 가능성도 제시했다. 동물과 자연현상 상징을 통해 당시 사람들의 신화적 내러티브를 기록한 것으로 해석한다.

이처럼 괴베클리테페 연구는 신석기 시대부터 신화적 사고와 종교적 체계가 이미 고도로 발달했음을 보여주며, 고대 메소포타미아 신화 형성의 기초를 이해하는 데 중요한 단서로 평가받는다. 대표적으로 슈미트의 연구와 상징 해석은 괴베클리테페와 수메르 신화의 연결고리에 깊이를 더했다.

따라서 괴베클리테페는 초기 신앙과 신화의 시각적 표현 공간이자, 이후 메소포타미아 신화가 발전하는 역사적 배경을 제공하는 중요한 유적이라 할 수 있다.

괴베클리테페와 관련된 신화적 이야기로는 여러 설화와 상징이 전해진다. 괴베클리테페의 기둥과 부조에는 뱀, 사자, 멧돼지, 독수리 등 다양한 동물들이 사실적으로 새겨져 있는데, 이 동물들은 주변 지역의 민속과 신화에서 중요한 상징으로 여겨져 왔다. 특히 뱀은 불멸과 재생산의 상징으로, 메소포타미아 신화와 긴밀히 연결된다. 예를 들어, 길가메시 서사시에서는 뱀이 불멸의 비밀을 훔쳐가는 이야기로 등장한다.

튀르키예 동남부와 아나톨리아 지역의 민간설화 가운데 '샤마란 전설'은 괴베클리테페 동물 문양과 연관되어 해석되기도 한다. 샤마란은 반은 인간, 반은 뱀인 존재로, 인간과 자연, 생명과 죽음을 상징하는 신화적 인물이다. 이 설화는 괴베클리테페에서 발견된 뱀 문양과 상징을 바탕으로 현대까지 전승된 신앙과 예술적 표현의 흔적을 보여준다.

또한, 괴베클리테페가 위치한 지역이 성서에서 에덴동산 근처와 겹친다는 설도 있다. 이에 따라 이곳 동물 조각들이 '노아의 방주' 전설이나 '에덴동산 이야기' 같은 고대 신화와 연결되어 해석되기도 한다. 이러한 신화적 해석은 괴베클리테페를 단순한 고고학 유적이 아니라, 초기 인류가 자연과 우주, 생명의 기원을 이해하고 표현한 신화적 공간으로 보게 한다.

한편, 괴베클리테페는 선사시대 샤먼 의식과 종교적 의례가 이루어졌던 장소라는 견해도 강하다. 여러 학자들은 이곳에서 행해진 제의가 고대 인간의 우주론과 정신 세계를 담아내며, 동물과 사람 형상의 부조가 당시 신화와 사회관계의 시각적 표현이라고 분석한다.

결국 괴베클리테페와 관련된 신화는 고대 인류가 자연과 삶, 죽음, 신성에 대해 품었던 근원적 질문과 상징을 담고 있다고 볼 수 있다. 신화적 이야기와 의례가 이곳에서 구현되었으며, 그것이 수천 년을 거쳐 다양한 문화와 전설로 이어져 온 셈이다.

괴베클리테페의 C 구조물에서 발견된 야생 멧돼지 조각상은 석회암을 정교하게 다듬어 만든 작품으로, 표면이 매우 매끄럽고 평탄하게 처리되어 있다. 이 조각상은 신석기 전기 후기(PPNA) 시기의 유물로 추정되며, 현재까지 확인된 구조물들 가운데 규모가 가장 큰 편에 속한다. 이러한 특징 때문에 학자들은 C 구조물을 흔히 '수컷 야생 멧돼지의 집'이라 부른다.

이 건물의 내부를 보면 둘레 벽에는 9개의 기둥이 남아 있으나, 원래는 훨씬 더 많은 기둥

괴베클리테페 이 부조는 고대인들이 하늘과 달, 혹은 주기적 질서를 인식했음을 보여주는 중요한 상징일 수도 있다.

이 있었을 것으로 추정된다. 남쪽 방향으로는 외벽이 뻗어 있으며, 그 끝에는 구조물의 입구를 형성하는 U자형의 큰 돌이 놓여 있다. 이 돌은 현재도 제자리에 보존되어 있으며, 이 돌과 내부 구조 사이에는 약 70센티미터의 좁은 통로가 형성된다. 다른 건물들과 마찬가지로, 중심부에는 두 개의 큰 돌기둥이 세워져 있고, 이들은 주변의 기둥보다 훨씬 규모가 크다.

C 구조물에서 특히 주목되는 특징은 남쪽 입구에 연결된 '드로모스(Dromos)'이다. 이는 고대 신전이나 무덤으로 이어지는 행렬길 같은 형태의 부속 구조물로, 신성한 의례적 경로를 마련했음을 시사한다. 지금은 구조물이 심하게 훼손된 상태지만, 여전히 중앙에는 우뚝 솟은 두 개의 거대한 기둥이 자리하고 있어 전체 공간의 위계적 중심을 형성한다.

이 구조물에는 많은 수컷 야생 멧돼지 부조가 새겨져 있어 토템적 혹은 의례적 의미를 암시한다. 현재까지 여섯 점의 멧돼지 부조가 확인되었으며, 총 네 점의 독립된 조각상 가운데 세 점이 바로 이 C 구조물에서 출토되었다. 26번과 28번 기둥의 전면에는 멧돼지 형상이 뚜렷하게 새겨져 있는데, 특히 28번 기둥 앞면에는 수평 기둥 위에 반달 모양이 놓여 있는 독특한 상징적 조각이 나타난다. 이는 단순한 장식이 아니라, 당시 사람들이 하늘과 달, 혹은 주기적 질서를 인식했음을 보여주는 중요한 상징일 가능성이 높다.

　C 구조물은 돌기둥 전면 전체를 부조로 채운 최초의 사례라는 점에서도 의미가 크다. 특히 12번 돌기둥에서는 T자형 기둥 머리 위에 오리와 매우 흡사한 다섯 마리 새가 새겨져 있고, 그 뒤편에는 그물무늬 같은 도상이 함께 배치되어 있다. 기둥 하단에도 다시 수컷 야생 멧돼지가 등장하여, 이 공간 전체가 특정 동물 상징과 결부된 종교적 세계관을 반영했음을 짐작하게 한다.

　괴베클리테페 C 구조물은 거대한 석조 기법과 정교한 부조 예술을 통해 당시 신석기 사람들의 정신세계와 의례 행위를 생생히 드러내는 중요한 유적으로, 종교적·천문학적 의미가 결합된 복합적 공간의 전형을 보여주고 있다.

지진을 암시하는 도마뱀과 뱀 부조

별자리 긴 꼬리 여우상

괴베클리테페의 기둥에 새겨진 동물 문양들은 단순한 장식이 아니라, 당시 사람들이 자연현상과 우주적 사건을 신화적 상징으로 해석하며 표현한 중요한 흔적이다. 첫 번째 기둥에는 도마뱀과 뱀 문양이 나란히 새겨져 있어 흥미로운 해석을 불러일으킨다. 도마뱀은 고대 신화에서 흔히 재생과 변화를 상징하는 동물로 나타나지만, 같은 맥락에서 새겨진 뱀은 괴베클리테페에서 지진과 관련된 의미를 지닌 것으로 이해된다. 특히 뱀이 지표를 따라 기어오르는 형상은 지진 전 지반의 움직임이나 균열을 연상시키며, 이를 통해 당시 사람들이 자연재해를 관찰하고 그것을 신성한 징후로 받아들였음을 추측할 수 있다. 나아가 뱀의 형상이 운석과 지진의 연관성을 나타내는 것이라면, 이는 괴베클리테페가 단순히 종교적 제의의 공간을 넘어, 우주적 사건과 자연 현상에 대한 인식을 함께 담아낸 장소였음을 보여준다. 이 점은 신석기인들이 이미 신화적 상상력과 과학적 인식을 융합한 초기 형태의 세계관을 가지고 있었음을 시사한다.

두 번째 기둥에는 긴 꼬리를 가진 여우 문양이 새겨져 있다. 괴베클리테페에서 여우의 등장은 비교적 드물지만, 여우는 고대부터 민첩함, 교활함, 그리고 자연과의 조화를 상징하는 동물로 해석되어 왔다. 특히 강조된 긴 꼬리는 단순한 외형적 특징을 넘어, 여우가 가진 생명력과 신비로움을 부각시키는 상징적 장치로 볼 수 있다. 이는 여우가 단순한 동물이 아니라 인간과 자연, 신성을 연결짓는 특별한 존재로 여겨졌음을 보여준다. 또한 긴 꼬리가 특정 별자리, 예컨대 여우자리와 같은 천문학적 상징과 연관되었을 가능성도 배제할 수 없다.

종합적으로 볼 때, 괴베클리테페의 기둥 문양은 자연재해, 우주적 사건, 그리고 동물의 신성화까지 다양하고 심층적인 의미를 담고 있다. 도마뱀과 뱀이 함께 나타난 첫 번째 기둥에서는 지진과 운석, 그리고 재생이라는 개념이 교차하며 신화와 자연현상을 함께 기록한 흔적을 남겼다. 긴 꼬리의 여우가 등장하는 두 번째 기둥은 민첩하고 신비로운 동물이 신성한 존재로 인식되었음을 보여주며, 동시에 별자리와 우주의 질서와도 연결되는 가능성을 제기한다.

결국 이들 문양은 신석기 시대 사람들이 자연과 인간, 신과 우주를 어떻게 바라보고 해석했는지를 잘 보여주는 상징적 증거이다. 괴베클리테페의 동물 도상은 단순한 예술적 장식이 아니라, 종교적 믿음과 천문학적 지식, 그리고 자연에 대한 경외를 아우른 복합적인 세계관의 표현이라고 할 수 있다.

여우를 묘사한 기둥석 부조

여우, 멧돼지, 새 동물들이(별자리) 부조
되어 있다.

  괴베클리테페와 카라한테페, 그리고 수메르와 인더스 문명을 잇는 구상은 역사적 사실과
상상력이 절묘하게 결합된 흥미로운 서사이다. 인류 최초의 신전 가운데 하나로 평가받는
괴베클리테페는 약 1만 1천~1만 2천 년 전 신석기 초기의 유적으로, 튀르키예 남동부에서
발견되어 인류 정신세계의 기원을 보여준다. 인근의 카라한테페는 2019년부터 본격적으로
발굴되었는데, 그 시기는 괴베클리 테페와 거의 비슷하거나 조금 더 앞선 것으로 추정된다.
'카라'라는 말이 튀르키예어와 일부 고대 언어에서 '검정'을 뜻하기 때문에, 이를 '검은 족장'
혹은 '검은 우두머리'의 상징과 연결 짓는 해석은 분명히 흥미롭다. 다만 이를 수메르인이나
베다 문화와 직접 연결하는 것은 아직 학계에서는 받아들여지지 않는 부분이다.

  수메르 문명은 기원전 3500년경 메소포타미아 남부에서 시작된 세계 최초의 도시문명 중
하나이다. 수메르인들은 청동기 제작에 필요한 구리를 아나톨리아에서, 주석은 파키스탄 인
더스 지역에서 수입해 청동기를 만들어냈다. 이는 이미 수천 킬로미터를 넘나드는 국제적
무역망이 존재했음을 잘 보여준다. 또한 인더스 문명 역시 수메르와 활발히 교류했으며, 두
문명이 서로 영향을 주고받았을 가능성이 크다. 아카드의 반란으로 수메르 문명이 쇠퇴할
때 일부 집단이 동쪽으로 도주해 인더스 문명의 형성에 기여했을 가능성은 역사적 상상력을

자극하는 가설이다. 학문적으로 명확히 입증된 사실은 아니지만, 인도-아리아인의 이동과 베다 문화의 성립 과정이 중앙아시아와 깊게 연관되어 있다는 점을 고려하면 충분히 탐구할 가치가 있는 견해이다.

언어적 관점에서도 흥미로운 시각이 제기된다. 수메르인들이 스스로를 '검은 머리의 사람들'이라고 불렀다는 기록과, 카라코람·카라한테페처럼 '카라(검정)'를 포함한 지명은 흥미로운 상관관계를 보여준다. 물론 수메르어, 튀르키에어, 베다어는 언어 계통적으로 직접적인 연결 고리를 찾기 어려우며, 학계에서 이러한 언어적 동질성은 아직 인정되지 않는다. 하지만 문화적 상징의 유사성과 언어적 용어의 반복은 우연 이상의 의미를 가질 수 있다. 인류학적으로 고대 문명이 이동과 교류 속에서 서로에게 많은 영향을 주었음을 감안한다면, 이런 해석은 충분히 탐구할 만한 가치가 있다.

괴베클리테페에서 카라한테페로, 다시 유프라테스 강 하류의 수메르 도시국가로, 그리고 아카드의 반란 이후 인더스로 이어져 베다 문화와 연결되는 서사는 고대 문명의 이주와 교류를 통합적으로 바라볼 수 있는 독창적인 상상이다. 이는 단순히 고고학적 발견만을 나열하는 데 그치지 않고, 서로 다른 시대와 지역의 문명을 하나의 서사로 엮어내려는 시도라는 점에서 가치가 크다.

고대 문명은 단선적인 발전이 아니라 끊임없는 이동, 충돌, 융합의 역사 속에서 형성되었다. 바로 이 사실을 창의적으로 드러내어, 고대사 연구에 새로운 시각을 불어넣는다. 앞으로도 새로운 발굴과 연구 결과가 이런 상상을 검증해 줄 것이며, 그 과정에서 지금까지는 가설에 머물렀던 연결 고리들이 실증되는 순간이 올지도 모른다.

괴베클리테페 D 구조물의 북쪽 벽 앞에서는 실물 크기의 멧돼지 조각상이 발견되었다. 이 조각상은 석회암으로 제작되었으며, 길이는 약 1.35미터, 높이는 약 70센티미터에 이른다. 제작 시기는 기원전 8,700년에서 8,200년경으로, 신석기 초기 단계인 PPNB 시기에 속한다. 조각상은 벤치 앞에서 출토되었고, 원래 건물의 중앙 부분에 배치되어 있었다.

멧돼지 조각상 앞면에는 여러 가지 상징적인 부조가 새겨져 있다. H 모양의 기호, 반달 문양, 두 마리의 뱀, 그리고 세 개의 얼굴이나 가면 같은 형상이 조각되어 있어 단순한 동물상이 아닌 종교적·상징적 의미를 가진 작품임을 보여준다.

괴베클리테페 멧돼지 조각상이 출토된 장소.

이 멧돼지 조각상은 색채가 입혀진 점에서도 주목할 만하다. 혀 부분은 붉은색으로 칠해져 있으며, 몸체에는 흑백의 안료가 사용되었다. 즉, 단순히 석재 형태로만 존재한 것이 아니라 색을 입혀 생동감을 더한 것이다. 이는 괴베클리테페의 다른 석조 조각상이나 T자형 돌기둥에도 원래는 색이 입혀져 있었을 가능성을 강하게 뒷받침한다.

따라서 이 멧돼지 조각상은 괴베클리테페 초기 신석기인들이 동물과 상징을 조각뿐 아니라 색채를 통해 더욱 생생하게 표현했음을 보여주는 귀중한 사례라 할 수 있다.

괴베클리테페의 기둥에 새겨진 동물 문양(여우, 뱀, 멧돼지, 독수리 등)은 단순한 장식이 아니라, 신석기 시대 사람들의 신화적·문화사적 세계관을 반영하는 상징적 의미를 지닌다.

좌: 괴베클리테페 뱀이 새겨진 이 부조는 지진을 암시한다. 실제로 운석 지구 충돌로 큰 지진이 일어났다.
우: 괴베클리테페 야생멧돼지 조각상

여우(Fox)

여우는 괴베클리테페 기둥에서 가장 자주 등장하는 동물 중 하나로, 주로 기둥 아래쪽이나 허리띠처럼 표현된다. 중앙 기둥에 새겨진 여우 문양은 보호력, 영혼의 안내자, 또는 특정 부족의 토템을 상징했을 가능성이 제기된다. 일부 학자는 여우 문양이 별자리나 천문 현상과 관련 있었을 가능성도 논의한다. 여우가 신화적으로 영리함과 변화, 그리고 '경계의 존재'를 상징하는 경우가 많은데, 이는 공동체의 치안과 주술적 의례, 사후 세계관과 관련됐을 것으로 해석된다.

뱀(Snake)

뱀은 괴베클리테페에서 가장 빈번하게 등장하는 동물로, 여러 기둥과 석판, 장식품 등에 반복적으로 새겨져 있다. 뱀은 죽음과 재생, 위험, 주술적 힘과 깊은 관련이 있다. 실제로 연구자들은 뱀 문양이 죽음에 대한 상징, 혹은 샤먼의 여행과 내세관을 나타낼 가능성이 높다고 본다. 또한, 뱀과 화살의 형태적 유사성을 바탕으로, 뱀이 사냥·생명의 위협과 연결되었을 가능성도 제기된다. 뱀-맹독-사망-재생의 연쇄는 고대 샤머니즘과 밀접한 주제다.

멧돼지(Boar)

멧돼지는 권력, 풍요, 사냥의 대상이라는 측면에서 신화적 의미를 갖는다. 괴베클리테페의 멧돼지 문양은 집단 사냥의 중요성, 계절의 변화와 풍요를 기원하는 의례적 맥락에서 해석될 수 있다. 멧돼지의 용맹함과 거친 성질은 인간 공동체가 극복하고자 하는 대상이면서 동시에 보호의 상징이 될 수 있다.

독수리(Vulture)

독수리·큰새 문양은 특히 D구역 43번 기둥(Vulture Stone)에서 상징적 역할을 한다. 이 기둥에서 독수리는 펼친 날개의 제스처로 생명과 보호, 혹은 태양·달 등 천체와도 연결된다. 죽은 자의 영혼을 저승으로 인도하는 하늘새로 해석되기도 하고, 상서로움과 조상의 신성한 도움, 자연계의 질서를 의미할 수도 있다. 독수리가 들고 있는 원반은 태양, 달, 혹은 달걀(탄생)의 상징으로 보기도 한다.

이처럼 괴베클리테페의 동물 문양은 각각의 동물이 지닌 생태적 특징뿐 아니라, 집단 신앙·토템·죽음과 재생·우주관 사상 등 복합적 신화 체계와 깊이 연관되어 있었다. 이러한 상징들은 신석기인의 생활과 종교, 그리고 세계 해석 방식을 이해하는 데 핵심적인 단서를 제공한다.

중앙에 황소의 머리가 있고, 좌 우에 여우 두마리가 있다.

현관석을 통해 출입하였던 왜소한 아이 부조.

현관석을 바라보면, 먼저 깨끗하게 절단된 듯한 직사각형 구멍이 중앙에 나 있다. 이 구멍은 고대인의 손길이 닿은 흔적으로, 단순한 건축 요소가 아니라 의례적 중요성을 지닌 통로였음을 암시한다. 구멍을 기준으로 양쪽에는 서로 마주 보는 듯한 두 마리 여우가 깊은 부조로 생동감 있게 새겨져 있는데, 이 여우들은 땅 위를 힘차게 뛰어오르는 모습으로 묘사되어 있다. 길게 뻗은 몸통과 역동적인 다리, 예리하게 각진 얼굴에서 당시 조각가의 섬세한 의도를 엿볼 수 있다. 이 두 여우는 단순한 장식이 아니라, 공간의 출입을 지키며 의례적 경계의 역할을 맡은 존재처럼 보인다.

여우들 위, 즉 현관석의 상단 부분에는 황소의 머리뼈 모양(부크라니움)이 부각되어 있다. 굵직하게 새겨진 뿔과 단순화된 머리의 형상은 힘과 생명의 순환, 풍요를 상징하며, 전체적인 조각의 중심축을 이루고 있다. 현관석의 표면은 오랜 세월 풍화된 토양을 닮아 있지만, 각 동물의 윤곽과 표정은 뚜렷하게 살아있다.

이 구조물의 부조는 단순히 동물을 모방한 데 그치지 않고, 신성한 공간과 속세를 잇는 상징적 기능을 드러낸다. 여우는 괴베클리테페에서 반복적으로 등장하는 존재로, 영적 수호자이자 문지기 역할을 맡은 듯하

무릎을 꿇고 앉은 듯한 여성상, 수태, 출산, 생명을 상징

목도리 가젤(goitred gazelle) 형상

다. 그래서 이 문을 통과하면 보통의 인간 세계가 아니라, 공동체의 신성한 의례 공간으로 들어서게 되는 것이다. 돌에 새겨진 동물과 황소 머리는 곧 고대인의 세계관과 집단 정체성을 집약하는 언어이자, 당시 사회의 중요한 사유가 녹아 있는 예술적 표현이라 할 수 있다.

괴베클리테페의 이 부조는 세밀하게 새겨진 목도리 가젤(goitred gazelle) 형상과, 한편으로는 무릎을 꿇고 앉은 듯한 인물상(여성상)과도 유사한 인상을 준다. 우선 부조에서 가장 먼저 눈에 띄는 건 곡선적으로 이어지는 긴 목과 머리, 그리고 뾰족하게 솟은 뿔이다. 이는 신석기 시대 튀르키예 남동부 평원에 널리 분포했던 목도리 가젤의 전형적 특징이다. 몸통은 가냘프고 배 부분이 아래로 살짝 경사져 있으며, 다리가 접혀 있는 듯한 자세다. 이러한 모습은 실제 필드에서 관찰되는 가젤의 나른하고 경계하는 순간을 매우 사실적으로 묘사한 것이다.

동시에, 부조에 담긴 형상이 넓은 허벅지와 굴곡진 라인을 가진 인체, 특히 무릎을 꿇거나 앉은 인물상(여성상)과 닮아 있다고 해석할 수도 있다. 괴베클리테페의 다른 유물에서도 드물게 수태, 출산, 생명을 상징하는 여성상 혹은 두 가지 성적 속성을 결합한 형상이 발견된다. 최신 연구에서는 출산 중인 여성 또는 성적 상징을 암시하는 '양성적'(phallo-feminine) 도상에 대해서도 논의가 이루어지고 있다. 이러한 이중 의미(동물과 여성상)는 부조가 단순한 동물 조각을 넘어서 고대인의 번식, 다산, 생명의 순환과 관련된 미의식 또는 신성 개념을 표현한다는 해석을 가능하게 한다.

괴베클리테페에 등장하는 동물과 인물 부조는 단순한 자연묘사가 아니라, 당시 공동체가 자연·동물·인간의 경계를 넘나드는 주술·의례 세계관을 반영하는 예술적 상징물이다. 가젤과 여성상이 한데 중첩된 듯 보이는 이 부조는, 생명과 번성, 혹은 신화 속 '경계의 존재'를 시각적으로 구현한 결과물로 볼 수 있다

기둥에 새겨진 동물은 주로 여우(Fox)로 식별된다. 괴베클리테페에서는 여우가 가장 빈번하게 등장하는 동물 부조 중 하나로, 날렵한 체형과 뾰족한 주둥이, 민첩하게 달리는 다리 등으로 세밀하게 묘사되어 있다. 이 여우는 현세와 저세계를 잇는 경계의 동물, 혹은 의례와 사냥, 수호의 상징으로 해석되며, 전체적인 신석기 공동체의 영적 세계관을 대변한다.

기둥 하부에 연속적으로 새겨진 C자 형태의 문양은 괴베클리테페에서 반복적으로 나타나

는 가장 독특한 상징적 패턴 중 하나이다. 일부 학자들은 이를 인류 최초의 문자적 상징이자, 구성적인 기호체계의 원형으로 보기도 하며, 특정 의미(예: 신, 문, 자연, 천체 등)를 지닌 추상적 기호(혹은 초기 상형문자의 원형)로 해석한다. 실제로 아나톨리아 및 후대 루위안 상형문자, 혹은 '신'을 뜻하는 기호와 유사하다는 주장도 있다.

하지만 또 다른 해석은 이 C자 패턴이 실제 사냥 도구, 즉 부메랑과 유사하다는 견해도 제기된다. 호주 원주민의 부메랑과 형상이 닮아 있어, 사냥·방어·시간의 흐름 또는 귀환의 상징으로도 볼 수 있다고 비교한 연구도 있다. 실제 어느 학자의 경우, 부메랑과의 유사성에 초점을 맞추며 괴베클리테페에 나타난 인류 집단의 '사냥과 회귀' 상징 미학을 강조하기도 한다.

정리하면, 괴베클리테페의 이 기둥에서

여우그림이 있는 중앙 석재 기둥과 하단에 "C, H" 문자와 부메랑 기호

는 여우라는 동물의 영성적 의미와 C자 반복 문양의 문명 창조 상징, 그리고 사냥 도구로서의 부메랑 이미지까지 다양한 해석이 중첩된다. 이는 신석기인의 창조성, 상징적 사고, 추상성의 시작을 보여주는 세계 문화사적 유산이다.

고대의 새벽, 인류는 아직 언어로 역사를 기록하지 못했으나, 거대한 돌에 신들의 이야기를 새겨 넣었다. 그 땅은 지금의 튀르키에 남동부, 괴베클리테페라 불리는 언덕 위였다. 수렵과 채집의 경계에서 살아가던 사람들은 하늘과 땅, 죽음과 삶, 인간과 동물의 세계가 하나로 맞닿아 있다는 믿음 아래, 자신들보다 훨씬 오래 살아남을 거대한 석주들을 세우기 시작했다.

고대의 신성한 존재, 혹은 조상신이 담겨져 있는 기둥석

사람 형상이 메인 기둥석 측면에 부조되어 있다.

이곳에서 가장 눈에 띄는 것은 인상적인 T자형 돌기둥들이다. 이 기둥들은 단순히 구조적 역할에 머무르지 않는다. 많은 학자들은 이 T자형 석주가 인간 형태, 더 구체적으로는 신성한 선조 또는 신령 그 자체를 비유한다고 해석한다. 특히 각각의 돌기둥 한 면에만 집중적으로 새겨 넣은 부조와 기호, 동물들은 이곳이 단순한 생활터가 아닌 제의와 신화의 무대임을 암시한다.

부조에는 커다란 야생 멧돼지가 새겨져 있다. 고대인에게 멧돼지는 단순한 사냥 대상이 아니라, 자연의 힘과 남성성, 야성의 상징이었다. 괴베클리테페의 C구역 등에서는 실제로 멧돼지 부조가 반복적으로 등장한다. 사람들은 이 야생 멧돼지가 공동체를 위협하는 무서운 존재이자, 인간이 극복해야 하는 혼돈의 상징적 존재로 인식했을 수 있다. 이 멧돼지의 힘과 생명력, 저항하는 기운을 길들여 '신전'의 기둥에 새겨 넣음으로써 모종의 신성화, 또는 보호와 수호의 기운을 불러오려 했던 것이다.

이 돌기둥의 머리 부분에는 새, 특히 독수리나 큰 물새처럼 보이는 새가 표현되어 있다. 고대 아나톨리아와 근동 지역에서 새는 하늘과 인간, 죽음과 재생, 영혼과 신성 간 매개자를 상징했다. 특히 괴베클리테페 43번 석주 '독수리 돌(Vulture Stone)'에는 새가 인간의 머리를 물고 하늘로 날아오르는 장면이 그려져 있는데, 이는 당시 사람들이 죽은 사람의 영혼이 새를 통해 하늘로 승천한다고 믿었음을 시사한다. 이런 영매적 새의 이미지는 영혼의 평화로운 이주, 이승과 저승의 경계를 오가는 심부름꾼으로서의 의미와, 죽음 이후의 재탄생 계기를 신화화한 방식이었다.

이처럼 하나의 부조, 하나의 돌기둥에는 멧돼지의 야성, 새의 영적인 승화, 그리고 그 중간에서 인간이 신들과 만나는 숭고하고 비밀스러운 연결 지점이 중첩된다. T자형 돌기둥 전체의 형태는 고대의 신성한 존재, 혹은 조상신의 형상화로 받아들여진다. 일부 연구에서는 이 형태가 실제 인간 몸의 추상적 형상(머리와 어깨)으로 해석되며, 그 기둥 각각이 공동체의 수호신 또는 특정 씨족의 조상을 상징했을 것이라 추측한다.

또한, 이 거대한 석주와 부조들은 하늘의 별자리, 특별히 황소자리(멧돼지와 유사)나 오리온

샨르우르파 박물관의 아나톨리아 남부 신석기 유적 재현

자리(사냥꾼)와의 천문학적 연관성까지 제기된다. 고대인들은 밤하늘의 별자리와 땅위의 구성물을 연결해 우주의 질서를 의례적으로 모방했다. 이때 멧돼지는 땅과 혼돈, 새는 하늘과 질서, 인간은 두 세계의 중재자이자 의식을 거행하는 존재로 자리매김하게 된다.

각각의 기호와 상징, 부조와 조각의 희노애락이 얽힌 이야기들은 모두 이 고대 의식의 공간에서 주술적 실연, 사냥과 풍요, 조상 숭배, 영혼 이주 신화로 살아 움직였다. 이 석주들은 공동체의 남성 사냥꾼 집단이 자신들의 힘과 생명을 신에게 바치며, 사후에는 영혼이 새를 통해 신성한 영역, 하늘나라로 거듭난다고 믿는 신화 서사의 상징체였다.

괴베클리테페에 새겨진 모든 동물, 특히 멧돼지와 새의 반복은 공동체 정체성과 규범, 신화적 질서를 아로새기고, 최초의 신전이자 우주적 관점에서 인간 사회의 정신적 중심 역할을 했음을 보여준다. 이처럼 돌기둥에 새겨진 이미지는 신화적 메시지, 즉 인간과 신성, 삶과 죽음, 하늘과 땅의 교차지점에서 피어난 원시 신화의 불꽃이라 할 수 있다.

이 우르파맨 조각상(像)은 신석기 문화의 한가운데서 등장한 상징적 인물상의 정수를 보여준다. 전면에서 보면 평평하고 두터운 형태와 절제된 바디 라인이 인상적인데, 이는 주로 네발리코리, 괴베클리테페 등에서만 볼 수 있도록 의도된 제작 방식이라고 할 수 있다. 측면에서 관찰하면 평평한 실루엣이 두드러지고, 몸 뒷면에는 거의 바디 라인조차 새기지 않으며, 토루형 얼굴은 커다란 두상을 지닌다.

이 조각상의 눈, 코, 귀는 매우 선명하게 도드라지고, 평평한 얼굴 위에 큼직한 눈이 깊은 인상을 남긴다. 입은 흑요석으로 만들었으며, 욕각 기술을 통해 깊고 둥근 눈구멍에 정교하게 끼워 넣어졌다. 목은 길고 넓게 뻗어 있고, 어깨와 팔은 거의 움직이지 않은 채 정적이고 묵직한 느낌을 준다. V자형을 이루는 두 개의 선이 가슴을 가로지르며, 손과 생식기는 흉부 높이 쯤에서 분명하게 표시되어 있다. 하체는 다리라는 개별 부위 없이 하나의 덩어리처럼 크고 단단하게 설계되어, 마치 조각상 전체가 바닥에 바로 세워지도록 만들어졌던 것을 암시한다.

네발리코리나 괴베클리테페의 여러 석상에서 이런 '하체 생략' 구성이 반복적으로 나타나는데, 이는 일정한 의례적, 건축적 목적을 염두에 뒀던 것으로 보인다. 조각상의 평평한 측면적 감각은, 우르둔의 Ain Ghazal 신석기 조각이나, 근동의 토우에서 발견되는 인류상과도 닮아 있다.

깊게 파인 눈구멍에 흑요석을 끼우는 악기적 제작법은, 신석기 기술의 대표적인 '양극 코어' 방식에서 기원한 것이다. 수평으로 복부에 얹어져 있는 손 형태는 네발리 코리, 괴베클리테페의 석상에서 자주 보이는 특징이며, 특히 남성 생식기가 분명하게 강조되어 당시 사회의 남성적 상징성, 생명력, 번식에 대한 염원을 잘 드러낸다.

이러한 조각상이 가리키는 신성성과 상징성은, 일반적으로 후기 신석기 일대에 마더 여신상의 이미지가 지배적이었던 것과 달리, 이른 시기에는 남성적·양성적 존재가 공동체의 '신성한 상징'으로 더 자주 등장했다는 점과 연결된다. 실제로 해당 조각상은 산리우르파 예니 마할레 인근에서 확인되었으며, 주변 발리클겔의 도로변 건물, 그리고 네발리코리 및 괴베클리테페 등 체계적 정착지와 연대적으로 연결되는 것으로, 신석기 시대 문화와 예술의 복합적 유전자를 엿보게 한다.

우르파맨 조각상(像) 샨르우르파 / 예니 마할레 토기 없는 신석기 시대: 기원전 9800~7000년 석회암 높이: 193cm, 너비: 54cm, 깊이: 63cm

괴베클리테페의 기둥은 단순한 돌덩이가 아니다. 그것은 기원전 만 년 전의 사람들이 정신세계와 사회적 상징을 돌 속에 새긴, 하나의 거대한 신화적 교본이다. 샨르우르파 박물관 아카이브에 남겨진 기록에 따르면, 이 기둥은 토템 폴과 흡사한 상징 구성을 갖추고 있으며, 각각의 동물과 인간 형상은 단순한 장식이 아니라 신성한 이야기의 일부였다. 특히 새와 뱀, 맹수와 인간이 서로 다른 층위로 새겨진 모습은, 하늘·땅·지하라는 세계의 위계를 반영한 우주론적 구성을 보여준다.

괴베클리테페 토템 폴 (Göbeklitepe Totem Pole)
이 토템 폴은 괴베클리테페의 Layer II에 있는 직사각형 방에서 발굴되었으며, 높이 1.92m의 석회암 조각상.
Stylized된 인간 형상과 다양한 비인간적 요소(예: 맹수, 뱀)가 복잡하게 결합되어 있다.

  기둥의 윗부분에는 그 사회가 두려움과 경외를 동시에 바쳤을 맹수의 모습이 자리한다. 그것은 수호신이자 공포의 대상이었을 테며, 집단의 정신세계를 호위하는 존재로 그려진 것일 가능성이 크다. 기둥의 중앙에는 팔과 손이 앞을 향해 모아진 인물이 표현되는데, 이는 괴베클리테페의 T자형 기둥에서도 반복적으로 발견되는 태도이다. 손 아래에는 또 다른 인물이 새겨져 있지만, 상부의 형상과 결합하는 과정에서 일부가 파손되어 얼굴이 명확히 드러나지 않는다. 그 아래쪽에는 항아리를 닮은 형상이 묘사되어 있으며, 이는 의례와 관련된 '리비아 항아리' 형상과 연결되는 것으로 보인다.

카라한테페 유적지에서 발견된 선토기 신석기 시대의 석회암 남성 조각상
(약 9400-8000 BCE), 앉아 있는 남성이 양손으로 성기를 잡고 있으며, 남성성과 의례적 의미를 상징한다.
카라한테페에서 발견된 약 11,000년 전 선토기 신석기 시대 앉은 남성 석회암 조각상. 남성성과 의례적 의미를 상징하는 모습이다.

양쪽에는 물결을 그리며 움직이는 두 마리의 뱀이 붙어 있다. 'S'자 모양으로 흐르는 뱀은 죽음과 환생, 혹은 지하 세계로의 길을 상징하며, 기둥 중앙의 인물과 함께 상하세계의 매개 역할을 했을 것이다. 새 모티브 역시 중요한 위치를 차지한다. 맨 위에 놓인 새의 가늘고 긴 목은 다른 형상을 지탱하기에는 약하지만, 마치 극치에 올라선 수호자의 표상처럼, 사람 머리 위에 서게끔 새겨졌다. 새의 존재는 위로 향하는 영혼의 상승이나, 집단 정체성의 상징으로 해석될 수 있다.

이러한 조각들은 부분적으로 파손되었지만, 예술적 구성과 의도는 여전히 분명하다. 조각

카라한테페에서 발견된 인간 아기를 안고 있는 표범 석상
(기원전 9600~8700년, 높이 164cm, 너비 102cm, 석회암).
초기 신석기 시대 인간과 동물의 상징적 관계를 보여
준다.

인간 조각상
카라한테페 출토, 토기 없는 신석기 시대, 기원전
9400~8000, 석회암, 높이: 150cm, 너비: 30cm, 두께: 18cm

가들은 이 돌을 단지 정면에서 보는 구조물이 아니라, 사방 어디서 보아도 동일한 의미를 전하는 기념물로 완성시켰다. 따라서 기둥은 단순한 예술품이 아니라, 집단의 신앙과 전승을 시각적으로 구현한 신성한 기물이었다.

괴베클리테페의 사람들은 자신들이 살아가는 세계를 위로는 하늘, 가운데는 인간의 땅, 그리고 아래는 죽음의 세계로 나누어 인식했다. 그들은 각 영역을 대표하는 동물이나 형상을 기둥의 층에 조각하여, 보이지 않는 세계를 눈에 보이는 구조물로 구현했다. 이 돌 기둥을 마주한 이들은 자연의 힘과 공동체의 기억을 동시에 떠올렸을 것이며, 토템적 상징 속에서 자신들의 정체성과 존재 이유를 확인했을 것이다.

뱀 머리
네발리코리 출토, 토기 없는 신석기 시대 B:
기원전 8500~7900, 석회암
높이: 27㎝, 너비: 24㎝, 두께: 20㎝

독수리가 이기를 안고 있는 토템 기둥
네발리코리 출토, 토기 없는 신석기 시대 B:
기원전 8500~7900, 석회암
높이: 81.1㎝, 너비: 38㎝, 두께: 19.6㎝

오늘날 우리에게 남겨진 것은 차가운 석회암에 불과하지만, 그 속에 새겨진 선과 형상은 1만 년 전 사람들이 품었던 두려움, 희망, 신앙, 그리고 문명의 기초를 전한다. 그것은 잊힌 신화의 메아리이며, 동시에 인류가 스스로의 정신세계를 표현하려 한 최초의 기록 가운데 하나다.

네발리코리(Nevali Çori)는 아나톨리아 신석기 문명의 빛나는 단면을 보여주는 유적지다. 튀르키예 동남부에 위치한 이곳에서 발굴된 석회석 조각상은 단순한 장식물이 아니라, 집단의 정신과 신앙을 돌에 담아낸 초기 인류의 시도였다. 발견된 것은 네 개의 독립된 조각상 조각

이 유물은 카라한테페 유적지에서 출토된, 기원
전 9600년에서 8700년 사이의 무문토기 신석기
시대 석회암으로 만든 쌍둥이 아기 머리 조각상

카라한테페에서 출토된 석회암으로 만든 사람 얼굴 조각상
(기원전 9600~8700년, 무문토기 신석기 시대

으로, 원래는 벽 속에 짜 맞추어져 있던 복합 구성이었다. 그들은 서로 다른 형상들을 하나의 기둥 모양으로 배열해 두었는데, 이는 오늘날 우리가 '토템 기둥'이라 부르는 형태와 닮아 있다.

가장 눈길을 끄는 것은 상부에 배치된 새의 형상이다. 머리는 사라졌지만, 목과 몸통은 거의 완전한 상태로 남아 있다. 특히 길고 가는 목은 다른 상징을 얹기에는 지나치게 가늘고 연약하여, 이 조각 자체가 기둥의 가장 꼭대기를 차지했음을 암시한다. 고대 사람들이 새를 천상과 영혼의 상징으로 보았다는 점을 고려하면, 위로 솟은 새 조각은 인간의 세계를 넘어선 차원과의 연결을 나타내는 장치였을지 모른다.

새의 바로 아래에는 두 개의 인간 머리가 나란히 조각되어 있다. 머리카락은 석회석 표면 위에 교차된 선 무늬로 표현되어 있어 단순하면서도 의도적인 상징성을 드러낸다. 그 밑에는 등이 맞닿은 두 몸체가 배열되어 있으며, 불룩한 배로 인해 생명이나 다산과 같은 의미가 담겨 있었을 가능성이 높다.

안타깝게도 조각의 하단 일부는 손실되어 전체 크기와 정확한 형태를 알 수 없다. 그러나 남아 있는 부분만으로도 이 작품이 단순히 한쪽에서 감상하기 위한 것이 아니라, 세 방향에서 입체적으로 조각되어 어느 각도에서도 감상되도록 제작되었음을 확인할 수 있다. 이는 조각이 고정된 자리에서 다수의 사람들이 둘러싸고 바라볼 수 있도록 만들어진, 집단적 의식이나 중요한 공간을 위한 기념비적 성격의 작품이었음을 시사한다.

네발리코리의 이 돌 조각상은 신석기 미술에 있어 새로운 장을 열었다. 단순한 인물상이나 개별적 동물 표현이 아닌, 여러 존재가 한 기둥에 결합된 복합적 구성이었기 때문이다. 이로써 사람들은 자연과 인간, 그리고 초월적 존재들을 하나의 상징체계 안에 묶어내었으며, 그 돌 위에 자신들의 세계관을 새겨 두었다.

아나톨리아의 인류가 남긴 이 조각상은 오늘날에도 강렬한 인상을 준다. 그것은 1만 2천 년 전, 인간이 막 정착을 시작하던 시기에 이미 집단적 신앙을 시각적으로 기록하고자 했던 흔적이며, 인류 초기 문명의 상징적 기념물 가운데 하나로 남아 있다.

인간 두상
기원전 8700~8200년, 석회암, 길이 22㎝, 폭 6.7㎝, 두께 2.9㎝, 카라한테페 출토

인간 조각상
기원전 9600~8200년, 석회암, 머리 23×16×15㎝, 몸통 37×19×14㎝, 괴베클리테페 출토

괴베클리테페는 단순한 사냥·채집 공동체가 아닌, 자연을 이해하고 지배하며 다층적인 문화를 형성했던 초기 신석기인들의 증거다. 지난 260만 년 중 대부분은 단순한 석기 도구만 사용했지만, 신석기 시대 이후 인류는 비약적인 발전을 이루었으며, 괴베클리테페는 그 위대한 전환의 시작점으로 오늘날까지 웅장함을 간직하고 있다

출산하는 여인의 조각상, 괴베클리테페 출토

이 부조는 출산하는 여인의 조각상을 표현하고 있다. 이 조각상은 생명을 잉태하고 출산하는 여성의 신비로움과 원초적인 힘을 상징하며, 신석기 시대 모신앙의 중요한 표현으로 여겨진다. 출산하는 여인의 모습은 당시 공동체에서 여성성과 생명의 근원에 대한 깊은 존중과 숭배를 반영하고 있다.

괴베클리테페의 특수 건물들은 둥근 타원형 평면을 갖고 있으며, 벽 안에는 규칙적인 간격으로 기념비적인 T자형 기둥들이 배치되어 있다. 그중 두 개의 훨씬 더 큰 T자형 기둥이 건물 중앙에 서 있는데, 이 기둥들은 인간 형태를 매우 세련되게 표현한 것으로 해석된다. 이는 팔, 손과 같은 신체 부위뿐 아니라 벨트, 허리띠, 옷감, 목걸이 등 의복의 요소들도 저부조에 묘사된 점으로 확인할 수 있다.

특수 건물의 바닥은 석회암 판을 정성스럽게 다듬어 평탄하게 조성되었으며, 때로는 바닥을 추가하기도 하였다. 토기가 없던 신석기 시대에는 T자형 기둥들이 사각형 또는 사다리꼴 형태의 주거 건물에도 포함되어 있었는데, 이는 의례 활동이 공동체 영역에서 가정 영역으로 이동했음을 시사한다. 또한 T자형 기둥은 상층부의 천장이나 바닥을 지지하는 중요한 건축 요소로 기능하였다.

이 T자형 기둥에는 새, 뱀, 전갈, 거미, 포식자 등 다양한 동물이 새겨져 있어 당시 자연 서식지가 신앙 체계에서 얼마나 중요한 역할을 했는지를 보여준다. 괴베클리테페에서 발견된 가장 큰 T자형 기둥인 43번에는 독수리, 뱀, 전갈뿐 아니라 수수께끼 같은 H자형 상징도 포

함되어 있다. 이 기둥에는 사람 형상이 거의 드러나지 않는 점이 두개골 숭배 관습과 관련이 있을 것으로 추정된다. 즉, 사람이 죽은 후 머리가 몸에서 분리되어 장식되고 전시되었을 가능성이 있다는 것이다.

인류의 가장 오래된 기념물이라 불리는 이 돌그릇 부조를 바라보면, 만 년 전 인류의 원시적 세계관과 신화적 상상력이 되살아난다. 수백 세대를 넘어 전달된 이 작은 석제 용기에는, 인간과 동물, 신과 자연이 뒤섞인 원초적 제의와 신화의 순간이 새겨져 있다.

먼 옛날, 인간과 신의 거리가 아직 멀지 않았던 시절, 아나톨리아의 대지는 영혼의 숨결로 가득했다. 사람들은 생존을 위한 노력을 공동체적 의례와 결합하며, 모든 자연현상에 거룩한 의도를 불어넣었다. 그들은 고요한 밤마다 만물의 영, 조상신, 숭고한 동물의 정령과 교류하는 제사를 올리는 가운데, 새로운 세계의 질서를 꿈꾸었다.

이 돌그릇의 바깥 표면에 새겨진 세 인물은, 집단적 제의와 춤, 신성한 순환의 교차점에서 태어난 전설의 주인공이다. 양손을 치켜든 두 사람의 몸짓은 단순한 유희가 아니라, 하늘과 대지를 잇는 거대한 성스러운 의식, 공동체의 바람과 간절함을 신에게 전하는 사자(使者)의

춤추는 사람들, 네발리코리 출토
돌 그릇 조각의 바깥쪽 표면에는 아마도 가장 오래된 춤의 묘사 중 하나가 있다. 손의 묘사에서 출발해 인간으로 볼 수 있는 두 명의 인물이, 더 작은 한 인물을 둘러싸며 마치 춤추는 듯이 보인다. 중앙의 인물은 마름모꼴 모양의 머리, 짧은 다리와 뚱뚱한 몸통을 가진 거북이와 닮아 있다. 각 인물의 옆에는 묘사가 계속 이어지며, 아마도 그릇 둘레 전체에 묘사가 이어진 것으로 추정된다.
"12000년 전 아나톨리아, 인류의 가장 오래된 기념물"

동작이다. 그들의 시선과 손끝이 모이는 중심에는 마름모꼴 머리, 짧은 다리, 다소 비대한 몸통을 지닌 독특한 존재 땅을 상징하는 인간과 동물의 혼합상이 자리한다. 인류의 신화에서 거북이는 땅과 하늘, 삶과 죽음, 세계의 경계를 넘나드는 중개자인 동시에, 재생과 장수, 영속의 상징이기도 하다.

세 인물은 하나의 목표를 향해 에워싸며, 마치 끊임없는 춤(혹은 주술적 동작)으로 세계와 신들을 자극한다. 그 원은 결코 닫히지 않으며, 끝없이 이어지는 창조와 파괴, 삶과 죽음의 순환 고리이다. 각 인물의 옆에는 도상이 끊기지 않고 계속 반복되는데, 이는 그릇 전체를 아우르는 만물의 율동성과 언제나 반복되는 제의의 영원성을 나타낸다.

이 부조를 둘러싼 신화적 상상은 인류 최초의 집단 제사, 혹은 창세기의 의식 장면을 암시한다. 춤추는 인물들은 신과 인간, 인간과 자연, 공동체 내 역동의 원형적 모습을 동시에 상징한다. 어쩌면 이 돌그릇은 거대한 우주의 한 조각, 아직 말로 형상화되지 못한 최초 신화의 단면을 담고 있는 셈이다.

결국 이 작은 돌그릇은 단순한 생활 용기가 아니다. 석기의 표면 한가운데, 인류는 최초의 신화를 그리고 있다. 춤추는 사람, 그 중심의 신성한 존재, 그리고 이어지는 끝없는 흐름 앞에, 인간은 경외와 희망을 새긴다. 그리고 그 이야기는 돌 위에 새겨져, 사라지던 시간의 강물 속에서도 영원히 되풀이된다.

4-5. 현존하는 최초 도시유적 차탈회위크와 본 주쿨루회위크 신석기 마을

"Çatalhöyük, the oldest existing urban archaeological site, and Boncuklu Höyük Neolithic village"

1. 차탈회위크 (Çatalhöyük)

중근동 지역의 주요 신석기 및 초기 청동기 시대 유적들은 인류 문명의 기원을 밝히는 데 있어 결정적인 의미를 지닌다. 약 1만 년 전 이곳에서 인류는 수렵과 채집에 의존하던 삶을 서서히 벗어나 농경과 목축이라는 새로운 생활 방식을 정착시켰고, 그 과정에서 사회, 종교,

차탈회위크 유적 벽화에 나온 인근 눈 덮인 화산

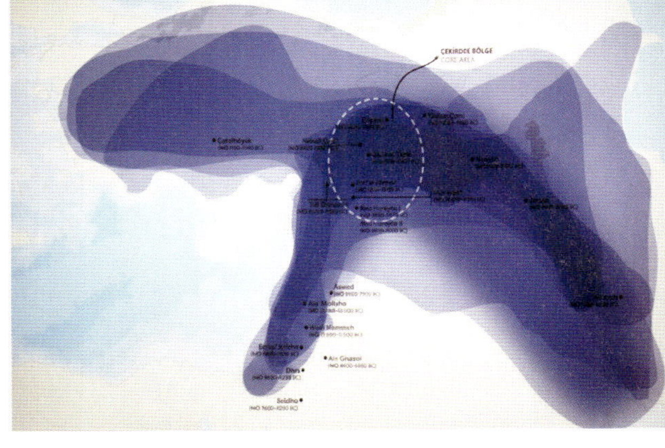

경제 구조가 크게 변화하였다. 이러한 변화의 흔적은 오늘날 발굴된 고고학적 유적들을 통해 생생히 확인된다.

튀르키예 지역에서는 세계 고고학사에 혁명적인 발견이라 평가받는 여러 유적이 확인되었다. 괴베클리테페(Göbekli Tepe)는 약 기원전 9600년까지 거슬러 올라가는 세계에서 가장 오래된 종교적 사원으로 알려져 있다. 거대한 T자형 석주와 정교한 동물 부조가 남아 있어, 인류가 농경을 완전히 시작하기 이전에도 복잡한 종교 의식과 사회적 조직이 존재했음을 보여준다. 네발리코리(Nevalı Çori)에서는 초기 신석기인들이 건축한 종교적 건물과 인물상 같은 조각품이 발굴되어, 신앙과 사회구조의 기원을 밝히는 중요한 자료를 제공하였다. 한편, 차탈회위크(Çatalhöyük)는 기원전 7100년경부터 약 2000년간 번성한 거대한 신석기 도시로, 가옥이 밀집한 독특한 형태의 주거지, 벽화, 여신상 등 풍부한 유물이 발견되며 초기 도시 사회의 모습을 드러낸다. 그보다 이른 시기의 퀼란체미(Hülan Çemi) 역시 농경 이전 정착생활의 단초를 보여주는 중요한 유적으로 평가된다.

시리아 일대에서는 정착과 농경으로의 전환 과정을 보여주는 여러 유적지가 확인된다. 아부 후레이라(Abu Hureyra)는 기원전 11300년부터 7000년경까지 오랜 기간에 걸쳐 사람들이 살았던 곳으로, 야생 식물 채집에서 곡물 재배와 가축화로 이어진 대표적인 사례를 보여준다. 제르프 엘 아흐마르(Jerf el Ahmar)와 뮤레이벳(Müreybet)에서는 초기 농경과 원형 주거지, 토기의 발달 과정을 확인할 수 있으며, 카라멜 유적(Tell Qaramel)에서는 방어시설과 종교적 건축물이 함께 출토되어 초기 사회 조직의 복합성을 보여준다.

이라크 지역의 네므릭(Nemrik)과 자르모(Jarmo)는 농경과 목축이 본격화되는 과정을 잘 보여주는 유적이다. 특히 자르모는 기원전 7500년부터 6000년 사이 번성하며 곡물 재배와 가축 사육의 뚜렷한 증거를 남겼다. 이란의 알리 코시(Ali Kosh) 역시 초기 농경사회 연구에 중요한 유적으로, 당시의 주거 양식과 농기구가 풍부하게 출토되었다.

팔레스타인과 이스라엘, 요르단 지역에서는 인류 문명화의 또 다른 흐름을 엿볼 수 있다. 아이날 말라하(Ain Mallaha)는 후기 구석기에서 초기 신석기로 넘어가는 단계에서 정착생활을 시작한 집단의 흔적을 보여주며, 와디 하메(Wadi Hammeh) 역시 같은 맥락에서 초기 농경 이전 정착사회를 연구하는 중요한 자료이다. 여리고(Jericho)는 인류가 세운 가장 오래된 도시 중 하나로 꼽히며, 기원전 9600년경의 성벽과 방어시설은 초기 도시화의 상징적 사례로 남는다. 드라(Dhra)와 베이다(Beidha)에서도 농경과 목축의 초기 증거가 확인되며, 아인 가지알 (Ain Ghazal)에서는 대규모 마을과 더불어 석회석 조각상 같은 독특한 유물이 발굴되어 당대 의 종교적 신념과 사회 구조를 이해하게 한다.

이처럼 중근동 지역의 각 유적은 인류가 어떻게 수렵·채집 사회에서 벗어나 정착생활, 농 경, 목축, 종교, 도시화라는 새로운 문명 단계로 나아갔는지를 생생하게 보여준다. 괴베클리 테페의 신전, 차탈회위크와 여리고의 도시, 그리고 아부 후레이라와 자르모에서 확인된 농 업의 시작은 모두 인류 문명의 발상지를 증명하는 역사적 증거들이다. 이 지역에서 확인된 토기, 도구, 주거지, 조각상들은 단순한 생활의 산물이 아니라, 인류 사회의 근간을 형성한 문화적 축적의 흔적으로서 오늘날까지도 그 의미를 잃지 않고 있다.

차탈회위크(Çatalhöyük)는 오늘날 튀르키예 중남부 콘야 평원에 자리한 신석기 시대의 대

인류 최초의 대도시급 마을 유적 차탈회위크

표적인 도시 유적이다. 이곳은 약 기원전 7100년부터 기원전 5600년까지, 무려 1500여 년 이상 지속된 대규모 정착지로서 인류가 수렵·채집을 넘어 정주 생활과 농경 사회로 전환하는 과정을 웅변하듯 보여준다. 예리코와 더불어 세계에서 가장 오래된 도시로 평가받는 이 유적은 도시 문명의 기원을 살필 수 있는 결정적인 흔적을 간직하고 있다.

차탈회위크의 도시 구조는 매우 독특하다. 집들은 서로 벽을 맞대고 빽빽하게 이어져 마치 거대한 벌집처럼 밀집되어 있으며, 외부로 난 출입구 대신 지붕을 통해 오르내리도록 되어 있다. 이는 방어와 생활 공간의 효율성을 동시에 고려한 구조였으며, 현대의 밀집형 도시 주거 형태를 연상케 한다. 흙벽돌로 지어진 가옥 내부에서는 벽화와 조각상, 다양한 장식품이 발견되었는데, 이는 일상생활 속에서 이미 예술적 표현과 종교적 의례가 상당히 발달해 있었음을 보여준다.

벽에 그려진 벽화와 가옥 내부에서 출토된 신상들은 당시 사람들의 신앙세계와 밀접한 관

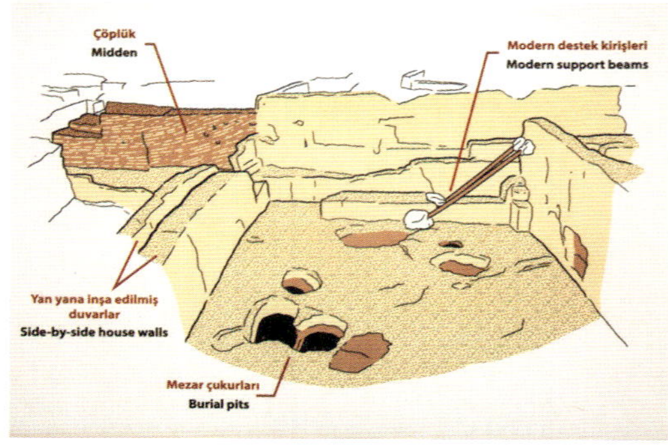

차탈회위크 집안 시신 매장 구덩이

련을 지닌다. 황소, 사슴, 뱀 같은 동물들이 반복적으로 등장하고, 때로는 인간과 신화적 상징이 함께 묘사되었다. 이러한 표현은 자연을 단순한 생존의 대상이 아닌 신성한 존재로 인식하며, 이를 삶과 의례 속에 적극적으로 반영한 당시 신석기인의 세계관을 드러낸다. 특히 대형 황소 두개골을 신성한 공간에 배치한 흔적은 종교적 의례와 집단적 신앙 행위가 이 사회의 중요한 기반이었음을 시사한다.

학문적으로 차탈회위크의 발견은 신석기 시대를 이해하는 데 중대한 의미를 지닌다. 1960년대부터 시작된 본격적인 발굴은 농경과 목축의 초기 증거, 복잡한 사회 구조, 그리고 공동체 생활의 문화적 특징을 동시에 밝혀냈다. 이를 통해 단순한 마을이 아닌, 일정한 사회적 분업과 종교적 체계를 갖춘 '도시적 삶'의 기원으로 평가할 수 있게 되었다.

차탈회위크는 이러한 역사적·학문적 중요성을 인정받아 2012년 유네스코 세계문화유산으로 등재되었다. 오늘날 이곳은 단순히 과거의 흔적을 보여주는 고고학적 유적지를 넘어, 인류가 정착과 농경을 통해 어떻게 도시 문명의 기초를 다졌는지를 보여주는 상징적인 장소로 자리매김하고 있다. 인류 초기 도시화의 실체를 직접 증거하는 차탈회위크는 신석기 시대 문화와 사회를 연구하는 모든 이들에게 더없이 귀중한 자료이자, 인류 문명의 출발점을 알려주는 빛나는 증거라 할 수 있다.

차탈회위크(Çatalhöyük)의 가옥 구조는 신석기 시대 공동체의 생활 방식과 사회적 특징을 가장 생생하게 보여주는 사례 중 하나이다. 이곳의 집들은 서로 벽을 맞대고 빽빽하게 붙어 세워져 있었으며, 결과적으로 마을 전체가 하나의 거대한 건축물처럼 보였다. 개별 가옥은 독립적이지만, 집과 집을 구분하는 골목이나 거리는 존재하지 않았고, 벽이 곧 경계선의 역할을 했다. 이러한 구조는 공동체의 긴밀한 결속을 공간적으로 구현한 것이기도 했다. 집의 벽은 진흙벽돌로 견고하게 쌓아 올려져, 시간이 지나도 형태를 유지할 수 있을 만큼 튼튼한 구조를 이루고 있었다.

마을의 생활 흔적은 쓰레기 더미, 즉 '미든(Çöplük)'에서도 확인된다. 집 옆이나 주변에 쌓인 음식물 찌꺼기, 부서진 도구, 생활 폐기물들은 단순히 쓰레기일 뿐 아니라, 당대 사람들의 식생활과 도구 사용 양상을 파악할 수 있는 귀중한 자료가 되었다. 이러한 미든은 차탈회위크 주민들의 일상적 삶을 복원하는 열쇠가 된다.

이곳의 가장 독특한 요소 중 하나는 매장 구덩이(Mezar çukurları)였다. 집 내부 바닥이나 벽 근처에 뚫린 구덩이 속에서 가족이나 공동체 구성원의 유골이 발견되었는데, 이는 단순한 매장이 아니라 조상을 집과 함께 모시는 신앙적 전통을 보여준다. 조상과 후손이 같은 공간을 공유하며 살아간다는 사고는 가족 단위의 연속성과 공동체적 유대를 강화하는 중요한 문화적 장치였다.

한편, 차탈회위크의 출입 방식도 특이하였다. 집에는 지상 출입구가 없었고, 지붕이 유일한 출입 통로였다. 사람들은 사다리를 타고 옥상으로 올라간 뒤, 지붕에 마련된 출입구를 통해 집 안으로 들어갔다. 옥상은 곧 마을 내부의 주요 이동 경로 역할을 했는데, 길이 없는 마을에서 옥상을 통해 집과 집을 오가며 생활 공간이자 공동체적 공간으로 활용되었던 것이다.

집 안은 대체로 한두 개의 방으로 이루어져 있었으며, 중앙에는 화덕이나 작업 공간이 배치되었다. 벽면에는 벽화나 부조, 조각이 장식되어 있어 단순히 생활만을 위한 공간이 아니라 종교적·예술적 의미를 공유하는 장소였음을 보여준다. 또한 식량 저장 공간과 생활 도구가 함께 마련되어 있어, 삶과 의례, 그리고 신앙이 하나의 공간 속에서 긴밀히 엮여 있었다.

오늘날 우리가 확인할 수 있는 '현대 지지대(Modern destek kirişleri)'는 발굴 과정에서 유적의 붕괴를 막기 위해 설치된 것으로, 원래 당시 가옥 구조와는 무관한 요소이다. 그러나 이를 통해 고고학자들이 원형 보존과 연구를 병행하려 노력했음을 알 수 있다.

결국 차탈회위크의 가옥 구조는 단순한 주거 공간을 넘어, 신석기 시대 사람들의 생활 방식과 공동체적 사회 구조, 그리고 신앙과 문화가 밀도 높게 담겨 있는 공간이다. 집과 집이 밀착해 이어지는 구조, 옥상을 통한 이동 방식, 매장 구덩이를 통한 조상 숭배, 그리고 벽화와 조각으로 표현된 신앙심이 하나의 생활 공간 안에 어우러져 있다. 이 모든 요소는 차탈회위크가 단순한 마을이 아니라, 인류 도시 문명의 기원을 보여주는 상징적 유적임을 잘 말해주고 있다.

차탈회위크(Çatalhöyük) 가옥 내부에서 발견된 새 그림은 단순한 장식이 아니라, 당시 공동체의 신앙과 세계관을 담아낸 중요한 상징물이었다. 벽화 속 새는 주로 독수리나 대형 맹금류로 해석되며, 힘과 위엄을 지닌 영적 존재이자 수호신의 의미를 지녔던 것으로 보인다. 하

차탈회위크 가옥내 벽에 그려진 새 그림 벽화

늘을 나는 새는 대지 위에서 살아가는 인간과 초월적 세계를 연결하는 매개체로 이해되었고, 이러한 상징성은 신석기인의 정신세계 속에서 죽음, 삶, 재생, 보호의 개념과 긴밀히 결합되어 있었다.

특히 매장 구덩이 근처에서 발견되는 새 그림은 더욱 의미심장하다. 차탈회위크 사람들은 집 안 바닥에 조상을 매장하는 독특한 관습을 갖고 있었는데, 이때 새는 죽은 이의 영혼이 하늘로 승천하는 장면을 표현하거나, 조상의 영혼을 지키는 영적 수호자로 여겨졌을 가능성이 크다. 새 그림은 단순히 한 생명이 끝났음을 나타내는 것이 아니라, 죽음을 넘어 새로운 재생과 이어지는 삶을 상징하는 도상으로 이해된다. 이는 신석기 사회가 죽음을 단절이 아닌 연속성과 순환으로 이해했음을 보여준다.

벽화 속 새는 날개를 활짝 펼친 역동적인 모습으로 묘사되어 있어 힘과 자유, 그리고 신성함을 강조한다. 종종 사람과 함께 그려진 장면에서는 인물이 춤추거나 의례를 거행하는 모습이 나타나는데, 이는 사회적·종교적 행위가 벽화 속에 반영된 증거라 할 수 있다. 새와 인간이 함께 등장하는 장면은 공동체의 집단적 정체성과 신앙을 시각적으로 강화하는 수단으로 작용했을 것이다.

차탈회위크 벽화에 표현된 새의 이미지는 단순히 자연을 묘사한 것이 아니라, 당시 사람들의 정신적·종교적 구조를 집약적으로 보여준다. 그것은 죽음과 재생, 조상 숭배, 그리고 인간과 자연의 조화라는 중층적 의미를 내포하고 있으며, 신석기 사회의 의례와 신앙 체계가 공간 속에서 어떻게 형상화되었는지를 잘 보여준다.

모델하우스 내부 벽화의 새 그림은 고고학적으로나 역사적으로 깊은 연구 가치를 지니는 동시에, 사진미학적으로도 탁월한 작품성을 갖추고 있다. 이는 신석기 시대 사람들의 삶과 믿음을 오늘날에도 강렬한 상징으로 전달하는 하나의 시각적 언어라 할 수 있다.

차탈회위크(Çatalhöyük) 집안에서 발견된 벽화들은 신석기 시대 사람들의 정신세계와 생활 문화를 생생하게 전해준다. 벽은 단순한 주거 공간의 경계가 아니라, 공동체의 신앙과 정체성을 표현하는 하나의 상징적 캔버스였던 것이다.

왼쪽 사진 속 벽화에는 먼저 손바닥 모양의 그림들이 벽 상단에 반복적으로 그려져 있다. 이는 당시 사람들이 자기 존재를 남기고자 한 흔적일 수도 있고, 또는 벽에 손길을 얹듯 삶의 공간에 신성한 보호와 축복을 기원한 행위였을 가능성이 크다. 그 아래로는 격자무늬, 줄무늬 등 기하학적 문양이 이어진다. 이러한 기하학적 표현은 신석기 예술의 뚜렷한 특징으로, 단순한 장식이 아니라 공동체의 질서를 상징하거나 의례적 의미를 담은 도상으로 이해된다. 바닥에는 동물의 두개골이 놓여 있는데, 이는 사냥과 생명력, 혹은 조상과 연결된 신성한 상징물로서, 생활과 의례가 긴밀히 맞물려 있음을 보여준다.

반면 오른쪽 사진 속 벽화에는 인간과 동물이 단순화된 형상으로 묘사되어 있다. 그 장면은 사냥의 한 순간일 수도 있고, 공동체가 공유하던 신화적 이야기의 일부일 수도 있으며, 집단이 함께 수행한 의례적 행위를 담은 것일 수도 있다. 무엇보다도 벽 중앙에 크게 묘사된

붉은색 가지 또는 격자 패턴은 동물의 가죽, 뿔, 혹은 번식을 상징하는 기호로 해석되며, 생명력과 풍요, 재생의 의미를 담고 있다는 설이 있다.

차탈회위크 가옥내 벽에 그려진 사냥하는 장면을 그린 벽화

동물 형상은 당시 사람들이 특별히 신성시하거나, 공동체의 보호자로 여겼던 존재임을 시사한다. 또한 벽화 속에 여러 인물이 함께 움직이는 모습은 협동과 사회적 결속이라는 차탈회위크 공동체의 생활 방식을 시각적으로 드러내며, 신석기 사회가 이미 조직적이고 복합적인 구조를 갖추고 있었음을 보여준다.

이와 같은 벽화들은 단순한 그림을 넘어, 당시 사람들이 어떻게 자연과 인간, 삶과 죽음을 이해했는지를 드러내는 상징체계였다. 종교적 신앙과 공동체의 결속, 그리고 일상적 경험이 하나의 공간 안에 녹아든 이 문화유산은, 차탈회위크 사람들의 사유와 세계관을 지금까지도 생생하게 전해준다. 이 벽화들은 곧 신석기 인류의 정신세계와 공동체 문화를 이해하는 데 없어서는 안 될 귀중한 자료라 할 수 있다.

차탈회위크 벽화와 조각에 표현된 커다란 고양이과 동물은 오랫동안 학자들 사이에서 그 정체를 두고 논의가 이어져 왔다. 그러나 현재까지의 고고학적 연구와 당시 아나톨리아 지역의 생태 환경을 종합해볼 때, 이 동물은 **호랑이가 아닌 표범(leopard)**으로 보는 것이 타당하다.

무엇보다 벽화와 조각에 묘사된 동물의 무늬와 모습은 표범의 점박이 무늬와 유사하다. 실제로 차탈회위크 출토 조각상에서는 몸체 곳곳에 점이 표현되어 있는데, 이는 표범의 특징을 명확히 반영하고 있다. 또 당시 아나톨리아 지역에는 표범이 서식하고 있었던 흔적이

차탈회위크 가옥내 표범그림 벽화

앙카라 아나톨리아 문명 박물관에 전시된 표범 그림 부조

있어, 주민들이 표범과 직접 접촉할 기회가 있었음을 뒷받침한다. 반대로 호랑이는 아나톨리아 지역의 토착 동물이 아니며, 이곳에서 자연 서식한 기록 역시 없다. 따라서 벽화 속 동물이 호랑이라고 해석될 가능성은 극히 낮다.

특히 오른쪽 사진에 보이는 아나톨리아 문명 박물관 소장 조각상은 차탈회위크에서 직접 출토된 원본으로, 당시 사람들의 조형 감각과 신앙적 관념을 잘 보여준다. 점무늬와 근육질 몸체가 표범의 형상을 분명히 드러내며, 이를 통해 표범이 단순히 주변 동물이 아닌 상징적 의미를 지녔음을 확인할 수 있다.

차탈회위크 사람들에게 표범은 힘과 권위, 그리고 보호의 상징으로 여겨졌을 가능성이 크다. 벽화와 조각 속에서 반복적으로 등장하는 표범은 공동체의 신앙적 체계와 밀접히 연관되어, 의례나 종교적 표현 속에서 중요한 역할을 했을 것이다. 이는 곧 신석기 사회에서 특정 동물이 단순히 생태계의 일부를 넘어, 공동체의 정신적 세계를 형성하는 강력한 상징으로 기능했음을 보여준다.

결국 차탈회위크 벽화와 조각에 나타난 동물이 무엇인가 하는 물음은, 단순한 동물학적 구분을 넘어 당시 사람들의 삶과 신앙을 이해하는 단서가 된다. 표범은 이들의 정신세계 속에서 힘과 신성함을 대표하는 존재였으며, 신석기 공동체의 세계관과 의례 문화를 드러내는 중요한 상징으로 자리했던 것이다.

차탈회위크(Çatalhöyük)에서 발견된 벽화들은 신석기 시대 사람들의 생활 방식과 정신세계를 직접적으로 엿볼 수 있게 해주는 귀중한 문화유산이다. 벽화는 단순한 장식이 아니라, 공동체의 생존 활동과 신앙, 그리고 사회 구조를 함축적으로 담아낸 기록이었다.

왼쪽 사진 속 벽화는 여러 동물과 사람들의 형상을 통해 사냥 장면을 묘사하고 있다. 인물들은 활이나 창을 들고 동물들을 포위하거나 쫓는 장면으로 표현되어 있으며, 이는 당시 인류의 핵심 생존 방식 가운데 하나였던 집단 사냥을 보여준다. 그림 속 동물들—사슴, 멧돼지 등—은 아나톨리아 지역의 환경과 생태계를 충실히 반영하고 있어, 차탈회위크 사람들이 주변 자연을 어떻게 직시하고 있었는지를 잘 드러낸다. 또한 여러 인물이 함께 사냥에 나서는 모습은 공동체 안에서 협력과 조직적 활동이 일상적으로 이루어졌음을 말해준다.

오른쪽 사진의 벽화는 한층 더 상징적인 성격을 띤다. 벽 중앙에는 거대한 소(황소 혹은 들소)가 그려져 있고, 그 주변에는 작은 인물들과 동물들이 함께 표현되어 있다. 거대한 동물은 힘과 생명력, 풍요를 상징하는 존재였으며, 이를 둘러싼 인물들의 행위는 단순한 사냥이 아니라 의례나 축제와 같은 집단적 행위를 나타내는 것으로 해석된다. 그만큼 이 벽화는 신석기인의 믿음과 집단적 정체성을 시각적 언어로 담아낸 중요한 상징체계였다.

하단에 제시된 오리지널 벽화 조각은 차탈회위크 유적에서 실제로 발굴된 유물로, 신석기인의 예술성과 사실성을 동시에 보여준다. 동물의 윤곽과 움직임이 생생하게 표현되어 있어, 당시 사람들이 자연과 동물을 날카롭게 관찰하고 이를 벽 위에 재현할 수 있는 예술적 능력을 이미 지니고 있었음을 말해준다.

결국 이들 벽화는 단순한 그림을 넘어선, 신석기 공동체의 집단적 삶의 기록이다. 사냥이라는 생

차탈회위크 가옥내 벽에 그려진 사냥하는 장면을 그린 벽화

존 기술, 협력이라는 사회적 기반, 풍요와 힘을 숭배하는 종교적 의례, 그리고 자연을 예술적으로 형상화한 감각까지—모든 요소가 벽 속에 공존한다. 차탈회위크의 벽화는 곧 신석기인의 세계관을 시각적으로 풀어낸 집단적 목소리이며, 오늘날에도 인류 문명의 기원을 이해

하는 데 소중한 단서를 제공하고 있다.

　차탈회위크(Çatalhöyük) 유적에서 발견된 벽화 가운데, 마을과 그 뒤의 화산을 함께 묘사한 그림은 신석기 시대 사람들이 자연환경을 어떻게 인식하고 있었는지를 잘 보여준다. 벽화 속 장면에서는 집들이 모여 있는 마을의 이미지가 표현되어 있으며, 그 뒤로는 8900년전 거대한 화산이 솟아오른 모습이 그려져 있다. 이는 단순한 풍경 묘사가 아니라, 자연 현상과 인간 세계를 긴밀히 연결해 이해했던 당시 사람들의 사고방식을 상징적으로 드러낸다. 화산

차탈회위크 '지도' 벽화는 8,900년전 화산 폭발을 묘사했다.

은 단순히 위협적인 존재가 아니라, 신성한 힘과 풍요를 상징하는 대지의 근원으로 여겨졌을 가능성이 크다.

차탈회위크 주민들에게 화산은 생존과 물질문화를 지탱하는 자원의 원천이기도 했다. 이 지역 화산에서 채취할 수 있었던 흑요석(obsidian)은 날카롭고 예리한 절단면을 지닌 화산암으로, 당시 신석기인들에게 없어서는 안 될 귀중한 자원이었다. 흑요석은 날렵하게 가공할 수 있어 돌칼, 화살촉, 긁개, 절단 도구 등으로 다양하게 사용되었고, 사냥과 수공 작업, 건축 등 삶의 거의 모든 영역에서 활약했다. 그 예리함과 내구성 덕분에 흑요석은 차탈회위크 주민들의 일상 생활을 혁신했으며, 주변 지역과의 교역품으로서도 중요한 가치를 지녔다. 실제로 흑요석은 차탈회위크를 넘어 광범위하게 유통되며 신석기 교역망의 핵심 매개체가 되었다.

벽화 조각과 기를 복원한 이미지에서는 마을과 화산, 그리고 흑요석을 상징하는 문양들이 세밀하게 표현되어 있다. 일부 연구자들은 이 벽화를 약 8,900년 전 일어난 화산 폭발 장면을 묘사한 것으로 추정하기도 한다. 만약 그렇다면, 이는 인류 역사상 가장 오래된 '자연재해 기록' 가운데 하나로 평가될 수 있다. 화산의 폭발은 당시 사람들에게 두려움의 대상이었지만 동시에 신성하고 경외의 대상으로 받아들여졌을 것이며, 이 벽화는 바로 그 이중적 인식을 시각적인 언어로 담아낸 것이다.

결국 차탈회위크의 마을과 화산 벽화는 단지 그림 이상의 의미를 지닌다. 그것은 신석기 인류가 살아가던 자연환경과의 관계를 보여주며, 그들이 단순히 자연을 두려워하는 존재가 아니라, 자원을 활용하고 신성시하며 삶 속에 적극적으로 통합시켰음을 말해준다. 흑요석은 도구와 교역의 핵심 자원이 되어 생활을 풍요롭게 했고, 화산은 벽화 속에서 신성과 생명력의 원천으로 승화되었다. 이러한 기록은 차탈회위크 주민들이 자연을 단순한 외부 환경이 아니라, 함께 살아가는 영적·생산적 동반자로 인식했음을 말해주는 소중한 증거라 할 수 있다.

차탈회위크(Çatalhöyük) 유적에서 확인되는 부뚜막은 신석기 시대 공동체가 정착 생활을 하며 형성한 가장 중요한 생활 공간 중 하나였다. 가옥 내부에 자리한 이 부뚜막은 흙과 진흙을 다져 만든 둥근 형태의 조리 시설로, 불을 피워 음식을 조리하기 위한 아궁이와 조리대가 결합된 구조를 이루고 있다. 아궁이의 입구는 작고 둥글게 설계되어 불이 잘 지펴지고 열

이 오래 유지되도록 만들어졌으며, 연기가 빠져나갈 수 있는 통로나 틈이 마련되어 있어 실내 환경을 유지하는 데도 적합했다.

이 부뚜막은 단순히 음식을 만드는 공간에 그치지 않았다. 불을 피움으로써 가옥 전체를 따뜻하게 데우는 난방의 역할까지 겸하였기 때문에, 생활에서 차지하는 비중은 매우 컸다. 불길과 열기는 가족의 식탁을 마련하는 동시에 겨울철 추위를 이겨내는 원동력이 되었고, 연기는 굴뚝이나 벽 틈을 통해 외부로 배출되면서 주거 공간 내부의 공기 순환과 온도 조절에도 일정한 기능을 했다. 이는 이미 신석기 시대에 사람들이 효율적이고 실용적인 생활 환경을 만들어가기 위해 지혜를 발휘했음을 잘 보여준다.

고고학적으로 보아 차탈회위크의 부뚜막은 신석기 인류가 본격적으로 농경과 정착 생활에 들어서며 식문화가 발달했음을 보여주는 결정적인 증거라 할 수 있다. 불을 통한 조리 기술과 주거 내 난방 시스템을 동시에 갖춘 이 구조물은 생활의 실용성뿐 아니라 공동체적 삶의 중심지로 기능했다. 집 안에 마련된 부뚜막은 가족 단위 공동체가 하루를 함께하며 식사와 의례, 대화를 나누는 장이 되었고, 그 위치와 크기는 곧 가족 생활의 형식과 공동체 문화를 반영한다.

이 부뚜막 사진은 단순한 유적의 기록을 넘어, 신석기인들의 삶을 생생히 재현해주는 증언과도 같다. 약 9천 년 전 사람들의 일상 속에서 불이 지피던 순간, 함께 모여 음식을 나누던 풍경, 그리고 불빛 속에서 이어지던 공동체의 시간이 이 작은 구조물 안에 고스란히 담겨 있는 것이다.

차탈회위크(Çatalhöyük) 유적에서 확인된 매장 풍습은 신석기 시대 인류의 생활과 죽음에 대한 인식을 잘 보여주는 중요한 문화적 특징이다. 이곳에서는 일반적으로 집 안의 바닥, 특히 생활 공간과 밀접한 곳에 시신을 안치하는 독특한 매장 방식이 널리 행해졌다. 다시 말해, 삶을 영위하던 공간과 죽음을 맞은 이들의 안식처가 분리되지 않고 동일한 장소 안에 존재했던 것이다. 이는 공동체가 조상을 단절된 죽음의 세계로 보내는 것이 아니라, 여전히 집과 가족의 일상 속에서 함께 존재하도록 여겼음을 의미한다. 집 내부에 조상을 매장하는 풍습은 가족과 공동체의 연속성을 강화하며, 자손들이 조상의 존재를 늘 가까이 기억하도록 하는 신석기 사회만의 세계관을 반영한다.

차탈회위크 가옥내 실제 모습 재현, 앙카라 아나톨리아 문명 박물관 전시

이러한 매장 방식은 단순히 시신을 묻는 행위에서 그치지 않았다. 때로는 일정한 시간이 지난 뒤 매장된 시신을 다시 수습하거나 뼈를 꺼내어 다른 방식으로 재배치하는 '재매장'의 흔적도 발견된다. 이는 죽음을 단순히 끝맺음으로 여기지 않고, 특정한 의례적 과정을 통해 공동체의 기억 속에서 계속해서 의미를 부여하고자 했던 것으로 해석된다. 또한 일부 매장 흔적에서는 특별한 장신구나 부장품이 함께 출토되기도 하여, 당시 공동체가 죽음을 둘러싼 신앙적 의미와 의례적 행위를 중요시했음을 보여준다.

반면, 차탈회위크의 유적에서는 오늘날 우리가 흔히 알고 있는 옹관묘(항아리형 무덤)의 사례는 발견되지 않았다. 옹관묘는 대체로 메소포타미아 지역이나 이후 청동기 시대 이후의 문화권에서 널리 보급된 매장 형태로, 신석기 초기 단계에 해당하는 차탈회위크와는 시기적·문화적으로 차이가 있다. 옹관묘는 항아리에 시신을 수습하여 매장하는 체계적인 장례 방식이라는 점에서 주거 공간 내부 매장을 특징으로 하는 차탈회위크의 풍습과는 뚜렷하게

차탈회위크 가옥내 바닥 매장 구덩이, 물소뿔 장식, 벽화

구분된다.

따라서 차탈회위크의 집 바닥 매장은 신석기 정착민들이 죽음을 가족과 공동체, 그리고 주거 공간과 연결시킨 독자적인 매장 풍습으로 해석하는 것이 타당하다. 집 안 바닥은 단순히 생활의 중심이 아니라, 세대를 이어 조상과 후손이 함께 머무는 장소로서 상징적 의미를 지녔다. 이는 죽음을 삶의 연속선상에 두고, 공동체적 결속과 정체성을 강화하는 데 중요한 역할을 하였다.

결론적으로, 차탈회위크의 매장 풍습은 주거 공간과 장례 공간이 결합된 독특한 신석기적 문화 현상으로 이해할 수 있다. 옹관묘라는 매장 방식은 후대 메소포타미아 및 청동기 문화권에서 발전한 장례 제도이며, 차탈회위크에서는 살아 있는 이들과 죽은 이들이 같은 공간을 공유하는 형태로 삶과 죽음을 하나의 공동체적 질서 안에 통합하고 있었다. 이는 차탈회위크 사람들의 죽음관이 단순히 사후의 안식이 아니라, 공동체와 가족의 연속성을 유지하는 영적인 끈으로 기능했음을 잘 보여준다.

앙카라 아나톨리아 문명박물관에 전시된 차탈회위크(Çatalhöyük) 유물 사진들은 신석기 시대 사람들의 생활, 신앙, 그리고 예술적 감각을 집약적으로 보여준다. 각각의 유물은 단순한 흔적을 넘어 당시 공동체가 어떻게 삶과 죽음을 이해하고, 자연과 공존하며, 문화를 형성했는지를 드러내는 귀중한 단서다.

왼쪽 상단 사진은 차탈회위크에서 출토된 인골 매장 유적을 보여준다. 이곳에서는 주로 집 안 바닥에 시신을 묻는 독특한 장례 풍습이 발견되며, 이는 죽은 조상이 여전히 가족과 공동체와 함께한다는 인식을 반영한다. 매장된 인골 주변에서 토기와 장신구가 함께 발굴되기도 하는데, 이는 단순한 매장이 아니라 사후 세계에 대한 신앙, 혹은 조상 숭배의 의식을 동반했음을 시사한다. 매장의 위치와 형태는 때로 매장된 이의 사회적 지위나 가족 내 위치와도 관련될 수 있어, 신석기 공동체 내의 사회적 질서를 보여준다.

2번 사진에서는 곡선 형태의 구조물이 보이는데, 이는 차탈회위크 유적에서 흔히 확인되는 물소뿔 장식(buffalo horn decoration)일 가능성이 크다. 차탈회위크에서는 물소뿔이 집 내부 벽이나 의례 공간에 배치되어 있는 경우가 많으며, 이는 힘과 권위, 생명력을 상징하는 중요한 신앙의 대상이었다. 물소뿔 장식은 단순히 장식품이 아닌, 공동체의 의례적 삶을 뒷받침

풍요와 다산을 상징하는 지모신(地母神)여신상, 테라코타, 차탈회위크 Catalhöyük, 기원전 5,750년경.
높이 20㎝. 여신은 두 마리의 신성한 동물이 옆에 있는 왕좌에 앉아 있다. 앙카라 아나톨리아 문명박물관 전시

하는 상징물이자 사회적 권위를 시각적으로 표현하는 도구였다. 이를 통해 차탈회위크 사람들이 자연과 동물을 숭배하며, 그러한 상징을 통해 공동체의 사회적·종교적 질서를 유지했음을 엿볼 수 있다.

왼쪽 하단의 유물은 벽화 조각으로, 기하학적 문양과 특정 상징들이 그려져 있다. 이러한 문양은 보호와 번영을 기원하는 의례적 의미를 담거나, 공동체의 정체성을 드러내는 집단적 기호였을 가능성이 크다. 반복되는 색채와 패턴은 단순한 장식 이상으로, 공동체의 신앙과 상징 체계를 시각적으로 표현한 결과물이라 할 수 있다.

오른쪽 하단 사진 역시 벽화 조각으로, 복잡한 기하학적 무늬와 반복적인 패턴이 특징이다. 이는 신석기인들이 자연의 질서와 인간의 역할을 어떻게 이해했는지를 보여주는 비유적 표현일 뿐 아니라, 신성한 세계와 인간 공동체를 연결하려는 시도의 흔적으로도 해석된다. 차탈회위크 벽화의 추상적 무늬와 상징들은 당시 사람들의 예술적 창의성과 더불어 종교적 신념을 표현하는 시각 언어였다.

유물, 인골 매장 유적, 물소뿔 장식, 벽화조각들은 차탈회위크 공동체가 만들어낸 독창적인 신석기 문화의 핵심을 담고 있다. 삶과 죽음, 인간과 동물, 현실과 신성한 세계가 서로 뒤엉켜 있던 그들의 일상과 신앙은, 오늘날 인류 문명의 뿌리를 이해하는 데 있어 없어서는 안 될 귀중한 자료로 남아 있다.

2. 본주클루휘위크(Boncuklu Höyük)

튀르키예 콘야 인근의 본주클루휘위크(Boncuklu Höyük) 유적지는 신석기 시대 초기의 유적으로, 대략 기원전 8300년경부터 기원전 7800년경까지 사람들이 거주했던 것으로 추정된다.

이는 인류 최초의 마을 중 하나로 알려진 유적이며, 특히 아나톨리아 지역에서 가장 오래된 초기 형태의 농업 증거와 가장 이른 시기의 도자기 사용 흔적이 발견된 곳으로 중요하게 평가받고 있다. 또한, 더 유명한 차탈회위크 유적보다 약 1000년 정도 앞서 형성된 선행 유적지로 알려져 있다.

본주클루휘위크(Boncuklu Höyük) 유적은 인류가 농업을 배우고 최초로 정착을 시도한 선사마을이다.

Boncuklu Höyük - 정착과 음식 문화의 기원

오늘날 튀르키예 콘야 평야 북동쪽에 자리한 본주클루휘위크는 인류사의 흐름 속에서 특별한 자리를 차지하는 유적지다. 이곳은 단순히 오래된 마을의 흔적이 아니라, 인류가 동굴을 벗어나 비옥한 대지 위에 정착하며 농업과 음식 문화, 공동체적 삶을 처음으로 실험한 무대였다.

구석기 시대의 인류는 동굴 속에서 삶을 이어갔다. 자연이 내어주는 열매와 동물을 좇으며 하루의 생존을 유지했고, 불을 발견하고 부싯돌을 다듬어 도구와 무기를 만들면서 조금씩 환경에 적응해갔다. 그러나 그들의 삶은 여전히 자연의 흐름과 우연에 크게 의존하고 있었다. 중석기 시대에 접어들며 변화의 움직임이 나타난다. 사람들은 사냥한 고기를 저장하고 야생 곡물을 모으는 법을 익히면서, 단순한 하루의 생존 너머를 생각하기 시작했던 것이다.

이 흐름은 신석기 시대로 들어서면서 본격적인 전환을 맞는다. 인간은 땅을 일구고 씨앗을 뿌려 곡물을 재배하는 방법을 알게 되었고, 들판의 동물들을 길들이며 가축화의 길로 나아갔다. 하루만을 살아가는 존재에서, 내일과 미래를 준비하는 존재로 탈바꿈한 것이다. 이러한 변화는 생활 방식 전체를 뒤바꿔 놓았고, 그 결과가 마을의 형태로 구체화된 곳이 바로 본주클루휘위크이었다.

이곳에서 사람들은 더 이상 동굴 속에 머물지 않았다. 흙벽돌을 쌓아 납작한 집을 지었고, 그 집들은 서로 맞붙으며 작은 마을을 형성했다. 이는 단지 주거 공간의 변화만이 아니었다. 사람들이 한곳에 모여 살면서 공동체적 규칙과 질서가 처음으로 필요하게 되었고, 사회적 관계가 새로운 모습을 띠게 된 것이다. 공동체 속의 삶은 생존을 넘어 협력과 교류를 가능케 했고, 인류 사회의 초석을 마련했다.

정착의 길은 필연적으로 음식 문화를 불러왔다. 곡물은 삶아지고 빻아져 가루가 되었고, 반죽이나 죽의 형태로 식탁에 올랐다. 이 음식은 단순한 영양 섭취를 넘어 사람들을 이어주는 끈이 되었다. 불 위에 걸린 항아리와 냄비는 그 시대를 대표하는 생활 도구이자, 음식을 둘러싼 새로운 생활 풍습의 상징이었다. 집 안에 마련된 부엌은 공동체의 중심 공간으로 자리 잡으며, 사람들 사이의 교류와 대화를 이끌었다. 이렇게 음식을 중심으로 한 문화는 곧 삶의 형식을 바꾸는 핵심 동력이 되었다.

본주클루휘위크은 메소포타미아 문명에서 꽃피운 곡물 요리 문화의 먼 전신이었다. 이곳에서 시작된 정착과 농업, 그리고 음식을 통한 새로운 사회적 관계는 인류 문명이 뿌리를 내려가는 첫 과정이었다. 곡물을 저장하고 내일의 식량을 준비하는 행위는 단지 생존 기술을 넘어, 미래를 설계하고 삶을 조직하는 문명의 씨앗이었다.

빙하가 물러나고 기후가 온화해진 신석기 초기, 사람들은 다시 열린 하늘 아래 나와 평야 위에서 삶을 이어갔다. 본주클루휘위크는 그 변화를 상징하는 작은 무대였지만, 그 의미는 거대했다. 이곳에서 인류는 사냥꾼이 아닌 농경인으로, 떠도는 존재가 아닌 정착민으로, 그리고 개별적 생존자가 아닌 공동체적 존재로 변모했다.

　따라서 본주클루휘위크는 단순한 고고학적 유적이 아니다. 그것은 앉아 있는 삶, 음식 문화, 그리고 문명의 출발이라는 세 가지 키워드를 압축한, 인류사의 전환점을 보여주는 증거라 할 수 있다. 비록 마을은 작고 시대는 아득히 멀지만, 그 안에서 움튼 작은 변화들은 훗날 도시와 문명으로 이어지는 거대한 흐름의 출발점이었다.

　본주쿨루회위크(중앙 아나톨리아, 약 1만 500년 전)는 인류가 수렵·채집에서 농경 정착 사회로 이행하던 과정을 보여주는 신석기 초기 유적이다. 주민들은 늪지와 습지의 동식물을 적극 활용해 야생 소·멧돼지·물고기·조류 등을 사냥하고 알·우유·견과류·뿌리작물을 섭취했으며, 초기 농경과 가축화 실험의 흔적도 남겼다. 스토브, 숫돌, 바구니, 도살 흔적은 가공·저장·공동 연회를 통한 식문화 발전을 드러낸다. 석기·뼈 도구, 바구니·돗자리, 목재 기구 등 생활 공예품이 다양했고, 조개구슬과 장신구는 사회적·상징적 의미를 지녔다. 멀리 가파도키아(흑요석), 지중해(조개껍데기)에서 물자를 들여왔다는 사실은 장거리 교류망 속에 있었다는 증거다. 또한 벽화와 부조 흔적은 세계적으로도 이른 시기의 시각문화 예시로 평가된다. 따라서 본주쿨루회위크는 단순 생존지가 아니라 농경·목축·의례·예술·교역을 아우른 복합 공동체로, 인류가 문화와 문명으로 향해 나아가던 출발점을 보여주는 중요한 유적이다.

본주클루휘위크(Boncuklu Höyük) 유적지

본주클루휘위크(Boncuklu Höyük) 유적지 가옥 내 부뚜막

콘야 평원은 오랫동안 메소포타미아와 더불어 인류 농업과 음식 문화의 발상지를 설명하는 핵심 무대로 평가된다. 단순한 초원이 아닌, 이곳은 인류가 유목적 수렵·채집 생활에서 벗어나 정주 사회와 농업 문화로 나아가던 결정적 순간을 보여주는 지역이었다. 특히 약 9,000년 전의 차탈회위크(Çatalhöyük)는 세계적으로 '신석기 혁명'을 보여주는 중요한 유적지로 주목받아 왔다. 발굴된 숯과 곡물, 씨앗과 식물의 괴경 화석은 당시 사람들이 자연이 주는 자원에만 의존하지 않고, 재배와 저장을 통해 식량을 관리하며 체계적인 생활을 시작했음을 증명한다. 차탈회위크만으로도 농업의 기원을 설명할 수 있었지만, 발굴은 그보다 더 먼 과거로 눈을 돌리게 했다.

카라타이 지역의 본주클루회위크(Boncuklu Höyük)는 약 10,300년 전의 작은 정착지로, 차탈회위크보다 1,000년 앞선 역사를 자랑한다. 이곳의 발굴은 농업의 시작이 훨씬 더 오랜 기원을 가졌음을 보여주었다. 본주클루 주민들은 여전히 사냥과 채집을 했지만, 동시에 밀과 보리를 재배하고 가축화의 초기 실험을 시도했다. 점토와 식물 섬유로 빚은 원시 토기를 사용하여 곡물을 저장하거나 죽, 반죽 형태로 음식을 만들어냈고, 불을 활용한 조리 흔적이 남아 있다. 이는 단순한 생존 단계를 넘어 조리와 식품 보존을 통한 식문화의 태동을 의미한다. 출토된 동물 뼈, 곡물 흔적, 토기 조각 등은 이곳이 세계 최초의 요리 문화가 움트던 현장이었음을 잘 보여준다.

연구자들은 본주클루에서 시작된 삶의 방식이 차탈회위크로 이어져 발전했다고 본다. 본주클루가 "씨앗"이었다면, 차탈회위크는 그 씨앗이 확산되어 문명으로 이어진 무대였다. 내셔널 지오그래픽은 "콘야에서 영국까지 농업이 시작된 곳마다 아나톨리아 농부의 흔적이 발견된다"라고 보도하며, 농업과 음식 문화의 확산이 곡물이라는 물질뿐 아니라 사람과 지식, 전통을 동반한 이동이었음을 강조했다. 실제 DNA 연구 또한 본주클루 주민들의 유전자가 유럽 초기 농부와 직접 연결되어 있음을 보여주는데, 이는 농업 확산이 단순한 기술 전달이 아니라 공동체 이동에 의한 문화 확산이었음을 뒷받침한다.

이 흐름은 메소포타미아의 역사와도 접맥된다. '두 강 사이의 땅'을 뜻하는 메소포타미아는 약 11,000년 전부터 세계 최초의 농업 문명 중심지로 자리 잡았다. 다양한 환경 속에서 사람들은 곡물과 채소, 과일을 재배하며, 가축을 기르고 음식 보존법을 발전시켰다. 소금, 꿀, 기름을 활용해 곡물과 과일, 생선을 저장하는 방식은 정착 사회를 가능하게 하고 공동체를 확장시킨 동력이었다. 이러한 기술과 지식은 메소포타미아에서 아나톨리아로, 다시 유럽으로 이어지며 오늘날까지 전통의 뿌리로 남았다.

결국 본주클루와 차탈회위크에서 확인되는 식량 재배·조리·저장은 단순한 생존을 넘어선 삶의 방식이었다. 불을 통해 음식을 익히고, 환경에 따른 보존법을 고안하며, 계절에 맞춘 저장 체계를 세우는 과정 속에서 사람들은 안정된 정착 생활로 나아갔다. 음식을 준비하고 나누는 행위는 사회적 규범과 공동체 유대를 강화했고, 이는 문명 사회로 발전해 가는 인류사의 초석이 되었다.

오늘날 우리가 빵을 굽고 곡물을 저장하며 식탁을 중심으로 삶을 이어가는 문화의 기원은, 바로 이 아나톨리아 평원에서 싹튼 것이다. 본주클루 회위크는 인류 정주 생활의 씨앗을 심었고, 차탈회위크는 그 씨앗이 꽃을 피운 무대였다. 이 두 유적은 인류가 생존에서 문명으로 나아간 장대한 여정의 첫 장을 열어젖힌 증거로 남아 있다.

4-6. 아슬란테페 신석기 마을 유적
"Arslantepe Neolithic village archaeological site"

아슬란테페는 튀르키예 동부 말라티아 지역에 위치한 중요한 고고학 유적으로, 신석기 시대부터 초기 청동기 시대에 이르기까지 여러 시대에 걸쳐 사람들이 거주한 인공 언덕, 곧 테페이다. 이곳은 약 8,000년전 신석기 시대부터 시작하여 오랜 시간 동안 다양한 문화와 사회 구조가 형성된 장소로 평가받는다.

신석기 시대 아슬란테페는 농경과 목축을 기반으로 한 초기 정착지로서, 주민들은 점토로 만든 집과 저장 시설을 활용하며 자급자족적인 생활을 영위했다. 이 시기부터 사회적 계층과 권력 구조의 초기 형태가 서서히 나타나기 시작했는데, 이는 이후 청동기 시대 궁전과 행정 조직의 기초가 되었다.

아슬란테페 유적은 층위별로 분포해 있어 신석기 시대의 유적층이 가장 아래에 위치한다. 그 위로 초기 청동기 시대를 포함한 후대 유적들이 차례로 쌓여 있는데, 이를 통해 고고학자들은 시간의 흐름에 따른 문화 변천과 사회 발전 과정을 면밀히 연구할 수 있다. 신석기 유적에서 발견된 토기, 석기, 그리고 단순한 주거지 흔적들은 당시 사람들의 생활 방식과 기술 수준을 잘 보여 준다.

특히 아슬란테페는 단순한 신석기 마을을 넘어서 초기 국가 형성과 도시화 과정을 연구하는 데 매우 중요한 유적이다. 신석기 시대부터 청동기 시대에 이르는 연속적인 발굴과 연구를 통해 초기 사회 조직과 권력 구조가 어떻게 발전했는지 구체적으로 밝혀지고 있다. 이곳에서 출토된 사자 조각상과 점토판은 당시 권력과 사회 구조를 상징하며, 초기 청동기 시대 궁전과 행정 중심지로서 아슬란테페의 위상을 보여준다.

현재도 아슬란테페에서는 활발한 발굴과 학술 연구가 진행 중이며, 튀르키예 내에서도 주요 고고학 연구 대상지로 자리매김하고 있다. 이곳의 연구는 고대 사회의 형성과 발전을 이해하는 데 중요한 단서를 제공하는 귀중한 자료로 평가받고 있다.

아슬란테페 신석기 복원 가옥은 당시 사람들의 생활 방식과 환경 적응을 잘 보여주는 중요한 건축유산이다. 가옥은 주로 흙벽돌과 나무 기둥, 들보를 사용해 지어졌는데, 흙벽돌은 진흙과 짚을 섞어 만든 재료로, 자연에서 쉽게 구할 수 있는 자원을 활용한 전형적인 신석기 건축 양식이다. 두꺼운 흙벽은 단열과 보온에 뛰어난 효과가 있어 내부 온도를 일정하게 유지하는 데 크게 기여했다. 지붕은 나무 들보 위에 흙을 덮어 만든 평평한 구조로, 지붕 위에 생활 공간이나 저장 공간이 추가로 있었을 가능성도 생각된다.

공간 구성은 비교적 단순하며, 단일 또는 소규모 방 형태로 이루어져 있다. 벽면에는 작은 창문이나 구멍이 나 있어 채광과 환기가 가능했으며, 일부 공간에서는 벽에 작은 선반이나 구멍을 만들어 생활용품을 보관하는 데 사용했을 것으로 추정된다. 출입구는 좁고 긴 복도 형식을 띠며, 외부와 내부 공간을 구분하고 바람이나 직사광선을 차단하는 역할을 했다. 출입구 주변의 벽은 두껍고 견고하게 만들어져 외부 침입이나 기후 변화에 효과적으로 대응할 수 있었다.

내부에는 벽난로나 화덕이 설치되어 있어 난방과 요리용으로 사용되었으며, 이는 생활의

아슬란테페 유적지 가옥 재현

편리함과 안전성을 높이는 데 중요한 역할을 했다. 자연광도 효율적으로 활용되어 작은 창문과 출입구를 통해 빛이 들어와 낮 시간 동안 조명 역할을 했다.

복원된 가옥들은 주변 농경지와 과수원 사이에 자리해 있어, 이들이 농업과 목축 생활과 밀접한 관계를 맺고 있음을 보여 준다. 또한, 자연 재료를 사용하고 주변 환경과 어우러지는 설계는 신석기 시대 사람들의 생태적 적응과 균형 잡힌 생활 방식을 반영한다.

이처럼 아슬란테페 신석기 복원 가옥은 흙벽돌과 나무를 활용한 건축 기술, 내부 공간의 효율적 사용, 자연환경과의 조화 등을 통해 당시 사회 구조와 주거 문화를 생생하게 드러내는 중요한 증거라 할 수 있다.

아슬란테페 신석기 마을에서 발견된 토기는 약 8천년 전 것으로, 이는 수메르 우르 지역의

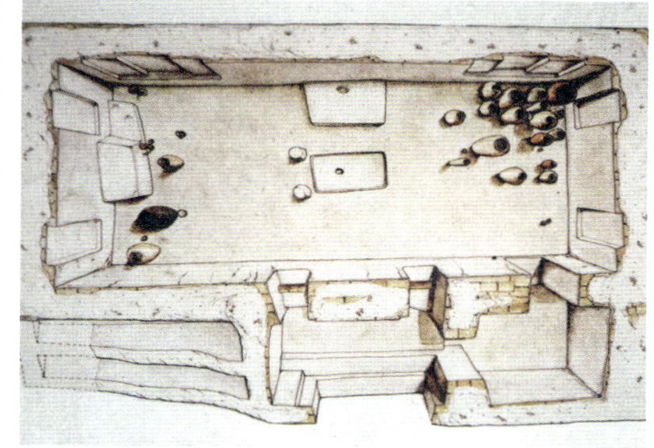

아슬란테페 유적지 전체 구조

초기 토기 제작 시기인 약 5,500~6,000년 전보다 훨씬 앞선다. 이러한 점은 아슬란테페 지역이 초기 농경사회와 정착 생활에서 토기 제작 기술을 매우 일찍 발전시켰음을 보여준다. 이는 동부 아나톨리아 지역이 단순한 주변 문명이 아니라 독자적이고 선도적인 문명 발전의 중심지였다는 중요한 증거이기도 하다.

토기는 당시 일상생활에서 식량 저장, 조리, 운반 등에 필수적인 도구로 사용되었다. 농경과 목축이 발달한 신석기 사회에서 토기는 생존과 생활을 가능하게 하는 중요한 역할을 담당했다. 뿐만 아니라 아슬란테페 토기는 단순한 생활용품을 넘어, 지역 간 교류와 문화 확산의 매개체 역할을 했을 가능성도 크다. 이러한 점은 고대 사회의 상호작용과 문화적 교류에 대한 이해를 확장하는 데 기여한다.

지리적으로 인접한 아슬란테페와 메소포타미아 지역은 초기 문명 형성 과정에서 어느 정도 상호 영향을 주고받았을 가능성이 존재한다. 하지만 아슬란테페 토기 제작 시기가 더 빠르다는 사실은 이 지역이 독자적인 기술 발전과 문화적 독립성을 갖추었음을 의미한다. 즉, 아슬란테페는 메소포타미아에 앞서 토기 제작 문화를 발전시킨 중요한 고대 지역임을 알 수 있다.

또한, 아슬란테페 고대 마을 구조 내 여러 내부 공간에서 토기가 체계적으로 배치되어 있는 점은 토기가 일상적으로 사용되었음을 나타낸다. 이는 당시 주민들이 정착 생활을 하며 식량 관리와 조리, 저장에 체계적이고 계획적인 방식을 갖추었음을 시사한다.

아슬란테페의 토기 제작 기술과 문화는 초기 문명 연구에서 매우 중요한 위치를 차지한다. 수메르 우르보다 앞선 토기 제작은 이 지역이 독자적 문화와 기술로 고대 문명 발전을 선도했음을 보여주며, 앞으로도 심도 있는 연구와 탐구가 필요한 매우 의미 있는 주제라 할 수 있다. 아슬란테페 신석기 마을에서 발견된 토기 제작 시기는 약 8천 년 전으로, 이는 메소포타미아 수메르 우르 지역의 초기 토기 제작 시기보다 훨씬 이르다. 이로써 아슬란테페가 초기 농경사회와 정착 생활에서 토기 제작 기술을 매우 일찍 발전시켰음을 알 수 있다. 당시 토기는 식량 저장, 조리, 운반 등 일상생활에 필수적인 도구로 사용되었고, 지역 간 교류와

아슬란테페 벽 그림

아슬란테페 적철광 안료로 그린 벽화

문화 확산의 매개체 역할도 했을 가능성이 크다.

지리적으로 인접한 아슬란테페와 메소포타미아 지역은 초기 문명 형성 과정에서 상호 영향을 주고받았을 가능성이 있으나, 아슬란테페의 토기 제작 시기가 더 빠르다는 사실은 이곳이 독자적인 기술 발전과 문화적 독립성을 갖추었음을 시사한다. 내부 공간에 체계적으로 배치된 토기는 당시 주민들이 정착 생활 속에서 식량 관리와 조리, 저장에 효율적인 방식을 갖추었음을 보여준다.

아슬란테페의 이러한 고대 토기 제작 기술은 동부 아나톨리아가 초기 문명 발달에 중요한 역할을 했다는 증거로, 수메르 우르보다 앞선 토기 제작은 이 지역이 단순한 주변 문명이 아닌 선도적인 문명 발전의 중심이었다는 점을 의미한다.

아슬란테페 벽면에 새겨진 마름모 문양과 다양한 암각화는 이 유적이 지닌 예술적 정수를 보여주는 중요한 요소다. 마름모 문양은 신석기 및 초기 청동기 시대 예술에서 흔히 발견되는 기하학적 패턴으로, 보호, 풍요, 생명력 등의 상징적 의미를 담고 있을 가능성이 크다. 이 문양은 당시 사회의 신앙과 미적 감각을 반영하며, 토기, 직물, 벽화 등 다양한 매체에 사용되어 문화적 정체성을 나타내는 중요한 시각 요소로 자리 잡았다.

아슬란테페 벽화에는 사자, 황소, 뱀 등 다양한 동물 문양도 함께 새겨져 있다. 이러한 동물들은 권력, 신성, 보호 등의 상징으로 해석되며, 당시 사회의 신앙 체계와 깊은 관련이 있다. 이들 문양은 자연과 동물에 대한 경외심과 인간과 자연의 관계를 표현하려는 예술적 시도라고 할 수 있다.

마름모 외에도 삼각형, 원, 선 등 다양한 기하학적 및 추상적 문양이 벽면에 반복적이고 규칙적으로 배치되어 있다. 이 문양들은 단순한 장식적 역할을 넘어 의례적, 상징적 의미를 담았을 가능성이 크며, 당시 사회의 질서와 조화, 우주관을 반영하는 것으로 해석된다.

종합적으로 아슬란테페 문양은 당시 사람들의 세계관, 신앙, 사회 구조를 시각적으로 드러낸 문화유산이다. 이 문양들은 아나톨리아뿐만 아니라 근동 지역의 초기 문명 예술과도 연관되어 있어, 지역 간 문화 교류의 증거로 평가된다. 아슬란테페의 마름모 문양과 암각화는 신석기부터 초기 청동기 시대에 걸친 고대 예술의 정수로, 당시 사회의 상징 체계와 미적 감각을 이해하는 데 매우 중요한 자료다.

아슬란테페 가옥내 적철광 안료로 그린 신화와 신앙을 표현한 벽 그림, 아슬란테페 신화를 담은 그림

아슬란테페 벽면에 그려진 빨간 선 그림은 신석기 및 초기 청동기 시대 사람들의 예술적 표현과 신앙 체계를 반영하는 중요한 문화유산이다. 이 빨간 선들은 주로 기하학적 형태나 동물, 그리고 상징적 도형을 나타내는 데 사용되었으며, 사진 속 빨간 선은 동물의 윤곽이나 의례적 상징, 혹은 신성한 의미를 담은 도상일 가능성이 높다. 특히 오른쪽 그림에서 보이는 동물 형상과 연결해 보면, 이 빨간 선은 동물의 몸통과 다리, 그리고 장식적 요소를 표현하는 것으로 보이며, 당시 사회에서 신성시되거나 권력과 관련된 상징일 수 있다.

벽화에 사용된 적색 물감은 주로 자연에서 채취한 적철광(헤마타이트, Hematite) 가루를 주성분으로 한다. 적철광은 산화철 성분으로 붉은 색을 띠며, 내구성이 뛰어나 벽화나 암각화에 오랫동안 색을 유지할 수 있었다. 이외에도 붉은 점토나 철분이 함유된 광물 등이 혼합되어 사용되었을 가능성이 있다. 적색은 고대 사회에서 생명, 힘, 보호, 신성함을 상징하는 매우 중요한 색이었다.

스페인 신석기시대, 플라 데 페트라코스(La Peña de Petrachos) 동굴 그림, 아슬란테페 신화를 담은 그림

이 빨간 선 그림은 아슬란테페 고대인들이 자연 재료를 활용해 정교한 예술과 상징을 남긴 증거로, 당시 사람들의 신앙과 세계관을 이해하는 데 매우 중요한 단서가 된다. 적철광을 이용한 적색 물감은 고대 사회의 예술적, 문화적 역량을 보여 주는 중요한 자료라 할 수 있다.

아슬란테페의 빨간 문양은 단순한 장식 이상으로, 당시 사람들의 신화와 신앙, 세계관을 시각적으로 표현한 상징적 이미지다. 이 문양들은 동물, 기하학 문양, 그리고 의례적 상징이 결합되어 자연과 초자연, 인간과 신성한 존재 간의 관계를 나타낸다. 특히 사자, 황소, 뱀 등 동물 문양은 힘과 권력, 보호, 신성을 상징하며 신화 속 신성한 존재나 수호신으로 여겨졌다. 기하학 문양인 마름모, 삼각형, 나선형 등은 우주의 질서와 생명력, 조화를 나타내면서 신성한 질서와 우주관을 시각화했다.

이 문양들은 특정 신화나 전설을 직접 묘사한 것으로 추정된다. 창조 신화에서는 우주와 생명의 기원을 상징하는 패턴이 포함되어 있고, 왕권과 신성함을 상징하는 사자 조각상과 문양들은 권력자의 신성한 권위를 드러내며 왕권 신화와 연관된다. 또한 이 문양들은 신성한 의례나 축제를 장식하며 신과 인간의 소통 장면을 상징적으로 표현한 것으로 여겨진다.

아슬란테페는 동부 아나톨리아에서 신석기부터 초기 청동기 시대까지 중요한 문화 중심지였으며, 문양에는 이 지역의 신화와 종교 전통이 반영되어 있다. 또한 메소포타미아와 히타이트 등 인근 고대 문명과의 문화적 교류를 통해 발전했음을 보여 준다. 이러한 문양들은 8천 년 가까이 보존되었으며, 당시 사람들의 예술적 표현과 신앙, 사회 구조 이해에 중요한 자료로 연구되고 있다.

한편, 스페인 동부의 플라 데 페트라코스(La Peña de Petrachos) 동굴 벽화는 약 8천 년 전 신석기 시대에 제작되었으며, 농경과 목축이 시작된 시기의 신앙과 사회 구조를 반영한다. 이 벽화는 붉은 안료로 인물과 동물, 기하학 문양을 복합적으로 표현해 자연 숭배와 조상 숭배가 혼합된 신앙 체계를 보여준다. 손가락과 뿔의 돌출 부위 등은 신성한 존재와 의례를 나타내는 상징으로, 공동체의 신앙과 사회적 결속을 강화하는 역할을 했다.

비록 아슬란테페와 플라 데 페트라코스가 지리적으로 멀리 떨어져 있지만, 두 유적 모두 신석기 시대 적색 안료의 상징적 인물 표현과 신앙 의례를 반영하는 추상적 문양이라는 공통점을 지닌다. 이는 당시 인류가 자연과 초자연을 해석하여 사회를 조직하는 보편적 신앙과 예술 표현 양식을 발전시켰음을 시사한다. 이 같은 유사성은 고대 인류의 신앙과 예술 양식을 이해하는 데 중요한 단서가 된다.

플라 데 페트라코스 동굴은 스페인 동부에 위치하며, 신석기 시대 농경과 목축 시작 시기의 중요한 암각화 유적이다. 이곳 사람들은 자연과 초자연을 깊이 숭배하며, 신성한 존재 및 의례적 행위를 벽화를 통해 표현했다. 벽화는 사회적 결속과 신앙의 매개체 역할을 하며 당시 공동체의 정신적 기반을 뒷받침했다.

플라 데 페트라코스는 스페인 동부에 위치한 신석기 시대 유적지로, 약 8천 년 전의 벽화가 발견된 장소이다. 이 시기는 농경과 목축이 막 시작되어 인류가 본격적으로 정착 생활을 하며 사회 구조와 문화가 빠르게 발전하던 시기에 해당한다. 당시 지역 사람들은 자연환경과 밀접하게 연관된 공동체를 형성했으며, 계절 변화와 동식물 등 자연 현상에 대한 이해와 존중을 바탕으로 생활했다.

이들의 신앙 체계는 자연 숭배와 조상 숭배가 결합된 애니미즘 형태로, 산과 강, 동물 등 자연 요소에 영혼이나 신적 존재가 깃들어 있다고 믿었다. 이러한 믿음은 자연과 인간 간의 조화를 추구하며, 공동체 내에서 사회적 결속과 질서를 유지하는 데 중요한 역할을 했다. 조상 숭배 역시 중요한 신앙의 축으로 자리했으며, 선조들의 영혼을 기리고 보호받기 위한 의례가 활발히 실행되었다. 동굴 벽화는 이러한 신앙과 의례를 시각적으로 표현한 것으로, 공동체의 신성한 공간에서 의식과 축제의 장으로 사용되었을 가능성이 크다.

벽화에 드러난 인물들의 손가락과 뿔, 복잡한 선과 점들은 단순한 그림이 아닌 신성한 존재나 의례적 행위를 상징하는 요소로 해석된다. 이는 신과 인간, 자연의 관계를 표현하는 상징 체계로서 당시 공동체의 정신세계를 반영한다고 볼 수 있다.

종합적으로 플라 데 페트라코스 동굴 벽화는 당시 신석기 시대 사람들의 복잡하고 다층적인 신앙 체계와 세계관, 사회적 의례를 시각적으로 담고 있는 소중한 문화유산이다. 고고학적 발굴 보고서는 벽화가 발견된 환경과 발견 시기, 보존 상태, 사용된 안료 성분, 출토된 유물과 동굴의 기능에 대한 심도 깊은 분석을 통해 이러한 벽화 해석에 중요한 기준을 제공한다.

이 지역의 벽화는 단순한 예술 작품을 넘어, 신석기 시대 인류가 자연, 초자연, 그리고 공동체 내 질서와 조화를 어떻게 이해하고 표현했는지에 대한 귀중한 통찰을 제공하는 자료로서, 현대 고고학과 인류학 연구에 큰 가치를 지닌다.

05.
인류 최초의 수메르 문명: 할라프, 하수나, 사마라, 우바이드 문화와 길가메쉬 서사시 원본

5-1. 인류 최초의 도시국가 수메르 문명 (할라프, 하수나, 사마라, 우바이드)

"The earliest city-states of human civilization: the Sumerian civilization (Halaf, Hassuna, Samarra, Ubaid)"
(Sumerian civilization)

메소포타미아의 초기 문화는 하나의 직선적인 발전 과정이라기보다, 강의 상류와 하류, 그리고 여러 지역 공동체들이 서로 영향을 주고받으며 이어져 온 복합적인 흐름 속에서 전개되었다. 티그리스 강 상류 지역에 자리 잡은 본쿠클루탈라 (Boncuklu Tarla)와 기르벨마운드 (Girbel Mound) 같은 유적은 그 출발점을 잘 보여준다. 이곳은 신석기 시대 인류가 처음으로 농업과 정착 생활을 시도했던 흔적을 간직한 곳으로, 이후 메소포타미아 전역에서 발전하는 문화들의 기초가 되었다.

이러한 초기 농업 공동체가 뿌리를 내린 북부 메소포타미아에서는 차츰 더 복잡한 사회 집단이 등장했다. 기원전 7천 년대부터 모습을 드러낸 하수나 문화(Hassuna Culture)는 가장 초기 농업 마을의 특징을 보여주며, 이어서 나타난 사마라 문화(Samarra Culture)는 단순한 농

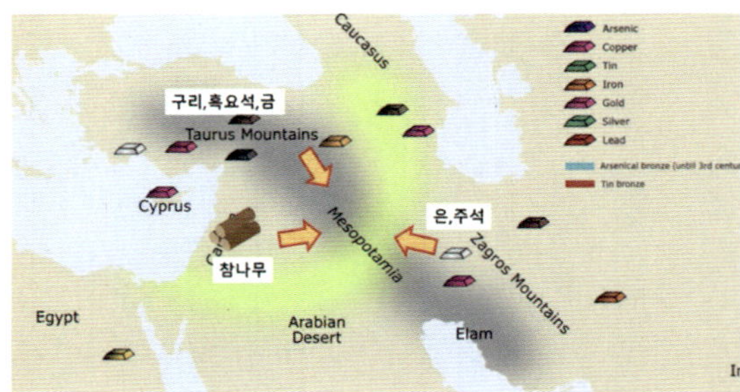

경을 넘어 관개 농업이라는 새로운 기술을 선보였다. 이는 곧 더 넓은 땅을 일구고 더 많은 인구를 지탱할 수 있는 기반이 되었고, 농업을 중심으로 한 사회 조직의 변화를 촉진했다. 한편, 기원전 6천 년경부터 시작된 할라프 문화(Halaf Culture)는 북부 메소포타미아와 시리아 지역에 광범위하게 확산되었으며, 정교한 채색 토기를 통해 높은 수준의 미적 감각과 교류망을 보여주었다. 본쿠쿨루탈라와 같은 초기 정착지는 이러한 문화적 전개 과정 속에 영향을 주고받는 핵심적인 기원점이었을 가능성이 크다.

한편, 남부 메소포타미아에서는 농업과 정착 사회가 또 다른 양상으로 발전했다. 기원전 6500년경부터 시작된 우바이드 문화(Ubaid Culture)는 비옥한 남부 평야에서 대규모 관개 시스템과 초기 도시화의 싹을 틔웠다. 농업의 생산성이 폭발적으로 늘어나면서 인구가 증가했고, 사회 내부의 계층 분화와 행정적 조직이 자리 잡기 시작했다. 이러한 변화는 곧 수메르 문명의 등장을 예고하는 전제 조건이었다.

수메르 문명(Sumerian Civilization)은 결국 우바이드 문화를 바탕으로 기원전 4000년경부터 2000년경까지 메소포타미아 남부에서 꽃피웠다. 도시 국가들은 경쟁과 교류를 통해 발전하며, 인류 최초의 문자인 쐐기 문자를 만들었고, 지구라트와 같은 거대한 신전 건축물로 종교 권위를 드러냈다. 복잡한 행정 체계와 종교 조직은 도시 국가를 유지하는 틀이 되었고, 이를 통해 역사상 최초의 문명 사회가 완성되었다.

이와 같이 본쿠쿨루탈라와 기르벨마운드에서 출발한 농업 실험은 북부 메소포타미아의 할라프, 하수나, 사마라 문화로 이어졌고, 다시 남부의 우바이드 문화에 영향을 주며 거대한 문명으로 성장해 갔다. 이는 어느 한 지역에서 다른 지역으로 단순히 지식과 기술이 전달된

할라프 문화 (Halaf Culture)

직선적인 과정이 아니라, 서로 다른 공동체들이 상호작용 속에서 발전한 결과였다. 그 복잡한 흐름의 정점이 바로 인류 최초의 문명, 수메르였던 것이다.

할라프 문화

할라프 문화는 메소포타미아 북부와 시리아, 그리고 튀르키예 남동부 일대를 중심으로 기원전 6100년경부터 5100년경까지 번성했던 선사 시대 문화로, 신석기 시대 후기를 대표하는 중요한 유적적 전통이다. 이 문화의 흔적은 넓은 지역에서 발견되는데, 텔할라프(Tell Halaf), 텔사비아비아드(Tell Sabi Abyad), 그리고 텔브라크(Tell Brak)와 같은 주요 발굴지들이 그 증거를 보여준다. 특히 텔 브라크에서는 '눈 사원(Eye Temple)'이라 불리는 건물에서 수천 개에 달하는 석조 조각상이 출토되었는데, 이 조각상들은 커다란 눈을 지닌 이른바 '아이 아이돌(eye idols)'이라 불리며, 신을 향한 주의와 경외를 표현한 것으로 해석된다. 일부 조각상에는 여러 쌍의 눈이 새겨져 있거나, 어린아이 혹은 작은 인물들이 더 큰 인물의 몸 안에 조각된 경우도 있다. 이는 제물이나 종교적 상징물로 봉헌되었음을 시사한다. 오늘날 이 조각상 가운데 일부는 샨르우르파 박물관에 소장되어 있다.

할라프 문화의 가장 확연한 특징 가운데 하나는 세련된 채색 토기이다. 붉은색, 오렌지색, 검은색 등 밝은 색상으로 기하학적 무늬, 동물 문양—특히 새와 표범—혹은 추상적인 패턴이 정교하게 그려진 토기는 그 자체로 하나의 예술품이었으며, 이 토기들이 넓은 지역에서 발견된다는 사실은 당시 광범위한 교역망이 형성되어 있었음을 보여준다. 또한 주거 양식에서도 독특한 건축 형태가 확인되는데, 원형이나 타원형 구조물인 '톨로이(tholoi)'가 대표적이다. 이런 건물들은 저장 공간이나 주거 공간으로 쓰였으며, 전실과 연결된 구조는 당대 건축 기술의 특징을 드러낸다.

경제 활동은 건조 농업에 기반을 두었다. 에머 밀과 보리 같은 곡물을 재배하고, 양과 염소, 소를 사육했으며 여전히 사냥과 채집도 병행했다. 사회 구조는 비교적 평등한 소규모 공동체였던 것으로 보이며, 뚜렷한 계층 사회의 증거는 발견되지 않는다. 그러나 예술과 신앙의 표현은 풍부하다. 채색 토기 외에도 다산과 풍요를 상징하는 여성상 인형, 기하학적 무늬가 새겨진 스탬프 인장, 부적 등이 제작되었다. 이들은 일상생활과 종교 의례 모두에 밀접하

사마라 문화 (Samarra Culture)

하수나 문화 (Hassuna Culture)

게 연결된 상징물로 해석된다.

　문화적으로 할라프는 초기 농업 공동체의 삶을 넘어선 더 복잡한 사회적, 예술적, 경제적 체계를 보여주며, 이후 메소포타미아 남부에서 전개된 우바이드 문화에 영향을 끼쳤다. 결국 이 문화적 흐름은 수메르 문명으로 이어지는 메소포타미아 문명사의 큰 맥락 속에 자리한다. 따라서 할라프 문화는 단순히 한 시기의 지역 문화가 아니라, 메소포타미아 문명이라는 거대한 흐름 속에 중요한 연결 고리를 이루었던 선사 사회의 한 정점으로 평가된다.

사마라 문화 (Samarra Culture)

사마라 문화는 메소포타미아 북부에서 신석기 시대 후기에 등장한 고고학적 문화로, 기원전 5500년에서 4800년 사이에 번성했으며, 일부 연구에서는 그 기원을 기원전 6000년까지도 소급하기도 한다. 이 문화는 이라크의 사마라 유적지에서 처음 규명되었으며, 이후 북메소포타미아 일대에서 널리 확인되었다. 사마라 문화는 단순한 농경 공동체를 넘어 정교한 예술 양식과 발전된 농업 기술을 보여주어, 메소포타미아 문명의 형성에 중요한 기여를 했던 과도기적 단계로 평가된다.

사마라 문화의 가장 두드러진 특징 가운데 하나는 정교한 토기다. 이 토기들은 어두운 바탕 위에 기하학적 문양과 양식화된 동물, 특히 새의 형상이 그려져 있다. 단순한 생활용품을 넘어 예술적 감각을 드러내는 이러한 토기 문양들은 당시 공동체의 미적 감수성과 기술적 진보를 잘 보여준다. 흥미로운 점은 이 토기들 가운데, 후대의 불교 문화권에서 나타나는 만자(卍)와 유사한 기하학적 패턴이 종종 발견된다는 것이다. 그러나 이는 불교와 직접적인 관련을 가진 것이 아니며, 기원전 6세기 이후에 등장한 불교 상징보다 수천 년이나 앞선 시기의 산물이다. 사마라 토기의 만자 형태 문양은 태양의 회전, 생명의 순환, 풍요와 번영을 상징하는 고대 인류 보편의 기호 가운데 하나였다.

주거와 건축에서도 사마라 문화는 높은 수준을 보여준다. 발굴된 주거지는 대규모 진흙 벽돌 건물로 이루어졌으며, 내부에는 T자형 구조와 여러 개의 방, 벽감(nook), 그리고 외부를 지탱하는 버트레스(buttress) 등이 확인된다. 이는 단순한 움집 수준의 건축에서 벗어난 체계적이고 계획적인 정착 활동을 드러낸다. 이러한 건축 양식은 사마라 사회가 이미 상당한 조직력과 기술력을 갖추고 있었음을 의미한다.

경제 면에서는 초기 관개 농업이 발전했다는 점이 주목된다. 건조한 메소포타미아 환경에서 물을 통제하고 분배하는 기술은 생존을 넘어 공동체의 발전을 가능케 했고, 이는 이후 우바이드 문화와 수메르 문명으로 이어지는 메소포타미아의 고도의 농업 사회에 기반이 되었다. 또한 사마라 사회는 가축 사육, 수렵, 채집을 병행하며 경제 활동을 다변화했다.

사마라 문화의 문양을 두고 종종 인더스 문명이나 아리안족 문화와의 연관성을 언급하는 경우도 있다. 인더스 문명에서도 유사한 반복 기하학적 무늬들이 등장하는데, 이는 특정 문화가 서로에게 직접 영향을 주었다기보다는, 태양과 생명, 시간을 나타내는 원초적 상징을 다양한 지역에서 인류가 공통적으로 창작했음을 보여주는 사례일 것이다. 아리안족이 확산시킨 태양 숭배 사상과도 일정한 맥락에서 비교될 수 있지만, 사마라 문화의 문양은 그보다 훨씬 이른 시기의 자생적 산물로 보아야 한다.

20세기의 독일 나치가 차용한 하켄크로이츠(卐)는 이러한 고대 상징을 정치적 이데올로기의 상징으로 왜곡해 사용한 경우다. 따라서 사마라 토기의 만자형 문양은 불교의 만자와도, 나치의 하켄크로이츠와도 결코 같은 의미를 갖지 않는다. 그것은 훨씬 앞선 선사 시대 인류가 자연과 우주의 질서를 이해하고 형상화한 원초적 상징의 한 모습이었다.

결국 사마라 문화는 초기 신석기 농경 사회에서 메소포타미아 문명이 형성되는 과정의 중요한 연결고리였다. 관개 농업의 발명, 정교한 토기 양식, 계획된 건축, 그리고 상징적 문양들은 모두 이후 메소포타미아의 도시 문명을 낳는 토양이 되었으며, 인류가 자연을 재해석하고 사회를 조직화하는 과정에서 남긴 결정적인 유산으로 자리한다.

하수나 문화(Hassuna Culture)

하수나 문화(Hassuna Culture)는 메소포타미아 북부 신석기 시대의 중요한 문화 단계로, 문명의 기원으로 향하는 길목에서 차지하는 의미가 크다. 이 문화의 이름은 이라크 모술 남쪽에 위치한 하수나 유적지에서 비롯되었는데, 1943년부터 1944년 사이에 이라크 고대유물국이 발굴한 결과, 놀랍도록 발달된 마을 생활의 흔적이 모습을 드러냈다. 하수나 문화는 단순한 생존 단계를 넘어선 정착 사회와 농업, 그리고 초기 교역 활동의 증거를 남기고 있다는 점에서 메소포타미아 문명 형성의 기초를 이해하는 데 핵심적인 단서를 제공한다.

하수나 사람들은 영구적인 집단 정착지를 이루고 농업에 기반한 생활을 했다. 곡물을 재배하고 가축을 기르는 농경·목축 생활이 경제의 중심이었으며, 이는 단순 수렵·채집을 넘어선 새로운 생활 방식을 보여준다. 이 시기 마을들은 소규모 공동체의 형태였지만 이미 일정한 사회적 구조와 조직력을 갖추고 있었음을 발굴 자료가 말해준다.

이 문화의 가장 큰 특징 가운데 하나는 토기 제작의 발전이다. 하수나는 메소포타미아에서 최초로 채색 토기가 만들어진 시기로 알려져 있으며, 이는 세계 고대 토기 사에서도 중요한 전환점으로 꼽힌다. 크림색 바탕 위에 붉은색이나 갈색으로 기하학적 무늬와 동물 문양을 장식한 토기들은 실용성과 미적 감각을 동시에 보여준다. 또 최초로 두 칸을 구분한 가마가 사용되었다는 점은 토기 제작 기술의 큰 진보를 나타낸다. 이러한 기술의 발전은 이후 할라프와 우바이드 문화의 정교한 토기 양식으로 이어졌고, 궁극적으로 메소포타미아 문명기의 도자 문화의 기반이 되었다.

교역 또한 중요한 요소였다. 하수나와 사마라 유적에서 발견된 다양한 물품들은 기원전 6천년경에도 이미 메소포타미아 북부에서 광범위한 교류와 자원 교환이 이루어졌음을 보여준다. 이는 단순히 생필품을 나누는 차원을 넘어, 문양이나 도기 기술 같은 문화적 특징들도 널리 영향을 주고받았음을 암시한다.

매장 관습 역시 주목할 만하다. 튀르베회위크(Türbe Höyük) 유적에서는 16구에 달하는 인골이 확인되었는데, 남성, 여성, 어린이가 함께 묻혀 있었다. 이는 공동 매장지의 형태를 보여주며, 당시 사람들의 장례 의식과 사회적 관계를 엿볼 수 있는 중요한 자료다.

하수나 문화는 결국 메소포타미아 문명이 도시 문명으로 발전하기 전, 농경 공동체 단계에서 어떤 변화가 일어나고 있었는지를 보여주는 결정적인 사례라 할 수 있다. 채색 토기와

우바이드 문화 도마뱀머리 토기인형(Ubaid Culture)

가마 기술, 농업과 정착 생활, 교역과 매장의 다양한 증거는 이후의 할라프 문화, 사마라 문화, 그리고 남부의 우바이드 문화로 이어지는 문화적 흐름의 시원을 형성했다. 다시 말해, 하수나 문화는 메소포타미아가 최초의 문명으로 나아가기 위해 반드시 거쳐야 했던 중간 다리였던 셈이다.

우바이드 문화 (Ubaid Culture)

우바이드 문화의 가장 신비로운 유산 가운데 하나는 흔히 "도마뱀머리 인형(Lizard-headed figurines)"이라 불리는 소형 테라코타 상들이다. 이 형상들은 기원전 5000~4000년경, 메소포타미아 남부의 알-우바이드, 우르, 에리두 같은 초기 정착지에서 출토되었다. 때로는 어머니가 아이에게 젖을 먹이는 모습, 혹은 무언가를 손에 들고 의례적인 자세로 서 있는 모습으로 묘사되며, 얼굴은 인간과는 다른 길쭉한 머리, 커다랗고 기울어진 눈, 파충류나 양서류를 연상시키는 특징을 가지고 있다.

특히 우르에서 발견된 한 피규어는 여성의 모습으로, 아이를 모유 수유하는 장면을 담고 있다. 흥미로운 점은 이 조각상이 지역에서 흔히 만들어진 거친 붉은 기원의 토기가 아니라, 메소포타미아 점토로 정교하게 제작되었다는 것이다. 이는 우바이드인들이 자신들의 전통과 상징을 이주한 지역에서도 적극적으로 전파했다는 사실을 반영한다.

이 형상들은 종종 일상적인 정착지 맥락에서 발견되어, 단순히 무덤이나 성소에 국한된 제의용품만은 아니었던 것으로 보인다. 그러나 그럼에도 불구하고 학자들은 이 조형물에 분명한 상징성이 담겨 있었을 가능성이 크다고 본다. 어떤 연구자들은 이 형상들이 다산과 생식, 혹은 모성의 힘을 기념하는 의례적 물품이라고 해석한다. 또 다른 시각에서는 잃어버린 토템 동물을 상징하거나, 부족 집단의 정체성을 표상한 것으로 보기도 한다. 파충류는 고대 우주론과 종교 상징 체계에서 원초적 힘과 재생력, 혹은 혼돈을 나타내는 경우가 많았기 때문이다.

도마뱀 머리의 형태 자체를 이해하려는 시도도 있었다. 일부 학자들은 이를 실제 신체 변형의 반영으로 본다. 우바이드 사회에서는 두개골 변형(head shaping)이 널리 행해졌고, 고고학적 발굴에서도 그러한 흔적을 가진 인골이 발견되었다. 아기가 태어난 후 머리가 아직 말랑한 시기에 붕대나 도구를 이용해 머리 형태를 변화시키는 이 관습은 사회적 지위나 특정 집단의 정체성을 드러내는 상징으로 추측된다. 그러한 관습의 흔적이 피규어의 '도마뱀 같은 얼굴' 표현으로 이어졌을 가능성도 존재한다.

학계 바깥에서는 더 극적인 해석도 제기되었다. 대표적으로 제카리야 시친 같은 이들은 이를 고대 외계인 또는 '아눈나키'의 모습을 상징한 것이라고 주장하며, 우바이드 인형을 고대 우주비행사 이론과 연결짓는다. 헬멧이나 손목 밴드를 닮은 표현, 비현실적인 육체 비례는 이런 해석의 근거가 되기도 했다. 하지만 고고학의 주류 연구자들은 이 해석을 과학적 근거가 전혀 없는 상상에 가깝다고 본다.

우바이드 문화는 메소포타미아에서 가장 이른 시기의 관개 농업, 사원 건축, 도자기 제작을 이끌어낸 사회였다. 문자 기록은 남아 있지 않지만, 이 문화는 이후 수메르 문명으로 이어지는 문명의 근본 토대를 마련했다. "도마뱀 머리 인형"들은 바로 이 초기 농업 사회의 정신적·종교적 상징을 엿볼 수 있는 드문 창이라 할 수 있다. 우리가 아직 다 해독하지 못한 기호와 신화가 그 속에 숨어 있을 것이며, 그것이 바로 우바이드 문화가 오늘날까지도 계속해서 수수께끼로 남아 있는 이유일 것이다.

수메르 문명과 외계인 이론은 오랫동안 대중문화와 음모론에서 회자되어 온 흥미로운 주제다. 특히 수메르 신화 속에 등장하는 아눈나키(Anunnaki)라는 신들의 존재는, 고대 우주비행사 이론(Ancient Astronaut Theory)에서 자주 외계인으로 해석된다. 이 이론에 따르면 아누나키는 지구에 내려와 인류에게 문명을 전해주었거나, 심지어 인간을 노예처럼 창조해 금을 채굴하게 했다는 주장도 제기되어 왔다. 이런 서술은 성경《창세기》속 인간 창조와 에덴동산 이야기에까지 연결되며, 진흙으로 인간을 빚었다는 수메르 신화의 모티프와 겹쳐진다.

우바이드 시대의 파충류 머리를 한 인물상 또한 외계인과 연관 지어 해석되곤 한다. 커다란 눈, 길쭉한 머리, 뱀이나 도마뱀을 닮은 형태 때문에 '우바이드 도마뱀 인형'은 단순한 상징물이 아니라 외계인의 모습을 기록한 것이라는 주장이 제기된 것이다. 그러나 학계에서는 이들을 주로 종교적 상징, 다산이나 모성, 혹은 사회적 정체성을 나타내는 상으로 해석하며, 외계인 이론은 고고학적 근거보다는 상상력에 기댄 경우가 많다고 본다.

여기서 주목할 부분은 수메르의 에딘(Edin) 개념이다. 수메르어에서 '에딘'은 '평원, 들판'을 뜻하는 단어였고, 티그리스·유프라테스 유역, 곧 인류 문명이 태동한 비옥한 땅을 가리켰다. 수메르 신화 속에서 에딘은 신들이 인간을 창조하고 문명의 기초를 마련한 신성한 장소로 나타난다. 반면 성경에 기록된 에덴동산(Eden)은 인류 최초의 조상 아담과 이브가 살았던 낙원으로 묘사되며, 네 개의 강 피손, 기혼, 힛데겔(티그리스), 유프라테스이 흘러나오는 이상향으로 그려져 있다.

이 두 전승은 여러 면에서 겹친다. 수메르 신화에서 인간은 신들의 피로 범벅된 진흙으로 빚어졌으며, 수고와 노동을 대신하는 존재로 창조되었다. 성경《창세기》역시 하나님이 흙으로 아담을 빚는 장면을 담고 있다. 또한 수메르·바빌로니아 신화와 성경은 신성한 정원, 금단의 나무, 뱀의 등장 등 유사한 모티프를 보인다. 에딘과 에덴이 어원적으로도 연결된다는 점은, 히브리 성서의 창조 신화가 메소포타미아 전통에서 차용되고 재해석되었음을 보여준다.

이러한 전승의 전이는 홍수 신화와도 맥락을 같이 한다. 수메르의 지우수드라, 바빌로니아의 우트나피쉬팀, 그리고 성경의 노아는 모두 거대한 홍수에서 살아남은 인류의 조상으로 그려진다. 같은 문화적 토양에서 파생된 이야기들이 각 전통 속에서 신학적·종교적 필요에 맞게 변형되며 살아남은 것이다.

학문적으로 보자면, 성경의 에덴동산 이야기는 고대 메소포타미아 신화를 단순히 복사한 것이 아니라, 이를 단일신 사상의 틀 속에서 새롭게 재구성한 결과라고 할 수 있다. 다신교적 신화 요소들은 단일신 신학으로 전환되며 도덕적, 영적 의미가 강화되었다. 따라서《창세기》의 에덴동산은 단순한 지리적 장소가 아니라, 인류의 기원과 타락, 그리고 구속의 출발점을 상징하는 신화적 무대가 되었다.

요컨대, 수메르의 에딘과 성경의 에덴은 분명한 연결고리를 갖고 있지만, '외계인 이론'은 학문적으로 설득력을 가지기보다는 상상력의 산물이다. 우바이드 도마뱀 인형이나 아누나키 신화가 외계인의 흔적이라는 해석은 신화학·고고학적 증거보다는 신비주의적 해석에 가깝다. 그러나 그럼에도 불구하고 이 담론들은 인류가 고대 신화를 통해 스스로의 기원과 세계의 의미를 끊임없이 되묻고 재해석해왔음을 잘 보여준다.

고대 메소포타미아 신화와 성경의 창조 신화는 서로 다른 문화권에서 태어났음에도 불구하고, 인류의 기원과 신과 인간의 관계, 세상의 질서에 대해 놀라울 만큼 비슷한 상징과 주제를 공유한다. 이는 고대 근동 지역에서 오랜 세월 동안 신화적 전통이 교류하고 변형되며 전승되었음을 보여주는 흥미로운 사례라 할 수 있다.

우선 두 신화 모두 인간 창조의 재료로 흙(진흙)을 사용한다. 수메르 신화에서는 신들의 노동을 덜어줄 새로운 존재를 만들기 위해, 반란을 일으킨 신 킹구(Kingu)의 피가 진흙에 섞여 인간의 몸이 빚어진다. 성경의 창세기에서도 하느님이 흙으로 아담을 빚고 생기를 불어넣어 살아있는 존재로 만든다고 기록된다. 흙은 인간이 대지와 연결된 유한한 존재임을, 피나 breath(숨결)은 신성한 생명력을 상징한다는 점에서 두 문화는 유사한 상징 체계를 공유한다.

창조의 동기와 인간의 역할 또한 흥미로운 공통점을 지닌다. 메소포타미아 신화에서 인간은 신들의 노동과 고된 일을 대신하기 위해 창조되었다. 그들은 경작을 하고 운하를 파며 제사를 통해 신들을 기쁘게 하는 존재로 규정되었다. 성경에서도 인간은 하느님의 형상으로 창조되어 땅을 경작하고 자연을 돌보며 하느님의 뜻을 실현하는 역할을 맡는다. 비록 동기의 차이는 있지만, 인간이 신의 필요에 의해 창조된 존재라는 점은 동일하다.

신과 인간의 관계를 살펴보면, 두 신화 모두 인간의 위치를 명확히 규정한다. 신(혹은 하느님)이 절대적인 권위를 가지며, 인간은 그 뜻에 복종해야 한다는 점이 드러난다. 메소포타미아 신화에서는 인간의 불순종이 곧 천재지변이나 신의 진노를 불러오며, 성경에서도 인간의 죄와 타락이 낙원의 상실, 홍수와 같은 심판으로 이어진다. 이처럼 죄와 벌, 복종과 불순종이라는 주제가 두 전통 모두에서 중심적인 의미를 지닌다.

세상의 창조 과정 역시 비슷한 구조를 가진다. 메소포타미아에서는 티아마트(Tiamat)라는 혼돈의 바다를 신들이 제압하고 그 몸을 나누어 하늘과 땅을 만드는 서사가 등장한다. 성경에서도 혼돈과 어둠 속에서 하느님의 말씀이 질서를 세우고 빛과 생명을 가져오며 천지가 형성된다. 두 전승 모두 세계는 혼돈에서 질서로 넘어가는 과정을 통해 창조되며, 이 질서야말로 인간과 자연을 감싸는 신성한 구도가 된다.

특히 두 신화에서 가장 두드러지는 공통점은 대홍수 서사다. 《길가메시 서사시》는 신들이 인간의 소란과 죄악에 실망해 홍수를 내려 멸망시키지만, 의로운 인물로 선택된 우트나피쉬팀과 그의 가족만이 살아남는 이야기를 전한다. 성경의 노아 홍수 이야기와 구조적으로 거의 동일하며, 이는 두 신화가 같은 근동 문화권 속에서 기원했음을 잘 보여준다.

장소와 상징에서도 접점을 찾을 수 있다. 수메르 신화에 자주 나타나는 '에딘(Edin)'은 '평원, 들판'을 뜻하며 인간 창조와 문명의 출발점으로 묘사된다. 이는 성경의 '에덴(Eden)'과 어원적으로도 연결되며, 인류가 태초에 신과 가까웠던 낙원을 의미하는 개념이 된다. 금단의 나무, 뱀의 등장, 유혹과 타락의 모티프도 양쪽 전승에서 비슷한 상징적 패턴으로 반복된다.

결국, 수메르 신화에서 인간은 킹구의 피와 진흙으로 창조되어 신들의 노동을 대신하는 봉사자이자 제사자로 살아야 했으며, 성경에서는 흙과 하나님의 숨결로 창조된 인간이 하느님의 뜻을 따르는 존재로 묘사된다. 양쪽 모두 인간을 신성한 질서 속에서 필멸의 한계를 지닌 피조물로 규정하며, 신과의 관계를 자신의 존재 이유로 삼았다는 점에서 뚜렷한 공통점을 드러낸다.

다만 성경은 이 전통들을 단일신 신앙 속으로 재해석하고, 인간 창조에 보다 도덕적·영적 의미를 부여했다는 점에서 차이를 보인다. 수메르가 "신을 위한 인간"을 만들었다면, 성경은 "하느님의 형상을 닮은 인간"을 통해 신과 직접 교제하는 존재로 강조했다. 이 차이는 같은 근원에서 출발한 서사가 각기 다른 문명 속에서 다른 신학적 방향으로 발전했음을 잘 보여준다.

니푸르(Nippur)는 메소포타미아의 고대 수메르 도시로, 현재의 이라크에 위치한 도시이다.

기원전 5천년전에 설립된 니푸르는 수메르, 아카드, 바빌론, 아시리아 시대의 종교와 문화 중심지로서 중요했다. 이 도시는 특히 날씨와 폭풍의 신 엔릴의 주요 사원인 에쿠르 지구라트로 유명했고, 메소포타미아의 종교 수도로 불렸다.

니푸르는 행정 및 상업적 허브보다는 종교적 중심지였다. 점토 태블릿은 법, 문학, 과학 분야의 중요한 문서가 도시에서 생산되었으며, 특히 신화문자와 학교 태블릿이 발견되었다는 것을 나타낸다. 기원전 2천년의 바빌론의 중세로 정치적 중요성을 잃었지만, 종교적 명성은 계속되었다. 기원전 1년 페르시아와 파르티아 시대에 밀레니엄에 버려졌다.

고고학적 발굴을 통해 발굴된 니푸르는 수천 장의 점토판으로 수메르와 메소포타미아의 역사를 조명한다. 오늘날, 유적들, 특히 지구라트와 사찰은 고고학적지로 보존되고 있다.

니푸르(Nippur)는 고대 메소포타미아, 오늘날 이라크 남부에 위치한 중요한 도시 유적지이

엔릴의 지구라트(니푸르)

다. 이곳은 수메르와 아카드, 바빌로니아 등 여러 문명에서 신성한 도시로 여겨졌으며, 특히 바람과 지혜의 신 엔릴(Enlil)의 중심 사원이 자리했던 곳으로 유명하다.

니푸르의 핵심 유적 가운데 하나는 바로 '엔릴의 지구라트(Ziggurat of Enlil)'였다. 이 지구라트는 고대 메소포타미아 건축 양식의 대표적인 사례로 꼽히며, 신에게 봉헌된 신전이자 도시의 종교적 중심지로서 기능했다. 계단식 피라미드 형태로 쌓아 올려진 지구라트는 층층이 올라가는 구조였으며, 그 정상에는 신을 모시는 신전이 자리했다. 이를 통해 지구라트는 단순한 건축물이 아니라 인간과 신을 잇는 상징적 장소로 이해되었다.

니푸르 지구라트의 역사는 기원전 3천 년경까지 거슬러 올라간다. 이후 수차례에 걸쳐 재건과 확장이 이루어졌으며, 특히 아카드 왕조와 우르 제3왕조 시기에 크게 정비되고 웅장하게 완성되었다. 지구라트는 주로 흙벽돌을 사용하여 구축되었고, 아래층에서 위층으로 갈수록 규모가 점점 좁아지는 형태를 취했다.

종교적으로 니푸르는 메소포타미아 세계에서 특별한 위치를 차지했다. 엔릴은 바람과 대기를 주관하는 신이자 도시와 왕권을 수호하는 최고신 가운데 하나였으며, 그의 권위는 메소포타미아 각 왕조가 정통성을 확보하는 데도 중요한 의미를 가졌다. 따라서 니푸르 지구라트는 단순한 성소가 아니라 정치적·종교적 정당성을 뒷받침하는 상징적 공간이기도 했다.

19세기 후반 이후 여러 고고학 발굴이 이루어진 결과, 오늘날 우리가 볼 수 있는 니푸르 지구라트는 대부분 기초부와 일부 벽돌 구조물뿐이다. 긴 세월 동안 풍화와 침식, 모래와 흙에 덮인 채 방치되면서 원형을 온전히 보존하기는 어려웠다. 따라서 현재의 모습은 복원이 제한된 채로 남아 있으며, 그 거대한 흔적만이 당시의 위용을 짐작하게 한다.

니푸르 지구라트는 오늘날에도 고대 메소포타미아 문명을 연구하는 데 빠질 수 없는 유적이다. 그 존재는 종교적 중심지였던 고대 도시의 역할을 보여줄 뿐 아니라, 당시의 건축 기술과 신의 의지에 복종했던 사회 구조를 이해하는 데 중요한 단서를 제공하고 있다.

엘릴의 지구라트(니푸르)

보르시파 지구라트

니푸르와 님루드는 고대 메소포타미아 문명의 깊은 역사와 문화를 보여주는 대표적인 유적지들이다. 각각 수메르와 아시리아 문명의 정신적·정치적 중심 역할을 했으며, 오늘날까지도 많은 연구와 복원 작업이 이어지고 있다.

니푸르: 수메르 문명의 심장

니푸르는 고대 수메르 문명의 중요한 도시로서, 지금의 이라크 알카디시아주에 위치하고 있다. 이 도시는 수메르 신화에서 바람의 군주이자 최고신인 엔릴을 모시는 특별한 종교 중심지로 발전했다. 니푸르에 있는 에-쿠르(E-kur) 신전은 엔릴 신에게 봉헌된 매우 신성한 장소로서, 메소포타미아인은 이 신전을 온 세상과 신을 잇는 '지상 최대의 집'으로 여겼다. 도심에는 거대한 계단식 신전인 지구라트가 흙벽돌로 쌓아올려졌는데, 이는 당시 수메르인의 기술과 예술, 종교적 염원의 결정체였다. 니푸르는 군사·정치적 중심지가 아니라 도시 문명의 종교적·정신적 중심지로서의 상징성이 매우 컸으며, 수메르와 이후 메소포타미아 문명의 신앙, 세계관, 전통 형성에 중대한 역할을 차지했다.

님루드: 아시리아의 찬란한 수도

님루드는 고대 아시리아의 중요한 도시이자, 한때 아시리아 제국의 수도였던 곳이다. 오늘날 이라크 모술 남동쪽에 위치하며, 기원전 13세기 무렵 칼후(Kalhu)라는 이름으로 건설되었다. 아시리아 왕들은 이곳을 제국의 정교한 통치와 군사 전략의 중심지로 삼았으며, 님루드에는 왕궁과 신전, 사자의 관문 등 장대한 석조 건축물과 성벽이 남아 있다. 19세기 이후 다양한 발굴을 통해 많은 아시리아 유물, 예술 작품, 부조, 석상 등이 출토되어 고대 근동 연구의 귀중한 자료가 되고 있다. 최근에도 이라크 정부에 의해 계속 복원이 진행되고 있으며, 2015년에는 IS에 의해 다수의 유적이 파괴되는 아픔을 겪기도 했다. 하지만 님루드는 여전히 아시리아 문명 연구와 세계 문화유산 보호에 있어 각별한 의미를 지닌 도시로 남아 있다.

수메르의 여신 인안나(Inanna)는 사랑, 미, 욕망, 다산, 전쟁, 정의, 정치력 등을 상징하는 여신 / 대영박물관 전시

'밤의 여왕(Queen of the Night)' 혹은 '버니 부조(Burney Relief)'로 알려진 이 유명한 유물은 고대 메소포타미아 예술을 대표하는 걸작 가운데 하나이다. 이 부조는 기원전 1800~1750년경, 고대 바빌로니아 시대에 제작된 것으로 추정되며, 현재는 런던의 대영박물관에 소장되어 있다. 비록 바빌로니아 시대의 작품이지만, 그 도상과 상징은 수메르 신앙을 계승하고 있기에 수메르 문명과 깊은 연결성을 지닌다.

부조의 중심에는 이상화된 나체의 여신이 당당히 서 있다. 그녀는 정면을 응시하며, 양어깨에는 아래로 향한 날개가 펼쳐져 있다. 이러한 표현은 지하 세계와의 연관성을 암시하는 요소로 여겨진다. 여신의 머리에는 메소포타미아 신들의 권위를 나타내는 뿔 달린 왕관이 쓰여 있고, 두 손에는 권위와 정의를 상징하는 '고리와 막대(Rod and Ring)'가 들려 있다. 그녀의 발 아래에는 두 마리의 사자가 버티고 있고, 양옆에는 두 마리의 올빼미가 나란히 서 있다. 사자는 힘과 신성을 상징하며 이슈타르 여신과 자주 관련되었고, 올빼미는 밤과 지혜, 또한 죽음과 연결된 동물로서 이 부조의 신비로운 성격을 강화한다.

이 여신의 정체는 여전히 논란거리이다. 가장 널리 거론되는 후보는 바로 수메르의 인안나이자 바빌로니아의 이슈타르이다. 그녀는 사랑과 풍요, 전쟁의 여신으로 사자와 관련된 도상이 자주 발견된다. 그러나 이슈타르의 날개는 보통 위를 향해 묘사되는 경우가 많아, 이 부조의 표현과는 차이를 보인다. 또 다른 설로는 지하 세계의 여왕이자 이슈타르의 자매인 에레슈키갈이 꼽힌다. 내려앉은 날개와 올빼미, 사자와의 연결성은 저승을 다스리는 여신의 성격과 잘 맞아떨어진다. 다만 에레슈키갈이 다른 예술작품에 묘사된 사례가 드물다는 점이 문제로 지적된다. 또 다른 가설로는 날개 달린 여성 악령 '릴리투(Lilitu)' 혹은 '릴리스(Lilith)'와 연관 지으려는 해석도 있다. 후대 유대 전승에서 올빼미와 밤의 존재로 해석된 그녀가 떠오르지만, 이 부조의 제작 시기와 직접적인 관련성을 찾기에는 근거가 부족하다.

따라서 현재 학계에서는 이 부조의 주인공을 '이슈타르' 혹은 '에레슈키갈'로 보는 시각이 가장 유력하다. 분명한 사실은, 이 부조가 고대 메소포타미아의 종교와 상징 체계를 집약해 보여주는 탁월한 예술 작품이라는 점이다.

'밤의 여왕' 부조는 구운 점토로 정교하게 빚어진 예술적 완성도 뿐 아니라, 그 신비로운 상징과 여전히 베일에 싸인 여신의 정체 때문에 오늘날까지도 학자와 일반인 모두에게 깊은 관심과 탐구의 대상이 되고 있다.

기원전 3000~2000년경 수메르 왕국 고대 도시 우르크에서 발굴된 설화석고(alabaster)로 만든 사제상이 토기 항아리 안에 안치된 모습

우르크는 기원전 3000년경 메소포타미아 남부에 번영했던 도시로, 수메르 문명에서 정치와 종교의 중심지 가운데 하나였다. 이 시기 우르크의 대표적 권력자는 흔히 '사제 왕'으로 불리는데, 그는 인간과 신을 이어주는 존재이자 동시에 도시를 다스리는 통치자였다. 발굴된 유물 속 사제 왕의 모습은 세밀하게 조각되었으며, 전통적인 필렛(머리띠)을 두르고, 풍성한 수염을 기르고 있으나 콧수염은 없으며, 허리에 치마를 묶은 모습으로 표현되어 있다. 이러한 묘사는 그의 권위와 종교적 위상을 드러내는 상징적인 요소로 이해된다.

수메르인의 장례 풍습 가운데 두드러지는 특징 중 하나는 '옹관묘'이다. 옹관묘란 큰 항아리 안에 시신을 안치하는 매장 방식으로, 수메르 초기부터 널리 사용되었다. 특히 어린아이와 청소년 시기의 시신을 옹관에 매장하는 경우가 많았으며, 이는 아이들의 죽음을 특별히 다루고 보호하려는 문화적 배려와 관련이 있었다. 옹관은 단순한 관이 아니라, 아이들이 사후 세계로 안전하게 건너가도록 돕는 상징적 그릇이었다.

옹관은 주로 가옥 내부, 즉 집 바닥 아래 묻히는 경우가 많았다. 이는 죽은 이들과 살아 있는 가족을 같은 공간에서 함께 두어, 조상과 후손이 단절되지 않고 이어진다는 의미를 담았다. 집이라는 생활 공간과 죽음의 공간이 분리되지 않고 공존하는 방식은 수메르인들의 독특한 세계관을 잘 보여준다. 어린 아이의 옹관묘에서는 장난감이나 작은 부장품이 함께 발견되기도 했는데, 이는 사후 세계에서조차 생전처럼 보호받고 존중받기를 바라는 마음이 담겨 있었음을 알 수 있다.

한편 성인의 경우에는 옹관이 아닌 별도의 무덤이나 공동묘지가 사용되는 경우가 많았다. 이들 무덤은 규모가 크고 부장품이 화려했으며, 종종 복잡한 구조를 띠기도 했다. 따라서 옹관묘는 상대적으로 단순했지만, 특히 어린아이 매장을 위해 선택된 독특한 방식으로 자리 잡았다.

주목할 부분은 옹관과 사제상 혹은 권력자의 결합이다. 발굴된 일부 유물에는 옹관 안에 앉아 있는 사제의 모습이 조각되어 남아 있다. 얼굴과 의복, 수염, 머리 장식이 세밀하게 표현된 이 인상적인 조각은 단순한 장례 묘사라기보다는 종교적 상징을 담은 연출이었다는 해석이 지배적이다. 실제로 이는 매장된 인물을 그대로 재현한 것이라기보다, 사제의 신성함과 권위를 강조하기 위한 조형적 장치였다고 여겨진다.

일부 연구자들은 옹관 안에 앉아 있는 인물을 아시리아 왕과 연결 지으려는 해석도 제기했지만, 시대적 간극과 문화적 차이를 고려할 때 현재로서는 상징적 연출로 보는 견해가 더 설득력이 있다. 이는 수메르 사회에서 종교와 권력이 밀접히 결합해 있었으며, 옹관 자체가 단순한 매장 도구를 넘어 신성한 보호와 정치적 권위를 함께 담은 장치였다는 점을 보여준다.

결국 수메르의 옹관묘는 단순한 장례 시설 이상이었다. 그것은 죽음 이후 세계에 대한 믿음, 가족과 조상의 연속성에 대한 인식, 그리고 종교와 권력을 정당화하는 사회 구조가 복합적으로 얽힌 상징적 유산이었다. 옹관의 형태와 장식은 당시 토기 제작의 높은 기술력과 미감을 반영했고, 옹관 안의 사제상은 수메르 사회가 종교적 권위와 정치적 권력을 하나로 이해했음을 잘 드러내고 있다.

기원전 2900-2550년경, 수메르 문명에서의 기도는 단순한 종교 행위를 넘어 신과 인간 사이의 절대적 연결을 표상하는 깊은 사회적·문화적 실천으로 자리잡았다. 수메르인들은 신성한 평화와 보호를 갈망했고, 그 의식은 음악과 함께 진행되었으며, 신성한 교감을 상징적으로 완성하는 중요한 통로였다.

이러한 기도의 집행에는 수메르 여신 인안나(Inanna)의 성직자인 '갈라(Gala, 아카드어 KalU)'

텔 아스마르 호드 (Tell Asmar Hoard)라고 불리는 수메르 시대의 예배자 조각상, 뉴욕 메트로폴리탄 박물관 전시

가 중심 역할을 했다. 이들은 사찰과 궁전에서 뛰어난 위상을 누리며 종교뿐만 아니라 문화 전반에 깊은 영향을 미쳤다. 갈라 성직자들은 신성한 노래와 음악으로 의례를 이끌었고, 공동체의 안녕과 번영을 위해 다양한 의식에서 핵심적 위치를 차지했다. 수메르 사회에서 신과의 연결은 일상에서 결코 분리될 수 없는 실질적 현실로 받아들여졌다.

기도 의례의 중심에는 '오란트(기도하는 자)의 동상'이라 불리는 특별한 조각상이 있었다. 이 동상들은 실제 신자들을 대리하는 상징적 존재로, 살아있는 신자가 죽거나 자리를 떠났을 때에도 기도의 지속성을 담보하는 역할을 했다. 오란트 동상은 사찰 내에서 중요한 장소를 차지했으며, 종교와 예술이 결합된 존재로 존중받았다.

19331934년 이라크 텔 아스마르(Tel Asmar) 지역의 아부신 사원에서 12개의 기도상이 발굴되었는데, 이들은 사원의 바닥 아래 묻혀 있었다. 각 동상은 기원전 29002500년경 제작된 것으로, 높이는 21~28㎝에 이르고, 8개는 석고로, 나머지는 알라바스터(대리석의 일종)로 만들어졌다. 남성 동상은 허리와 허벅지를 장식끈 킬트로 감싼 모습이었으며, 거의 대부분은 긴 머리카락을 대칭으로 두 갈래로 나눈 형태였다. 단 한 명의 대머리나 면도한 인물을 제외하고, 이들은 절도있고 정제된 모습으로 상징적 신앙의 표본을 보여준다. 동상의 눈은 흰 껍질과 검은 석회암으로 매우 큼직하고 생생하게 묘사되었으며, 한 동상은 푸른색 라피스라줄리로 동공을 표현했다. 이러한 세밀한 특징은 동상이 단순한 장식물이 아니라 실존 신자를 대신하는 대리모임을 보여준다. 실제로 일부 동상에는 신이나 사제에게 바치는 이름과 간절한 메시지가 새겨져 있어, 원시적이지만 진정성 있는 기도의 흔적을 남긴다.

기원전 제1천년의 수메르 기도는 종교 의식과 사회적 실천이 결합된 복합적 현상이었다. 신들은 인간과 일상을 직접적으로 연결하는 존재였으며, 사제와 동상의 역할을 통해 공동체의 신앙 체계와 문화적 가치가 구체적으로 구현됐다. 오란트 동상은 신성함과 기도의 영속성을 보장하며, 신자와 신을 가시적으로 이어주는 중요한 매개체였다. 수메르 사회에서 절대적인 신앙과 일상, 그리고 의례의 결합은 오늘날까지도 고대 신앙 연구의 매우 귀중한 자료로 남아 있다

기원전 5,500년경, 메소포타미아의 수메르인들은 태양계를 세밀하게 묘사한 점토 별 지도를 제작했다. 이 고대 유물은 수메르인이 하늘을 관찰하고 천체를 체계적으로 기록한 놀라운 천문학 지식을 반영한다. 특히 태양을 중심 별로 표현하며, 그 주위를 도는 행성들이 상

수메르 항성 지도(Sumerian Star Map)

세히 새겨져 있어 초기 천문학의 정교함을 보여준다.

19세기, 이라크 니네베의 아슈르바니팔 왕 지하 도서관에서 발견된 원형 점토 태블릿은 기원전 650년 것으로 알려졌지만, 컴퓨터 분석 결과 실제로는 수메르 시대인 기원전 3300년경에 만들어진 것으로 밝혀졌다. 이 태블릿은 세계 최초의 천문관측 기기인 아스트롤라베와 유사한 점토 디스크로, 별자리와 각도 측정 단위를 포함한 별지도가 새겨져 있다.

기원전 첫 천년기에는 이라크 전역에서 천문학 활동의 증거가 발견된다. 달, 태양, 행성 주기의 관측과 계산, 일식과 월식의 예측, 그리고 천체 사건의 해석까지 다양한 천문학적 연구가 진행되었다. 이러한 지식은 그리스, 인도 등 다양한 문화로 전파되어 현대 천문학의 기초가 되었다.

수메르인들은 별자리를 신화와 결합시켜 28개의 별자리를 '엔릴의 길'이라고 불렀으며, 이 별자리는 농업 달력과 밀접한 관련을 맺었다. 점토판에는 행성 움직임과 천문학적 사건도 기록되어 있는데, 이는 단순 관찰을 넘어선 체계적인 기록이다.

이 외에도 우르 지역에서 발견된 초기 왕조 시대의 도자기 배에는 별이 새겨져 있어 고대부터 천체를 중시했던 수메르인의 신앙과 과학적 관심을 엿볼 수 있다.

이처럼 수메르인들은 과학과 신비주의가 어우러진 고대 세계의 천문학자로서, 하늘과 우주에 대한 깊은 이해와 탐구를 통해 인류 문명에 큰 기여를 하였다. 이러한 유산은 오늘날 천문학과 점성술에도 이어져, 인류가 우주를 바라보는 시각의 뿌리가 되었음을 보여준다.

님마누 신

수메르 고대 도시 라가시의 님마누 신은 고대 메소포타미아 지역의 풍요와 질서, 왕권의 신성성을 대표하는 신으로서, 라가시의 도시적 정체성과 깊이 연결되어 있다. 님마누(Nimanu) 신은 도시의 수호신이자 통치자의 권위 근거였으며, 신화적 기록에서는 '창조와 질서의 원초적 힘' 또는 '하늘과 땅의 주인'이라는 신적 이미지를 가지고 있었다. 님마누 신앙은 라가시의 지배 계급과 도시 공동체 전체에서 존경받았고, 신전 봉헌과 왕실 즉위, 영토 분쟁의 명분 등 사회·정치적 구조에서 매우 중요한 역할을 했다.

수메르에서 왕권은 신성한 질서의 실현으로 여겨졌으며, 라가시의 왕들은 대부분 자신이 님마누 신의 선택과 임명에 의해 왕권을 쥔다고 주장했다. 왕은 님마누의 현신이자 대리자

로 통치하며, 신전 건립, 운하 개척, 군사 행동 등 모든 주요 정책의 정당성을 신의 뜻에 근거해 선언했다. 또한 농경과 관개, 풍요의 주관자로서 도시의 번영이 님마누 신의 은총에 달려 있다고 믿었으며, 이를 인정하지 않는 자에 대해선 신의 재앙이나 저주가 임할 것이라 경고했다.

님마누 신은 이웃 도시 신들과도 신화적 교차점이 많았다. 예를 들어 닝길수(Ningirsu)나 바우(Bau), 난셰(Nanshe) 등과 협력하거나, 신화 속에서 역할이 통합·분화되는 바가 많았는데, 이는 수메르 신화 자체가 여러 신들의 기능과 상징이 융합되어 발전하는 특징을 갖기 때문이다. 님마누가 맡은 창조, 통치, 농경·질서의 기능은 이후 근동 신화에서도 '최고신' '주권신'이라는 형식으로 계속 계승되었고, 루브르박물관 도록 등에서는 님마누 신이 근동 최고신 엘(El)과 직접 연결된 기원적 존재로 간주되고 있다.

오늘날까지 남은 님마누 신상은 라가시와 수메르 문명의 예술적·종교적 깊이를 보여주는 대표적 유물로 평가받는다. 조각상은 제례용 혹은 신전 봉헌의 중심물로 기능했으며, 당시 라가시인의 공동체적 정체성, 왕권, 신앙의 집약적 상징이었다. 특히 이 유물을 통해 수메르 문명은 고대 근동 전체 신화 구조와 종교 전통의 기원적 원형을 제공했다는 평가를 받고 있다.

결국 님마누 신은 라가시라는 도시국가의 총체적 상징이자, 수메르와 근동 신화의 중심축을 이루는 존재이다. 왕권·통치·질서, 풍요와 창조의 원천, 강한 신화적 전통과 예술적 상징을 함께 지닌 님마누 신은 오늘날에도 고고학, 신화학, 종교사 연구에서 끊임없이 조명되고 있다

엘 신

엘 신은 가나안 신화에서 만신전의 최고신이자 창조주로서 우주와 신들의 질서를 총괄하는 위엄 있는 존재로 여겨졌다. 그는 만물의 아버지이자 신들 사이의 회의를 주재하는 궁극적 권위자였으며, 신과 인간 모두의 아버지라는 위상을 지녔다. 엘은 주로 늙고 지혜로운 왕의 모습으로 그려졌고, 지혜와 자비, 그리고 최고의 권위를 주요 속성으로 하여, 질서와 창조, 신성한 심판의 영역에서 경외의 대상이 되었다. 가나안 사회에서는 엘을 신성한 질서와 창조, 최고 권위의 상징으로 숭배했으며, 그의 존재는 다소 초월적이고 인간의 일상과는 거리가 있는 신으로 인식되었다. 엘 신에게 드려진 제의는 특정 시기나 공동체의 필요에 따라 이뤄졌고, 창조와 지혜, 신들의 회의 등 초월적 주제가 숭배의 중심이 되었다.

가나안 최고 신 엘(티)

반면 샤마쉬 신은 메소포타미아 사회에서 태양의 빛으로 세상을 밝히고 정의와 법을 집행하는 신으로 광범위하게 숭배되었다. 그는 수메르, 아카드, 바빌로니아, 아시리아 등 메소포타미아 전역에서 중요한 신 가운데 하나였다. 샤마쉬는 단순히 광명의 신이 아니라, 법과 정의, 진실, 공정한 재판, 질서를 유지하는 역할을 맡았다. 그의 상징은 태양, 튤니 칼, 독수리 등으로 표현되었고, 실제로 함무라비 법전이나 길가메시 서사시 등에서 정의로운 역할의 구심점으로 나타난다. 샤마쉬는 인간의 삶에 밀접하게 개입하는 신으로서, 일상적인 제의와 맹세, 접수와 치유의 의식, 사회적 재판 등 다양한 영역에서 신전의 중심적 존재였다. 메소포타미아 사회에서 샤마쉬의 신전은 종교적 기능뿐 아니라 사회, 경제, 법률, 정치의 중심지로도 작동했다. 신과의 관계 역시 인간의 삶에 직접적으로 영향을 미치고 개입하는 '가까운 존재'로 받아들여졌다.

두 신은 고대 근동 세계에서 모두 중요한 위치를 차지했지만, 엘 신이 초월성과 창조, 궁극적 권위의 상징이었다면, 샤마쉬 신은 정의와 법치, 일상생활에 직접적인 영향을 주는 현실적 신의 모습으로 각자의 문화권에서 서로 다른 역할과 의미를 보여주었다.

이라크 남부 수메르 우르의 왕실 묘지 중 하나인 '대 죽음의 구덩이'에서 발견된 이 은색 수금은 기원전 2600년에서 2400년경에 제작된 고대 악기이다. 4,000년 전 메소포타미아에서 연주되었던 이 수금은 고대 사회에서 축하 행사와 의식에서 중요한 역할을 했다.

수금은 프레임과 튜너, 현 등 오래 전에 붕괴된 나무 부품들을 깁스로 복원한 현대 재현품이다. 악기 머리에는 은으로 만든 황소 머리가 부착되어 있으며, 그 눈은 조개껍질과 라피스라줄리로 장식되어 있었다. 수금의 앞면에는 언덕 위의 사슴과 나무, 염소를 공격하는 사자, 가젤을 공격하는 사자 등이 세밀하게 묘사된 은색 패널이 장식되어 있다. 또한 사운드박스의 가장자리는 조개껍질과 라피스라줄리 쉐입의 좁은 테두리가 둘러싸고 있다.

이 악기는 1926~1927년 우르 왕립 묘지에서 고고학자 레너드 울리 경에 의해 발굴되었으며, 당시 발견된 가장 이른 시기의 현악기 중 하나로 평가받는다. 금, 라피스라줄리, 조개껍질 등 귀한 재료와 뛰어난 장인정신이 담긴 황소 머리 장식은 왕과 태양신 샤마쉬 사이의 신성한 연결을 상징한다. 이 수금은 수메르인들의 고도의 금속공예 기술과

수메르 우르의 왕실 묘지 발견된 은색 수금

풍부한 문화적, 종교적 신념을 반영하는 동시에, 인류 최초 문명 가운데 하나인 메소포타미아 문명의 중요한 문화유산임을 보여준다.

오늘날 이 유물은 대영박물관에 소장되어 있어 고대 메소포타미아 음악과 예술을 연구하는 데 귀중한 자료로 활용되고 있다.

수메르 황소머리 리라는 기원전 2600년경 우르 왕실 묘지에서 발굴된 대표적인 유물로, 고대 메소포타미아 예술과 장인정신의 극치를 보여준다. 이 황소머리는 리라(수금)의 공명 상자 윗부분에 장식되어 있고, 전체 리라는 길이 97㎝, 높이 110㎝에 달하는 대형 악기였다. 머리는 순금으로 정교하게 만들어졌으며, 눈은 청금석(lapis lazuli)으로 장식하고 조개껍질이 함께 사용되어 귀한 재료와 정교한 조각 기법이 돋보인다.

황소는 고대 수메르에서 힘과 풍요를 의미하는 신성한 동물이었으므로, 왕실이나 종교 의식에서 황소머리 리라는 특별한 상징적 의미를 가졌을 것이다. 우르의 황소머리 리라는 그 자체로 수메르인의 예술 감각과 장인 능력을 증명할 뿐 아니라, 당시 사회의 문화와 종교, 왕실 장례 의식의 모습을 생생하게 전해 준다. 이 유물은 우르 왕실 묘지에서 다양한 부장품들과 함께 발견되어, 고대인들의 매장 풍습과 장례 문화를 이해하는 데 중요한 자료로 여겨진다. 수메르 황소머리 리라는 고대 메소포타미아 문명을 대표하는 예술품 중 하나이다. 기원전 2600년경, 수메르의 도시 우르 왕실 묘지에서 발굴된 이 유물은 리라라는 현악기의 공명 상자 맨 위에 황소의 머리를 정교하게 조각해 올려 장식한 것이 특징이다. 리라는 길이 97㎝, 높이 110㎝로 매우 크며, 황소 머리 부분은 황금, 청금석 (lapis lazuli), 조개껍질 등 귀한 재료로 만들어

수메르 황소머리 리라 / 대영박물관

졌다. 청금석으로 빛나는 눈동자와 빛나는 금빛 황소머리는 당시 장인들의 뛰어난 예술 감각과 정교한 기술을 보여준다.

황소는 수메르인에게 힘, 풍요, 신성을 상징하는 존재였다. 이런 이유로 왕실이나 종교적 의식에서 황소머리 리라는 특별한 의미를 지니는 상징이었다. 실제로 우르의 황소머리 리라는 장례·제의 의식, 혹은 왕실 음악 행사에서 사용되어 당시 문화의 정교함과 사회적 중요성을 보여준다. 이 리라는 우르 왕실 묘지의 여러 유물 중 하나로, 당시 고대인의 매장 풍습, 사후세계관, 신앙 구조를 이해하는 데 소중한 단서를 제공한다. 황소머리 리라는 수메르 문명 예술과 장인의 손길, 종교적 상징성 모두를 집약한 고대 유적의 진정한 걸작이다

우르의 깃발(Standard of Ur)은 수메르 문명을 대표하는 걸작으로, 약 기원전 2600~2400년 경 제작된 초기 청동기 시대의 유물이다. 1920년대 고고학자 레오나드 울리가 우르 왕릉에서 발굴한 이 작품은, 속이 빈 목재 상자의 외면을 조개껍데기, 청금석, 적색 석회암으로 장식한 정교한 상감 기법으로 제작되었다. 현재 남아 있는 모습은 복원된 형태이지만, 당시 목재 표면에 비투멘을 접착제로 사용하여 색과 질감이 다른 재료들을 정밀하게 박아 넣은 사실을 잘 보여준다.

이 유물의 두 면은 각각 전쟁과 평화를 상징한다. 전쟁 면에서는 병사들의 전투, 포로의 행렬, 그리고 전차 위에서 승리를 선포하는 왕의 모습이 묘사되어 있다. 평화 면에서는 왕과 귀족이 연회를 즐기며 음악과 함께 축제를 벌이는 장면이 나타난다. 이 두 얼굴은 수메르 사회가 전쟁과 정복, 그리고

우르의 깃발(Standard of Ur), 대영박물관

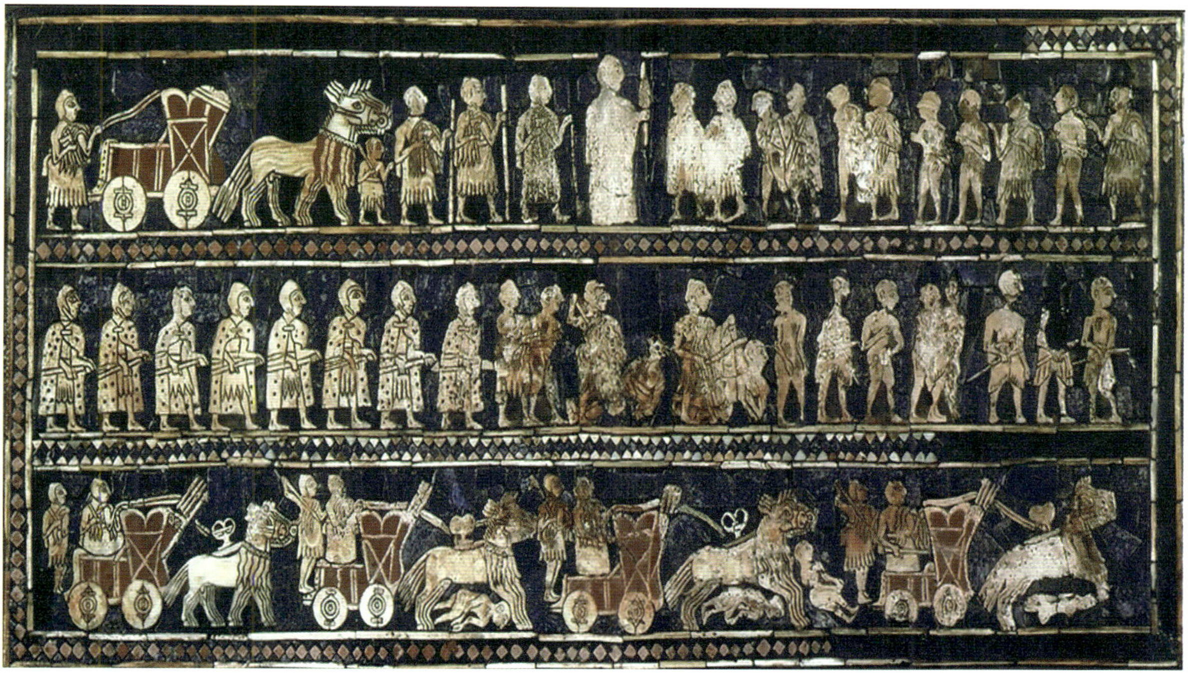

번영과 풍요라는 양면성을 동시에 지닌 문명임을 잘 드러내며, 왕권과 통치의 정당성을 시각적으로 표현하는 강력한 수단이었다.

우르의 깃발에 사용된 상감 기법은 단순한 장식이 아니라 사회적, 정치적 의미를 지닌 예술적 장치였다. 조개껍데기는 피부와 의복에 은은한 흰 빛을 더했고, 청금석은 짙은 푸른빛으로 왕의 권위와 신성함을 강조했으며, 적색 석회암은 대비를 강화하여 장면의 생동감을 높였다. 이처럼 색채와 질감의 대비는 수메르인이 다채로운 재료를 이용해 예술과 권위를 동시에 표현한 중요한 시도였다.

흥미롭게도, 이러한 상감 기법은 한국의 자개 상감과 일정한 유사성을 보인다. 고려청자의 상감 문양이나 조선시대 나전칠기에서 보이듯, 한국에서도 조개껍데기를 얇게 잘라 표면에 박아 넣는 기법이 발달했다. 두 전통 모두 자연의 재료를 바탕에 끼워 넣어 광택과 무늬를 내는 점, 정교한 세공 기술이 동원된다는 점, 그리고 사회적·문화적 함의를 담는다는 점에서 연결된다. 그러나 차이점도 분명하다. 수메르 상감은 권력과 신성함을 강조하는 정치적·상징적 성격이 강했던 반면, 한국의 자개 상감은 생활 용품과 예술품을 아름답게 꾸미는 데 사용되었다. 재료 사용에서도 차이가 뚜렷한데, 수메르는 청금석과 적색 석회암 같은 반귀석과 금속을 함께 활용했지만, 한국은 주로 자개와 옻칠, 때로는 은입사 같은 기법을 결합했다.

이러한 비교는 인류가 시공간을 초월해 비슷한 예술적 원리를 공유했다는 사실을 말해 준다. 6천 년이라는 시간과 거대한 공간적 거리를 넘어, 서로 다른 문명은 모두 자연의 재료를 활용해 권위와 아름다움을 표현하려 했다는 점에서 문화적 연속성과 창의성을 보여준다. 수메르의 상감 기법과 한국의 자개 상감은 각각 동서 문명 속에서 발전한 독자적 예술 전통이지만, 동시에 인류 공동의 미적 감각이 만들어 낸 매혹적인 평행선이라 할 수 있다.

고대 메소포타미아에서 사용된 점토 태블릿은 세계 역사상 가장 오래된 문서 기록 매체로, 수메르인들이 수천 년 전부터 쐐기문자를 사용하여 다양한 형태의 기록을 남긴 것이다. 특히 상업과 회계 분야에서 사용된 계약서들은 경제 활동의 투명성과 법적 효력을 확보하는 데 중요한 역할을 했다. 한 예로, 5000년 전 작성된 점토 태블릿에는 보리 29,086개를 37개월에 걸쳐 납품하는 계약 내용이 상세히 기록되어 있다. 이는 계약자 쿠심이 체결하고 기록

회계사가 사인한 5000년전 메소포타미아 태블릿. 이 태블릿은 37개월만에 보리 29,086개를 납품하고 계약은 쿠심이 기록하고 체결한 것으로 나타나는 상업적 계약 점토판이다.
기원전 약 3100~2900년, -우르크 출토

수메르어	한국어 (뜻 및 설명)	수메르어	한국어 (뜻 및 설명)
안울(Annu) 최고 신	한울 (하늘의 고대어)	Bad 발 발	발 (Bat) 발, 田
안 (An) 天	한 (Han) 天	Na 나 나 1인칭	나 Na 나, 我
기르(Gir)	길 (Gil) 路	Ge 그 3인칭	그 Ge 3인칭
라 (Ra) ~ 에서	로 (Ro) 조사	이 1인칭	이 지시대명사
아비 Abi 아버지	아비 (Bo) 夫	Uhma 으마엄마 母	엄마 Uhma 엄마 母
님 Nim 님 任	님 (Nim) 사람 任		

한 공식 문서였다.

이러한 수메르 계약서는 계약 당사자, 대출 금액, 금리, 상환 조건 등 세부사항 뿐 아니라, 담보물과 보증에 관한 조항도 포함한다. 담보로는 토지나 재산이 걸렸으며, 때로는 제3자가 보증하는 경우도 있었다. 계약의 법적 강제력은 당시 법률에 의해 보호되었으며, 분쟁 시 법원에서 해결이 가능했다. 나아가 계약 증인으로 신이나 왕을 불러 도덕적·종교적 무게를 더한 일도 있었다.

만약 계약자가 빚을 갚지 못하면, 본인 또는 가족
이 채무노예가 되어 대출인에게 노동을 제공하는 제
도도 시행되었다. 이 관행은 주기적으로 부채 용서와
함께 조절되었으며, 사회적 위기 상황에서도 반복되
었다.

결과적으로, 고대 수메르의 대출과 계약 제도는 점
토 태블릿에 서면으로 명확히 기록됨으로써 신뢰성
과 집행 가능성을 갖추었으며, 이는 세계 최초의 복합
사회 중 하나였던 수메르에서 부채 관리, 무역, 노동
관계를 효과적으로 규제하는 데 기여했다. 이 태블릿

기원전 4천년전 수메르 우르 출토 바퀴

들은 오늘날 루브르 박물관 등 주요 박물관에서 확인할 수 있다.

보리 납품 계약을 비롯해, 농지와 주택의 매매, 상업 거래, 사법 기록 등 문서로 남겨진 다
양한 자료들은 수메르 사회의 경제활동과 법률 체계를 이해하는 중요한 열쇠이다. 이렇게

체계적인 기록 문화는 인류 문명사의 시작점을 뚜렷하게 보여주며, 당대 사회의 복잡성과 조직력을 반영한다.

차량과 전차에서 사용을 가능케 했던 휠과 축의 조합은 기원전 3500년경에 나타났을 것으로 보인다. 하지만, 운송을 위한 휠축 시스템의 가장 오래된 물리적 증거는 메소포타미아에서 온 것이 아니라, 슬로베니아 류블랴나 인근의 늪지대(Ljubljana Marshes)에서 발견된 약 5,200~5,500년 된 나무 마차 바퀴는 선사 시대의 중요한 유물로, 유럽에서 가장 오래된 바퀴로 밝혀졌다. 이 발견은 각 지역에서 휠축 시스템의 확산과 독립적인 발전을 강조하며, 초기 운송 기술에서 휠의 중대한 역할을 보여준다.

사르곤 대왕의 탄생 설화는 고대 메소포타미아가 남긴 가장 드라마틱한 이야기 가운데 하나다. 전설은 약 4000년 전의 어느 순간, 한 아기가 바구니에 담겨 유프라테스 강물 위를 떠내려가는 것으로 시작된다. 그 아이를 발견한 이는 정원사 아키였고, 그는 운명처럼 아이를 품어 아들로 길렀다. 훗날 그 아이는 정원사의 뒤를 이어 같은 직업을 가졌으며, 키시의 우르-자바바 왕을 섬기는 술잔 주자로서 궁정에까지 오르게 된다. 그러나 그의 운명은 평범한 시종의 삶에서 끝나지 않았다. 꿈속에서 피의 강에 자신을 던진 젊은 여인의 환영을 본 아이는 그 불안한 예감을 왕에게 고백했고, 왕은 두려움에 사로잡혀 그를 제거하려 했다. 하지만 소년은 기적처럼 살아남아 결국 왕위에 오르게 되었다. 그는 아카드어로 '정당한 왕'을 뜻하는 이름, 샤루킨 - 곧 사르곤이라 불리며, 메소포타미아 최초의 제국을 건설한 통치자로 기억된다.

이 전설은 성경에 기록된 모세의 이야기와 자주 나란히 놓여 비교되어 왔다. 두 이야기 모두 아이가 태어나자마자 생명의 위협을 받는다는 공통된 긴장 속에서 시작된다. 사르곤은 강물에 띄워진 갈대 바구니 속에서 정원사에게 구조되었고, 모세는 나일강 갈대 숲 속에 숨겨졌다가 파라오의 딸에 의해 궁정으로 들어가게 되었다. 두 영웅 모두 원래의 부모가 아닌 다른 이에게 길러졌으며, 비천해 보이는 출발선에서 출발했으나 결국 민족과 나라를 이끌 지도자로 성장하게 되었다는 점에서 유사성이 뚜렷하다.

그러나 두 이야기 사이에는 중요한 차이도 존재한다. 사르곤은 신전과 연결된 고귀한 어

머니로부터 태어났지만 아버지는 알려지
지 않았으며, 이후 평범한 가정에서 성장
했다. 반면 모세는 히브리 노에 가문에서
태어났으나 왕궁 속에서 자랐다. 또한 설
화의 목적도 다르다. 사르곤의 탄생 이야
기는 거대한 제국을 세운 왕의 권위를 정
당화하려는 정치적 의미를 띠지만, 모세의
탄생 이야기는 억압받던 민족을 이격의 땅
으로 인도할 구원자의 등장을 설명하는 신
학적 의미가 강하다.

역사적 시간 차이 또한 큰데, 사르곤은
기원전 24세기의 인물로 알려져 있으며,
모세는 일반적으로 기원전 13세기 무렵에
활동한 것으로 여겨진다. 따라서 최소 1천
년 이상의 간극이 존재한다. 이 때문에 학
자들 가운데는 모세의 서사가 사르곤 설화

사르곤 대왕의 두상
기원전 약 2300~2000년, 초기 청동기 시대
이란 또는 메소포타미아 출토, 구리 합금, 높이 34.3㎝
메트로폴리탄박물관 소장

의 영향을 받았을 가능성을 제기하기도 하고, 혹은 단순히 고대 근동 전역에 유행했던 '영웅
의 탄생 신화'라는 서사적 틀이 서로 다른 문화권에서 반복된 것이라고 보기도 한다.

이렇듯 두 영웅의 탄생을 둘러싼 놀라운 유사성은 단순한 이야기의 비슷함을 넘어, 고대
근동 세계가 서로 긴밀하게 이어져 있었음을 보여준다. 물 위를 떠내려가는 바구니 속의 아
이는 생존을 넘어 권위와 구원의 이미지로 발전했고, 각기 다른 민족의 기억 속에서 다시 태
어나 지금까지 전해지고 있다.

5-2. 샨르우르파 고고학 박물관의 길가메쉬 서사시 수메르 점토판 원본

"Original Sumerian clay tablets of the Epic of Gilgamesh at the Şanlıurfa Archaeology Museum."

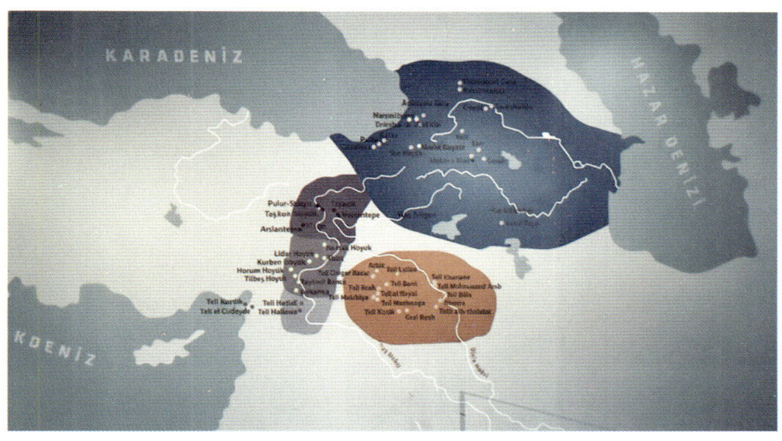

1. Northern Syria Cultures - 북 시리아 문화권

2. South of the Taurus Mountains - 토로스산맥 남부

3. Upper / Middle Euphrates Cultures - 유프라테스강 상·중류 문화권

4. North of the Taurus Mountains - 토로스산맥 북부

5. Upper Euphrates Cultures - 유프라테스강 상류 문화권

6. Transcaucasus Cultures - 트란스캅카스(남캅카스·남코카서스) 문화권

7. Ninawa 5 Cultures - 니네베 문화권

현장 조사와 직접 촬영한 유물 비교, 그리고 여러 최신 연구와 고고학 자료에 따르면, 동서문화 교류는 실제 유라시아 대륙 전역의 신석기-청동기 유물 분석 결과와 긴밀히 맞닿아 있다.

하상주 초기 갑골 점복의 주역적 체계는 실제 산동, 요령, 내몽골(오르도스), 적봉, 그리고 시마오·홍산문화 유적에 뚜렷하게 기반을 두고 있다. 이 지역에서 출토된 유물—청동 삼족솥, 도기, 세형동검, 옥기 및 회화적 문양—의 조형성과 기술, 상징 체계는 아나톨리아(튀르키예 산르우르파, 차탈회위크 등)와 메소포타미아 신석기·청동기 문화권의 그것과 매우 유사하다. 홍산문화와 시마오 유적에서는 높은 기술의 옥기(옥용, 구멍 옥룡), 의례적 건축, 동물 및 원형-나선문, 그리고 전문화된 곡선 패턴들이 대거 나왔다.

특히 산르우르파 등 아나톨리아 신석기-청동기 유적에서 발견된 태극과 유사한 원판·나선문, 돌우상, 점·선·반복적 디스크 스타일, 청동·도기 장식법은 오르도스 고원 적봉 홍산문화권에서 발전한 조형 언어와 연결고리를 보인다. 스텝을 통한 장거리 교류와, 실크로드보다 훨씬 이른 '초기 금속 도로(early metal road)'까지 추적할 수 있다.

수메르 문명의 자개 상감 기법(우르의 깃발, 심볼릭 오브제, 상감 기술 등)은 동아시아, 특히 한반도의 자개상감(나전칠기) 제작 전통까지 확연히 유사하다. 자개상감과 상감기술, 도금 및 복합재료 활용 방식 등은 중앙아시아 몽골스텝 동북아시아를 거쳐 조선 후기까지 기술적 연결을 찾을 수 있다.

고대의 유라시아 스텝은 양방향·복합 경로의 교류 통로였다. 청동기와 옥·도기 문양, 채색기법, 종교·제의적 기호, 심지어 마구, 의장품까지 동서양 모두에서 유사 예가 확인된다. 이는 단순 모방이 아닌, 양방향·복합적 융합·교류의 결과다. 최근 유전학과 고고학, 문헌학까지 복합적 분석에서도 이 점이 강조되고 있다.

결론적으로, 촬영한 유물 분석에 따르면, 하상주(동이족)의 중심지였던 산동-요령-내몽골권은 유라시아 내륙길을 따라 아나톨리아 메소포타미아 중앙아시아와 광범위하게 조형, 기술, 상징을 주고받았고, 이 경로는 갑골문 점복부터 제의적 옥기와 여러 상징의 뿌리까지 서로 영향을 주고받으며 형성되었음을 확인할 수 있다. 동서 양 문명의 유물은 쌍방향적 교류, 기술적·정신적 유산의 유사성, 그리고 거대한 스텝 문화의 창조력에 기반한 '문명의 흐름'임이 실례 자료에서도 명확히 드러난다

아카르차이테페는 기원전 약 8000년경, 신석기 시대의 모습을 생생하게 보여주는 유적지다. 이곳은 튀르키예 남동부 샨르우르파 일대, 비레지크에서 약 15㎞ 떨어진 곳에 위치하고 있으며, 주변에는 여러 동시대 유적들이 분포하여 신석기 마을들의 발달 양상을 함께 보여준다.

아카르차이테페에서 출토된 구조물들은 돌로 짓거나 흙벽돌로 만드는데, 1인실 형태의

아카르차이테페, 샨르우르파 박물관 (AKARÇAY TEPE) 신석기 마을

단순 주거공간과 공동체 생활을 염두에 둔 다실 구조가 공존한다. 지붕의 형태와 높이는 인근 신석기 유적 사례를 바탕으로 복원된다. 이러한 건물들은 신석기인들이 이동 생활을 접고 하나의 마을을 이루며 정착 생활을 시작했다는 사실을 뒷받침한다.

유적지의 현장은 초기 농경과 목축이 시작된 지역으로, 11,000년 전부터 사람들이 야생 식물을 재배하고 동물을 길들이면서, 점차 생산 중심의 사회로 나아간 변화를 보여준다. 기술적 면에서는 석기 제작법과 토기 제작법이 발달했으며, 공동체 내부에서 주거 공간이 세분화되는 사회적 변화가 나타났다.

아카르차이테페는 복잡한 국가 형태의 문명을 상징하지 않는다. 오히려 인류가 농경과 정착 생활, 마을 구성, 기술 발전 등 문명사의 근본적 변화를 경험한 신석기 문화의 현장으로서 중요한 의미를 지닌다.

아카르차이테페는 우리가 흔히 수메르나 이집트와 같은 국가적 문명으로 부르는 사회가 나타나기 이전, 신석기 시대의 모습을 보여주는 중요한 유적 중 하나다. 이곳에서 확인된 건축물 애니메이션은 발굴 현장의 폐허를 토대로 실제 규모와 배치를 재현한 것으로, 벽이 모두 돌로 지어진 1인실 구조와 돌 기초 없이 어도비(흙벽돌)로 축조된 다실 구조가 대표적이다. 지붕 형태와 구조물의 높이는 다른 신석기 유적의 사례를 바탕으로 복원되었다. 이 시기의 건축은 단순한 거주 공간의 확보를 넘어, 사람들이 정착 생활을 본격적으로 시작했음을 보여주는 증거이기도 하다.

아카르차이테페가 속한 시대는 선토기 신석기 시대(Pre-Pottery Neolithic)에서 토기 신석기 시대(Ceramic Neolithic)로 이어지는, 특히 프리-할라프(Pre-Halaf) 시기의 문화적 단계에 해당한다. 이 시기의 가장 큰 변화는 수렵과 채집 중심의 이동 생활에서 벗어나 정착 생활이 시작되었다는 점이다. 마을이 형성되면서 일정한 공동체가 만들어졌고, 사람들은 집을 짓고 공간을 나누며 살아가기 시작했다. 또한 농경과 목축의 도입은 생계 방식을 근본적으로 바꾸어 놓았다. 야생 식물을 기르고 동물을 길들이는 초기 시도가 이루어졌으며, 특히 이 지역에서는 병아리콩의 야생종이 발견되어 아카르차이테페 일대가 초기 농업의 중심지 중 하나였음을 알려준다.

기술적 측면에서도 중요한 변화가 나타났다. 석기 제작이 점점 정교해졌고, 토기의 생산이 시작되면서 생활 도구의 질과 다양성이 확대되었다. 실제로 아카르차이테페 II층에서는 프리-할라프 시기의 토기가 출토되어 당시의 생활상을 뒷받침한다.

이 유적의 지리적 위치 역시 중요한 의미를 지닌다. 아카르차이테페가 자리한 튀르키예 남동부와 시리아 북부 지역은 메소포타미아 북부와 아나톨리아 남동부가 만나는 경계 지점으로, 인류사에서 '신석기 혁명'이라 불리는 농경·정착화 과정이 본격적으로 진행된 비옥한 초승달 지대(Fertile Crescent)의 핵심에 해당한다. 이 일대에는 괴베클리테페(Göbeklitepe), 네발리코리(Nevalı Çori), 텔할룰라(Tell Halula)와 같은 동시대 또는 더 이른 신석기 유적들이 함께 분포하여 서로 영향을 주고받으며 독자적 문화를 형성했다.

따라서 아카르차이테페는 특정 문명을 대표하지 않는다. 오히려 이곳은 인류가 농경을 시작하고 정착 사회를 이루며, 기술과 생활 방식에서 근본적인 변화를 경험한 신석기 문화의 한 단면을 보여주는 유적이라 할 수 있다. 이는 후대 문명으로 이어지는 역사적 전환기에 대한 귀중한 증거라는 점에서, 아카르차이테페의 의미는 매우 크다고 할 수 있다.

하섹호윅 (Hassek Hoyük)는 튀르키예 남동부 유프라테스 강 하류 분지에 자리한 고대 유적지로, 기원전 4000년경 후기 신석기에서 초기 청동기에 걸쳐 처음으로 사람들이 정착한 흔적

하섹호윅 (Hassek Hoyük) 유적 구운 원형벽돌로 소를 그린 벽장식

을 보여준다. 이곳의 가장 이른 건축 흔적은 자연 지면 위에 형성된 Level 5A-C 층으로, 후기 신석기와 초기 청동기의 과도기를 반영한다. 이후의 상부 층위인 Level 4에서 Level 1은 초기 청동기 시대의 여러 단계와 연결되며, 오랜 시간 동안의 거주와 문명의 발달을 드러낸다.

유적에서는 소와 돼지, 양과 염소 같은 가축을 사육한 흔적이 발견되었으며, 동시에 사슴, 산양, 토끼 등 다양한 야생 동물이 사냥의 대상이 되었음을 알 수 있다. 내부에서 출토된 점토 토기들은 당시 지역의 문화와 기술 수준을 그대로 보여주는 중요한 자료이다. 특히 그 양식과 제작 방식은 초기 메소포타미아 전통과 시리아-아나톨리아 문화적 요소가 어우러져, 동서 접경지대라는 지리적 특성이 뚜렷하게 드러난다.

기원전 4천년대 후반, 이곳은 메소포타미아의 우르크 문화의 영향 아래 처음으로 도시적 성격을 갖춘 공간으로 성장하게 된다. 방사성탄소(14C)와 열발광(TL) 분석을 통해 약 기원전 3350~3250년 무렵의 연대가 확인되었고, 이를 통해 당시 도시 형성과 확산의 과정을 구체적으로 이해할 수 있다. 그러나 한 차례의 화재와 자연재해로 인해 거주는 중단되었고, 이후 초기 청동기 시대에 새롭게 사람들이 다시 정착하며 유적은 또 다른 번영기를 맞이하였다.

발굴 과정에서 드러난 다양한 건축 부재, 벽판, 토기들은 당시 사람들의 생활상뿐 아니라 산업적 기반과 교역 활동을 짐작하게 한다. 하섹 호윅은 이러한 유물과 정착 양상 덕분에 일찍이 동서 문명이 만나는 접점에서 성장한 대도시로 평가된다. 메소포타미아 세계의 문화와 경제적 영향이 고스란히 반영되는 동시에, 현지의 전통이 독자적으로 발전하며 공존한 이곳은 오늘날 지역 고고학적 연구와 고대 역사 이해에 있어 매우 중요한 학문적 가치를 지니고 있다.

라다르호윅은 샨르우르파의 보조바 지역에서 북쪽으로 23㎞ 떨어진, 유프라테스 강 동쪽에 위치한 고고학적 마운드다. 과거 아타튀르크 댐 호수로 인해 물에 잠기기 전에는 200x240미터, 직경 650미터에 이를 정도로 넓은 정착지였으며, '르타르 성'이라는 로마 문서의 지명에서 유래되었다고 전해진다. 이곳은 청동기 시대부터, 특히 기원전 제2천년기에 전략적인 무역 및 카라반 경로의 중요 거점으로 주목받았다. 1979년 하부 유프라테스 분지 조사에서 존재가 밝혀진 뒤, 독일 고고학 연구소와 하이델베르크 대학이 발굴 작업을 이어갔다. 중세에는 규모가 축소되어 단순한 마을로 변모하였다.

할라프 문화 유물, 약 기원전 3700~3500년

　발굴 결과, 이곳에서는 할라프 문화(기원전 6000~4000년) 때의 유적도 확인되었다. 이 시기 할라프 문화는 북부 메소포타미아 일대에 번성한 후기 신석기 문화로, 독특하고 정교한 토기와 다양한 문양, 동물 모티프가 특징이다. 특히 반복되는 기하학적 패턴(삼각형, 격자, 물결선)과 부엉이·동물 눈 등의 상징적 문양이 주요하게 나타난다. 토기 표면을 장식한 이 문양들은 자연과 질서, 공동체 정체성, 그리고 보호와 풍요에 대한 기원을 담고 있었다. 부엉이, 눈, 귀 모티프는 단순 장식이 아니라 주술적 의미를 지녔으며, 감각 혹은 신성한 세계와의 소통, 악령 쫓기 등 공동체의 일상과 종교 신념이 엮인 상징성을 보여준다.

　라다르호웍은 전쟁 흔적이 없는 평화로운 정착지로 평가된다. 이는 할라프 문화의 안정적이고 풍요로운 일상, 교역과 접촉이 활발했던 지역적 성격을 잘 보여준다. 유프라테스 강과 전략적 카라반 경로 인근에 자리잡아, 문화적 교류와 정착민들의 평화로운 생활, 다양한 문화적 요소가 혼합된 문명의 모습을 담고 있는 셈이다. 이런 점에서 라다르호윅과 할라프 문화는 후기 신석기시대 북부 메소포타미아의 다양한 삶과 예술, 그리고 사회적·종교적 신념의 단면을 생생하게 보여주는 중요한 유적으로 자리한다.

이 석제 유물은 라다르호윅에서 출토된 중기 청동기 시대 (기원전 2000~1600년)의 그림이 새겨진 석판이다. 소재는 석회암이며, 크기는 높이 13.1㎝, 폭 7㎝, 두께 6.1㎝로 비교적 손에 쥐기 좋은 크기다. 유물의 한쪽 면에는 사람의 상반신과 함께 특징적으로 큰 원형이 머리 위에 표현되어 있고, 원 안에는 십자 모양으로 선이 그어져 있다. 그 아래쪽으로는 새 혹은 다른 동물을 연상시키는 간략한 선각이 새겨져 있다.

이러한 구성은 단순한 초상화가 아닌, 종교적·상징적 성격의 메시지를 담고 있다는 인상을 준다. 머리 위의 원형과 십자 도상은 태양, 하늘, 신성(권위), 혹은 천체와 통하는 문을 상

샨르우르파 라다르호윅 유적의 천체도 (태양 십자가)가 그려진 석판

징할 수 있으며, 이들이 머리 위에 표현된 방식은 인물이 특정한 영적, 제의적 지위를 가졌음을 암시한다. 실제로 근동과 아나톨리아에서는 태양원형이나 천체, 빛의 도상이 신성함 또는 주술적 힘의 상징으로 활용된 예가 많다. 석판의 앞면과 뒷면에는 구멍이 뚫려 있는데, 이는 끈으로 매달았거나 의례적 도구로 썼을 가능성을 보여준다.

이 유물은 한편으론 현실과 초월적 세계의 경계를 매개하거나, 당시 사회의 신성 군주 또는 제사장 계층이 자신을 자연·우주와 연결짓는 신화적 상상력의 산물임을 보여주는 귀중한 자료다. 라다르호윅 유적이 아나톨리아와 메소포타미아 문화의 교차점에 위치해 있다는 점을 고려하면, 이 석판 역시 양 지역의 상징체계가 융합된 결과로 볼 수 있다.

천체도 및 태양 상징과의 연관성

이 석판의 원 안에 십자가가 들어간 도상은 고대 유라시아와 근동 전역에서 태양을 상징하는 '태양십자' 혹은 '태양 십자가(선 크로스, Sun cross)'로 널리 사용되었다. 이런 기호는 네 계절(춘·하·추·동)이나 일년 주기, 태양의 움직임, 농경 시력 등을 의미하게 되며, 신성함 또는 우주적 질서를 표현하는 장치로도 해석된다. 수메르에서도 이런 원-십자형 기호는 주로 태양신(우투/샤마슈)의 상징이나, 천문력, 시간주기, 왕의 신성과 연결해 쓰였음을 알려준다.

60진법, 수학적 상징과의 관련성

수메르 문명은 기원전 3천년기부터 60진법(육십진법, Sexagesimal system)을 발전시켰다. 실제로 각을 360도로 나누거나, 시계, 시간, 각종 계산법에 이 기수 체계가 현대에도 이어진다. 그러나 이러한 원-십자 도상이 수학적 기호(예: 60진법의 직접 표상, 수식의 시각적 표현)로 고대 수메르에서 쓰였다는 직접 증거는 제한적이다. 주로 천문 관측판, 일주/일월의 분할, 태양 또는 달의 연주기 표시와 연결되어 도상을 남겼다. 2차방정식 기호와 관련해서도, 수메르 수학문서(점토판)에 2차방정식 해법 자체가 존재하긴 하지만 그 해법은 표나 수직선·기하 도형(직사각형, 정사각형) 방식으로 기술되며, 원-십자 기호와의 직접적 연계는 확인되지 않는다.

고고학적·상징적 해석

따라서 라다르호윅 유물의 원형 십자 도상은 1차적으로 '태양의 움직임', '우주의 질서와 순환', '생명력 혹은 신의 힘'을 상징하는 제의적 기호로 이해하는 것이 고고학적·상징적으로 보편적인 해석이다. 진정한 수학적 상징(즉, 60진법 표기, 2차방정식 해법 기호)까지의 발전은 훨씬 뒤 시기, 점토판 기록과 같은 문헌자료에서 명확히 증명된다. 하지만 이 기호 자체가 후대 메소포타미아 천문력과 시간 분할 체계의 뿌리에 영향을 미쳤을 가능성, 나아가 고대 천문학적 사유의 시각적 시초임을 시사하는 상징적 유사성은 충분히 인정된다.

즉, 이 석판의 도상적 유래와 정신은 고대 천체 관찰 및 순환 사상과 맞닿아 있지만, 엄밀한 수학적 기호(60진법, 2차방정식)의 직접적 '시초'라고 단정하긴 어렵다. 그러나 이 유물이 고대 메소포타미아의 우주관과 수(周) 개념의 원초적 시각화와 상징화 과정에 중요한 사료인 것은 분명하다.

하섹(Hassek)유적에서 출토된 굽다리 접시와 신라·가야 굽다리 접시 사이에는 연대 차이가 매우 크다. 구리석기 시대는 대략 기원전 5000년에서 기원전 3000년 사이, 즉 지금으로

유프라테스강 상류 하섹(Hassek)유적에서 출토된 굽다리 접시

부터 약 5,000년에서 7,000년 전의 시기를 말한다. 하섹 유적에서 출토된 굽다리 접시도 이 시기에 해당하며, 초기 수메르 씨족마을의 생활용기라는 점에서 매우 고대 유물이다.

반면, 신라와 가야는 대략 기원전 1세기부터 서기 10세기까지 존재했던 고대 왕국들로, 특히 가야는 1세기부터 6세기, 신라는 1세기부터 10세기까지 번성했다. 따라서 신라·가야 굽다리 접시는 대략 1,500년에서 2,000년 전의 유물로, 하섹 굽다리 접시보다 약 3,000년에서 5,000년 후대에 속한다.

이런 연대 차이가 크지만, 두 지역에서 비슷한 형태의 굽다리 접시가 나타나는 것은 인류가 생활용기 제작에서 기능적이고 미적인 필요에 따라 유사한 형태를 독립적으로 발전시켰거나, 아주 오래된 문화적 전통이 여러 지역에 영향을 미쳤을 가능성을 보여준다. 즉, 굽다리 접시라는 형태는 여러 문화권에서 반복적으로 나타나는 '기능적 보편성'을 가진 디자인일 수 있다.

하섹 유적은 튀르키예 샨르우르파 인근 티그리스 강변에 위치하며, 이곳에서 출토된 굽다리 접시는 약 기원전 4000년대 전후로 추정된다. 하섹 접시의 받침대 부분에 삼각형 구멍이 뚫려 있는 독특한 형태가 특징이며, 이는 안정성과 미적 요소를 동시에 고려한 설계로 판단된다.

신라·가야 굽다리 접시 역시 받침대가 높고 안정적인 구조를 지니며, 의례용이나 일상용으로 널리 사용되었다. 형태적 유사성은 기능적 필요와 제작 기술의 공통점에서 비롯된 것으로 보이며, 이는 동서양 고대 문명에서 독립적으로 발전했거나 간접적인 문화 교류의 결과일 가능성도 있다.

한편, 우즈베키스탄 박물관에서 본 굽다리 접시는 손잡이 부분에 투창이 없다는 점에서 하섹 접시와 차이가 있다. 이러한 차이는 지역별 제작 방식과 용도, 문화적 특성의 다양성을 반영하며, 중앙아시아와 메소포타미아 지역 토기 양식의 변화를 보여준다.

하섹 유적은 1977년부터 이스탄불 대학과 독일 뮌헨 대학의 공동 발굴 프로젝트로 본격 조사가 시작되어, 1986년까지 지속되었다. 이후 1991년 아타튀르크 댐 건설로 일부 유적이 수몰되었지만, 발굴 자료와 도록을 통해 당시 사람들의 생활상과 토기 제작 기술에 대한 연구가 가능하다.

결론적으로, 하섹 초기 수메르 씨족마을의 굽다리 접시는 신라·가야 토기와 형태적으로

사자를 제압하는 길가메시 부조. 루브르박물관　　　　황소와 싸우는 길가메시 부조. 루브르박물관

유사하지만 연대 차이는 큼으로써, 고대 문명 간 기술적 공통점이나 문화 교류 가능성을 시사한다. 동시에 우즈베키스탄 등 중앙아시아 지역 토기와는 차별화된 지역적 특성을 지닐 뿐 아니라 고대 토기 연구에서 중요한 비교 대상이 된다. 이는 고대 토기 제작과 문화적 발전의 다양성과 폭을 이해하는 데 꼭 필요한 연구 주제임을 보여준다.

길가메시 서사시

　길가메시 서사시는 고대 메소포타미아에서 탄생한, 인류 최초의 서사 문학으로 불리는 위대한 이야기이다. 약 4천 년 전에 점토판에 설형문자로 기록된 이 작품은 고대 수메르의 도시 우르크를 배경으로, 인간과 신의 경계를 넘나드는 영웅의 모험과 죽음, 불멸에 대한 갈망을 담아냈다.

　우르크의 왕 길가메시는 3분의 2가 신이요, 3분의 1이 인간인 반신적 존재였다. 그는 비범한 힘과 아름다움을 가졌지만 동시에 거만하고 폭군적인 통치로 백성을 고통스럽게 했다. 고통을 호소한 사람들의 목소리를 들은 신들은 길가메시와 맞서기 위해 야생의 인간, 엔키두를 창조한다. 엔키두는 자연 속에서 짐승들과 함께 살아가는 존재였으며, 신들은 그를 통해 길가메시를 견제하고자 했다.

두 존재가 처음 만났을 때, 그들은 격렬한 싸움을 벌였으나 결국 서로의 위대함을 인정하고 친구가 된다. 이후 둘은 헤어날 수 없는 동반자가 되어 숲을 지키는 괴물 험바바를 무찌르기 위해 시더 숲으로 향한다. 험바바는 신들의 수호자였지만, 두 영웅은 힘과 지혜를 합쳐 그를 쓰러뜨린다. 이어 이슈타르 여신은 길가메시의 거절과 모욕에 분노하여 천상의 황소를 내려 도시를 위협하게 하지만, 길가메시와 엔키두는 그것마저 처치한다. 그러나 신들은 신성 모독에 대한 대가로 엔키두에게 죽음을 내린다.

사랑하는 친구의 죽음을 목격한 길가메시는 절망에 빠지고, 죽음을 넘어 불멸의 비밀을 찾기 위한 긴 여정을 시작한다. 땅 끝에 사는 홍수 생존자 우트나피쉬팀을 찾아간 길가메시는 그에게서 불멸을 지닌 존재가 된 비밀을 듣는다. 바다 깊은 곳에 숨겨진 불사의 식물을 손에 넣지만, 결국 그 식물은 뱀에게 빼앗기고 만다. 길가메시는 불멸이 인간의 몫이 아니라는 사실을 깨닫고 깨달음과 지혜를 얻은 채 다시 우르크로 돌아온다.

돌아온 그는 더 이상 폭군이 아닌, 자비롭고 현명한 왕으로 길을 바꾼다. 자신의 한계를 인정하고 인간의 삶과 죽음이 지닌 의미를 깨달은 그는, 불멸의 육체가 아니라 자신의 업적과 백성을 향한 올바른 통치 속에 진정한 영원성이 존재한다는 사실을 받아들인다.

길가메시 서사시는 단순한 영웅담을 넘어, 인간이 피할 수 없는 죽음, 우정과 사랑, 권력과 욕망, 그리고 불멸에 대한 근원적 갈망을 탐구하는 작품이다. 19세기 중반 점토판의 재발견 이후 이 서사는 인류 최초의 도시 문명 속에서 형성된 신화적 상상력과 사유를 전해주며, 지금까지도 시대를 초월한 문학적 유산으로 빛나고 있다.

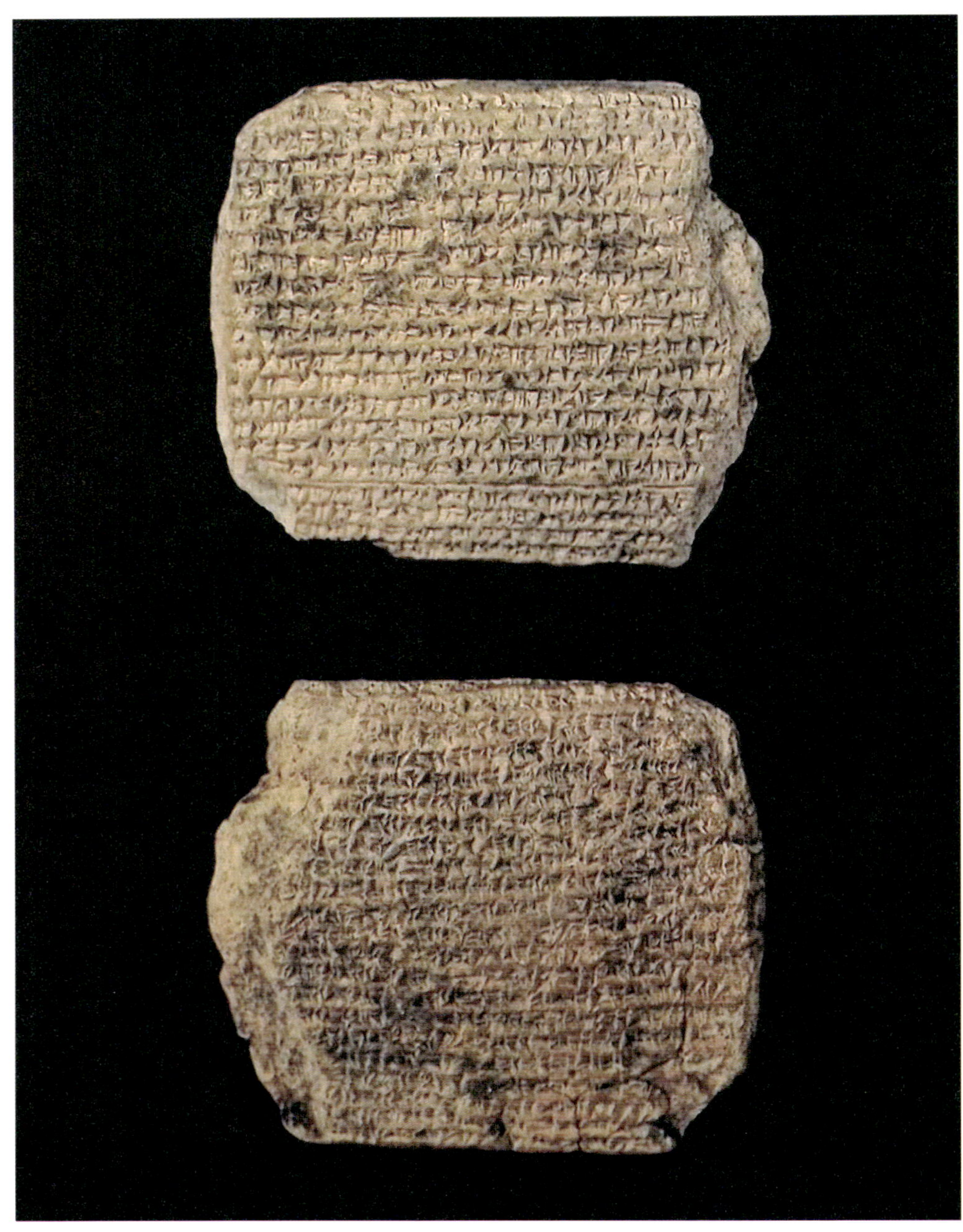

길가메시 서사시 (앞면, 뒷면)
튀르키예 술탄테페 출토, 철기 시대/앗수르: 기원전 800~612,
점토판, 샨르우르파 고고학 박물관 전시, 길이: 10.2㎝, 너비: 7.3㎝, 두께: 2.3㎝

길가메쉬 쇄기판 원문

앞면

01. 날이 처음 밝아올 때, 길가메쉬는 친구에게 이렇게 말했다:

02. "어머니는 암사슴이고, 아버지는 (야생) 수당나귀, 엔키두 친구여 (너는) 이렇게 태어났다."

03. 장식된 꼬리를 가진 자여, 너와 들의 소떼들이 풀을 뜯으며 자라고 있다.

04. 이제 그들(너희)은 향기로운 삼나무 숲에서 엔키두를 따라

05. 애도하고, 목마르고, 밤낮으로 그를 슬퍼하네. 6-7. 모든 우룩의 원로들이 너를 위해 애도하고, 우리 뒤에서 경건하게 슬퍼한다, 모두가.

06. 만약 네 어머니가 너를 위해 울면, …‥ 네가 울고,

07. 너 곁에는, … 아마도 곰들, 사자들, 표범들, 표범들, (네가) 울 때. 10-11. (네가 울 때) 그들은 들판의 놀이터에서, 사자들, 양, 염소, …‥

08. 네가 누웠던 강둑, 네가 물을 마셨던 유프라테스 강 …‥

09. 네가 누웠던 네 침대는 눈물에 젖었도다. 프라트 강이

10. 네가 우룩 사람들과 함께했던 그 자리에서 …‥

11. 네가 나와 함께 신성한 황소를 쓰러뜨린 곳에서. (너를 위해) 애도하리.

12. (너에게) 헌신했던 …‥ 이

13. 너 때문에 슬퍼하고, 너로 인해 신성해진 자여.

14. 네가 자란 들에서 엄마들은 너로 인해 (자녀를) 키웠다.

15. 네가 죽은 날, 들판의 이슬이 내리고 20-21. (들판의) 사람들이 너를 위해 슬퍼하며,

16. 사랑하는 형제여, 나는 너 없이 살았다, 아마도 …‥

17. …‥ 그들의 …‥

01. 엔키두! 나는 네 어머니, 아버지가 되었다. 네 (걸었던) 평야에서 나는 너를 위해 울리라.

02. 내 말을 들어라, 오 엔키두, 내 소리를 들어라! 들어라, 오 우룩의 원로들/장로들이여

03. 나 또한 사랑을 잃은 여자들처럼 친구를 위해 크게 울 것이다,

04. 내 옆에 있던 도끼여, 팔에 걸친 든든한 무기,

05. 허리에 찬 칼, 목 앞의 방패, 등 뒤의 창 …..

06. 내 기쁨의 옷이, 내 아름다운 옷이 더 이상 기쁘지 않으며, 그들은 멀리 있다 7-8. 이 나라의 산이 무너졌도다, 평원의 황소여! 삼나무 숲의 …..

07. 그들은 내 옆에서 쉬며 복종하는 자들이었다!

08. 너는 내게 꿈과 길몽을 해석해 주었다. 너 없이 내게는 안식이 없구나.

09. 네가 죽은 그 날, 나의 심장이 쉬지 못했던 그 날,

10. 슬픔이 내 마음을 덮었고, 내 사랑스러운 동무여, 내 마음을 아프게 한다, 네게 단 한 번의 죽음이 내게 (얼마나 큰 슬픔인지)

11. 마음의 평화도 없고, 희망도 없도다, 네가 죽었기 때문에 내게는 오지 않으리라.

12. 내가 드넓은 들을 구르고 울부짖나니, 무엇을 얻으랴, 오 나의 친구여! 15-16. 나의 친구여, 신전의 대관이 널 부르고 (있도다), 왕실의 ….. 네가 없다.

13. 왕의 자리가 네 곁에 없다.

14. (내) 마음을 어둡게 만든 자여, 그대가 나를 …..에 이르게 했다.

15. 이제는 나는 너를 제대로 보내주고자 한다. …..

16. …..는 네 아래에서, 네 심장은 푸른 라피스라줄리와 같도다.

길가메쉬 쇄기판 원문 해설판

(길가메쉬와 엔키두의 비극적인 우정과, 죽음과 애도의 심정을 서사적으로 풀어쓴 것이다.)

길가메쉬는 날이 밝자마자 친구 엔키두에게 말을 건넨다. "네 어머니는 암사슴이고, 아버지는 들나귀이니 너는 이렇게 창조된 것이다." 길가메쉬는 아름다운 꼬리와 힘센 몸을 가진 엔키두가 들판에서 소와 양떼를 돌보는 모습을 떠올리며, 이제는 그가 세월의 흐름 속으로 사라진 것을 슬퍼한다.

길가메쉬는 모든 우룩의 큰 인물들이 엔키두의 죽음을 애도하며, 도시 공동체가 향한 존경심과 애틋함을 전한다. 고향에서 엔키두와 함께했던 나날과 숲을 지나며 겪었던 기억들을 하나하나 떠올린다. 길가메쉬는 친구의 영혼을 위한 애도의 의식을 치르고, 각종 짐승과 인간들이 친구의 죽음을 애도하기를 바란다. 북쪽 숲을 뛰놀던 사자, 곰, 표범, 산양, 사슴, 영양, 들염소들이 그와 함께했다. 엔키두와 나눈 침상, 목욕하며 흘린 눈물, 그와 함께 했던 우룩의 이름난 사내들이 길가메쉬의 회상에 함께한다.

길가메쉬는 신전에서 친히 희생제물을 바치며 친구의 고통과 인간 존재의 덧없음을 신 앞에 내놓는다. 남은 이들은 엔키두가 살아생전 나누었던 우정, 그와 함께 누렸던 평안과 안식을 되새긴다. 길가메쉬는 친구를 위해 거친 들판을 예전에 그랬던 것처럼 다시 달려본다.

엔키두는 마치 어머니와 아버지와 같아진 길가메쉬에게 자신의 마지막을 예감하고 슬픔을 함께한다. "내가 거닐던 들에서 네가 내 어머니, 내 아버지가 되어주었지." 길가메쉬는 이별의 슬픔에 잠기고, 우룩의 장로들에게 연민 가득한 목소리로 말한다.

여성들의 슬픈 노래와 애도의 소리들이 엔키두의 죽음을 위해 울려 퍼진다. 그의 강인한 친구는 이제 확실한 방패가 되어주지 못하지만, 길가메쉬는 그를 위해 기꺼이 슬퍼한다. 친구와 함께 먼 산과 숲을 넘었던 기억, 도시와 들판을 누비며 함께했던 시간들은 회한과 그리움으로 가득하다.

길가메쉬는 엔키두의 마지막 길을 지켜보며 깊은 슬픔에 빠진다. 그를 위해 장례의 제의를 올리고, 마음의 혼란과 아픔, 눈물과 절망을 토로한다. 엔키두의 이별 앞에 길가메쉬는 방황하고, 친구와의 단절을 애타게 받아들인다.

마지막으로, 엔키두의 심장은 보석처럼 찬란했으며, 길가메쉬는 친구의 은혜와 사랑을 영원히 간직하고자 한다. "네 심장은 나의 마음을 가득 채웠고, 네가 내 곁을 떠난 것으로 내 가슴은 깊은 밤의 네가 남긴 푸른 라피스라줄리처럼 빛난다."

06.
아시리아 제국과 마지막 수도 하란: 신아시리아 성채, 나보니두스 비문, 시에르트 아시리아 성 야곱 수도원

6-1. 아브라함 일가의 고향이자
아시리아의 마지막 수도 하란
"Harran, the hometown of Abraham's family and
the last capital of Assyria"

    하란은 고대부터 매우 오래된 도시로 알려져 있다. 기원전 3000년경의 기록에서도 상업과 종교의 중심지로 등장한다. 성서 창세기에 따르면, 아브라함이 신의 계시를 받고 우르에서 가나안으로 가는 길에 이곳 하란에서 머물렀고, 그의 부친 테라가 하란에서 생을 마감한

하란 대학교 터 파노라마
하란은 기원전 1305년부터 1274년까지 재위했던 아다드 니라리 1세의 통치 때 아시리아의 지배를 받았으며, 이후 아수르의 중요한 도시로 성장하였다

것으로 전해진다. 또한 아브라함의 손자 야곱은 하란에서 아내 라헬을 만나고, 이후 이스라엘 12지파의 조상이 된 열두 아들을 낳고 키운 중요한 장소였다. 이처럼 하란은 고대 셈족과 아브라함계 종교에서 중요한 역사적 의미를 지닌 도시다.

고대 아시리아 시대에는 하란이 아시리아의 마지막 수도 중 하나였다. 신아시리아 제국이 기원전 7세기에 멸망할 때까지 하란은 아시리아 영토 내에서 중요한 역할을 맡았다. 당시 하란은 신 신에게 바쳐진 주요 종교적 중심지이기도 했다. 그러나 기원전 610년에 메디아와 신바빌로니아 연합군에게 함락되면서 아시리아 제국은 역사에서 사라지게 되었다.

그 후 하란은 페르시아, 헬레니즘, 로마 시대를 거치며 '카르헤(Carrhae)'라는 이름으로 불렸고, 로마와 파르티아 간의 전략적 국경 도시로 자리잡았다. 기원전 53년 카르헤 전투에서 로마의 크라수스가 파르티아에게 크게 패배한 역사적인 장소이기도 하다. 7세기 중반, 이슬람 제국 시기가 되면서 하란은 다시 '하란'이라는 이름으로 불리게 되었고, 학문과 신학의 중심지로 번영하였다.

그러나 13세기 몽골군의 침입으로 하란은 크게 파괴되었고 이후부터는 폐허 상태로 남았다. 현재 하란은 튀르키예 샨리우르파 지역에 있는 작은 도시로, 과거의 영광을 기억하는 역사적인 유적지로 평가받고 있다.

이처럼 하란은 고대 아시리아부터 이후 페르시아, 헬레니즘, 로마, 이슬람에 이르기까지 여러 문명과 제국의 중요한 도시로 역할을 했으며, 종교적·문화적 의미가 큰 고대 도시이다.

하란 대학교는 8세기 중반, 우마이야 왕조 말기 혹은 아바스 왕조 초기인 약 750년경에 설립된 것으로 전해진다. 이곳은 중세 이슬람 세계에서 신학과 법학, 의학, 천문학 등을 교육하며 학문적 교류가 활발히 이루어진 중요한 교육기관이었다. 유적지에 남아 있는 아치형 구조물과 탑, 삼각형 지붕 형태의 건물 잔해는 당시의 건축 양식을 잘 보여주며, 현재 발굴과 보존 작업이 병행되고 있는 중요한 문화유산으로 평가된다.

한편 모로코 괘스의 알카라윈 대학교는 859년에 세워졌으며, 유네스코와 기네스북에 의해 현재까지 운영되고 있는 세계에서 가장 오래된 대학으로 인정받고 있다. 이 대학은 모스크와 교육기관이 결합된 형태를 지니며, 이슬람 신학 뿐 아니라 수학, 천문학, 철학 등 다양한 학문을 가르치면서 중세 지성사에 큰 영향을 미쳤다.

튀르키예 하란 성채(Harran Citadel) 유적의 중세 시대(7~13세기) 조감도. 하란 성채는 비잔틴 시대에 지어진 궁전을 기원으로 하여 이후 아유브 왕조 시대(1200년경) 완성되었다.

두 대학 모두 중세 이슬람 학문과 교육 발전에 막대한 기여를 했다는 점에서 역사적 의의를 가진다. 다만 '세계 최초 대학'의 정의를 어떻게 보느냐에 따라 평가가 달라진다. 설립 연대만 보면 하란 대학교가 더 앞서지만, 오늘날까지 교육 기능을 이어오고 있는 점에서는 알카라윈 대학교가 '세계에서 가장 오래된 현존 대학'으로 널리 인정받고 있다.

두 기관은 이슬람 세계의 지적 전통이 어떻게 형성되고 확산되었는지를 보여주는 대표적 사례이며, 학문의 중심지로서 인류 문화사에 중요한 족적을 남겼다.

하란은 신아시리아 제국 마지막 수도이다.. 아시리아 제국 수도였던 니네베가 기원전 612년에 멸망한 뒤, 아슈르우발리트 2세가 하란을 잠시 아시리아 제국의 최후의 수도로 삼아 기원전 609년까지 저항했다. 따라서 하란은 신아시리아 제국의 마지막 수도로 여겨진다.

반면, 나보니두스는 바빌로니아의 마지막 왕으로 알려져 있으며, 그는 바빌로니아 멸망 후 페르시아에 의해 사로잡혀 하란에서 죽은 것으로 전해진다. 즉, 하란은 신아시리아 제국 마지막 수도였으나, 바빌로니아 왕 나보니두스가 죽은 장소이기도 하다.

하란의 출입구 아치는 단순한 통로를 넘어 도시의 역사와 정체성을 드러내는 상징적 건축물이었다. 고대부터 교역과 문화의 요충지였던 하란에서 이 아치는 도시의 경계를 표시하고 외부의 침입을 방어하는 가장 중요한 시설 중 하나였다. 동시에 방문객과 상인, 그리고 여행자들에게 도시의 위엄과 권위를 각인시키는 첫인상이 되었으며, 그 자체로 하란 공동체가 지닌 사회적 지위와 위상을 드러내는 장치였다.

출입구는 또한 행정적 기능을 수행하는 공간이기도 했다. 이곳에서 통행을 통제하고 세금을 징수했으며, 필요에 따라 통행 허가를 부여하는 행정 절차가 이루어졌다. 종교적 의식이나 도시의 축제와 같은 사회적 행사 역시 출입구 주변을 중심으로 전개되었으며, 이는 출입구가 단순한 건축 구조를 넘어 공동체의 상징적 무대 역할을 했음을 보여준다.

건축적으로 하란의 출입구 아치는 반원형 혹은 포물선형의 아치 구조를 특징으로 하며, 상부의 무거운 하중을 양쪽 기둥으로 분산시키는 정교한 설계 원리에 따라 지어졌다. 지역에서 쉽게 얻을 수 있는 석재와 진흙 벽돌이 주된 재료로 쓰였고, 중앙에는 구조적 안정성을 강화하는 키스톤이 배치되었다. 이러한 시공법은 고대 건축 기술의 정수를 보여주는 요소였으며, 동시에 도시 방어의 실질적 기반이 되었다.

기능적 측면을 넘어 미적 장식도 간과되지 않았다. 아치 표면에는 아랍어 문구나 기하학적 무늬, 종종 간단한 조각이 더해져 이슬람 건축 특유의 종교적 의미와 심미적 완성도를 함께 담았다. 출입구는 또한 성벽과 연결되어 도시 방어 체계의 일부를 이루었으며, 그 주변에는 관청, 시장, 우물터 같은 핵심 시설들이 배치되어 도시 계획의 중심 공간으로 자리했다.

결국 하란의 출입구 아치는 도시의 위엄과 안전을 상징하면서도 행정과 종교, 사회적 기능을 모두 품은 복합적 구조물이었다. 단단한 구조적 안정성과 세련된 장식, 그리고 도시 공동체의 정체성을 드러내는 상징성은 이 아치를 하란의 역사와 문화를 대표하는 상징적 건축 유산으로 남게 했다.

하란은 고대 아시리아 제국 시기에 중요한 도시였으며, 특히 달의 신(Sin)을 숭배하는 신전이 자리 잡고 있었다. 아시리아 왕들의 기록에 따르면, 하란의 달 신전은 레바논산 목재로 지어졌고, 은으로 장식된 벽과 왕관을 쓴 초승달 모양의 수염 난 신상 등이 있었던 것으로 전해진다. 이는 하란이 종교적 권위가 높은 도시였음을 보여준다.

또한 고고학적 발견 중에는 하란 인근에서 발견된 점토판과 비문들이 아시리아와 신바빌로니아 시대 사람들의 활동을 입증한다. 특히 기원전 7세기경 아시리아 제국 멸망 후에도 하란은 아시리아의 마지막 수도 중 하나로 남아 있었다. 아시리아의 왕자 아슈르-우발릿 2세가 하란에서 즉위식을 치렀다는 기록과, 당시 신에게 바치는 제사와 봉헌 의식을 이어갔다는 비문이 중요한 증거다.

하란의 고대 유적에는 대제국 시기의 다양한 유물이 남아 있고, 이는 아시리아의 문화적, 행정적 중심지 역할을 했다는 사실을 증명한다. 이와 같은 고고학적 및 문헌적 증거는 하란이 아시리아 문명에서 중요한 위치를 차지했음을 분명히 보여준다

하란 대학교는 중세 이슬람 세계에서 중요한 학문 기관으로 자리했으며, 천문학과 수학, 철학, 의학, 자연과학 등 다양한 분야에서 눈에 띄는 성과를 이루어냈다. 특히 하란의 학자들은 고대 그리스 학문 전통을 계승하고 이를 발전시켜, 천체의 운행과 계산법을 정밀하게 다듬었고, 아리스토텔레스 철학을 연구·해석하며 이슬람 철학의 토대를 다지는 데 크게 기

하란 대학교 정문 아치탑, 하란 대학교의 우물터와 기념탑, 건물터, 부속건물터.

여했다. 또한 의학과 자연과학 분야에서도 그 성과가 두드러져, 당대 세계적으로 인용되고 전파되는 의학 지식을 축적하는 중심지가 되었다. 이런 맥락 속에서 하란 대학교는 단순한 교육기관을 넘어 학문 공동체로서 다양한 지식의 교류를 촉진하는 역할을 맡았다.

하란에서 배출되거나 깊은 연관을 맺은 학자들 가운데에는 몇몇 걸출한 인물들이 있었다. 알-파라비(872~950)는 하란 출신으로 알려진 철학자이자 과학자로, 아리스토텔레스 철학을 이슬람 세계에 소개하고 발전시킨 대표적 학자였다. 그의 저작은 이후 중세 유럽의 스콜라 철학에도 직접적인 영향을 미쳤다. 알-비루니(973~1048) 역시 하란과 인접 지역을 중심으로 활동한 위대한 지식인으로, 천문학, 지리학, 수학, 의학 등 폭넓은 분야에서 세계적인 업적을 남겼다. 또 다른 인물인 이븐 시나(980~1037)는 하란 출신은 아니었으나, 하란의 학문 전통과 연결된 지적 네트워크 속에서 활동하며 의학과 철학 발전에 깊은 영향을 주었다. 이처럼 하란은 개별 학자의 업적을 넘어 이슬람 황금기의 학문적 토양을 제공하는 중요한 학문 공동체였다.

　이슬람 황금기로 불리는 8세기에서 13세기 사이, 하란은 바그다드의 바이트 알-히크마(지혜의 집)와 더불어 학문과 문화의 또 다른 중심지로 떠올랐다. 이곳 학자들은 고대 그리스·로마 철학자들의 저작을 아랍어로 번역하고, 이를 해석하고 비판하는 과정을 통해 이슬람 철학과 과학 발전의 토대를 마련했다. 하란은 단순히 지식을 수용하는 곳을 넘어 새로운 해석과 융합을 통해 이를 확장하고 세계로 전파하는 지적 허브 역할을 했다.

　도시의 지리적 특성 또한 학문 발전에 기여했다. 하란은 동서양 교류의 길목에 위치해 페르시아, 비잔틴, 아랍, 튀르키에 문화가 유입되고 융합되는 장을 제공했다. 이러한 다문화적 환경은 하란 대학교를 더욱 독창적인 학문 전통의 산실로 만들었으며, 결과적으로 이슬람 학문의 폭넓은 발전에 크게 기여하는 원동력이 되었다.

　결국 하란 대학교는 학문적 성과와 주요 학자들의 활동, 나아가 이슬람 황금기의 발전사 속에서 동양과 서양의 지식이 만나는 교차로로 기능했다. 그곳의 천문학, 수학, 철학, 의학 연구는 단지 이슬람 세계 내부에 머무르지 않고, 라틴 서유럽과 중세 기독교 학문에도 깊게 스며들어 인류 지적 전통의 흐름을 바꾸었다. 오늘날 하란 대학교 유적은 이러한 위대한 학문적 유산과 중세 지성사의 중심지였던 도시의 위상을 증언하고 있다.

　하란 벌집 마을은 튀르키에 남동부의 건조한 고원 지대에서 형성된 독특한 전통 주거 형태로, 원뿔형 지붕이 인상적인 진흙벽돌 건축이 특징이다. 이러한 벌집형 주택은 두껍게 쌓은 흙벽과 원뿔형 지붕 구조 덕분에 단열 효과와 자연스러운 통풍이 가능해, 외부의 뜨거운 기온에도 내부는 시원하고 쾌적한 환경을 유지할 수 있다. 단순히 실용적인 목적을 넘어, 이러한 건축 양식에는 오랜 세월 동안 이어져 온 지역 주민들의 생활 방식과 문화가 깊이 반영되어 있다.

　이에 비해 메소포타미아, 특히 오늘날의 이라크 남부와 티그리스·유프라테스 강 유역에서는 전혀 다른 주거 양식이 발달했다. 고대 수메르와 아카드 문명 시기부터 성대한 신전과 왕궁은 웅장하고 정교하게 지어졌지만, 일반 민가는 대체로 흙벽돌과 갈대를 사용해 낮은 벽체와 평평한 지붕을 얹은 단순한 구조가 많았다. 이는 습윤한 강 유역의 환경과 농경 중심의 생활 방식에 적합한 형태로, 하란과 같은 원뿔형 벌집 집은 거의 확인되지 않는다.

하란 마을의 아시리아 시대 진흙 벽돌로 지은 벌집

　벌집형 주택은 주로 하란을 비롯해 튀르키에 남동부와 시리아 북부의 건조한 고지대에서 발견된다. 이는 지역의 기후와 지형 조건, 생활 환경이 달라 서로 다른 주거 문화를 낳았음을 의미한다. 강 유역의 풍부한 물과 습윤한 기후에서 살아온 메소포타미아 주민들이 평평한 지붕의 흙집을 선호한 반면, 건조하고 더움이 심한 고원 지대 주민들은 원뿔형 지붕을 가진 벌집형 주택을 만들어 기후에 대응했다.

　따라서 하란 벌집 마을은 단순한 전통 건축 그 이상의 의미를 지닌다. 이는 고원의 건조한 기후와 환경, 그리고 오랜 문화적 전통이 결합해 만들어낸 독창적 주거 형태이며, 동시에 메소포타미아 평야 지역의 주거 양식과 대비를 이루면서 지역적 차이를 더욱 선명하게 보여주는 중요한 사례라 할 수 있다.

　하란의 진흙 벌집 내부는 당시 주민들의 생활 양식과 문화를 생생하게 보여주는 공간이

하란 마을의 아시리아 시대 벌집 내부 모습

다. 둥근 형태의 벽과 천장은 진흙과 돌을 기본 재료로 삼아 지어진 이 지역 특유의 벌집형 주거 양식을 잘 드러낸다. 건축 자재가 제한된 환경 속에서 마련된 이 구조는 뛰어난 단열 효과와 함께 외부로부터의 방어 기능까지 갖추었으며, 작은 창문과 천장 통풍구는 환기와 채광에 대한 세심한 고려가 엿보인다. 이는 단순히 집을 짓는 기술을 넘어, 열악한 기후 환경에 적응하며 삶의 안락함을 확보하려는 지혜의 결과였다.

내부 곳곳에는 당시 생활상을 짐작하게 하는 다양한 생활용품들이 놓여 있다. 여러 크기의 토기와 저장 용기는 곡물, 물, 기름, 식품 등을 보관하는 데 쓰였는데, 이는 일상에서 식생활과 저장 문화가 발달했음을 보여준다. 벽에 걸린 직조물과 방 안에 놓인 물레와 같은 방직 도구는 섬유 생산이 가정 내 중요한 활동이었음을 알려준다. 주민들은 옷감과 담요, 장식 직물을 직접 제작하며 생활을 꾸려 나갔고, 이는 자급자족적 경제 체계의 한 축을 이뤘다. 바구니와 각종 손도구들이 함께 놓여 있는 점은 농업과 목축, 수공예가 일상의 주요한 부분을 차지했음을 말해준다.

공간의 활용과 인테리어에서도 단순한 거주를 넘어 문화적 감각이 엿보인다. 벽에는 다양한 색의 직물과 장식품이 걸려 있어 생활 공간이 단지 기능적 장소가 아니라 미적 감각과 문화적 표현이 어우러진 공간이었음을 보여준다. 침실로 보이는 공간에는 여러 겹의 직물과 담요가 바닥에 깔려 있어 보온과 편안함이 중시되었음을 알 수 있는데, 이는 열악한 계절 기후에 맞서 생활 환경을 최적화하려는 실용적 선택이기도 했다.

하란 벌집 내부가 보여주는 이러한 양상은 당시 사회·경제적 배경과 긴밀히 연결된다. 토기 제작, 직조, 바구니 제작 등 다양한 수공예 활동이 가정 단위에서 이루어졌으며, 이는 곧 자급자족 체계가 일상에 깊이 스며들어 있었음을 증명한다. 또한 곡물 저장과 의류 제작, 일상 도구 생산은 모두 농업과 목축 활동과 직결되어 있었고, 계절별 생산과 저장, 가공의 주기가 정착된 체계적 생활 양식을 보여준다.

결국 하란 진흙 벌집 내부는 단순한 주거 공간을 넘어, 농경과 목축을 바탕으로 한 자급자족적 생활, 그리고 수공예와 문화적 표현이 함께 공존한 복합적 생활의 장이었다. 이러한 공간은 자연 환경에 적응한 인간의 지혜 뿐만 아니라, 공동체의 사회적·문화적 정체성을 집약한 상징적 공간으로 평가할 수 있다.

하란의 야곱의 우물은 성경 속에서 중요한 의미를 지닌 유적지로, 고대 유목 생활과 신앙의 중심지를 보여주는 장소이다. 구약성경 창세기에는 야곱이 하란, 즉 밧단아람에서 생활하다가 고향 땅 세겜으로 돌아오는 길목에서 이 우물을 직접 팠다는 기록이 전해진다. 그는 이 우물을 통해 물을 길러 마시고 목자들과 만났으며, 가족과 후손이 목축을 이어가던 생활

하란 마을 야곱의 우물

공간으로도 알려져 있다. 이는 당시 하란 지역 공동체가 의지했던 물과 목축 문화의 상징적 흔적이기도 하다.

야곱의 우물은 유대교, 기독교, 이슬람교 모두에서 성지로 여겨진다. 특히 기독교에서는 예수님이 사마리아 여인과 대화를 나눈 장소로 유명한데, 요한복음 4장에 기록된 이 장면은 우물을 '생명수'와 '영생'의 상징으로 해석하게 했다. 이로 인해 야곱의 우물은 단순한 생활 터전의 샘터가 아니라, 신앙과 구원을 연결하는 상징적인 공간으로 이해된다.

현재 하란에 남아 있는 야곱의 우물은 돌로 둘러싸인 전통적인 우물 형태로 보존되어 있으며, 주변에는 야자수가 자라고 있어 고대 풍경과 현대의 모습이 조화를 이루고 있다. 순례자들과 관광객들이 자주 찾는 명소로, 특별한 입장료 없이 자유롭게 둘러볼 수 있어 지역을 대표하는 역사적·종교적 장소로 사랑받고 있다.

결국 하란의 야곱의 우물은 야곱과 그 후손들의 삶을 보여주는 생활의 원천일 뿐 아니라, 세 종교가 공유하는 성지이자 신앙의 메시지를 담은 장소로 오늘날까지 이어져 오는 살아 있는 유산이라 할 수 있다.

하란성(Harran Castle)은 튀르키예 하란에 위치한 고대 성채 유적이다. 이 성의 현재 대부분 구조는 1200년경 아이유비 왕조 시기에 형성된 것이지만, 성 자체는 훨씬 더 오래되었다. 정확한 건축 시기는 알려지지 않았으나, 4~7세기 비잔틴 통치 시기에 지어진 것으로 추정되며 본래 궁전으로 사용되었다.

성은 직사각형 평면을 가지고 있음에도 중세에는 '알-무다우와르'("둥근 성")이라는 별명을 얻었는데, 이는 성이 원형 건물 폐허 위에 세워졌기 때문으로 보인다. '알-무다라크'("방패 성")라는 명칭도 전해지지만 이는 필사 과정에서의 오류일 가능성이 있다. 하란성은 하란의 고대 성벽과 연결되어 있으며, 중세 시기 성 주변에는 넓은 공터와 해자가 있었다.

가장 오래된 문헌 기록은 958년 이슬람 지리학자 알-막디시가 언급한 것으로, 그는 이 성의 석조 기술을 예루살렘의 건축물과 견줄 만큼 아름답다고 높이 평가했다. 성 내에는 고대 그리스어 비문이 발견되어 비잔틴 시대 건축 흔적임을 뒷받침하며, 9세기 이슬람 지배 하에서 크게 확장되었다. 일부 학자들은 이 성이 고대 하란의 이교도 달 신전인 에훌훌(Eḫulḫul) 유적 위에 세워졌다고 보지만, 이 점은 논쟁 중이며 고대 신전 유적은 인근 대모스크 자리에도 관련 증거가 있다.

원래 궁전으로 지어진 하란성은 1113세기 정치적으로 불안정한 시기에 군사 요새로 전환되었다. 3층 구조에 약 150개의 방을 갖췄으며, 현무암과 석회석으로 쌓은 견고한 석조 건물

하란성(Harran Castle)

이었다. 여러 지배자가 성을 보수했으며, 1032년과 1059년 파티미드 칼리프 시절과 1196년 아이유비 왕조 시기에 중요한 수리가 이루어졌다. 1114년 또는 1115년 대지진으로 절반 이상이 붕괴되었으나 복구되었다. 현재 보존된 대부분은 13세기 초 아이유비 술탄 알-아딜 1세(재위 1200~1218) 시대 공사가 반영된 것이다.

1271년 몽골군 침입 시점에 이미 심각한 피해를 입었고, 이후 맘루크 왕조가 1330~1340년대에 성을 일부 복원하여 군사 관청으로 사용했다. 오스만 제국 시대인 16세기까지 간헐적으로 활용되었으며, 17세기 탐험가 에블리아 첼레비는 "막 지어진 듯" 보인다고 기록했다. 세월과 자연 훼손, 주민들의 건축재료로의 전용 등으로 점차 훼손되어 왔다.

1911년 콘라드 프로이서가 최초로 발굴 조사를 실시했으며, 최근에는 튀르키예 문화관광부의 지원으로 2012~2014년에 일부 복원 작업이 진행되었다. 현재 복원 완료 구간 일부는 관광객들에게 개방되어 있으며, 하란성과 그 주변 유적은 샨르우르파 주에서 매우 중요한 역사적 문화재로 평가받고 있다.

하란 회두(Harran Höyük)는 튀르키예 남동부 샨르우르파 인근 고대 도시 하란 중심 평원에 위치한 중요한 고대 유적이다. 약 35.5미터 높이의 인공 언덕으로, 신석기 후기부터 청동기 시대, 고대 왕국 시대까지 수천 년에 걸친 인간 거주 흔적이 층층이 쌓여 있다. 발굴 조사에서 도시 성벽과 출입문, 주거지, 종교 시설 등이 드러나 하란이 고대부터 상업, 신앙, 과학의 중심지였음을 입증하고 있다.

사마라-할라프 문화는 신석기 후기에서 청동기 초기, 약 기원전 6000년에서 5000년경까지 메소포타미아 북부와 시리아 지역에서 번성한 고대 문화이다. 이 문화권에서는 정착 농경 사회가 발전하며 토기 제작 기술이 크게 발달했고, 독특한 무늬와 형태의 도자기가 특징이다. 사마라 문화는 주로 메소포타미아 중부와 북부 지역에, 할라프 문화는 북부 시리아와 튀르키예 남동부 지역에 분포하였다.

하란 회두 발굴에서는 이 시기의 토기 조각과 인물상, 각종 생활용품들이 출토되어 이 지역이 당시 중요한 문화 교류의 요지이자 정착지였음을 보여준다. 특히 청동기 초기의 세라믹 조각들은 당시 사회의 예술성과 기술 수준을 드러내며 주변 지역과의 활발한 교역과 문화적 연계성을 시사한다.

하란 회두(Harran Höyük) 고대 언덕 유적지

하란은 고대부터 다양한 문명과 왕조가 교차하던 전략적 요충지였으며, 사마라-할라프 문화 유적의 발견은 이 지역이 신석기 후기에서 청동기 초기까지 인류 문명 발전에 핵심적 역할을 했다는 점을 뒷받침한다. 몽골 침입 전까지도 지속적으로 사람이 거주하였고, 유적에서는 신전과 주거지, 도시 구조의 흔적이 확인된다. 특히 쐐기문자가 새겨진 점토 벽돌과 신전 유적은 고대 메소포타미아의 종교와 행정 체계 연구에 매우 귀중한 자료로 평가된다.

하란 회두는 메소포타미아 문명권 내에서 신석기부터 중세에 이르기까지 이어져 온 연속적인 문화층을 보여주는 드문 사례이며, 사마라-할라프 문화는 메소포타미아 문명 형성에 중요한 전 단계이다. 따라서 하란 회두 유적의 발견은 이 지역 고대사의 이해에 크게 기여하고 있다.

6-2. 신아시리아 제국의
성채 샨르우르파 성
"The Neo-Assyrian Fortress of Şanlıurfa"

샨르우르파(Şanlıurfa)는 오늘날 튀르키예 남동부, 유프라테스 강 상류에 자리한 고도(古都)로, 성곽과 언덕 위에 남아 있는 석탑과 유적들이 이 도시의 오랜 역사를 증언하고 있다. 이 지역은 인류의 신석기 초기부터 사람이 거주한 장소로, 특히 괴베클리테페의 발견으로 세계 고고학사에서 중요한 위치를 차지하게 되었다. 그러나 이 도시가 수메르 시대의 도시였는가 하는 질문은 보다 세밀한 역사적 검토가 필요하다.

무엇보다 샨르우르파라는 이름의 변천은 그 역사적 배경을 잘 보여준다. 현재 사용되는 명칭 가운데 "샨르(Şanlı)"는 튀르키예어로 '성스럽다, 명예롭다'는 의미이며, 이것이 붙기 전까지는 단순히 "우르파(Urfa)"로 불렸다. 사실 이 지명은 훨씬 오래된 기원을 지니고 있으며, 고대 기록에서는 "우르슈(Urshu)"라는 이름이 확인된다. 이 도시는 히타이트, 후르리인, 신 히타이트, 아시리아, 페르시아, 헬레니즘, 로마, 비잔틴, 이슬람 등 수많은 제국의 시대를 거치며 그 명맥을 이어왔다. 알렉산더 대왕의 정복 이후에는 '에데사(Edessa)'라는 이름으로 불렸고, 이후 오스만 제국 시기에 '우르파'라 불리다가 현대에 '샨르우르파'라는 이름을 갖게 되었다. 즉, 이곳은 다양한 지배와 명칭을 거듭해 온 고대 도시였음은 분명하다.

하지만 이 도시가 수메르 문명의 중심지였던 '우르(Ur)'와 직접 연결되는 것은 아니다. 수메르 문명의 도시인 우르(Ur), 우루크(Uruk), 라가시(Lagash) 등은 이라크 남부, 곧 유프라테스 강 하류 지역에 위치하였다. 샨르우르파는 지리적으로 수백 킬로미터 북쪽에 놓여 있으며, 역

샨르우르파(Şanlıurfa) 성

샨르우르파(Şanlıurfa) 성 좌측 고대 탑이 보인다.

사적으로도 남메소포타미아의 도시국가 체계에 포함된 적은 없다. 이름의 유사성 때문에 두 도시는 혼동되기도 하지만, '우르'는 수메르어에서 '도시'를 의미하는 보통명사적 성격을 지닌 반면, '우르파'는 고대 아람어, 아카드어 등의 언어적 맥락에서 유래한 별도의 지명이다. 따라서 단순히 지명의 유사성만으로 양 도시를 동일선상에 놓을 수는 없다.

그럼에도 불구하고 샨르우르파가 신석기 시대부터 이어져 내려오는 고대 거주지로서 중요한 의미를 가지는 것은 사실이다. 괴베클리테페와 같은 주변 유적은 기원전 1만 년 전후의 신석기 종교 생활을 보여주며, 샨르우르파 일대가 인류 문명의 발상지 중 하나로 기능했음을 말해준다. 그러나 수메르 문명이 꽃피운 기원전 4000년 전후기의 남메소포타미아와는 문화적·정치적 중심지가 달랐다. 샨르우르파는 주로 히타이트, 후르리, 아시리아 등 북메소포타미아 및 아나톨리아 문명의 영향권 아래에 있었으며, 그 구조물 또한 이들 문명과 연관되는 경우가 많다. 성곽의 석탑이나 일부 방어 구조물이 청동기 시대 혹은 히타이트 시기로 거슬러 올라갈 수는 있지만, 이를 수메르 도시와 직접 동일시할 근거는 없다.

결국 샨르우르파가 수메르의 직접적인 도시국가 체계에 속해 있었던 적은 없다고 보는 것이 역사적으로 타당하다. 다만 수메르 문명이 이후 아카드, 바빌로니아, 아시리아, 히타이트 등 다양한 민족과 국가에 문화적 영향을 끼쳤던 만큼, 북메소포타미아 지역인 샨르우르파 역시 그러한 영향권 속에 포함되었다. 따라서 샨르우르파를 수메르의 도시로 단정할 수는 없지만, 수메르와 그 후계 문명들이 형성해 낸 광범위한 문화적 전통 속에서 그 흔적과 교류를 엿볼 수 있는 공간으로 이해하는 것이 적절하다.

샨르우르파(Şanlıurfa)의 성곽은 단순한 방어 유적이 아니라, 수천 년에 걸쳐 다양한 문명과 왕조들이 차례로 손을 보며 발전시킨 복합적인 역사 공간이다. 오늘날 우리가 보는 성벽과 해자, 그리고 언덕 위의 석조 구조물들은 고대에서 중세에 이르기까지 이어진 장대한 시간의 흔적을 품고 있다.

가장 이른 단계의 성곽 축조는 청동기 시대 이전, 그리고 초기 청동기 시대인 기원전 4천 년대에서 3천 년대까지 거슬러 올라간다. 당시 샨르우르파 지역은 메소포타미아 문명권과 인접한 전략적 요충지였다. 사람들은 마을과 씨족 공동체를 보호하기 위해 흙과 돌을 쌓아 단순한 형태의 방어 시설을 만들었으며, 이 시기의 유적에서는 토기와 석기, 농기구가 발견

샨르우르파 성벽 위 두 개의 기둥은 '아브라함의 투석기 기둥' 또는 'Nimrod's Throne (님로드의 왕좌, 또는 님룻탑)'으로 알려져 있다. 현지 전설에 따르면 이 기둥은 악왕 님로드(Nimrod)가 아브라함을 불구덩이로 '투석기처럼 쏘아' 연못(할릴 우르 라흐만 호수) 쪽으로 날려 보냈다는 이야기와 관련이 있다. 이 거대한 코린트식 원기둥은 실제로는 3세기경 Edessa 왕국의 마누 9세(Manu IX) 때 세워진 기념물로, 민간에서는 아브라함 전설과 연결하여 '님로드의 왕좌(Throne of Nimrod)' 등으로 부른다

되어 농경사회의 출현을 잘 보여준다.

그 뒤 수메르와 아카드 왕조 시기에 들어서면서, 샨르우르파는 점차 중요한 거점으로 자리매김했다. 성곽 역시 이 시기에 더욱 견고해졌다. 특히 아시리아 제국 시기에 이르러 군사적 요충지로서 이곳의 성곽은 대대적으로 보수·확장되었으며, 벽돌과 돌을 이용한 성벽과 깊은 해자가 본격적으로 설치되었다. 고대 왕국과 제국의 군사적 위협 속에서 샨르우르파성은 체계적 요새의 면모를 갖추게 된 것이다.

알렉산더 대왕의 정복 이후 헬레니즘 문화가 이 지역에 유입되면서 성곽은 일부 개조되었고, 로마령과 비잔틴 제국 시대에는 더욱 강력한 군사 요새로 발전하였다. 이후 이슬람 세력과 십자군 간의 충돌이 이어진 중세 시기, 성곽은 다시 증축과 보수를 거듭했다. 특히 11세기~13세기의 십자군 시대에는 이곳이 에데사 백국의 중심지로 기능하면서 성곽은 중세 요새의 전형으로서 더욱 웅장한 모습을 갖게 되었다. 깊은 해자와 견고한 성벽이 결합한 복합적인 방어 시스템은 고대부터 중세까지 일관되게 유지된 샨르우르파 성곽의 핵심적인 특징이라 할 수 있다.

이곳은 단순히 군사적 장소가 아니라, 종교와 신화가 얽힌 성지이기도 하다. 유대교·기독교·이슬람교에서 공통으로 중요한 예언자로 여겨지는 아브라함의 출생지가 샨르우르파라는 전승이 널리 전해진다. 지역 주민들의 구전과 신앙 전통에서는 성곽과 인근 연못, 두 기둥 등에 아브라함의 일생과 시험이 얽혀 있다고 이야기한다. 물론 이러한 전승은 역사적 사실과 구분되어야 하지만, 종교적 신앙과 지역 정체성이 결합된 상징으로서 샨르우르파를 성스러운 도시로 자리매김하게 만든 중요한 요소였다.

지명 변천 또한 이 도시의 복합적인 역사성을 말해준다. 본래는 단순히 "우르파(Urfa)" 또는 더 멀리 거슬러가 "우르슈(Urshu)"라는 이름으로 불렸으나, 헬레니즘 시대에는 알렉산더 대왕의 계승자인 셀레우코스 왕조에 의해 '에데사(Edessa)'라는 그리스식 명칭이 주어졌다. 이 이름은 로마와 비잔틴 제국 시대에도 이어졌다. 오스만 제국기에 다시 "우르파"라는 명칭이 자리 잡았으며, 현대에 들어와 1984년 이후에는 앞에 "샨르(Şanlı, 영광스러운·성스러운)"라는 수식이 붙어 "샨르우르파"라는 이름으로 공식화되었다. 이 명칭은 곧 이 도시가 지닌 역사적·종교적 위상을 반영한다.

샨르우르파는 이처럼 청동기 초기부터 근대에 이르기까지 여러 문명이 교차했던 전략적

샨르우르파 성 내부에 보이는 이 오래된 탑은 성곽의 원형 탑(혹은 '성채 탑', bastion/tower)으로, 유래는 매우 오래되었다. 현재 남아 있는 이 탑은 셀주크와 맘루크 시대 복구 흔적도 있지만, 원래는 오스로에네 왕국과 로마-비잔틴 시대의 방어 목적을 위한 성벽 일부로 지어졌다. 최근 발굴에 따르면, 성 내부에는 3세기경 오스로에네(Abgarid) 왕조 시기의 암석 무덤과, 3~8세기 사이 후기 고대에 해당하는 구조물들까지 포함된 것으로 밝혀졌다. 이 탑은 단순 방어기능 뿐 아니라 성내 고위 인물들의 무덤 역할을 했을 가능성도 제기되고 있다. 특별한 고유 이름은 알려져 있지 않으며, 공식적으로는 '샨르우르파성 원형 탑' 또는 '성채 탑'으로 불리고 있다

요충지이며, 다양한 문화적 층위가 중첩된 역사 공간이다. 성곽의 견고한 방어 구조는 당시 군사 기술과 정치적 격동을 잘 보여주며, 아브라함 전설은 오늘날에도 이 도시를 신앙과 문화의 중심지로 만드는 힘을 발휘하고 있다. 결국 샨르우르파 성곽은 단순한 요새 건축물이 아니라, 인류 문명이 겪어 온 역사와 신앙, 그리고 문화적 교류가 켜켜이 쌓여 있는 상징적 유산이라 할 수 있다.

샨르우르파(Şanlıurfa)의 성곽 해자와 돌탑을 살펴보면, 이곳이 단순히 중세 요새가 아니라 훨씬 이전의 고대 문명과 긴밀히 연결되어 있음을 짐작하게 한다. 사진 속 해자는 깊고 견고하게 조성되어 있으며, 이러한 구조는 외부의 침입을 막기 위한 도시 방어 시설로서 메소포타미아 지역 고대 도시들에서 흔히 확인되는 양상과 매우 흡사하다. 특히 폭과 깊이를 고려한 해자의 축조 기법은 단순한 방어를 넘어, 당대의 건축 기술과 사회적 조직력이 뒷받침되지 않고서는 불가능했을 것이다.

해자 위로 우뚝 솟은 돌탑은 더욱 눈길을 끈다. 그 형태와 석재를 쌓아 올린 방식은 고대 수메르 문명에서 볼 수 있는 석조 건축 양식과 닮아 있다. 수메르 양식의 기본 요소는 흙벽돌 외에 돌과 벽돌을 혼합해 단단히 축조하는 방식인데, 샨르우르파에서 보이는 돌탑 역시 당시의 전통을 반영한 흔적일 수 있다. 이는 단순히 중세 시기의 군사 건축물이 아니라, 원형은 훨씬 이른 시대의 건축 문화에서 비롯되었음을 시사한다. 결국 샨르우르파의 방어 시설은 수메르 문명권 도시들과 유사한 양식을 보여주며, 이 지역이 고대 문명의 직접적인 영향을 받았음을 암시한다.

또한 샨르우르파 지명이 지닌 의미 역시 주목할 만하다. 이 도시는 오랫동안 '우르파(Urfa)' 또는 단순히 '우르(Ur)'라는 이름으로 불려왔다. 이는 곧 메소포타미아 남부의 대표적인 수메르 도시 '우르'와의 연관성을 자연스레 떠올리게 한다. 물론 지리적으로는 상당히 떨어져 있지만, 두 지역이 같은 이름을 공유한다는 사실은 우연이라고 보기 어렵다. 샨르우르파가 7천 년 전부터 이미 '우르'라는 이름으로 불렸다면, 이는 수메르 문명과의 문화적·언어적 접점이 존재했음을 의미한다. 단지 명칭상의 일치가 아니라, 고대 문명권 내 거점 도시로서 이곳이 차지했던 위상을 반증하는 요소일 수 있다.

역사적으로 샨르우르파는 전략적 요충지로 기능했을 뿐 아니라, 종교와 신화의 무대이기도 했다. 전승에 따르면 아브라함의 출생지로 알려져 있으며, 이는 이 지역이 인류의 신화와 종교적 기억 속에 오래도록 차지해온 위치를 보여준다. 따라서 샨르우르파 성곽의 해자와 돌탑은 단순한 방어 시설을 넘어, 고대 문명이 남긴 건축적 유산이자 문화적 상징이라 할 수 있다.

결국 샨르우르파의 유적은 고대 메소포타미아 문명과 이 지역을 연결하는 중요한 고리로 작용한다. 웅장한 해자와 수메르 양식을 닮은 돌탑은 고대 도시 방어 체계와 건축 기술의 발전을 잘 보여주는 동시에, 우르라는 지명 속에 잠재된 역사적 연속성을 드러낸다. 샨르우르파는 곧 고대 문명, 종교, 신화가 중첩된 공간으로, 메소포타미아 문명의 발달 과정을 이해하는 데 있어 반드시 주목해야 할 장소다.

샨르우르파(Şanlıurfa) 성 깊은 해자는 수십미터 깊이이다. 적군이 이 해자로 내려가서 성벽으로 기어오르려고 해도 거의 불가능에 가깝다. 그러나 이 성은 여러번 함락되었다. 고대인들의 능력은 정말 놀랍다.

아브라함의 기원과 관련하여 샨르우르파, 하란, 그리고 이라크 남부 수메르의 우르(Ur) 도시는 긴밀하게 얽힌 전승과 해석을 낳아왔다. 이 세 지역은 단순히 지명의 유사성을 넘어, 고대 메소포타미아 문명과 종교 전통, 그리고 민족 이동의 맥락 속에서 서로 연결되어 있다.

먼저, 아브라함의 부친 데라와 조상들의 거주지로 기록된 하란(Haran)은 오늘날 튀르키예 샨르우르파 인근에 위치한다. 고대 문헌과 성경은 아브라함 일가가 이곳에서 생활했으며, 이후 가나안 땅으로 옮겨갔다고 전한다. 하란은 메소포타미아 북부의 교역로와 문명권의 요지였기 때문에, 아브라함 가족의 이동과 정착지로서 논리적 배경을 제공한다. 오늘날도 하란에는 '야곱의 우물'과 같은 전승 유적이 남아 있어, 이곳이 아브라함 가문의 역사적·전설적 공간으로 인식되어 왔음을 보여준다.

샨르우르파(옛 우르파)는 아브라함의 탄생지로 전통적으로 여겨져 왔다. '우르파'라는 지명은 고대 수메르 도시 '우르(Ur)'와의 연관성을 불러일으켰으며, 실제로 일부 학자들은 "아브라함의 출신지 우르는 남부 메소포타미아의 도시가 아니라 북부의 샨르우르파였을 가능성"을 제기해왔다. 성경에 등장하는 '우르 카스딤(Ur of the Chaldees, 갈대아인의 우르)'을 남부 메소포타미아로 볼 것인지, 아니면 북쪽의 우르파와 연관 지을 것인지는 오랜 학술 논쟁거리였다. 샨르우르파가 아브라함의 고향으로 전승되는 이유는 이 지역이 오랜 세월 신성한 장소로 여겨졌고, 종교적 전설과 지역 신앙에 의해 아브라함의 기원지로 굳어졌기 때문이다.

한편, 이라크 남부의 수메르 우르는 수메르 문명과 아카드, 바빌로니아 시대의 도시 문명 중심지였다. 기원전 4천년대부터 정치적·경제적 중핵 도시로 성장하여 아브라함 시대보다 훨씬 이전부터 활발히 번성했던 우르에는 거대한 지구라트와 왕묘군 등 고도의 문명 흔적이 남아 있다. 이곳은 인류 최초의 도시문명 중 하나였고, 아브라함과의 연결은 고대 전승과 성경 해석을 통해 이루어졌다. 그러나 북부의 샨르우르파와는 지리적으로 멀리 떨어져 있어, 직접적인 동일시는 어렵다. 그 대신, 언어적 교류, 민족 이동, 그리고 종교적 전승 속에서 두 지역이 서로 연결되었을 가능성이 크다.

종합하면, 아브라함의 탄생지에 대한 전통은 샨르우르파와 하란 지역의 신화, 유적, 종교적 신앙의 결합에서 비롯되었다고 할 수 있다. '우르'라는 지명의 기원과 전파에 대한 해석은 단순한 지리 논쟁이 아니라, 고대 민족 이동과 문화 교류의 복합적 양상을 이해하는 단서이기도 하다. 아브라함과 그의 가족이 하란과 샨르우르파 일대에서 거주하다가 가나안으로 향

샨르우르파 아브라함 연못

연못과 잉어는 신앙과 구원의 상징

했다는 기록은, 이 지역이 단순한 거주지가 아니라, 종교적 신앙과 세계사의 전환점을 마련하는 무대였음을 보여준다. 샨르우르파, 하란, 그리고 남부 우르의 지명과 전승은 결과적으로 아브라함 전설을 통해 하나로 연결되며, 고대 문명의 복잡한 교차와 길고 깊은 문화적 영향을 증언하고 있다.

샨르우르파에 전해 오는 발릭리골과 성벽 기둥에 관한 전설은 오래된 역사적 이야기이다. 1세기경 유대인 문헌인 하가다에서 처음 등장하는 이 전설은 님로드 왕이 아브라함을 불 속에 던지려 하자, 신의 기적으로 불길은 물이 되고 장작은 물고기로 변하여 아브라함이 구원받았다는 것이다. 이 전설은 유대교, 기독교, 이슬람 전승에 모두 영향을 끼쳤고, 우르 카슈디엠이 샨르우르파 지역임을 주장하는 학자들도 있다.

이슬람 전승에는 님로드 왕이 아브라함과 그의 어머니 젤리하를 해치려 했지만, 젤리하의 눈물이 연못이 되었으며, 그 연못 물고기들이 불꽃에서 변했다고 한다. 젤리하의 눈물이라는 뜻의 아인젤리하 호수도 근처에 있으며, 전설에 따르면 그 물을 마시면 눈이 멀었다고 한다.

17세기 오스만 제국 여행가 에블리야 첼레비는 두 기둥을 님로드의 투석기로 보았다.

아브라함은 유대교, 기독교, 이슬람교의 공통 조상으로, 구약성경(창세기)과 코란에 그의 생애와 신앙이 기록되어 있다. 성경에서는 아브라함이 갈대아 우르(오늘날 남부 이라크 수메르 지역) 출신으로 신의 부름을 받아 가나안 땅으로 이주하는 이야기를 담고 있다. 코란에서는 '이브라힘'이라 불리며, 신의 뜻에 순종하는 예언자로 여러 기적과 시련을 겪는 모습이 묘사되어 있다.

고대 근동의 메소포타미아 점토판 문서에는 아브라함을 직접 언급하는 기록은 없지만, 당시 사회와 종교 상황을 이해하는 데 중요한 배경을 제공한다. '우르'와 '하란' 같은 지명은 고대 문헌에 등장하며, 아브라함의 활동 무대와 연관 지어 연구된다.

아브라함 전설은 수천 년에 걸쳐 구전과 종교 문헌을 통해 전해지며, 다양한 변형과 해석을 거쳤다. 초기에는 우상 숭배 거부, 신과의 언약, 가족 이동 등 기본 이야기가 중심이었으나, 종교와 지역에 따라 세부 내용이 달라졌다. 중세 이슬람에서는 이브라힘으로 존경받으며 신앙과 순종을 강조하는 전설이 확산되었고, 기독교 중세 시대에는 믿음의 모범으로 다양한 신학 해석과 예술작품으로 발전했다.

현대 학문은 아브라함 전설을 역사적 사실과 신화가 결합된 문화 산물로 보며, 메소포타미아의 사회·종교 환경을 배경으로 분석한다.

고고학 발굴 사례로는 이라크 남부 수메르 '우르' 유적이 있으며, 이는 아브라함 시대 이전부터 번성한 도시다. 튀르키예 샨르우르파 인근 '하란' 유적은 아브라함 가족이 거주한 곳으로 전해지며 도시 구조와 종교 시설이 발굴되었다. 특히 하란에서는 고대 우물과 신전, 주거지가 출토되어 당시 생활상을 보여 준다. 샨르우르파 지역은 신석기부터 청동기까지 다양한 유적이 발견돼 인류 문명 연구에 중요한 장소다. 아브라함 전설과 관련된 동굴, 연못, 사원 등도 보존되어 종교·문화 연구에 활발히 이용되고 있다.

19세기부터 시작된 메소포타미아 발굴은 아브라함 시대 사회와 문화를 이해하는 데 큰 기여를 했으며, 발굴된 유물과 건축물은 당시 종교, 정치, 경제 체계 복원에 중요한 자료로 활용되고 있다.

총체적으로 아브라함 전설은 고대 근동의 역사, 종교, 문화가 얽힌 이야기로, 단순 역사

인물을 넘어선 상징적 의미를 지닌다. 고대 문헌과 고고학 자료는 당시 사회와 신앙을 이해하는 열쇠이며, 세 종교의 공통 뿌리로 현대에도 큰 영향을 미치고 있다.

샨르우르파에 위치한 아브라함 연못(풀라트 연못)은 도심 한가운데 맑고 잔잔한 물에 잉어들이 헤엄치는 신성한 공간으로, 이곳을 찾는 순례자와 방문객에게 경건한 체험의 장소를 제공한다. 전설에 따르면 아브라함은 우상 숭배를 거부하다 박해받아 불 속에 던져졌는데, 신의 기적으로 불이 물로 변해 그 곳에서 연못과 잉어가 탄생했다 한다. 연못과 잉어는 신앙과 구원의 상징으로, 지역 공동체의 평화와 축복을 기원하는 공간이다.

아브라함 탄생 동굴에는 이슬람 사원이 세워져 있으며, 이곳은 아브라함의 출생지로 신앙적 상징성을 지닌다. 동굴과 사원은 신앙인들에게 경건한 공간이자 여러 종교가 교류하는 중요한 장소이다.

성경과 코란은 아브라함 이야기에 차이가 있으며, 각 종교는 아브라함과 그의 가족 이야기를 독특하게 해석하고 전해 내려오고 있다. 그러나 아브라함은 세 종교의 공통 조상으로서 역사와 신앙, 문화의 교차점에 서 있는 인물이다.

샨르우르파 동굴과 그 주변 지역은 인류 문명의 발상지 중 하나로서 고고학적, 역사적, 종

샨르우르파 고대 동굴, 동굴 입구 원형 판석은 영화속의 예수 부활 동굴과 똑같다.

샨르우르파 동굴 성모마리아와 로마 병사 마네킹이 동굴을 지키고 있다. 이 동굴에는 석관이 있고 시신을 안치한 장면이 있다.

교적 의미가 깊은 장소이다. 이 지역은 신석기 시대부터 다양한 유적과 유물이 발굴되어 왔으며, 특히 근처에 위치한 괴베클리테페는 약 1만 2천 년 전의 신석기 유적으로 세계에서 가장 오래된 신전 중 하나로 알려져 있다. 샨르우르파 동굴들은 고대부터 중세에 이르기까지 주거지, 무덤, 의례 장소 등 다양한 용도로 활용되었으며, 발굴된 유물들은 당시 사람들의 생활상과 신앙, 사회 구조를 이해하는 데 중요한 자료가 되고 있다.

아브라함 전설은 이 지역의 풍부한 역사와 긴밀히 연결되어 있다. 아브라함은 기원전 약 2000년경 메소포타미아 지역에서 활동한 인물로, 유대교, 기독교, 이슬람교의 공통된 신앙의 조상으로 인정받고 있다. 성경과 코란에서는 아브라함이 갈대아 우르 출신으로 기록되어 있지만, 샨르우르파 역시 그의 활동 무대 중 하나로 전해진다. 이곳에는 아브라함이 태어났다고 전해지는 동굴과 연못, 그리고 이슬람 사원이 있어 순례지로서도 큰 의미를 가진다.

이 전설은 역사적 사실과 신화가 혼합된 형태로, 지역 주민과 신앙 공동체에게 중요한 문화적·종교적 상징으로 자리 잡았다.

샨르우르파 지역은 고대부터 메소포타미아 문명과 인접한 전략적 요충지로 수천 년에 걸쳐 다양한 문명과 왕조가 지나갔다. 신석기 시대부터 시작하여 청동기 시대, 고대 수메르, 아카드, 아시리아, 헬레니즘, 로마, 비잔틴, 그리고 이슬람 시대로 이어지는 다양한 유적들이 층층이 쌓여 있어, 역사와 고고학 연구에 매우 중요한 장소이다. 특히 괴베클리 테페 같은 신석기 유적은 인류 최초의 종교적·사회적 조직을 연구하는 데 중요한 자료로서, 샨르우르파 박물관에 일부가 재현되어 전시되고 있다.

샨르우르파 성곽과 주변 동굴, 연못 등은 고대부터 중세까지 방어, 생활, 종교 의례가 복합적으로 이루어진 공간으로, 이곳이 지닌 다층적인 역사적 가치와 문화적 의미를 보여준다. 이처럼 샨르우르파 동굴은 중요한 고고학적 유적으로서 인류 문명의 초기 모습을 이해하는 데 귀중한 자료이며, 아브라함 전설과 결합된 지역의 풍부한 역사와 신앙이 오늘날까지도 이어지고 있다.

6-3. 샨르우르파 박물관의 신바빌로니아 제국 마지막 왕인 나보니두스 비문과 건곤감리 태극문양 부조

"In the Şanlıurfa Museum, there are cuneiform inscriptions of Nabonidus, the last king of the Neo-Babylonian Empire, along with a bas-relief featuring the Geon-gon Gamri (건곤감리) Taegeuk motif"

샨르우르파 박물관에서 접한 굽다리 받침 토기는 단순한 생활용품을 넘어서 고대 문명 간의 교류를 보여주는 중요한 유물이라 할 수 있다. 더욱 흥미로운 점은 이와 유사한 형태의 토기가 이즈미르 박물관과 메르신 박물관에서도 발견된다는 사실이다. 이는 굽다리 받침 토기의 사용이 메소포타미아 지역에 국한되지 않고, 아나톨리아 전역에 널리 퍼져 있었음을 시사한다. 샨르우르파는 본래 우르크 문명과 히타이트, 아시리아 등이 교차하던 지점으로 다양한 문화적 영향이 혼재된 지역이고, 이즈미르와 메르신은 해상 교역로의 요충지로서 여러 문화권과 활발히 연결되던 곳이었다. 따라서 굽다리 받침 토기의 분포는 단순한 지역적 현상이 아니라, 메소포타미아와 아나톨리아를 잇는 문화적 흐름의 증거라 할 수 있다.

토기의 구조를 살펴보면 받침대가 굽다리 모양으로 되어 있어, 그 위에 놓인 그릇의 안정성을 높이는 동시에 열의 전달이나 보존에 효과적이었을 가능성이 크다. 이러한 특성은 단순히 조리와 저장 같은 실용적 측면에만 한정되지 않고, 의례 의식과 같이 상징적 의미가 가미된 사용에도 적합했을 것이다. 고대 사회에서 용기의 형태는 단순한 필요에 따라 만들어진 것이 아니라, 종종 공동체의 의례와 신앙적 관습 속에서도 중요한 역할을 담당했다.

이처럼 튀르키에 전역에서 발견되는 굽다리 받침 토기는 아나톨리아가 동서 문명이 교차하는 지점이었음을 잘 보여준다. 동일한 기본 구조를 지니면서도 지역마다 세부적 형태와 문양에서 차이를 보이는 점은 문화 교류의 결과이자 서로 다른 지역 공동체가 자신들의 미

샨르우르파 박물관 전시중인 굽다리 받침 토기. 신라 가야 굽다리 받침 토기와 닮았다.
장식된 받침대 Kurban Höyük, 초기 청동기 시대: 기원전 3100~2000년, 구운 토기,
높이: 30.5㎝, 너비: 10㎝, 지름: 16㎝
연해주에서도 이 굽다리 받침 토기가 발견된다.

적 감각을 반영한 흔적일 것이다. 굽다리 받침토기는 연해주와 신라 가야 유적에서 문양과 투창이 거의 유사한 모습의 굽다리 토기가 발굴된다.

특히 중앙아시아나 유라시아 스텝 지역에서는 굽다리 받침 토기가 거의 발견되지 않는 반면, 아나톨리아에서 흔히 출토된다는 사실은 고대 문화권의 경계와 교류를 연구하는 데 매우 중요한 단서를 제공한다. 샨르우르파, 이즈미르, 메르신이라는 서로 다른 지역의 박물관에 남아 있는 유사한 양식의 토기들은 결국 고대인의 삶이 단절된 것이 아니라, 문명과 문명이 이어지는 과정 속에 있었다는 점을 보여주는 증거로 다가온다.

메소포타미아 유역의 고대 할라프 문명 그 인접 지역 티트리쉬회위크 유적에서 출토된 석

메소포타미아 시대 태극문양이 있는 신화가 담긴 석판

판, 도자기, 우상 등에는 소용돌이, 원형, 방사 문양, 교차선과 같은 추상적 상징이 매우 다양하게 나타난다. 대표적인 할라프 문화의 유물인 소위 '눈의 인형'과 둥근 원·점·선이 결합된 문양들은 태양, 대지, 신성, 풍요와 같은 인류 보편의 자연 세계관을 반영한다.

티트리쉬회위크 유적 출토로 추정되는 대형 흑색 석판 인장으로, 중앙에 태극문양처럼 두

티트리쉬회위크 유적

개의 S자 형태가 맞물린 원형 모티프, 그 주변에 방사·소용돌이·점·선 도상, 추상화된 인물상 등이 복합적으로 새겨져 있다.

이 태극유사 원형 모티프는 단순한 기하문이 아니라 우주·대지·생명력·질서 등 집단적 상징을 담아낸 것으로 볼 수 있다. 이미지에서 확인되는 곡선적인 나선과 독특한 인물상, 하단의 사각 방사형/십자, 기호적 동물·절지 동물 도상 역시 티트리쉬회위크 초기청동기 문화권에서 집단 권위·의례·통치적 상징 역할을 했을 가능성을 시사한다.

특히 이와 같이 크기와 조각이 뛰어난 석판 인장은 일반적인 실용·상거래 인장이 아니라, 족장 또는 지역 리더의 집단 관인이나 도시의 상징물로 추정하는 것이 타당하며, 태극문양을 연상시키는 도상이 서아시아 유적에서 발견되는 특이 사례임이 확인된다.

티트리쉬회위크는 튀르키예 동남부 유프라테스 강 근처, 샨르우르파에서 북쪽으로 약 45㎞ 떨어진 곳에 자리한 고대 도시 유적이다. 이 도시는 초기 청동기 시대, 대략 기원전 2600~2100년 무렵에 크게 번성하며 북메소포타미아 일대의 소왕국 중심지 격으로 자리잡는다.

당시 도심은 약 43헥타르에 달하는 넓은 공간을 차지했으며, 중앙에는 눈에 띄는 대형 마운드가 있고, 주변에는 저지대 거주구가 계획적으로 배치되어 있다. 성벽이나 도로, 테라스, 공동묘지, 내부 생산과 상공업, 다양한 주거시설, 그리고 곳곳의 집단 묘지 역시 복합적인 도시 조직과 사회를 보여준다.

이곳에서는 청동기·석기·연마석을 비롯한 각종 수공업 흔적과 주거 및 상공업 관련 유구, 장신구, 인장(도장), 도기 등이 다채롭게 출토된다. 주목할 만한 특징 중 하나는 집단매장 풍습인데, 주거구 내부에 17개 두개골 등 집단 유골 매장지까지 남겨져 도시 사회의 장례 방식과 집단성, 생명관을 엿볼 수 있다.

티트리쉬회위크 발굴의 학문적 초점은 엘리트 중심의 도시가 아니라 일상적이고 비정치·비정교적인 생활 공간, 즉 서민들의 생활과 경제 실태 복원에 맞춰졌다. 이 도시는 메소포타미아, 아나톨리아, 시리아를 잇는 주요 교역로 위에 자리하며, 곡물과 목축, 원거리 교역, 석기·청동기 생산이 매우 활발했던 경제적 기반 위에 번성한다.

유적 전체로 볼 때 티트리쉬회위크는 고대 대도시·국가의 조직, 동서·남북 교류망, 그리

창조 신화 '에누마 엘리시'에 나오는 영웅 마르둑(혹은 엘릴)와 혼돈의 여신 티아마트의 전투를 묘사하고 있다

라마수, 샨르우르파, 철기 시대, 높이 200㎝, 폭 75㎝, 깊이 44.5㎝

고 당시의 도시생활·경제·장례문화 및 상호 작용 양상을 복원하는 데 있어 매우 중요한 연구 대상이다.

라마수(Lamassu) 조각은 아시리아 및 아카드 신화 전통에서 중요한 상징적 존재로, 도시의 입구나 궁전, 관청의 현관에 거대한 규모로 세워졌다. 라마수는 인간의 머리와 사자 또는 황소의 몸, 독수리의 날개를 결합한 독특한 신화적 존재로, 각각의 신체 부위는 상징성을 내포한다. 인간의 머리는 이성·지혜와 마음을 의미하고, 사자 또는 황소의 몸체는 힘과 용기를, 날개는 자유와 신속함을 나타낸다.

라마수는 주로 도시나 궁전의 입구에 배치되어 있었으며, 악령과 불운을 막고 권력과 권위를 상징하는 역할을 했다. 아수르의 경우, 라마수 동상은 행정의 중심지나 중요한 관문마다 자리잡고 있었고, 사람들은 그 존재를 만남과 통과의 순간마다 경험했다. 동상은 보통 다섯 개의 다리를 가진 형태로 묘사되는데, 이는 측면에서 바라볼 때 두 개의 다리가 앞을 향해 걷는 모습을 보이고, 정면에서는 네 개의 다리가 고정된 상태로 서 있는 듯한 시각적 효과를 내기 위한 것이다. 덕분에 어느 각도에서 보아도 안정감과 경비의 역할이 강조된다.

라마수는 아카디아 신화에서는 '세두(Shedu)'라고도 불리며, 신성하고 수호적인 힘을 상징하는 존재로 여겨졌다. 이처럼 라마수 동상은 단순한 미술작품을 넘어 도시와 공간을 수호하는 신화적 상징물로 기능했으며, 고대 메소포타미아 문명의 정교한 미적 감각과 종교적 관념이 집약된 결과물이다. 사진 속 라마수 역시 그런 상징성과 신화적 의미를 오늘날까지도 생생히 전해주고 있다.

좌측 그림 아시리아 신화 그림은 고대 메소포타미아, 특히 창조 신화 '에누마 엘리시'에 나오는 영웅 마르둑(혹은 엘릴)와 혼돈의 여신 티아마트의 전투를 묘사하고 있다. 그림의 오른쪽에는 날개가 달린 남성 신이 번개 혹은 창 같은 무기를 들고 거대한 괴물과 마주하고 있는데, 이는 질서와 창조를 상징하는 신적 존재인 마르둑 또는 엘릴이다. 그는 신화 속에서 세계를 질서 있게 창조하는 영웅신으로서 혼돈의 세력에 맞서 싸운다.

왼쪽에는 날개와 발톱을 지닌 거대한 용의 모습으로 티아마트가 그려져 있다. 티아마트는 창조 이전의 혼돈과 원초적 힘을 상징하는 여신으로, 신들 간 갈등 끝에 마르둑에게 물리쳐진다. 그녀의 시신은 하늘과 땅으로 분리되어 세상이 창조된다.

이 신화적 장면은 질서가 혼돈을 극복한다는 창조 신화의 핵심을 시각적으로 보여준다. 마르둑 (혹은 엘릴)는 신들의 영웅으로 혼돈의 괴물 티아마트를 쓰러뜨려 우주의 질서를 확보하는 역할을 한다. 이러한 이미지는 아시리아 및 바빌로니아 예술에서 신들의 힘과 영웅적 행위를 부각시키는 방식으로 자주 사용되었다. 신화 속 이 싸움은 결국 세계의 탄생과 질서의 확립을 상징하며, 혼돈을 극복한 신적 영웅의 이미지는 고대 예술과 문화 전반에 깊은 영향을 남겼다

신바빌로니아 제국의 마지막 왕, 나보니두스는 기원전 556년부터 기원전 539년까지 약 17년간 신바빌로니아를 통치하였다. 그는 칼데아인으로서 제10 왕조에 속하며, 바빌론뿐

나보니두스 왕 비문, 하란 철기 시대 / 뉴 바빌론: MO 612-330 현무암

아니라 당시 광대한 영토를 다스린 마지막 토착 왕이기도 하다. 나보니두스는 통치 초기에 아라비아 남부, 구체적으로 데마 지역으로 원정을 떠나 10년 가까이 머물면서 실제 바빌론의 통치는 그의 아들 벨사살이 대신하였다. 그는 종교적으로 달의 신인 신(Sin)을 특히 숭배하여, 바빌론의 전통적 신인 마르둑 신의 절대적 지위를 낮추려 했다. 이러한 종교 개혁은 바빌론 사제단, 특히 마르둑 신을 중심으로 한 기존 권력층과의 심각한 갈등을 야기하였다.

나보니두스는 기원전 552년에서 543/542년 사이에 아라비아 타이마에서 자발적인 망명 생활을 했는데, 이는 바빌론 내부 정치적 긴장과 종교적 대립으로 인해 일어난 일로 추정된다. 그러나 그는 결국 신바빌로니아로 귀환하여 주요 건축 사업, 특히 북부 도시 하란의 달 신 사원인 에쿨홀 신전을 재건하였으며, 이 신전 재건 사업을 자신의 최대 업적으로 여겼다. 이 시기에 우르, 라르사, 시파르 등 다른 도시에서도 여러 건축 사업이 진행되었다. 당시 바빌로니아 전역에는 기근이 있었던 정황도 나타나는데, 나보니두스는 이를 자신이 추진한 종교 개혁에 반응하지 않는 백성들에 대한 신의 분노로 보았던 반면, 백성들은 그를 이단자로 간주하며 마르둑 신의 분노로 인식하였다.

기원전 539년, 페르시아의 키루스 대왕이 신바빌로니아 제국을 공격하였고, 벨사살이 바빌론 방어를 실패하며 제국은 급격히 무너졌다. 이 사건으로 나보니두스의 운명은 여러 기록에서 상이하게 전해진다. 그리스 역사가 크세노폰은 나보니두스가 바빌론 함락 과정에서 살해되었다고 기록하였으나, 왕실 연대기에서는 후퇴하다가 바빌론에서 체포되었다고 전한다. 한편, 헬레니즘 시대 바빌론 학자인 베로수스는 나보니두스가 보르시파에서 키루스에게 항복한 후 은혜롭게 대접받아 생명을 보존했고, 이란 케르만주 인근 지역 카르마니아에서 은퇴하거나 총독으로 임명받아 여생을 보냈다고 기록한다.

나보니두스가 하란(샨르우르파)에서 죽었는지에 대한 정확한 사료는 부족하지만, 그의 사망지는 불명확하며 여러 기록이 충돌한다. 다만 하란(샨르우르파)은 신바빌로니아 후기 중요한 도시로서 나보니두스가 종교적 복원사업에 집중한 장소라 알려져 있으며, 최후의 정치적 일대기와 그가 직면한 내적 갈등을 상징하는 도시이기도 하다. 그의 통치는 신바빌로니아 제국의 마지막 시기였으며, 그가 왕위에서 물러난 후 페르시아 아케메네스 제국이 바빌론을 지배하며 메소포타미아의 고대 왕국 시대는 막을 내렸다.

나보니두스는 역사적으로 비정통적이고 독특한 종교 개혁가이자 초기 고고학자로 평가받는다. 그는 아들의 쿠데타에 의해 왕위에 오르게 된 배경과, 종교적 권력 투쟁 속에서 왕권을 유지하려 애쓴 모습을 보여준다. 그의 종교 개혁 시도는 바빌론 사회에 큰 파장을 일으켰고, 결과적으로는 제국 내부의 분열을 심화시켜 외부 세력의 침입을 더 용이하게 만들었다는 해석도 존재한다. 페르시아 제국에 의해 멸망하는 신바빌로니아의 마지막 왕으로서 나보니두스는 수천 년에 걸친 메소포타미아 왕조의 역사에서 하나의 분기점 역할을 했다.

그의 삶과 통치는 고대 중동 정치와 종교, 문화의 변화 양상을 잘 보여주는 중요한 사례로, 다수의 기록과 유물, 비문들에서 연구되어 오늘날까지도 역사적 관심과 학술적 탐구의 대상이 되고 있다. 이로써 나보니두스는 신바빌로니아 제국의 마지막 왕이자, 그 시대가 끝나고 새로운 역사 시대가 열리는 전환점에 서 있던 인물임이 분명하다

나보니두스 비문은 신바빌로니아 제국의 마지막 토착 통치자였던 나보니두스 왕의 신앙적 고백과 통치 철학을 담고 있다. 그는 자신이 왕권을 마땅히 누릴 자격이 없다고 고백하면서도 신들과 여신들이 자신을 위해 기도했다는 믿음을 밝힌다. 비문에는 한밤중의 꿈에서 신들이 나타나 하란의 죄의 성전을 신속하게 세우라는 명령을 받았다는 내용이 포함되어 있다. 이는 신들의 뜻에 따라 왕으로서의 책임과 권한을 부여받았음을 상징한다.

나보니두스는 신들의 명령을 받들어 우주적 질서와 왕권을 확립하고자 했으며, 땅과 하늘의 권위를 대행하는 존재로서 자신에게 내려진 임무를 강조한다. 그는 신성한 예언과 사제들의 지침을 따르며, 다양한 신들 특히 달의 신 신(Sin), 전쟁의 신 네르갈, 바빌로니아의 주신 마르둑과 긴밀히 연결되어 있었다. 이 비문에서는 바빌론 국가와 주변 지역의 여러 도시들이 신성한 왕권 아래 통합되어 있음을 알 수 있다.

비문 속 나보니두스의 고백은 한편으로는 자신의 통치에 대한 내면적 갈등과 겸손, 동시에 권위 강화와 종교적 정당성 확보를 위한 정치적 메시지를 담고 있다. 그는 신들의 뜻을 받들면서도 자신의 위치에 대해 신중히 생각했고, 왕권에 대한 죄와 책임을 무겁게 느꼈다. 또한 이 문서에는 신성한 의식과 신들과의 교감, 신전 건립과 복원, 왕권의 신성화 과정 등이 상세히 기록되어 있어 고대 메소포타미아의 정치와 종교가 어떻게 맞물렸는지를 보여준다.

결과적으로 나보니두스 비문은 왕권 신성화와 정치적 현실 사이에서 균형을 모색한 기록이며, 신바빌로니아 왕국 후기의 역사적·종교적 상황을 이해하는 데 중요한 자료로 평가받

고 있다.

나보니두스 비문은 고대 메소포타미아 최고의 신들 사이에서 자신이 왕권을 부여받고, 신성한 의무와 권위를 수행하는 과정과 신들과의 관계를 고백하는 기록이다. 그는 자신이 왕권에 합당하지 않다고 고백하면서도 신들과 여신들이 자신을 위해 기도했고, 신의 명령에 따라 하란의 죄의 성전을 신속히 재건할 의무를 부여받았다고 전한다. 이 비문에는 신성한 꿈과 예언, 의식과 제의의 수행 과정이 담겨 있다.

나보니두스는 신들의 뜻에 따라 왕권을 행사하며, 우주 질서와 통치를 확립해 나갔다. 그는 신성한 권위자인 동시에 신들의 대리인으로서 자신을 인식했으며, 바빌론과 주변 지역의 여러 도시들이 그의 통치 아래 있었음을 나타낸다. 그러나 동시에 그는 자신의 위치에 대한 내면적 고민과 왕권에 수반되는 책임과 죄악의 무게를 느꼈음을 솔직히 고백한다.

이 기록은 고대 메소포타미아에서 왕권의 신성화 과정과 정치·종교가 긴밀히 연계된 모습을 생생히 보여준다. 왕권은 단순한 권력 이상의 신성한 명령이자 의무였으며, 왕은 신들의 뜻에 의거해 질서를 유지하고 백성을 보호하는 역할을 맡았다. 나보니두스 비문은 이러한 고대 관념을 잘 반영하는 귀중한 사료로서, 당시의 정치적, 종교적 상황을 이해하는 데 중요한 역할을 한다.

이 비문은 나보니두스가 바빌론 성벽을 재건하고 신들에게 기도하며 자신의 통치가 오래 지속되길 기원하는 내용을 담고 있다.

(i 1) 나보니두스, 신바빌로니아의 왕, 주의를 기울이는 왕자, 신들의 뜻에 항상 귀 기울이는 목자, 지혜롭고 경건한 자, 위대한 신들의 성소를 끊임없이 찾는 자, 가장 적합한 전사, 신들의 현자 마르둑의 창조물, 여우라 여신의 자식, 모든 지배자의 창조자, 나부 신이 선택한 자, 우주 조화를 다스리는 자, 닌시쿠 신의 창조자, 모든 것을 아는 자, 난나루 신에게 선택받은 자, 왕관의 주인, 점성술의 신호를 알리는 자, 매일 신들에게 헌신하며 자신의 마음으로 에사길과 에지다에 공급하는 자, 나는 나부발라수익비의 아들 현명한 왕자다.

(i 13) 나는 항상 바빌론을 찾아 좋은 일을 행하고 있다. 위대한 신들의 궁전 에사길에 선

사르곤 2세 대왕의 부조된 인물 두상이 새겨진 비석은 현무암으로 제작되었으며, 아시리아 제국의 강력한 왕권과 위엄을 상징한다. 이 비석은 당시 정치적, 종교적 권위를 나타내는 중요한 기념물이다.

키를란 수호신 'Kirlann Koruyucu Tannst'라는 이름을 가진 시골의 수호신을 상징하는 조각상이 있다. 이 유물 역시 철기 시대 현무암 재질로, 메소포타미아 지역 농경과 목축의 중요성을 반영하며, 지역 공동체의 안녕을 수호하는 신앙을 보여준다.

달의 신 '신(Sin)'에게 바치는 헌정 비석인 'Sin Temple Adak Stele'는 아수르 및 샨르우르파와 시베렉 지역에서 출토되었다. 이 비석은 신에게 바치는 제사와 기원을 기념하는 종교적 신앙의 중요한 증거이다.

'바르우르 칸' Ba'rûr Khan 고대 메소포타미아 또는 인근 지역 통치자

물을 늘리고, 생명의 산 에지다에 풍부한 공급을 하며, 신들의 영웅 에메슬람 신전에 아낌없이 풍요를 제공한다.

(i 17) 당시 인구르엔릴, 바빌론 성벽은 기초가 흔들리고 벽들이 휘었으며 상부 구조는 흔들리고 지지대가 없었다.

(i 20) 그 성벽을 강화하고 지지하기 위해 휘어져 있던 부분을 제거하고, 20 우쉬(약 7.2㎞)에 달하는 바빌론의 영원한 경계인 인구르엔릴의 기초를 산처럼 굳건히 하였으며 높은 부분을 높여 큰 산처럼 튼튼하게 만들었다.

(ii 5) 나는 이전 왕의 이름이 새겨진 비문을 발견하여 그것을 인구르엔릴 안에 내 이름이 새겨진 비문과 함께 영원히 두었다.

(ii 7) 오 엔릴 신, 명령이 확실한 마르둑, 신들의 군주, 현자, 최고의 영웅이여, 내 일이 잘 되고 오래 유지되길 바라노라.

(ii 12) 내 생명이 길어져 오래 살며 경쟁자가 없기를, 적을 무찌르고 사방의 모든 사람을 목양하며 영원히 통치하길 바라노라.

(ii 17) 왕들이 어느 곳에서 맑은 샘물을 마시건 내가 지팡이를 내려 그들을 지배할 것이다.

(ii 20) 당신을 존경하는 자는 영원히 살며 힘이 더해질 것이요 그의 이름은 중요해질 것이다.

(ii 23) 나는 당신을 위해 공급하며, 당신의 성소를 영원히 찾는 왕이기를 바란다.

'바르우르 칸'(Ba'rûr Khan)은 튀르키예 샨르우르파(Şanlıurfa) 지역, 특히 하란(Harran) 근처에 위치한 Ba'rûr Han 대상 숙소를 지칭한다. 여기서 "칸(Khan, Han)"은 중앙아시아와 고대 유라시아 지역에서 주로 '왕', '군주', '지도자'를 뜻하는 칭호이다. 이는 아시리아와 메소포타미아뿐 아니라 돌궐, 몽골, 튀르크 등 북방 유목민 문화권에서도 최고 권력자나 지배자를 나타내는 말로 널리 사용되었다.

'칸'은 단순한 통치자 이상의 의미를 지니며, 신성한 권위와 절대적 지배력을 상징하는 경우가 많다. "Ba'rûr Han"과 "rûr Khan"에서 'Han'과 'Khan'은 모두 '왕' 혹은 '통치자'의 칭호로 해석할 수 있으며, 'Ba'rûr'와 'rûr'은 특정 인명, 지명 또는 직책을 나타낼 가능성이 높다. 따라서 이 두 표현은 각각 "Ba'rûr 왕", "rûr 왕"으로 이해된다.

Ba'rûr Han 대상 숙소는 하란 지구의 텍텍 산맥(Tektek Dağları) 지역에 위치해 있으며, 하란에서 약 28km 떨어져 카라반 행렬이 하룻밤 묵을 수 있는 거리이다. 입구 문 위 비문에 따르면 히즈라력 619년(서기 1219~1220년)에 후사메딘 알리에 의해 건축되었다. 건축 양식은 에유비 왕조(Ayyubid Dynasty) 시대의 특징을 보이며, 아나톨리아 지역에 남아 있는 유일한 에유비 시대 대상 숙소로 알려져 있다.

'바르우르 칸'은 중앙에 거의 정사각형에 가까운 직사각형 안뜰을 중심으로 하고, 그 주변에 다양한 공간들이 배치되어 있다. 북쪽에는 입구 이완(iwan), 남쪽에는 주 이완이 있으며, 입구 이완 동쪽에는 모스크가, 서쪽에는 대상 숙소 직원들의 공간이 있었다.

근처에 위치한 하바 탑은 저수조와 성채·요새 구조가 혼합된 유적으로, 대상 숙소가 지어지기 전부터 이곳이 카라반들의 중요한 숙박 장소였음을 시사한다. 돌에 새겨진 사자 형상들은 당시 지배자들의 권력과 주권, 군사력을 상징하며, 전략적 장소에 배치되어 시민들을 보호하는 역할을 했음을 의미한다.

최근 하란 대학 건축학과 교수진의 자문을 받아 복원된 '바르우르 칸'은 2020년 10월에 대중에게 개방되었다. "박사 무스타파 귈레르" 는 이 대상 숙소에 대해 30년간 연구한 결과를 책으로 출판하기도 했다.

따라서 '바르우르 칸'은 특정 개인의 이름이라기보다, 샨르우르파 지역 내 중요한 역사적 건축물인 '바르우르 칸' 대상 숙소를 가리킨다. 이는 당시 통치자의 권력과 지배력을 상징하는 유물과 사자 형상과 함께 도시 주민의 보호를 상징하는 의미가 담겨 있다. 역사적 기록은 제한적이나, 이 대상 숙소와 관련한 유적과 상징물로부터 '바르우르 칸'이 고대 메소포타미아 또는 인근 지역 통치자 중 하나로 추정됨을 알 수 있다.

6-4. 예수도 방문한
시에르트 아시리아 성 야곱 수도원
"Deyr Mor Yakup Monastery"

성 야곱 수도원(Deyr Mor Yakup Monastery)은 4세기경 시리아의 기독교 성인 성 야곱(Mor Jacob)에 의해 세워졌으며, 이후 초기 기독교인들에게 중요한 성지로 자리잡았다. 구체적인 예수의 방문 전승에 관한 내용에서는, 예수가 직접 이 수도원을 방문했다는 설화가 전해지고 있으나, 이는 신앙과 전통에 따른 상징적 의미를 지니는 이야기이다. 이 전설은 예수가 복음을 전파하며 동방 지역을 다니던 당시의 활동과 연관되어 있으며, 수도원이 위치한 시에르트 지역이 그 당시 복음 전파의 중요한 경로 중 하나였던 점과 결부되어 전해지고 있다. 따라서 이러한 이야기는 역사적 실체보다는 신앙적, 문화적 맥락에서 형성된 전승임이 일반적인 견해이다.

튀르키예 시에르트에 위치한 성 야곱 수도원은 아시리아인과 아르메니아인들에게 오랫동안 중요한 예배 장소로 여겨져 왔다. 하지만 1915년에 시작된 침입과 지속된 소유권 문제로 인해 현재는 곧 사라질 위기에 처해 있다. 시에르트에서 약 10킬로미터 떨어진 이 수도원에는 이제 두 개의 벽만이 남아 있을 뿐이다. 성 야곱 수도원은 한때 보탄 지역 신자들이 교육받던 장소였으며, 내부에는 예수 그리스도가 머물렀다는 전승이 전해진다.

그러나 아르메니아 대학살 시기에 시작된 이 침략과 폭력의 역사 속에서, 수도원의 대주교였던 아다이 셰르 (Addey Şér)는 에루흐 지역의 산골 동굴에서 군인들에게 발견되어 처참히

시게르트 아시리아 성 야곱 수도원

살해당했다. 이후 수도원은 수차례 공격을 받아 예수의 동상은 파괴되고 건물 대부분이 폐허가 되는 참담한 운명을 맞았다. 유럽의 아르메니아인들은 2005년에 이 수도원 복원을 위해 시에르트 지방 자치단체에 15만 유로의 보조금을 지원했으나, 이 제안은 문화부에 의해 거부되어 결국 보조금은 반환되었다.

DİHA는 이와 관련해 "복원을 방해하는 행위가 이어지면서, 이 구조물들이 역사의 현장에서 지워지고 있는 것인지 의문이 든다"는 우려를 전했다. 실제로 수도원 복원을 위한 매각 절차도 진행되었지만, 지역 반발로 인해 중단되었다. 현재 일부가 남아 있는 이 수도원 건축물들이 복원되지 못한 채 앞으로 얼마나 더 버틸 수 있을지는 알 수 없는 상황이다.

이처럼 Deyr Mor Yakup 수도원은 오랜 역사와 신앙의 자취를 품었음에도 불구하고, 최근까지 이어진 파괴와 무관심으로 인해 그 원형을 잃어가고 있다. 그곳에 깃든 수많은 이야기가 사라지기 전에, 이 귀중한 역사적 유산을 지키기 위한 관심과 노력이 절실하다.

데이르 모르 야쿠프 수도원은 시르트 중심가 경계에서 남서쪽으로 약 6㎞ 떨어진 데르 지역의 언덕 위에 위치한 역사적인 아시리아 수도원 건축물이다. 이 수도원은 시에르트의 피스타치오와 석류 정원이 펼쳐진 보탄 강을 내려다보는 자리였다. 16세기와 17세기에는 동아시리아 문화권의 중요한 중심지 역할을 했으며, 카스 모르타르라는 재료와 이 지역 특유의 종교 및 민간 건축 양식을 활용한 건축 기술 면에서 매우 유사한 특성을 보인다. 오늘날은 주요 교회, 수도원 방, 도서관, 식당, 그리고 게스트 하우스로 이루어진 수도원의 일부만 폐허로 남아 있다.

수도원에 관한 이야기 가운데는 이 땅의 옛 주인이었던 에민 에빈의 증언이 있다. 1978년, 그의 할머니 네스로 에빈이 110세의 나이로 세상을 떠나기 전 수도원에 대해 들려준 기억을 전한 것이다. 에빈은 그의 할머니가 수도원의 마지막 대주교인 아다이 셰르(Addey Şêr)와 가까운 사이였다고 말한다. 할머니는 자주 셰르 대주교의 도움에 대해 이야기했으며, 에빈에 따르면 약 40개의 교회가 이 지역에 연결되어 있어, 할머니의 땅과 수도원 사이 주민들이 긴

시에르트 아시리아 성 야곱 수도원, 아치탑은 아시리아 건축 양식이다.

밀히 소통하였다고 전한다.

　이처럼 성 야곱 수도원은 단순한 건축물이 아닌, 그 지역 공동체와 신앙이 맞닿은 문화적 중심지이자, 오랜시간 동안 이어진 역사와 인연을 품은 장소임을 알 수 있다.

　시에르트에 위치한 성 야곱 수도원은 아시리아 제국과 깊은 연관을 지닌 역사적 건축물이다. 이 수도원은 현재 폐허 상태에 있지만, 그 건축 양식에서 아시리아 제국 시기의 전통적인 석조 건축과 장식 기법이 분명하게 드러난다. 원래 이곳은 아시리아 문화권 내에서 지어진 구조물이었으나, 시간이 흐르면서 기독교가 전파되어 기독교 수도원으로 기능을 전환하였다. 즉, 수도원의 건축 자체는 아시리아 제국 시절의 문화적·건축적 전통을 반영하고 있으며, 그 후 시기에 기독교 공동체의 영적 중심지 역할을 수행하게 된 것이다.

　아시리아 제국은 기원전 약 2500년경부터 기원전 609년까지 메소포타미아 지역에 위치한 강력한 제국으로, 그 문화와 건축 양식은 주변 지역에 큰 영향을 끼쳤다. 성 야곱 수도원의 견고한 석조 구조, 아치형 출입구, 그리고 벽면 장식 등의 특징은 아시리아 전통의 산물로, 당시의 건축 기술과 미적 감각이 어떻게 발현되었는지를 알 수 있게 한다.

　수도원의 지하 공간 사진을 분석하면, 아치형 천장이 전반에 걸쳐 나타나는데, 이 역시 고대 중동 지역 건축에서 흔히 볼 수 있는 안정적 구조이다. 벽과 천장은 돌과 석회질 재료로

만들어졌으며, 많은 부분에서 균열과 파손이 진행된 상태이다. 일부 벽은 돌로 막혀 있어 출입구나 공간 구획이 변형되었을 가능성이 있다. 지하 공간은 저장 공간, 피난처, 또는 의식용 공간으로 사용되었을 것으로 추정된다. 특히, 한쪽에 있는 돌로 된 U자형 구조물은 물받이, 제단, 혹은 작은 화덕의 잔재일 수 있어, 수도원 내 실용적이거나 의식적인 용도로 쓰였다는 점을 시사한다.

보존 상태는 매우 열악하여 벽화나 부조는 남아 있지 않고, 바닥에는 돌과 흙이 쌓여 자연

시에르트 아시리아 성 야곱 수도원 지하 동굴

훼손이 진행 중이다. 그러나 이 견고한 아치형 천장과 돌벽 구조는 아시리아 전통 건축 양식의 면모를 잘 보여주며, 당시 수도원 건축에서 지하 공간을 어떻게 활용했는지를 알려 준다.

정리하면, 성 야곱 수도원은 아시리아 제국의 건축 전통과 기독교 초기 역사 사이의 문화적 교차점에 놓인 중요한 유적이다. 아시리아 문화권에서 시작된 견고한 건축물이 기독교 수도원으로 재탄생하여, 역사와 신앙이 맞닿은 장소임을 입증한다. 이 지하 공간은 그 가치를 이해하는 데 매우 중요한 단서로, 당시 수도원 생활과 건축 기술의 실체를 엿보게 한다.

1915년 아르메니아 사건 이후에도 수도원은 약 15년 동안은 굳건히 서 있었다. 그러나 시간이 흐르면서 수도원은 주인을 잃은 채 방치되었고, 학살의 비극 이후 더 이상 보호받지 못한 채 운명에 내맡겨졌다. 그럼에도 불구하고 에빈은 이곳이 여전히 역사적이고 종교적으로 중요한 예배의 중심지임을 강조했다. 그는 장애를 가진 아이들을 데리고 와 치유를 구하는 사람들이 여전히 끊이지 않는다고 말했다. "나는 이 두 가지 장면을 직접 목격했다. 외부에서 온 이들이 아이를 얻기 위해 이 수도원을 찾기도 했고, 아이들에게 물을 붓는 의식이 지금도 이어지고 있다. 이 믿음은 사라지지 않았다"라고 에빈은 전했다.

그는 또한 1978년에서 1980년 사이, 할머니가 세상을 떠난 후 삼촌들과 함께 약 2천 마리의 양을 팔아 수도원이 위치한 땅을 사들였다고 회고했다. 당시에도 높은 값을 제시하는 사람들이 있었으나, 그들이 단순한 보물 사냥꾼임을 알았기에 결코 땅을 팔 생각은 하지 않았다. 현재까지도 소유권 증서는 그의 손에 있지만, 결국 에빈은 수도원의 보존과 복원을 위해 그 부지를 칼데아 재단에 기부하기로 결심했다. "이곳은 역사적인 장소다. 잃어버려서는 안 된다. 이 땅 위로 수많은 종교, 부족, 신념이 지나갔다. 그래서 나는 너희에게 넘기기로 했다. 그들은 이곳을 보강하겠다고 약속했다. 바로 그 이유로 나는 이곳을 기부한 것이다"라고 그는 말했다.

에빈의 결정에는 할머니의 간절한 바람이 담겨 있었다. 할머니는 늘 수도원을 중요하게 여겼으며, 그 사랑이 손자에게도 전해졌다. 그는 말했다. "나는 할머니가 이곳을 위해 보여준 꿈을 배신하고 싶지 않았다. 할머니는 수도원을 너무 사랑하셨다. 그래서 나는 삼촌의 자녀들에게도 이야기를 했고, 모두의 동의를 얻었다. 나는 사제에게도 말했다. '당신이 이 일을 하지 않는다면 나는 받아들일 수 없다.' 내 유일한 꿈은 이곳이 다시 세워지는 것이다. 할머니의 아이들과 손주들이 그 꿈을 지켜보는 것, 그것만으로 충분하다."

에빈의 목소리에는 단순한 개인적인 바람을 넘어, 역사를 마주하는 한 사람의 의지가 담겨 있었다. 수도원의 재건은 그의 가족을 위한 꿈이자, 더 넓게는 세계적 기억을 지켜내려는 약속이었다.

07.
대영박물관 소장
아시리아 니느웨 궁전 벽 부조:
왕권과 신성, 아슈르바니팔
대왕의 사자 사냥과 군사 작전,
동물과 자연 묘사

7-1. 니느웨 궁전 아시리아왕들과
라마수
"Assyrian Kings and Lamassu from the Nineveh Palace"

대영박물관에 소장된 아시리아의 라마수(Lamassu) 부조는 고대 제국의 위엄과 신성함을

아시리아 제국 니느웨 궁전 재현

라마수 상
기원전 883~859년, 신아시리아 시대, 님루드 출토, 설화 석고, 311.2×62.2×276.9㎝, 대영박물관

집약적으로 보여주는 대표적 조각품이다. 라마수는 인간의 얼굴, 사자 혹은 황소의 몸, 그리고 독수리의 날개를 결합한 신화적 존재로, 단순한 장식물이 아니라 궁전과 도시의 출입구를 지키는 강력한 수호신으로 여겨졌다. 이 거대한 조상은 왕과 백성, 나아가 제국 전체를 악령과 혼돈으로부터 보호하는 의미를 지니며, 동시에 왕권의 권위와 신적인 성격을 시각적으로 드러냈다.

라마수의 형태는 여러 상징적 요소들이 결합되어 있다. 이들의 얼굴은 인간의 지혜와 통찰을, 사자와 황소의 몸은 힘과 용맹을, 독수리의 날개는 신속함을 상징한다. 머리에 얹은 뿔이 달린 왕관은 신성과 초월적 권위를 드러내는 장치였다. 특히 라마수의 다리는 다섯 개로 표현되었는데, 정면에서는 당당히 서 있는 모습으로 보이지만, 측면에서는 걸음을 내디디는 듯한 역동적인 모습으로 보이도록 설계되었다. 이는 어느 각도에서 바라보아도 동일하게 위엄과 힘이 전해지도록 한 아시리아 조각 예술의 정교한 기법이라 할 수 있다.

오늘날 대영박물관에 전시된 라마수는 기원전 9세기, 아슈르바니팔 2세(재위 기원전 883~859년)의 수도였던 님루드(고대 칼후)의 북서궁전에서 출토된 것이다. 이들은 19세기 중반 영국의 고고학자 오스틴 헨리 레이어드가 발굴하여 런던으로 옮겨졌으며, 현재 높이 약 3.5미터, 길이 약 3.7미터에 달하는 석고 단일석으로 제작된 채 위용을 뽐내고 있다.

특히 라마수의 다리 사이에는 왕의 업적과 신성을 기록한 쐐기문자 비문이 새겨져 있어, 단

아슈르바니팔 2세 왕궁과 연결된 이슈타르 신전은 기원전 883-859로 거슬러 올라가는 눈에 띄는 수호신 형상이 특징이다. 이 고대 유물은 그 시대의 예술성을 보여주며 메소포타미아 문화에서 보호 인물의 중요한 역할을 반영하고 있다. 예술이 기념비적인 건축물에서 미적 기능과 보호 기능을 모두 제공하는 대표적인 예이다.

순한 조각을 넘어 정치적·종교적 상징물로서의 성격을 더해준다. 이 비문은 왕과 신의 관계, 제국의 질서와 정당성을 강조하며, 보는 이들에게 아시리아의 절대적 권력을 각인시켰다.

결국 라마수는 고대 아시리아 궁전의 문지기이자 제국의 수호신으로, 인간적 지혜와 초인적 힘, 신속함과 신성을 모두 담아낸 복합적인 상징체였다. 오늘날 대영박물관 아시리아 조각 갤러리(Room 6a)에 전

아프칼루(Apkallu) 독수리 머리의 날개 달린 정령(Eagle-headed Winged Geni)

아프칼루(Apkallu) 사람 머리의 날개 달린 정령(Human-headed Winged Genie)

아슈르나시르팔 2세와 성스러운 생명나무 부조
(Ashurnasirpal II and the Sacred Tree)
북서궁전, 님루드

사르곤 2세를 묘사한 조각 벽면: 왕실 모자와 지팡이를 든 모습
왕을 마주 보는 인물은 왕세자 센나케립
기원전 705~705년, 니네베, 콜사바드의 사르곤 2세 궁전
석고 벽면, 높이 390㎝, 너비 290㎝

시된 이 조각들은 아시리아 미술과 건축의 정점을 보여주는 걸작일 뿐 아니라, 권력과 신성, 예술을 결합한 게소포타미아 문명의 독창적 세계관을 생생하게 전해주고 있다.

아프칼루는 고대 메소포타미아 신화에서 홍수 이전에 존재했던 일곱 명의 반신반인 (demigod) 현자들을 의미하며, 왕궁의 수호신으로서 보호를 위해 벽 부조에 자주 나타난다.
아프칼루(Apkallu)는 고대 메소포타미아 신화에서 홍수 이전, 즉 고대 왕조 이전에 신들이 인간에게 문명과 지식을 전수하기 위해 세상에 보낸 일곱 명의 반신반인 현자들로 묘사된다. 이들은 주토 인간과 물고기, 혹은 인간과 새의 혼합된 모습으로 묘사되며, 각각의 아프칼루는 초기 왕조의 왕들에게 조언을 주고 인류에게 문자, 수학, 건축, 법, 농경, 종교의식 등 문명의 기초를 가르쳤다고 전해진다.

아프칼루들은 바닷속 저 깊은 곳, '압수(Apsu)'라 불리는 신성한 물에서 기원했고, 지혜의 신 엔키(에아)의 명령을 받아 세상에 내려왔다. 첫 번째 현자는 우안나(Uanna, 그리스 명 오안네스)로, 물고기와 인간의 복합적 형태를 하고 있었으며, 인류에게 사회의 기초와 신화적 세계의 질서를 가르쳤다고 한다. 이후 여섯 현자 역시 각기 다른 도시와 왕에게 문명을 전수했다.

홍수 이전의 이 아프칼루들은 신들의 대리인으로서 인간 세계와 신세계의 지혜를 매개하는 존재였으며, 홍수 이후에는 인간과 결합해 후대 왕조의 현자적 계승자를 남겼다고도 한다. 왕궁의 수호신이자 악령을 쫓는 존재로서, 아시리아와 바빌로니아 궁전 벽 부조에 자주 나타나며, 그 형상은 독수리 머리나 인간 머리 등 다양한 모습으로 표현되고 있다. 이처럼 아프칼루 신화는 고대 메소포타미아의 지혜와 왕권의 신성성을 상징하는 핵심 신화적 구조이다.

아시리아 왕과 신성의 지팡이 (Assyrian King with Sacred Staff)

왼쪽에 묘사된 인물은 아시리아 왕, 특히 아슈르바니팔 2세(재위 기원전 883~859년)로 해석된다. 그는 뿔이 달린 왕관을 쓰고 길게 땋은 수염과 왕의 복식을 갖추고 있으며, 한 손에는 권위와 지배를 상징하는 지팡이 혹은 곤봉을 들고 있다. 이러한 모습은 아시리아 궁전 부조에서 왕권의 신성함과 통치 권위를 드러내는 전형적인 형식이다. 아슈르나시르팔 2세는 신이 부여한 힘을 이어받아 제국을 다스리는 존재로 표현되며, 부조는 그의 위엄과 신성한 지위를 강조하는 역할을 한다.

오른쪽 인물은 날개 달린 보호령, 즉 아프칼루(Apkallu)로 불리는 신화적 존재이다. 인간의 얼굴에 새의 날개와 근육질의 몸을 지닌 이 존재는 한 손에 소나무 열매(혹은 솔방울)를, 다른 손에는 물을 담은 바구니를 들고 있거나 정화의 제스처를 취하는 모습으로 자주 등장한다. 이는 신성한 물을 뿌려 악을 몰아내고 공간을 정화하는 행위를 상징하며, 곧 왕과 궁정을 수호하기 위한 신적 의식을 의미한다. 아프칼루는 인간 세계와 신적 영역을 연결하는 매개자로, 궁전 벽면에 새겨져 왕과 제국을 혼돈과 악으로부터 보호하는 역할을 담당하였다.

이처럼 아시리아 궁전의 벽면에 나란히 새겨진 왕과 날개 달린 보호령은 단순한 장식 이상의 상징성을 지닌다. 왕은 지상에서 신의 대리자로서 통치의 정당성과 권위를 표현하고, 보호령은 그 권위가 신성한 힘에 의해 지지되고 있음을 시각적으로 증명한다. 따라서 이 두 인물의 조합은 아시리아 제국의 질서와 왕권의 신성함, 그리고 신적 보호를 동시에 드러내는 상징적 도상으로 이해할 수 있다.

영웅과 그리핀의 전투 (Hero Battling Griffin)

대영박물관에 소장된 발라왓(Balawat) 목조 문과 그 청동 장식 부조는 고대 아시리아 궁전 출입문을 대표하는 걸작으로, 아슈르나시르팔 2세(재위 기원전 883859년)와 샬마네세르 3세(재위 기원전 859824년)의 치세에 제작되었다. 본래 이 문은 삼나무와 같은 귀한 목재로 세워졌으며, 높이가 약 6.8미터에 달하는 거대한 규모로 궁전이나 신전의 주요 출입구를 장식했다. 그러나 목재는 세월 속에 부식되어 사라지고, 오늘날 남아 있는 것은 문을 감싸던 청동 띠(bands)이다. 이 청동 띠들은 문짝을 따라 나선형으로 배치되어 구조적 강도를 높이는 동시에, 왕의 권위와 업적을 선전하는 화려한 조형 장식으로 기능했다.

발라왓(Balawat) 목조 문과 그 청동 장식 부조

청동 띠에는 왕의 전쟁과 사냥, 정복과 조공, 건축과 의례 등 다양한 장면이 정교한 부조로 새겨져 있다. 왕이 전차를 타고 전투에 나서는 모습, 질서 정연한 군사 행렬, 포로의 이송, 사자 사냥, 신전 건축 장면과 조공물을 운반하는 장면까지, 하나의 거대한 내러티브가 문짝 전체를 장식했다. 이러한 서사적 부조는 석재 벽면에 새겨진 아시리아 궁전 부조와 더불어 왕의 위업을 시각적으로 기록하며, 제국의 질서와 신성한 통치의 정당성을 보여주는 상징물이었다.

이 문은 단순한 출입구 이상의 의미를 지녔다. 아시리아 왕이 신의 대리인으로서 군사적 우위와 질서를 확립하고, 풍요와 번영을 보장한다는 세계관이 청동 부조에 집약되었다. 동시에 목재와 청동을 결합해 만든 거대한 구조물은 당시 아시리아가 지닌 높은 금속공예와 건축 기술을 드러낸다.

19세기 후반 발굴된 발라왓 문은 오늘날 대영박물관에 잘 보존되어 있으며, 복원된 형태로 공개되고 있다. 청동 띠에 새겨진 세밀한 묘사는 당시 아시리아 사회와 제국의 운영, 그리고 왕권의 성격을 생생히 증언하는 자료로 평가된다. 발라왓 문은 곧 고대 아시리아 예술과 왕권의 상징성을 대표하는 유물로서, 오늘날에도 제국의 장엄한 위용과 예술적 세련됨을 전해주고 있다.

'아시리아의 탑 부조(Assyrian Tower Relief)'

이 사진은 대영박물관에 소장된 아시리아의 '탑 부조(Assyrian Tower Relief)'로, 기원전 9세기 아슈르나시르팔 2세(재위 기원전 883~859년) 시대에 제작되어 님루드(고대 칼후) 북서궁전에서 출토된 대표적인 신아시리아 궁전 장식이다. 이 부조는 왕권과 궁정의 질서를 시각화하는 동시에 제국의 정복과 군사적 우위를 기록한 작품으로, 궁전 벽을 장식하며 방문자와 신하들에게 아시리아의 권능을 각인시키는 역할을 했다.

왼쪽 장면은 궁정의 핵심 의례를 보여주는 장면이다. 왕은 화려한 복식을 갖추고 장엄하게 왕좌에 앉아 있으며, 한 손에는 왕권을 상징하는 지팡이나 곤봉을, 다른 한 손에는 잔 혹은 작은 용기를 들고 있다. 얼굴은 길고 곱슬한 머리와 풍성한 수염으로 장식되어 있으며, 머리에는 아시리아 왕의 상징인 왕관이 씌워져 있다. 왕 앞에는 시종이나 고위 신하가 서서 의식을 보좌하거나 경배하는 제스처를 취하는 모습이 묘사되는데, 이는 곧 왕이 단순한 통치자를 넘어 신성한 권위를 지닌 존재임을 강조하는 도상이다. 이러한 구도는 왕의 위엄과 아시리아 궁정의 질서 정연한 통치를 표현하는 전형적 양식이라 할 수 있다.

오른쪽 장면은 정복 이후 벌어지는 군사적 행렬과 포로 이송을 묘사한다. 화면은 상·하 두 영역으로 구분되어 있으며, 각 레지스터마다 인물들이 줄지어 행렬을 이루고 있다. 일부 인물은 머리에 짐을 이고 나르는 모습으로 표현되었고, 또 다른 이들은 포로로 보이는 인물들을 끌고 간다. 중앙에는 탑이나 성채 모양의 건축적 장식이 묘사되어 아시리아 군이 정복한 도시의 위용을 상징하며, 기둥과 건축 장식이 병치되어 궁전과 도시 건축의 웅장함을 반영한다. 이 행렬 장면은 단순한 포로 수송의 기록이 아니라, 전리품과 신상(神像)을 본국으로 옮기는 과정을 통해 제국의 힘과 질서를 강화하는 상징적 행위임을 암시한다.

이 두 장면은 각각 궁정 내에서의 왕권과 신성함, 그리고 전쟁과 정복을 통한 군사적 통치를 담고 있다. 궁전 벽면의 부조는 단순한 예술 작품이 아니라 정치·군사적 선전 도구로 기능했으며, 왕의 권위를 정당화하고 제국의 위엄을 영속적으로 드러내는 역할을 했다.

정리하자면, 왼쪽 장면은 왕의 즉위 혹은 궁정 장면으로 왕의 권위와 신성을 강조한 것이고, 오른쪽 장면은 포로와 전리품을 이송하는 군사 행렬로서 아시리아 제국의 정복과 질서를 상징적으로 보여준다. 두 부조 모두 아시리아 왕권의 절대성과 제국의 힘을 표현한 대표적 걸작으로, 신아시리아 미술의 정치적·예술적 의미를 잘 보여주는 유물이다.

7-2. 왕의 권위와 신성함
"Royal Authority and Divinity"

티글라트-필레세르 3세(Tiglath-Pileser III, 재위 기원전 745~727년)는 신아시리아 제국의 실질적인 창시자로 평가되며, 고대 근동사의 흐름을 완전히 재편한 군주였다. 그의 등장은 쇠퇴하고 있던 아시리아를 다시 세계 최강의 제국으로 이끌었고, 그가 단행한 군사·행정 개혁은 후대 제국들, 나아가 세계 제국의 원형을 마련하는 데 큰 영향을 주었다.

즉위 전의 아시리아는 정치적 혼란과 군사적 약화로 인해 세력이 위축된 상태였다. 그러나 티글라트-필레세르 3세는 즉위와 함께 중앙집권적 체제 개편과 군사적 혁신을 단행했다. 그는 제국을 세부적인 지방 행정 단위로 분할하고 각 지역에 왕이 직접 임명한 총독을 두어 왕에게 보고하게 함으로써, 강력한 중앙집권적 구조를 구축했다. 또한 한시적 징집군에 의존하던 기존 체제를 벗어나 상

티글라트-필레세르 3세(Tiglath-Pileser III, 재위 기원전 745~727년

비군 제도를 마련해 전문화된 군대를 운용했으며, 정보망과 통신 체계를 발전시켜 제국 전역에 대한 효율적이고 신속한 통치를 가능하게 했다.

그의 군사 활동은 대대적인 영토 확장으로 이어졌다. 그는 서방으로는 시리아와 팔레스타인, 동방으로는 메디아, 남쪽으로는 바빌로니아까지 정복하여 아시리아를 고대 근동 최대의 제국으로 성장시켰다. 통치 말기에는 바빌로니아 왕위를 겸하며 "수메르와 아카드의 왕"이자 "바빌론의 왕"이라는 칭호까지 차지함으로써 메소포타미아 전역을 아우르는 지배자가 되었다.

더불어 그의 통치는 대규모 강제 이주 정책으로도 잘 알려져 있다. 그는 피정복민들을 대규모로 재정착시킴으로써 정복지의 반란 가능성을 줄이고 제국을 통합하려 하였다. 이 정책은 중동 지역의 민족적·문화적 구성을 크게 뒤바꾸었고, 이후 수세기 동안 국제적 관계와 사회 구조에 영향을 미쳤다.

성경에도 그는 중요한 왕으로 기록되어 있다. 히브리어로는 '디글랏빌레셀'(תִגְלַת פִּלְאֶסֶר) 혹은 '풀'(Pulu)로 언급되며, 이스라엘과 유다, 시리아와의 전쟁, 그리고 이들이 바친 조공과 관련된 사건에서 등장한다. 이는 그의 통치가 이스라엘 왕국과 직접적으로 얽혀 있음을 보여준다.

그의 즉위 과정은 분명하지 않으나, 당시 반란 속에서 전임 왕이던 아슈르니라리 5세를 축출하고 왕위를 찬탈했을 가능성이 크다. 그러나 그가 왕위에 오른 이후 제국은 오히려 다시금 강력한 패권국으로 부상했으며, 그는 신아시리아 제국의 틀을 완성한 군주로 기억되었다.

대영박물관 소장의 부조에 새겨진 티글라트-필레세르 3세의 모습은 전형적인 아시리아 왕의 형상으로, 화려하게 땋은 수염과 왕관, 그리고 의례적 제스처가 돋보인다. 이러한 도상 표현 속에서도 그의 왕권의 신성함과 위엄이 드러나며, 부조는 그가 제국의 중흥을 이끈 군주였음을 상징적으로 전한다.

결국 티글라트-필레세르 3세는 쇠퇴하던 아시리아를 다시 세계 최강의 제국으로 부흥시킨 군주이자, 군사·행정 개혁과 영토 확장, 대규모 이주 정책을 통해 근동 질서를 새롭게 구축한 지도자였다. 그의 제도와 통치 방식은 후대 페르시아와 로마 제국에까지 영향을 주었으며, 고대 제국 운영의 모범으로 길이 기억되고 있다.

티글라트-필레세르 3세(Tiglath-Pileser III) 부조

　좌측 부조는 티글라트-필레세르 3세 시대를 대표하는 장면 가운데 하나로, 정복지에서 신상(神像)을 탈취해 옮기는 모습을 묘사하고 있다. 화면에 새겨진 병사들은 앉아 있는 신상의 형상을 조심스럽게 들어 나르고 있으며, 이는 단순한 약탈 장면이 아니라 정복지의 신을 패배시켜 아시리아의 수도인 칼후(님루드)나 다른 성읍으로 옮기는 의례적 행위를 의미한다. 이는 곧 정복당한 도시가 신들의 보호를 상실했음을 의미하며, 아시리아 왕이 신의 대리자로서 승리한 존재임을 강조하는 정치적·종교적 선전이었다. 실제로 티글라트-필레세르 3세의 비문과 궁전 벽 부조에는 이러한 신상 운반 장면이 반복적으로 나타나, 그의 전쟁이 단순한 군사적 승리를 넘어 신적 질서를 새롭게 세우는 것임을 드러낸다.

　우측 부조는 아시리아 왕 티글라트-필레세르 3세(재위 기원전 745~727년)가 적의 목을 발로 밟고 있는 장면을 보여 준다. 이 도상은 고대 근동에서 흔히 사용된 왕권 이미지로, 패배한 적이 완전히 굴복했음을 상징하며, 왕이 생사여탈권을 쥔 절대 권력자임을 보여준다. 이는 곧 왕이 단순히 전쟁의 승리자가 아니라 신의 대리인으로서 혼돈과 외적의 위협을 제압하고 세계의 질서를 수호하는 존재임을 강조하는 시각적 장치였다.

　티글라트-필레세르 3세는 상비군 제도를 확립하고 강력한 중앙집권 개혁을 단행하여 신아시리아 제국을 고대 근동 최강의 제국으로 다시 세웠다. 그의 정복 전쟁은 시리아, 팔레스타인, 바빌로니아, 엘람 등지로 확장되었으며, 반란 지역은 가차 없이 진압되었다. 특히 그는 정복지 주민을 강제 이주시키는 정책을 실시해 제국의 동질성과 충성도를 유지했는데,

"적의 목을 밟는 왕"의 이미지는 이러한 무자비한 통치와 공포정치의 상징이기도 했다.

성경에서도 '풀(Pulu)' 혹은 '디글랏빌레셀'로 기록된 그는 이스라엘과 유다, 시리아 왕국들과의 전쟁이나 조공 관계, 포로 이주 정책 등으로 자주 언급된다. 따라서 이 부조 또한 역사적 문헌과 직접 맞닿아 있으며, 아시리아가 확립한 절대적 패권과 주변국에 대한 압도적 지배를 보여주는 증거로 평가된다.

결국 좌측 부조는 정복지의 신상을 탈취하여 아시리아의 승리와 신성함을 드러내는 장면, 우측 부조는 왕이 적의 목을 밟아 군사적 우위와 절대 권위를 과시하는 장면으로, 두 작품은 모두 티글라트-필레세르 3세 시대 신아시리아 왕권의 정치·종교적 성격을 극적으로 시각화한 것이다.

아슈르나시르팔 2세 왕이 성스러운 생명 나무 양옆에 서 있고, 머리 위에는 날개 달린 원반, 뒤에는 수호령들이 있는 모습을 묘사한 석조 조각. 기원전 883~859년

이 아시리아 부조는 중앙에 생명의 나무(Tree of Life)를 두고, 그 양쪽에 왕과 날개 달린 신화적 존재가 배치된 장면으로, 네오-아시리아 시대(기원전 9세기)를 대표하는 궁전 벽면 장식이다. 화면 상단에는 날개 달린 원반 속 신적 존재가 떠 있으며, 이는 주신 아슈르(Assur) 혹은 태양신 샤마쉬(Shamash)로 해석된다. 이러한 구도 자체가 곧 신성한 질서와 왕권의 정당성을 상징하는 강력한 시각적 장치였다.

부조의 중심을 차지하는 나무는 단순한 식물이 아니라 신성한 생명의 나무로, 질서와 영원성, 풍요와 왕권의 신성함을 내포한다. 왕이 이 나무와 함께 묘사된 것은 그가 곧 신의 대리자로서 우주적 질서를 유지하는 책임을 맡고 있음을 의미한다. 나무의 좌우에 반복적으로 등장하는 왕의 모습 주로 아슈르바니팔 2세로 여겨지는 인물상은 실제로 두 명의 왕이 아니라 한 명의 왕을 반복해 표현한 것이다. 이는 왕이 세계의 중심이자 신성한 질서를 유지하는 존재임을 강조하는 예술적 장치였다.

왕의 뒤편에는 날개 달린 보호령, 즉 지니(genie, apkallu)가 서 있다. 이들은 한 손에 소나무 열매 또는 솔방울을 들고, 다른 손에는 성수를 담은 바구니를 들고 있는 모습으로 묘사된다. 이는 생명의 나무에 정화와 축복의 의례를 행하는 장면이며, 동시에 왕권이 신의 보호와 승인 아래 있음을 상징한다. 이러한 상징적 제사 행위는 왕권의 정당성을 종교적으로 보강하는 기능을 했다.

부조 상단에는 날개 달린 원반 속 신이 등장한다. 이 신은 오른손에 고리를 들고 있는데, 이는 왕권의 상징으로 해석된다. 신이 직접 왕에게 이 고리를 내려주는 것은 아시리아 왕의 통치 권한이 신으로부터 부여되었음을 드러낸다. 신의 존재는 왕의 권력이 단순한 세속적 무력이 아니라 신적 차원의 보증을 받는 것임을 시각적으로 입증해 준다.

이러한 장면은 단순한 장식이 아니라 궁전의 핵심 공간 즉위실, 왕좌 뒤편, 주요 출입구 등에 설치되어 방문자와 신하들에게 왕권의 신성함과 제국의 질서를 각인시키는 중요한 상징 장치였다.

결국 이 부조는 왕이 생명의 나무와 함께 신적 질서의 수호자임을 드러내는 장면이다. 이는 왕권의 신성함, 제국 통치의 정당성, 그리고 아시리아가 구현한 우주적 질서와 풍요, 영원성을 시각적으로 보여주는 대표적 상징 예술로 평가된다.

다음의 부조는 아시리아 궁전 벽면을 장식했던 장면으로, 황소 사냥 후의 축하 의식을 그린 것이다. 기원전 9세기경 아슈르바니팔 2세(재위 기원전 883~859년) 시대, 님루드 북서궁전(B방)에서 출토된 작품으로, 왕의 용맹스러운 사냥과 그 뒤 이어진 의례적 축하 장면을 시각적으로 보여준다.

부조의 중심에는 황소가 쓰러져 누워 있는 모습이 묘사되어 있다. 이는 이미 사냥이 성공적으로 끝났음을 알리며, 곧 이어 왕이 승리를 기념하는 순간이 이어진다. 왕은 표준적인 왕관을 쓰고 활을 옆에 둔 채, 승리의 상징으로 포도주를 따르고 있다. 이러한 장면은 단순한

사냥이 끝난 뒤, 아슈르바니팔 2세가 죽은 사자 위에 제물을 붓고 두 명의 음악가가 수평 하프를 연주한다.
기원전 865~860년, 이라크 님루드, 북서 궁전
기벽 석고 부조, 높이 86.8㎝, 너비 225.5㎝

사냥의 여흥이 아니라, 왕이 질서를 세우고 혼돈을 제압한 뒤 신에게 감사와 봉헌을 드리는 성격을 지녔다.

왕의 좌우에는 두 명의 경호원이 서 있으며, 무기 외에도 권위의 상징인 철퇴를 들고 있다. 또 다른 인물은 왕의 활을 잡아 주는 궁정 시종으로, 양산을 받쳐 들고 있으며, 또 한 명은 부채나 파리채(플라이위스크)를 흔들며 왕을 시중들고 있다. 이들 수행원은 수염이 없는 모습으로 묘사되어 있는데, 이는 보통 내시(cunuch)로 해석된다. 아시리아 조각에서 수염이 없는 인물들은 드물게 여성이나 사제, 혹은 어린이로 표현되기도 하지만, 대체로 궁정 내시들이 이러한 모습으로 나타난다.

왕은 수수하면서도 품격 있는 짧은 태슬 장식 가운을 입고 있고, 허리에는 넓은 벨트를 매었으며, 전차 탑승 시 옷자락을 보호하기 위한 앞치마 같은 장식이 달려 있다. 그의 팔에는 로제트로 장식된 팔찌가, 목에는 구슬 목걸이가 걸려 있으며, 왕실 장비 특유의 장식들이 정교하게 새겨져 있다. 오른쪽 어깨 뒤로는 칼집이 매달려 있고, 그의 왕관에는 티어드롭 모양의 장식이 늘어져 있어 왕권의 상징을 더욱 강조한다.

왕 앞에는 한 인물이 공손히 서서 그를 맞이하고 있는데, 이는 왕세자 차기 왕이 되는 샬

마네세르일 가능성이 크다. 그는 왕과 유사한 복식을 착용했으나 왕관 대신 머리띠를 쓰고 있으며, 이는 후계자의 지위를 나타내는 장치였다. 그 뒤에 서 있는 인물은 독특한 머리띠를 착용해, 내시장(궁정 관리)임을 알려준다. 이들은 왕실 앞에서는 신하들이 취하는 전형적인 몸짓인, 두 손을 공손히 꼬아 쥔 자세를 취하고 있다.

장면의 오른편에는 두 명의 음악가가 등장한다. 그들은 아홉 줄의 수평 하프를 연주하며, 황소 사냥에서 승리한 왕을 기리기 위한 축하 음악을 연주하는 것으로 보인다.

이처럼 부조는 단순한 사냥의 기록이 아니라, 왕의 용맹과 승리를 의례적으로 기념하고, 후계자와 궁정 질서를 함께 드러내는 복합적 성격을 지니고 있다. 사냥의 성공, 승리의 포도주, 내시와 수행원의 시중, 음악의 울림이 하나로 어우러져 왕권의 신성함과 궁정 의례의 장엄함을 전하는 장면이다.

'수호의 영령' 세트
이 아포트로파이오스 조각상들은 움 우칼리(가정의 신이라 불림), 그리고 "집의 신"으로 추정된다. 645-640 BCE, 니네베 북궁, 아슈르바니팔 궁전 석고 벽부조, 높이 165㎝, 길이 95㎝

사자의 머리와 독수리의 날개를 가진 신화적 존재
안주(Anzû, 임두구드) 부조

이 부조는 대영박물관 아시리아 전시실에 소장된 작품으로, 사자의 머리와 독수리의 날개를 가진 신화적 존재 안주(Anzû, 임두구드 Imdugud)를 묘사한 것으로 해석된다. 아시리아 예술에서 안주는 사자의 머리 혹은 몸에 독수리의 날개를 가진 형상으로 자주 나타나는데, 이는 고대 메소포타미아 신화에서 혼돈과 질서를 위협하는 강력한 존재로 자리 잡은 상징적 괴조이다.

신화에 따르면, 안주는 신들의 권위와 우주적 질서를 상징하는 '운명의 서판(Tablet of Destinies)'을 훔쳐 신들 사이에 커다란 혼란을 일으킨다. 이 서판은 신들의 권한과 세계 질서를 결정하는 절대적 힘을 담고 있었기 때문에, 이를 잃은 순간 신들은 스스로의 권위를 행사할 수 없었고, 세계는 무질서에 빠져들 위험에 처했다. 안주는 그 자체로 폭풍, 남풍, 천둥구름과 같은 파괴적 자연 현상과 연결되었으며, 때로는 대홍수와 같은 재앙의 근원으로도 상상되었다.

그러나 혼돈에 맞서 질서를 회복한 주인공은 전쟁과 영웅적 승리를 상징하는 신 닌우르타(Ninurta, 혹은 닌기르수)였다. 닌우르타는 지혜의 신 에아(Ea)의 조언을 받아 안주의 날개를 무력화시키는 전략을 세웠고, 치열한 전투 끝에 안주를 패배시켜 운명의 서판을 되찾았다. 이 승리를 통해 다시금 신적 질서가 회복되었으며, 닌우르타는 '혼돈을 제어하는 질서의 수호자'라는 지위를 확립하게 된다.

안주의 신화는 단순한 괴수 이야기로 끝나지 않는다. 이 이야기는 곧 메소포타미아 사회가 이해한 혼돈(카오스)과 질서(코스모스)의 영원한 대립을 상징한다. 안주는 혼돈의 화신으로 질서를 위협하는 존재였으나, 결국 영웅 신에게 제압당하며, 신적 권위와 왕권 질서의 정당성이 다시 강화된다. 이러한 신화적 서사는 곧 왕이 신으로부터 권위를 위임받아 혼돈을 다스린다는 정치적·종교적 메시지와도 맞닿아 있다.

또한 안주는 인간에게도 친근한 존재가 아니었다. 그 형상은 강력한 포식자와도 같았으며, 자연재해나 대홍수 같은 인간이 감당하기 어려운 파괴적 힘을 상징했다. 따라서 안주 신화는 고대인들이 느꼈던 자연의 위협과 불안, 그리고 이를 극복하고자 하는 욕망이 투영된 이야기이기도 했다.

결국 이 부조 속 안주는 단순한 괴조가 아니라, 질서를 위협하는 혼돈과, 이를 제압하는 영웅 신의 승리라는 신화적 서사를 담는 상징적 존재이다. 이는 메소포타미아 사회가 정치적 질서와 신적 권위를 어떻게 이해했는지, 또 인간이 세계의 불안정한 힘을 어떻게 신화적으로 해석했는지를 잘 보여주는 중요한 유물이라고 할 수 있다.

7-3. 아슈르바니팔 대왕 사자 사냥

"The Lion Hunt of King Ashurbanipal"

아시리아 사자 사냥 부조(Assyrian Lion Hunt Reliefs)는 기원전 7세기, 아수르바니팔 (Ashurbanipal, 재위 기원전 668~631년)의 치세에 제작된 복잡하고 정교한 석조 조각 시리즈이다. 이 부조들은 신아시리아 제국의 수도 니네베(오늘날 이라크 지역)의 북궁을 장식했으며, 왕의

아슈르바니팔 왕이 자신의 전차 뒤를 공격하는 부상당한 사자에게 화살을 쏜다.
기원전 865~860년, 이라크 님루드, 북서 궁전, 기벽 석고 부조, 높이 88.7cm, 너비 223.5cm

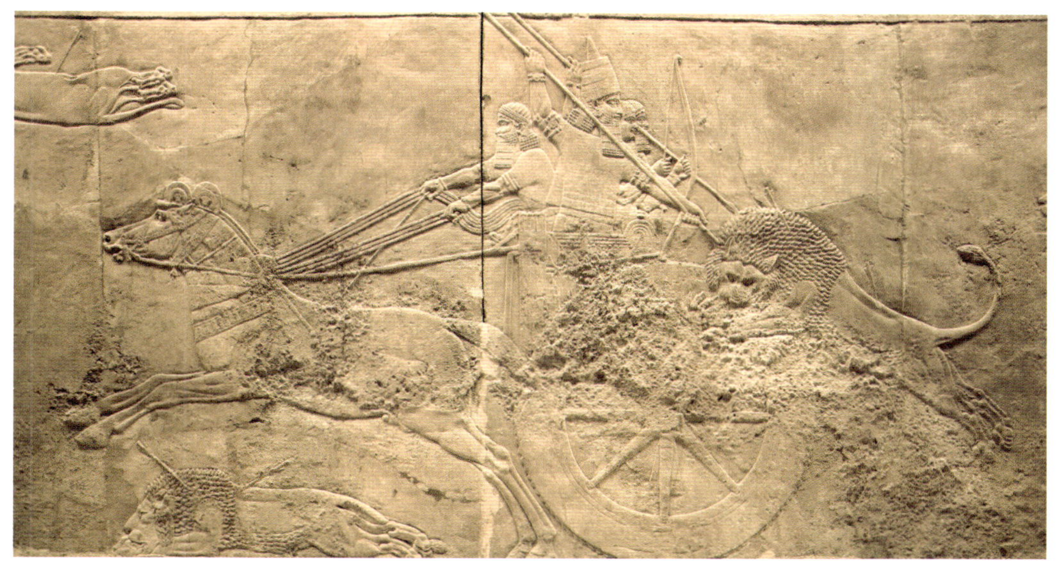

아슈르나시르팔 왕이 전차에 올라 창으로 사자들을 찌른다.
기원전 645~640년, 이라크 니네베, 북궁전, 석고 벽판, 높이 152.6㎝, 너비 345.34㎝

사자 사냥 의례를 연속적인 장면으로 생생하게 묘사하고 있다.

부조에는 사냥의 전 과정이 긴 패널에 걸쳐 펼쳐진다. 왕은 전차와 말, 그리고 장교들의 호위를 받으며 화살을 쏘아 치밀하게 훈련된 사자들과 격투를 벌인다. 어떤 사자는 포효하며 왕에게 달려들고, 또 어떤 사자는 화살을 맞고 쓰러지는 모습으로 묘사되었다. 이처럼 다양한 포즈와 순간들을 통해 사자들의 힘과 고통, 그리고 왕의 침착한 위엄이 극적으로 대비되었다.

이 작품들은 부드러우면서도 강렬한 선각과 섬세한 고부조(high relief)로 표현되어, 석재 위에 살아 움직이는 듯한 생명력을 불어넣고 있다. 그 사실성과 역동성은 오늘날에도 감탄을 자아내며, 당시 아시리아 조각가들의 뛰어난 예술성과 기술력을 드러낸다.

이 부조들은 단순한 사냥 기록이 아니라, 왕의 용맹과 신성한 권위, 제국을 지키는 절대 권력을 상징하는 선전적 이미지였다. 사자는 야성과 혼돈을 상징했고, 왕이 이를 제압하는 모습은 곧 질서와 문명을 수호하는 신적 존재로서의 왕을 시각적으로 상징화한 것이었다.

1853년 영국의 고고학자 오스틴 헨리 레이어드 경(Austen Henry Layard)이 이 부조들을 처음 발굴하여 서구에 소개하였고, 현재 그 대부분은 런던 대영박물관에 소장되어 있다. 오늘날 이 부조들은 신아시리아 제국 예술의 정점을 보여주는 걸작으로, 아시리아 왕권의 위엄과 고대 메소포타미아의 신화적 세계관을 동시에 전해 준다.

아슈르바니팔의 사자 사냥 부조는 단순한 사냥의 재현이 아니라, 아시리아 왕권의 본질과 제국의 통치 이념을 시각적으로 극대화한 상징적 작품이다. 이 부조는 왕이 신의 명령을 수행하는 존재로서 혼돈을 제압하고 질서를 확립하는 신성한 사명을 강조하기 위해 제작되었다.

사자는 고대 메소포타미아 세계관에서 혼돈과 야성, 예측할 수 없는 자연의 위협을 상징하는 존재였다. 따라서 아슈르바니팔 왕이 사자를 사냥하는 장면은 단순한 스포츠가 아니라, 혼돈을 제압함으로써 질서를 수호하는 왕의 신적 임무를 상징했다. 곧 왕은 신의 대리자로서 세계를 다스리는 존재임을, 사자의 죽음을 통해 드러낸 것이다.

실제 사냥은 자연 발생적인 상황이 아니라, 병사들이 세운 방벽과 우리 속에서 풀려난 사자를 상대로 이루어진 의식적 연출이었다. 왕은 활과 창, 칼을 이용해 사자를 직접 맞서 싸웠으며, 이 장면은 그의 용기와 힘, 그리고 신이 선택한 통치자의 위상을 과시하기 위한 극적인 퍼포먼스였다.

　부조에는 또한 사냥을 마친 뒤 왕이 신에게 감사의 제사를 올리는 장면이 포함되어 있다. 이는 사자의 제압이 단순히 인간적 힘의 산물이 아니라, 신의 은총에 따른 결과임을 강조하며, 왕권의 정당성을 종교적으로 뒷받침하는 부분이었다. 아시리아의 백성과 신하들은 이러한 장면을 통해 왕의 승리가 곧 신의 의지임을 믿게 되었고, 제국의 권위는 더욱 공고해졌다.

　예술적 측면에서도 아슈르바니팔의 사자 사냥 부조는 탁월하다. 조각가들은 사자가 우리에서 풀려나는 순간부터 치명상을 입고 쓰러지는 최후까지를 극도로 사실적이고 역동적으로 묘사했다. 날카로운 발톱을 세우고 포효하는 장면, 화살에 맞아 고통스럽게 몸부림치는 장면, 마지막 숨을 거두며 쓰러지는 장면이 정밀하게 표현되어 관람객에게 강렬한 인상을 준다. 이에 반해 왕은 언제나 침착하고 당당한 자세로 묘사되어, 무적의 존재이자 세계 질서의 중심임을 상징적으로 드러낸다.

　결국 아슈르바니팔의 사자 사냥 부조는 왕이 신의 명령을 받아 혼돈을 제압하고 제국의 질서를 세우는 신성한 존재임을 선전하는 정치·종교적 상징물이었다. 이는 신아시리아 제국이 추구한 통치 이념과 왕권의 정당성을 시각적으로 극대화한 궁전 예술의 정수로, 아시리아 미술의 절정을 보여주는 걸작이다.

　죽어가는 사자 부조는 아시리아 왕 아슈르바니팔(재위 기원전 669~631년)의 사자 사냥 장면에서 비롯된 것으로, 오랫동안 아시리아 예술의 걸작으로 찬사를 받아온 작품이다. 이 부조는 단순한 상징적 도상에 머물지 않고, 치명상을 입은 동물이 죽음 앞에서 겪는 고통을 사실적이고도 극적으로 포착해내며, 신아시리아 조각의 사실주의적 성취를 잘 보여준다.

　부조 속 사자는 오른쪽을 향해 몸을 웅크리고 있으며, 어깨에서 가슴 깊숙이 화살이 관통해 치명상을 입은 상태이다. 입에서는 피가 솟구쳐 흘러내리고, 똑바로 서 있으려는 마지막 시도로 온몸의 근육과 힘줄이 팽팽하게 긴장되어 있다. 머리 위에는 불거진 정맥이 두드러지게 표현되었고, 눈은 이미 흐려지며 생명이 꺼져감을 암시한다. 앞발의 발톱은 필사적으로 땅을 움켜쥐고 있지만, 그마저도 힘을 잃어가는 순간이 섬세하게 묘사되어 있다.

　이와 같은 장면은 단순히 '왕의 승리'를 알리는 도상이 아니라, 죽음의 순간을 맞이하는 동

아시리아 사자 사냥 부조(Assyrian Lion Hunt Reliefs)

물의 고통을 사실적으로 담아내고 있다는 점에서 특별한 의미를 지닌다. 일부 학자들은 이 러한 표현이 예술가들이 왕의 위업을 선전하는 동시에, 희생된 동물에 대한 일말의 동정심 을 담은 것이 아닌가 해석하기도 한다. 그러나 당시 아시리아인들에게 사자는 정복해야 할 혼돈과 야성, 도시 문명의 적대적 상징으로 여겨졌기에, 관람자들이 이러한 장면을 보며 슬 픔보다 오히려 왕의 힘 앞에서의 환희와 만족을 느꼈을 가능성도 크다.

이 부조는 기원전 약 645~640년경, 니네베의 북궁에서 만들어진 것이다. 현재 대영박물관

(WA 100244) 소장품으로, 크기는 높이 약 16.5㎝, 너비 30.6㎝에 불과하지만, 그 안에 담긴 사실적 표현과 극적인 긴장감은 대형 부조 못지않은 파급력을 지니고 있다.

결국 이 작품은 단순한 사냥 기록이 아니라, 왕의 위엄, 혼돈의 제압, 그리고 죽음의 고통까지 담아낸 아시리아 예술의 사실성과 상징성의 결합체라 할 수 있다. 아슈르바니팔 시대의 사자 사냥 부조들이 왜 오늘날까지도 아시리아 미술의 절정으로 평가받는지 잘 보여주는 대표적 예로 자리 잡고 있다.

7-4. 전쟁 및 군사 작전
"War and Military Campaigns"

이 아시리아 궁전 벽화는 유다 왕국의 라기스(Lachish) 성을 공격하는 공성전 장면을 묘사한 것으로, 고대 근동 전쟁사의 대표적인 장면 가운데 하나로 꼽힌다.

라기스는 예루살렘 다음으로 유다 왕국에서 두 번째로 중요한 요새 도시였으며, 기원전 701년 아시리아 왕 센나케립이 유다를 침공했을 때 주요 공격 대상이 되었다. 아시리아 군대는 성을 포위하고 대규모 공성무기를 동원해 성벽을 공격했으며, 이러한 과정이 벽화 속에 극도로 사실적으로 표현되어 있다.

벽화 속에는 아시리아 병사들이 성벽을 향해 활을 쏘고, 커다란 공성탑과 사다리를 통해

라기스(Lachish) 공성전 부조

성벽을 오르는 모습이 묘사된다. 또 성벽 위에서는 유다 병사들이 필사적으로 화살을 쏘며 방어하고, 돌이나 불을 던져 저항하는 장면도 함께 등장한다. 이로써 전투의 긴박감과 치열함이 시각적으로 살아난다.

부조의 가장 큰 특징은 아시리아 군대의 조직적인 전투 방식과 공성 기술이 잘 드러나 있다는 점이다. 방패로 진형을 갖추고 성을 향해 돌진하는 보병, 전문적으로 운용되는 공성 장비, 정연한 병력 배치는 당시 아시리아가 갖추고 있던 군사적 우월성을 그대로 보여준다. 동시에 성을 죽음으로 지키려는 유다 병사들의 처절한 저항도 함께 새겨져 있어, 함락 직전의 격렬한 전투 현장을 고스란히 전달한다.

이 작품은 니네베에 건설된 센나케립 왕의 궁전에서 발견되었으며, 왕이 직접 수행한 유다 원정을 기념하고 자신의 승리를 과시하기 위해 제작된 것이었다. 벽화를 통해 방문객과 신하들은 아시리아의 압도적 군사력과 왕의 정복 업적을 확인하며 복종과 충성을 새삼 다질 수 있었을 것이다.

라기스 공성전 벽화는 아시리아 제국의 군사력과 공성술을 보여주는 대표적 사례일 뿐 아니라, 유다 왕국 역사에서도 중대한 사건을 증언한다. 결국 이 벽화는 아시리아와 유다의 격돌, 제국의 패권, 그리고 고대 전쟁의 실상을 알려주는 소중한 역사 자료로 오늘날까지 큰 가치를 지니고 있다.

아시리아 왕 센나케립이 유다왕국의 요새도시 라기스(Lachish)를 공격하는 장면을 그린 '라기스 공성전 부조(Siege of Lachish Relief)'

기원전 701년에 유다왕국의 라기스(Lachish) 도시를
공격한 아시리아 군대 공격을 묘사하고 있다.

아시리아 라기스(Lachish) 공성전 부조 (Neo-Assyrian
Siege Panel, 7세기 BCE)

성경(이사야 36-37장, 역대하 32장 등에도 언급된 역사적인 기원전 701년 아시리아 제국의 센나케립 왕이 유다
왕국의 라기스(Lachish) 성벽 전투

이 아시리아 벽화는 라기스 공성전을 묘사한 부조로, 센나케립(Sennacherib, 재위 기원전
704~681년) 왕이 유다 왕국을 침공했을 때 벌어진 실제 전투 장면을 기록한 것이다. 라기스는
예루살렘 다음으로 중요한 방어 거점이었던 유다왕국의 요새 도시로, 기원전 701년 아시리
아의 대규모 공격을 받아 함락되었다. 부조에는 전투의 세부가 정밀하게 새겨져 있다. 성벽
아래에서는 아시리아 병사들이 활과 창, 방패를 들고 적을 공격하며, 거대한 공성탑과 공성
추를 이용해 성벽을 무너뜨리려는 장면이 눈길을 끈다. 성벽 위에서는 유다 병사들이 필사
적으로 방어하며 화살과 돌을 쏟아붓지만, 아시리아 군은 질서 정연하게 공격을 이어간다.
오른쪽에는 전차와 말을 타고 돌격하는 병사들이 묘사되어 전투의 격렬함과 제국 군대의 기동력을 드러낸다. 왼편에는 지휘관 혹은 센나케립 왕 자신이 수행원들과 함께 서 있는 모습이 표현되어, 전투의 주인공이자 궁극적 승리자가 왕이라는 메시지를 강조한다.

라기스 부조는 단지 전투 장면에 그치지 않고, 전쟁의 결과까지 담고 있다. 함락 후 포로들이 행렬을 지어 끌려가고, 패전민들이 무릎 꿇고 항복하거나 처벌을 받는 장면, 약탈된 전리품이 운반되는 장면이 이어진다. 이처럼 부조는 공성, 전투, 함락, 점령, 포로 처리에 이르는 과정을 연속적으로 보여주며, 아시리아 군사력의 체계성과 압도적인 권위를 시각적으로 각인시킨다.

센나케립 왕(Sᴈnnacherib, 재위 기원전 705~681년)은 아시리아 제국을 대표하는 강력한 군주로, 아버지 사르곤 2세의 뒤를 이어 제국의 확장을 계승하였다. 그는 특히 레반트 지역을 완전히 장악하고자 군사적 활동을 집중했으며, 이 과정에서 유다왕국과 직접적인 충돌을 빚게 되었다. 당시 유다왕국은 이미 북이스라엘 왕국이 멸망한 뒤 독립적으로 남아 있었지만, 아시리아의 거대한 군사적 압력 속에서 긴장과 불안에 시달리고 있었다. 기원전 701년, 센나케립 왕은 대규모 군을 이끌고 유다를 침공했다. 그의 원정은 여러 성읍을 공략하며 진행되었고, 그 정점은 수도 예루살렘을 향한 포위 공격이었다. 유다의 왕 히스기야(Hezekiah)는 이를 대비하여 성벽을 보수하고, 식수를 확보하기 위해 오늘날까지 남아 있는 ‘히스기야 터널’을 건설하는 등 방어를 철저히 준비했다. 센나케립 왕은 예루살렘에 항복을 요구하며 위협했으나, 성은 끝내 함락되지 않았다. 성경 이사야서 36~37장과 역대하 32장은 이 사건을 자세히 전하고 있는데, 아시리아의 군대가 갑작스러운 재앙이나 신의 개입으로 물러갔다고 기록하고 있다. 실제 역사적 상황을 신학적, 종교적 맥락 속에서 해석한 것이다.

아시리아와 유다의 관계는 단순하지 않았다. 유다는 때로는 아시리아의 지배를 받아 조공을 바치며 속국으로 행동했지만, 억압에 반발하여 반란을 일으키기도 했다. 또한 유다는 바빌로니아와 동맹을 맺어 아시리아에 대항하거나, 아시리아와 경쟁하던 이집트와 외교적 균형을 맞추려는 시도를 지속했다. 그러나 주변 강대국들 사이에서 유다는 언제나 불안정한 위치에 있었으며, 아시리아의 쇠퇴 이후 새롭게 강자로 떠오른 바빌로니아에 의해 기원전 586년 결국 멸망하고 만다.

센나케립 왕의 유다 침공은 아시리아 군사력과 전쟁 전략을 보여주는 중요한 사건이자,

고대 근동 국제 정치의 복잡성을 드러내는 사례였다. 동시에 유다왕국의 방어 노력과 신앙적 해석은 단순한 전쟁 기록을 넘어 종교적·문화적 의미를 지니며, 이후 유대인들의 역사와 신앙 전통에 깊은 흔적을 남겼다. 이로써 센나케립 왕의 공격과 예루살렘의 저항은 아시리아 제국의 위용과 함께 유다의 운명을 결정짓는 전환점으로 역사에 기록되었다.

아시리아 제국은 기원전 8~7세기 동안 근동과 레반트 전역을 지배하며 유다왕국에도 심대한 압박을 가했다. 특히 기원전 701년 센나케립 왕은 대군을 이끌고 예루살렘을 포위했으나, 성은 끝내 함락되지 않았다. 이 사건 이후 유다는 아시리아의 직접적인 멸망을 피했으나, 제국의 속국으로 전락해 조공을 바치며 일정 부분 지배를 받는 처지에 놓였다.

아시리아 센나케립 왕이 유다 왕국 리기수(라기스)에서 철수한 이유는 정확히 알려져 있지 않으나, 여러 역사적 배경과 복합적인 요인이 작용한 것으로 보인다. 기원전 701년 센나케립은 레반트 지역 반란을 진압하기 위해 유다를 공격했고, 라기스를 점령했으나 예루살렘

니네베 센나케립 궁전 라기스 부조의 일부로서, 유다왕국 라기스 성 점령 후 포로 처형·이주 장면을 통한 고대 아시리아의 군사적 공포와 권력 과시, 그리고 승리의 기록이라는 상징성을 담고 있다

공성전은 실패하고 철수했다.

　주요 이유로는 유다 왕국이 조공을 다시 바치고 복속 의사를 표명했기 때문이며, 이집트가 히즈키야 왕을 지원하며 레반트 지역에 개입해 아시리아군의 압박이 완전하지 않았던 점, 다수 반란과 내부 문제로 인해 전선 유지가 어려웠던 점 등이 복합적으로 작용한 것으로 보인다.

　또한 센나케립은 남부 바빌론 반란과 엘람과의 갈등 문제로 군사력을 분산시켜야 했고, 기원전 694년 바빌론 왕으로 있던 그의 장남이 처형당하는 등 내부 문제도 심각한 상황이었다. 이런 동시다발적 위기 상황에서 완전한 점령과 상주군 주둔보다 조공과 복속을 받는 선에서 철수하는 전략을 선택했던 것으로 평가된다.

　센나케립 왕이 유다 왕국의 리기수에서 철수한 것은 유다의 조공 복귀, 이집트의 지원과 지역 반란, 아시리아 내부의 바빌론 문제와 동시다발적 위기 등 여러 요소가 복합 작용한 결과이다.

　성경에서는 아시리아 센나케립 왕이 유다 왕국에서 철수한 이유를 하느님께서 불벼락(천사의 공격)을 내려 군대가 밤사이에 크게 죽임을 당했기 때문이라고 기록하고 있다. 열왕기하 19장에 따르면, 하느님이 보내신 천사가 아시리아 진영에 있는 18만 5천 명의 군사를 치셨고, 다음날 아침에는 모두 죽은 상태로 발견되었다고 한다. 이로 인해 센나케립은 군대를 철수하고 수도 니네베로 돌아갔다고 성경은 전한다.

　이는 아시리아의 강력한 군대가 신의 능력 앞에 무너진 사건으로, 신의 개입을 나타내는 중요한 성경적 사건으로 해석된다

　다음의 아시리아 벽화는 제국의 군사 행진 장면을 묘사한 부조로, 고대 아시리아 군대의 조직력과 위엄을 잘 보여주는 작품이다. 벽화 속에는 무장을 갖춘 병사들이 창과 방패를 들고 질서 정연하게 행진하는 모습이 새겨져 있으며, 이는 아시리아 제국 특유의 군사적 체계와 왕의 절대적 권력을 과시하는 상징적 장치였다.

　병사들의 복장은 당시 아시리아 군인들의 전형적인 복식을 잘 드러낸다. 투구나 헬멧, 갑옷, 방패와 창 같은 무기가 세밀하게 표현되어 있으며, 이러한 세부는 오늘날 고대 근동의

아시리아 군 행렬 부조
(Neo-Assyrian Army Procession Relief, 9세기 BCE)

군사 장비와 복식 연구에 귀중한 자료로 평가된다. 부조에 새겨진 인물들의 반복적이고 질서 있는 구도는 곧 강력한 왕권 아래 철저히 훈련된 군사 집단의 모습을 시각화한 것이다.

아시리아의 부조는 주로 왕궁이나 신전의 벽을 장식하기 위해 제작되었다. 이는 단지 미적 장식이 아니라, 왕의 승리와 제국의 영광을 기록하고 후대에 전하기 위한 선전적 성격을 지녔다. 행진하는 군대의 모습은 곧 제국의 힘과 안정, 그리고 정복지 위에 군림하는 왕의 권위를 시각적으로 각인시키는 효과를 가졌다.

결국 이 부조는 단순한 군사 묘사가 아니라, 아시리아 제국의 체계적 군사력과 왕권의 위엄을 강조하는 정치적 메시지였다. 이를 통해 우리는 고대 메소포타미아 지역의 정치·군사적 상황과 아시리아의 제국적 성격을 더욱 생생하게 이해할 수 있다.

아시리아 제국이 점차 쇠퇴하면서 새로운 강자가 부상했다. 바로 바빌로니아였다. 네부카드네자르 2세는 기원전 6세기 초 유다 왕국을 공격하였고, 마침내 기원전 586년 예루살렘을 함락시켰다. 그의 군대는 솔로몬이 세운 제1성전을 불태우고 도시를 철저히 파괴했다. 이 사건은 유다인들에게 국가적·종교적 대재앙이었으며, 왕족과 귀족, 사제, 장인과 기술자 등 사회의 핵심 인물들은 바빌로니아로 강제로 끌려갔다. 이 강제 이주 사건은 역사 속에 '바빌론 유수'로 기록되었다.

유다 백성은 약 70년 가까이 바빌론 땅에서 포로 생활을 이어갔다. 성경은 이 시기를 하나님의 징계와 교육의 시간으로 해석했고, 유민들은 낯선 땅에서 민족적·신앙적 정체성을 유지하기 위해 고군분투했다. 이 기간 동안 회당 제도가 발달하였고, 성서의 일부가 편집·정리되며 후대 유대교의 기초가 마련되었다. 바벨탑이 서 있던 도시, 곧 바빌론에서 유다인들은 강제 노역과 억압 속에서도 신앙을 지키려 애썼다.

기원전 539년, 페르시아의 키루스 대왕이 바빌론을 정복하면서 역사는 다시 전환점을 맞는다. 키루스는 바빌론에 잡혀온 포로들의 귀환을 허용했고, 유다 백성은 고향으로 돌아가 예루살렘과 성전을 재건할 수 있었다. 이로써 바빌론 포로기의 70년은 끝나고, 새로운 민족적·종교적 재건의 시대가 열리게 되었다.

결국, 아시리아는 유다를 굴복시켰지만 멸망까지는 이끌지 못했고, 유다는 바빌로니아의 손에서 최후를 맞았다. 기원전 586년 예루살렘 함락과 제1성전의 파괴, 그리고 이어진 바빌론 유수는 유대 민족사에서 가장 치명적이면서도 신앙을 정립하는 전환점이 된 사건이었다. 이는 단순한 정치사의 비극을 넘어, 유대교의 기원과 유대 민족 정체성의 뿌리를 형성한 역사적 계기로 기억된다.

7-5. 아시리아 제국의 수상 군사 작전
"Assyrian Empire's Naval Military Campaigns"

기원전 7세기경 아시리아 왕 센나케립(Sennacherib) 치세에 일어난 전투를 묘사한 것이다. 부조는 니네베의 센나케립 궁전에서 출토된 것으로, 아시리아 군이 남부 바빌로니아, 곧 오늘날 이라크 남부의 칼데아(Chaldaean) 부족을 토벌하던 사건을 기록하고 있다.

기원전 700~699년경, 센나케립의 원정군이 남쪽으로 내려왔을 때 칼데아 부족과 저항자들은 여성과 아이들을 데리고 갈대숲이 우거진 습지 지대로 피신했다. 습지는 본래 침입자를 방해하고 방어자에게 유리한 천연 요새였지만, 아시리아 군은 이러한 환경 속에서도 추격을 멈추지 않았다.

부조 속 장면에는 갈대와 목재로 만든 작은 배에 몸을 맡긴 칼데아인들의 모습과, 그 뒤를 쫓는 아시리아 병사들의 모습이 정교하게 표현되어 있다. 아시리아 군은 적의 배를 탈취하거나 직접 가벼운 갈대 보트 (reed boat)를 제작하여 습지 깊숙이 진군하였고, 피난민과 전사들을 사로잡거나 죽이는 장면이 사실감 있게 묘사되었다. 물속에는 물고기가 새겨져 있고, 갈대밭과 얕은 수면 위에서 허우적대는 인물들이 보이며, 습지 특유의 긴박한 전투 환경이 생생히 전해진다.

이 전투 장면은 단순한 전쟁 기록을 넘어 정치적 의미를 띠었다. 적이 끝내 몸을 숨긴 최후의 은신처마저 아시리아의 병력 앞에서는 무력했음을 강조하며, 왕의 군대가 어떤 지형이나 환경도 정복할 수 있음을 보여주려는 것이다. 곧 이 부조는 제국의 압도적인 군사력과 기

아시리아 센나케립 왕이 칼데아(Chaldaean) 부족을 토벌하는 수상작전

술력, 그리고 피정복민을 끝내 굴복시키는 무자비한 왕권의 상징이었다.

따라서 이 습지 전투 부조는, 아시리아가 남부 바빌로니아를 정복하는 과정에서 자연지형마저 극복하며 적을 추격·섬멸하였음을 보여주는 역사적 기록물이자, 제국의 군사적·정치적 위신을 선전하기 위해 제작된 상징적 예술 작품으로 평가된다.

08.
아직도 살아 숨쉬는 마르딘의 메소포타미아 유적과 유물

튀르키예 남동부에 자리한 마르딘은 로키 산맥의 경사면에 걸터앉아 북 시리아 평야를 내려다보는 요새 도시로, 지리적·전략적 중요성을 지닌 곳이다. 도시 이름 자체가 시리아어로 '요새'를 의미하듯, 예로부터 동서 문명의 길목이자 교차로 역할을 해왔다. 오늘날 마르딘은 튀르키예인, 아시리아인, 아랍인, 쿠르드인, 그리고 소수의 아르메니아인들이 공존하는 다문화적인 도시로, 이들의 문화가 건축과 언어, 음식 속에 깊이 녹아 있다.

마르딘은 기후적으로 여름에는 40도를 웃도는 무더위가 찾아오지만, 겨울과 봄철에는 비가 집중되며 이러한 기후 특성은 지역 농업과 생활에도 영향을 주어왔다. 특히 음식 문화에서 마르딘은 튀르키예 전체에서도 손꼽히는 독창성을 가진다. 고기 요리를 중심으로 과일과 육류를 절묘하게 배합한 전통 요리들은 이 지역만의 특별한 미각 세계를 만들어냈다. 향신료로는 계피, 고수, 카다멈, 생강, 올스파이스 등이 풍부하게 쓰이며, 지역 특산물인 야생 오이나 감초, 군델리아 등이 함께 식탁을 장식한다. 아침 식사에는 치즈와 버터, 타히니 몰라스와 올리브가 오르며, 메인 요리로는 셈부세크, 이스리 쾨프테, 양파 케밥, 알루지예, 피르키예 같은 음식이 대표적이다. 특히 정성스럽게 3시간 동안 조리한 양갈비 요리는 이 지역산 와인과 함께 어우러져 여행객들에게 강한 인상을 남긴다.

그러나 마르딘의 진정한 가치는 음식 문화에만 머물지 않는다. 유네스코 세계문화유산으로 지정된 이 도시는 고대 메소포타미아 문명의 한복판에 위치하며, 수천 년 인류가 쌓아올린 정착의 흔적을 품고 있다. 그중에서도 가장 중요한 신석기 유적은 본쿠클루-탈라, 일르수, 그리고 다라 유적으로 꼽힌다.

먼저 본쿠클루-탈라는 약 13,000년 전까지 거슬러 올라가는 세계적으로도 손꼽히는 신석기 정착지이다. 이름 그대로 '구슬밭'이라 불릴 만큼 수만 점의 구슬과 석기, 뼈 도구, 장신구가 쏟아져 나오며, 초기 인류가 장신구를 통해 사회적 관계와 정체성을 표현했음을 보여준다. 특히 괴베클리테페보다 더 이른 시기의 공공건물과 신전, 집단 매장지, 주거지가 발견되어 북메소포타미아 지역에서 농경 정착과 종교, 사회 조직의 기원을 연구하는 데 핵심적인 단서를 제공한다.

일르수 유적은 본쿠클루-탈라와 마찬가지로 다르게치트 지역에 자리하며 약 11,300년 전에 건립된 대형 신전이 발굴된 곳이다. 이곳에서는 괴베클리테페와 유사한 형태의 스텔레와 공공 건물이 확인되었는데, 이는 북메소포타미아 신석기 문화권에서 종교적 건축이 일정한

마르딘 인근 산 위으 메소포타미아 마을

양식을 형성하고 있었음을 보여주는 사례로 평가된다.

마르딘 남쪽에 위치한 다라 유적은 흔히 로마와 비잔틴 시기의 대도시 유적으로 알려져 있지만, 그 깊은 층위에서는 신석기에서 청동기 시대에 이르는 흔적도 확인되고 있다. 기원전 5500~3000년경의 토기와 생활 유물, 주거지 잔해가 발견되었으며, 거대한 공동묘지와 저수조, 동굴 거주지 등 다양한 구조물이 남아 있어 시대별 도시 발달과 생활상을 엿볼 수 있다.

마르딘과 그 일대에서는 이 세 유적 외에도 신석기에서 청동기에 이르는 작은 정착지와 매장지가 다수 분포한다. 이는 인류가 유목에서 정주로, 수렵에서 농경으로 이행하는 긴 과정 속에서 북메소포타미아가 주요 무대 중 하나였음을 보여준다. 또한 이 지역은 괴베클리 테페와 카라한 테페 등과 함께 서로 영향을 주고받으며 초기 농경사회와 종교적 건축, 사회 조직 체계를 형성해나간 문화권의 일부로 평가된다.

따라서 마르딘의 본쿠클루-탈라, 일르수, 다라 유적은 세계에서 가장 오래된 정착지와 신전, 초기 장신구 문화, 그리고 농경사회의 태동을 직접 보여주는 고고학적 보고라 할 수 있다. 오늘날 이 도시는 다문화적 삶과 풍부한 음식 문화 속에서 살아 숨 쉬며, 동시에 수천 년

마르딘 메소포타미아 평야

전 인류가 문명을 일구어낸 최초의 현장으로서, 역사와 현재가 겹쳐진 특별한 공간으로 존재하고 있다.

마르딘 앞에 펼쳐진 광활한 메소포타미아 평야는 인류 문명이 태동한 요람으로, 약 7,000~6,000년 전 신석기 농경민의 정착에서부터 수메르, 아카드, 바빌로니아, 아시리아에 이르는 찬란한 고대 문명이 꽃피운 땅이다. 티그리스 강과 유프라테스 강이 만들어낸 비옥한 충적 평야는 인류가 농경과 목축을 시작하기에 최적의 환경을 제공했으며, 일찍이 관개 시설과 도시국가가 등장한 세계 최초의 문명권 중 하나로 자리 잡았다.

메소포타미아 남부에서는 기원전 4000~3100년경 수메르인이 최초의 도시국가를 건설했다. 우르와 우루크 같은 도시에서 쐐기문자 점토판이 기록되며 문자가 탄생했으며, 도시적 생활과 행정이 본격적으로 나타나 인류 문명의 기틀을 마련했다. 뒤이어 기원전 2335년경 사르곤 대왕이 아카드 제국을 세우며 메소포타미아 전역을 통합했고, 이때부터 메소포타미아 평야는 국제 교역, 군사, 문화의 중심 무대로 부상했다.

이후 수메르 전통은 우르 제3왕조에서 다시 한 번 빛을 발했고, 바빌론의 홍기로 이어지며 함무라비 법전과 같은 고대 법률이 성립되고 정치·행정 체계가 정비되었다. 바빌로니아의 후계자로 등장한 아시리아 제국은 기원전 9세기에서 7세기 사이 메소포타미아 북부를 근거지로 삼아 남쪽 바빌로니아까지 지배하였고, 군사력과 행정 시스템을 기반으로 고대 근동 세계의 강대국으로 군림했다. 이 시기 마르딘 역시 전략적 요충지로 부각되어 신아시리아 시대의 법률 문서에 '마르디아네(Mardiānê)'라는 지명으로 기록되었다.

시간이 흐르며 이 지역은 알렉산드로스 대왕과 헬레니즘 세력, 로마 제국, 비잔틴 제국, 이슬람 세력, 몽골, 오스만 제국까지 수많은 정복자와 제국의 통치를 받았다. 그 결과 메소포타미아 평야와 마르딘은 단일한 문명이 아닌, 다양한 문화와 종교가 교차하는 공간으로 자리했다.

역사적 의의 면에서 마르딘은 아나톨리아 고원과 메소포타미아 평원을 잇는 관문이자 교역과 군사의 요충지였다. 이곳을 통과하는 길은 아랍과 페르시아, 로마와 오스만까지 수많은 세력의 교역로이자 전쟁로였으며, 민족과 문화가 끊임없이 교차하는 다층적 공간을 형성했다. 이 과정에서 아시리아인, 아랍인, 쿠르드인, 아르메니아인 등 다양한 민족이 이 땅에 뿌리내렸고, 기독교(시리아 정교, 아르메니아 교회), 이슬람, 유대교 등 여러 종교가 공존하며 독특한 다문화적 전통을 이어왔다.

오늘날 마르딘의 건축과 문화유산은 이러한 복합적인 역사와 문명의 흔적을 그대로 담아내고 있다. 석조 가옥들과 사원, 교회와 수도원은 수천 년 동안 이 땅을 지나간 수많은 제국과 문명의 발자취를 증언한다.

요컨대, 마르딘 앞에 펼쳐진 메소포타미아 평야는 단순한 농경지대가 아니라 인류 문명이 태동하고 발전하며 교차한 무대였다. 신석기 농경 사회에서 시작해 수메르와 바빌로니아, 아시리아를 거쳐 이슬람과 오스만에 이르기까지 7천 년이 넘는 세월 동안 이 땅은 세계사의 한복판에 서 있었으며, 오늘날에도 여전히 살아 있는 역사와 문화의 보고로 남아 있다.

마르딘 박물관에는 주로 중·신아시리아 시대(기원전 9세기에서 7세기경)에 제작된 아시리아 석재 조각 유물들이 전시되어 있다. 이 유물들은 신전이나 신성한 나무 앞에 서 있는 인물들의 장면, 신아시리아 시대 궁전 부조에서 자주 등장하는 전쟁과 정복을 표현한 인물 행렬, 그리고 사자나 황소와 같은 동물과 인간의 상징적 투쟁 장면을 담고 있다. 조각들은 주로 부드러운 재질인 석고(알라바스터)나 현지 석회암, 응회암에 얕은 부조(relief) 기법으로 만들어졌으며, 마르딘 지역에서 출토된 것들도 이와 같은 특징을 공유한다.

역사적으로 마르딘과 그 주변의 터르 압딘 지역은 신아시리아 제국의 남서 변방에 위치했다. 아슈르나시르팔 2세, 샬마네세르 3세, 사르곤 2세 같은 신아시리아 왕조 시절 이곳에는 요새와 행정 중심지, 신전, 궁전 등이 세워져 제국의 중요한 거점 역할을 했다. 마르딘 박물관의 공식 안내와 전시 해설에서도 이 지역 출토 아시리아 유물들이 주로 이 시기에 속한다

마르딘 박물관 메소포타미아 문명 석조 부조 유물

는 점을 명시하고 있다.

결론적으로, 마르딘 박물관에 전시된 이 조각들은 신아시리아 시대 중기부터 후기까지의 작품으로, 아시리아 제국 궁전과 신전, 요새를 장식한 부조와 조각들의 지역 변형 양식에 해당한다. 이로써 마르딘 지역의 역사적 중요성과 문화적 특수성을 이해하는 데 중요한 고고학적 자료가 되고 있다.

마르딘 박물관에 전시된 점토판은 고대 메소포타미아 문명에서 흔히 사용된 점토 매체로 만들어졌으며, 이 점토판에는 의미심장한 태양 문양이 새겨져 있다. 점토판은 당시 글을 쓰거나 다양한 목적으로 활용되던 주요 유물로, 메소포타미아와 근동 지역에서 고대 문서, 기록, 의례용 도구로 널리 쓰였다.

태양 문양은 여러 고대 문명에서 중요한 상징적 의미를 지닌다. 일반적으로 태양은 신성한 힘이나 태양신을 상징하며, 메소포타미아에서는 샤마쉬 신과 연관되었다. 또한 태양은 빛과 생명, 성장과 다산, 힘과 권위를 대표하며, 때로는 보호나 부적의 의미를 담기도 한다. 하루하루의 태양 주기는 시간과 우주의 질서, 연속성을 나타내는데 사용되었다.

마르딘 박물관의 이 점토판은 정확한 용도나 의미가 명확하게 밝혀진 것은 아니나, 신에

마르딘 태양 문양 점토판

게 바쳐진 봉헌물, 장식품, 의례용 도구, 혹은 천문 관측이나 달력 역할을 했던 기념물 중 하나일 가능성이 크다. 점토판 상단에 작은 구멍이 있는 것으로 보아, 이를 매달거나 착용하거나 특정 장소에 부착하도록 디자인된 것으로 추정된다.

마르딘이 위치한 메소포타미아 지역의 다양한 시대 유물을 다루는 박물관 특성상, 이 태양 문양 점토판 역시 고대 문명 속에서 종교적, 사회적 기능을 수행했을 것으로 보이며, 동서양 문명의 교차로에 자리한 마르딘의 문화적 중요성을 상징적으로 보여주는 유물이다.

다라 유적지에서 출토된 이 점토판은 약 7,500년 전인 기원전 5,500년경 신석기에서 청동기 시대로 넘어가는 시기에 해당한다. 이 시기의 다라 유적은 메소포타미아 북부와 아나톨리아가 만나는 전략적 요충지로, 암석을 파서 만든 동굴 주거지, 공동묘지, 곡물 저장고, 수로, 저수조 등 다양한 생활 인프라가 남아 있어 당시 정착민들의 생활상을 잘 보여준다.

점토판에 새겨진 태양 문양은 당시 사람들에게 태양이 신성한 존재이며 생명의 근원, 농경과 풍요의 상징이었음을 나타낸다. 이는 수메르 신화에서 태양신 우투(샤마시)가 정의와 질서, 생명의 근원으로 숭배된 것과 연결되는 문화적 상징이다.

다라의 신석기청동기 문화는 수메르 문명 초기 단계인 우바이드기(기원전 6,000~4,000년경)와 거의 같은 시대를 공유한다. 두 문화권은 토기 제작, 태양과 달 신앙, 농경과 관개 기술, 신전과 공동체 생활 등에서 유사한 문명적 특징을 보여주며 상호 연결된 문명적 흐름 속에 있었다고 볼 수 있다.

따라서 다라 유적에서 발견된 태양 문양 점토판은 수메르 문명 초기와 같은 시대, 메소포타미아 북부 지역에서 태양 숭배와 우주 질서, 풍요와 신성함을 상징하는 중요한 고고학적 유물이다. 이 유물은 고대 문명의 신앙과 예술, 생활양식을 이해하는 데 중요한 단서가 된다.

기원전 5500년에서 3000년경까지 이어진 칼콜리틱 시대는 돌도구와 함께 구리 사용이 본격적으로 시작된 시기로, 신석기 시대와 청동기 시대의 과도기적 단계다. 이 시기에는 농경과 목축이 더욱 발전했으며, 금속공예, 도기, 정착촌, 종교적 유물 등 다양한 문화적 흔적이 나타난다.

마르딘 인근 지역에서는 특히 케르쿠쉬티호윅, 본주클루탈라, 하산케이프 등 여러 곳에서

마르딘 지역의 칼콜리틱 시대는 대략 기원전 5500년부터 기원전 3000년경 '동석기 시대'라고도 불리며, 신석기 시대와 청동기 시대 사이의 전환기적인 시대이다.

칼콜리틱 시대의 유적과 유물이 다수 발굴되었다. 이들 유적에서 출토된 유물들은 손으로 빚은 토기, 구리와 석기 도구, 동물 뼈, 장신구 등으로 당시 메소포타미아 및 아나톨리아 남동부의 선사시대 문화를 보여준다.

토기는 기하학적 무늬와 다양한 크기, 형태를 가진 그릇으로 제작되었으며, 도구로는 도끼, 끌, 칼, 장식용 구리 조각 등이 있다. 장신구는 조개, 뼈, 돌 재질로 만든 목걸이와 팔찌 등이 발굴되었고, 주거지에는 원형 또는 네모난 방 구조, 저장고, 작업장 등의 흔적이 남아 있다.

이 유적과 유물들은 메소포타미아와 아나톨리아 문명 교차로에 위치한 마르딘 지역에서 초기 농경사회와 금속 사용의 시작, 사회 구조 변화 등의 선사시대 생활상을 이해하는 데 중요한 자료다. 마르딘 박물관에서도 이 시기의 다양한 유물을 직접 볼 수 있어, 당시 지역 사회의 문화와 기술 발전을 생생하게 체험할 수 있다.

마르딘 박물관의 토기와 우리나라 신라·가야 토기 사이에는 몇 가지 흥미로운 유사점이 있다.

첫째, 형태와 기능 면에서 두 지역의 토기는 생활용기이자 의례용기로 사용되었다는 공통점이 크다. 특히 마르딘 토기의 받침대 형태는 신라·가야 토기 중 '굽다리 접시'나 '받침대'와 유사한 구조를 보여주는데, 이는 음식을 담거나 술잔을 올려놓기 편리하도록 고안된 기능적 특징이다.

둘째, 제작기법과 재료 면에서 신라·가야 토기는 주로 고온에서 소성한 단단한 도질토기로, 물레를 이용한 성형과 표면에 무늬나 유약을 입히는 기술이 발달하였다. 반면, 마르딘 지역 신석기 토기는 주로 손으로 빚는 방식이었으며, 토기 재료와 소성 온도는 지역 특성에 따라 다르지만 기본적인 제작 원리는 유사하다. 두 지역 모두 자연재료를 활용해 생활과 의례에 맞는 토기 형태를 발전시켰다.

셋째, 문화적 교류와 독립적 발전 측면에서 비록 지리적으로 멀리 떨어져 있지만, 인간이

네오 아시리아 시대 유물 굽다리 받침 토기와 점토인물상

농경과 정착 생활을 시작하면서 토기 제작은 거의 모든 문명권에서 필수적 기술로 자리 잡았다. 따라서 유사한 생활양식과 필요에 의해 독립적으로 비슷한 토기 형태들이 발전했을 가능성이 크다. 동시에 고대 동서 교역로와 문화 교류를 통해 간접적인 영향이 있었을 가능성도 배제할 수 없다.

특히 굽다리 받침대 토기는 중동과 메소포타미아 지역에서 많이 발견되며, 마르딘과 샨르우르파 지역은 고대 메소포타미아 문명과 밀접히 관련되어 있는 만큼 이 지역의 문화적·기술적 특성을 반영한다. 반면 중앙아시아와 만주 지역은 토기 형태와 제작 방식이 달라 굽다리 받침대 형태는 드물거나 발견되지 않았다. 만주 지역의 고조선·홍산문화는 그들만의 독자적 토기 전통을 발전시켰기 때문이다.

마르딘 박물관과 샨르우르파 박물관에서 굽다리 받침대 토기가 여러 점 출토된 사실은 이 지역이 고대 메소포타미아 문명과 연결된 중요한 문화 중심지였음을 보여주는 중요한 증거이다. 반면 중앙아시아 및 만주 지역 토기와는 뚜렷한 차이를 갖는 점 또한 고대 문명권의 독립적 발전과 상호작용의 복잡성을 보여준다.

결론적으로 마르딘 박물관 토기와 신라·가야 토기의 유사성은 인류가 생활과 의례에 맞춘 토기 형태를 독립적으로 발전시킨 결과이며, 기능적·기술적 면에서 공통점을 공유한다. 이는 고대 문명들이 각기 다른 지역에서 비슷한 생활양식과 기술을 발전시켰다는 점을 보여주는 흥미로운 사례이다.

마르딘을 포함한 메소포타미아 지역에서는 신석기 시대부터 청동기 시대에 이르기까지 농경과 목축이 본격적으로 시작되었다. 이 시기 사람들은 보리와 밀, 렌틸콩, 완두콩, 병아리콩 등 다양한 곡물과 콩과 식물을 재배했다. 포도, 무화과, 올리브, 아마(케텐) 같은 섬유와 과일, 견과류도 중요한 농작물로 자리 잡았다. 한편, 양, 염소, 소, 돼지 등 가축도 함께 길러지며 목축이 농경과 어우러졌다.

시간이 지나면서 기후 변화에 따라 건조에 강한 품종(보리, 차탈회위크 밀, 렌틸콩 등)은 증가했고, 습한 환경을 필요로 하는 작물(밀, 보리, 아마 등)은 상대적으로 감소했다. 이 과정에서 아시아, 아프리카, 아메리카 등지에서 유입된 새로운 작물(예: 차, 대마, 쌀, 옥수수, 토마토, 감귤류, 면화, 수박 등)도 점차 식생활에 포함되었다.

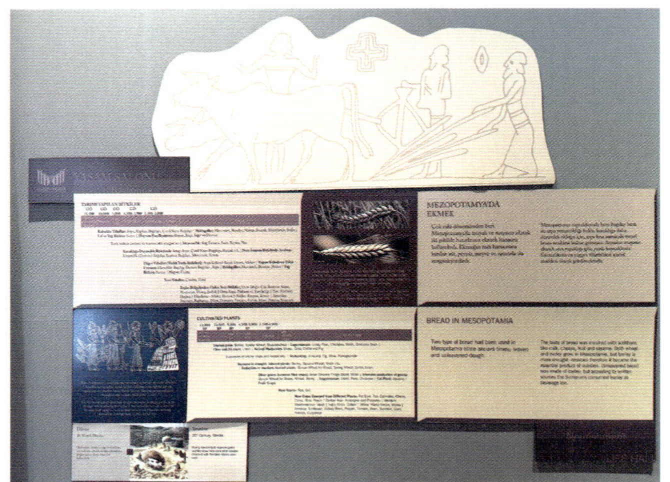

고대 여성들이 곡식을 빻는 전통적인 맷돌 방아질 모습

특히 빵은 메소포타미아 농경 생활에서 매우 중요한 식량이었으며, 발효한 빵과 무발효 빵 두 가지 모두 만들어졌다. 빵의 맛은 우유, 치즈, 참깨, 과일 등을 첨가해 다양해졌고, 보리가 주된 곡물로 영양을 공급했다.

맷돌, 방아질의 역사와 방식

고대 여성들이 곡식을 빻는 전통적인 방아질 모습이 보인다. 이런 맷돌과 방아 문화는 한반도를 포함한 전 세계 농경 사회에서 독립적으로 발달했다. 한반도의 맷돌(맷돌방아)은 두 개의 둥근 돌판(윗맷돌과 아랫맷돌) 사이에 곡물을 넣고 손잡이나 막대를 이용해 윗맷돌을 돌리며 곡식을 곱게 빻는 방식이 일반적이다. 고대 및 현대까지도 시골에서 쌀과 보리, 콩을 빻을 때 널리 사용되어 왔다.

방아질은 주로 여성의 일로 여겨졌으며, 곡물의 겉껍질을 벗기고 가루로 만들어 빵이나 떡, 죽 등을 만드는 데 필수적인 과정이었다. 도리깨, 절구와 같이 손으로 내려치는 도구(두드림 방아질)도 있었지만, 돌맷돌을 돌리거나 누르는 방식(돌림 방아질)이 한반도 고유의 전통적 모습이다. 이렇듯 곡식과 농경 생활이 중심이었던 메소포타미아와 한반도 모두, 맷돌을 통한 곡식 가

공은 농경 문화의 보편적 특징이며, 지금도 생활사와 민속박물관에서 쉽게 찾을 수 있다

절구와 같은 곡물을 빻는 도구는 신석기 시대부터 사용되기 시작했다. 신석기 시대는 인류가 농경 생활을 본격적으로 시작한 시기로, 곡물을 가공하기 위한 다양한 도구들이 개발되었는데 그중 절구가 대표적인 사례이다. 초기의 절구는 주로 현무암과 같은 화산암으로 만들어졌으며, 이 두 돌 사이에서 곡물을 빻아 가루로 만드는 방식이었다. 시간이 지나면서 재료가 점차 금속으로 대체되었지만, 기본적인 절구 빻기 방법은 신석기 시대부터 이어져 온 전통적인 식품 준비 과정의 핵심 기술이었다.

마르딘 박물관에는 신석기 시대부터 현대에 이르기까지 다양한 시기의 절구와 절구방망이 유물들이 전시되어 있어, 이 지역에서 이루어진 곡물 가공 기술의 연속성과 발전을 잘 보여준다. 사진 속 설명에도 나타나듯이, 절구와 절구방망이는 오늘날의 방망이와 절구의 선구자로서 곡물을 가공하는 초기 도구의 역할을 했음을 알 수 있다.

한반도에서도 비슷한 원리와 구조의 돌절구 및 방아가 전통적으로 사용되어 왔다. 두 개의 둥근 돌을 맞대어 돌리거나 내려찍어 곡물을 부수고 가루로 만드는 방식으로, 농경 사회에서 빵이나 떡 같은 식품을 만들기 위해 필수적인 과정이었다. 고대부터 현대에 이르기까지 맷돌은 가정과 공동체 생활 속에서 중요한 역할을 담당해 왔으며, 그 기능과 디자인은 지역적 특성에 따라 약간씩 다양한 형태로 발전해 왔다.

즉, 마르딘의 절구 유물은 농경과 식생활 가공 기술의 시작과 변천을 보여주고, 한반도의 전통 맷돌 사례와도 유사한 인류의 보편적인 식량 준비 문화를 증거한다.

왼쪽의 벽면에는 고대 아시리아 시대 궁정 장면을 재현한 선화 부조가 있다. 이 부조는 아시리아 왕과 바빌로니아 왕과 평화 조약을 행하는 공식적인 만남을 가지는 모습을 묘사하고 있으며, 이와 같은 장면은 님루드나 칼후 궁전 벽면 부조에서 자주 확인되는 주제이다.

중앙에는 청동기 시대부터 철기 시대에 이르는 다양한 무기와 도구, 장신구, 의식용 소품이 유리 진열장에 전시되어 있다. 이 유물들은 아시리아를 비롯해 메소포타미아, 우라르트, 로마, 비잔틴 여러 시대의 군사·생활 문화를 보여주며, 금속 가공 기술과 무기 발전, 일상용품 변화의 역사를 한눈에 볼 수 있게 한다.

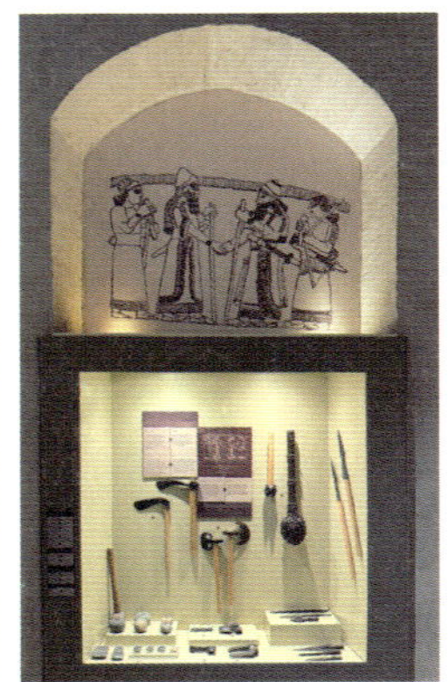

아시리아 왕과 바빌로니아 왕의 평화 조약 장면. 전쟁 무기 전시

오른쪽 진열장에는 토기, 그릇, 도장, 화살촉, 장신구 등 다양한 생활용품과 의례용품이 전시되어 있으며, 설명 패널을 통해 각 유물의 용도와 출토지가 안내되고 있다. 이들은 고대 메소포타미아와 인근 지역의 일상생활, 신앙, 교역과 행정 체계 등을 알려주는 중요한 자료로 각각의 토기와 도장은 거래와 봉인, 신분 확인 등의 사회적 역할을 해왔다.

마르딘 박물관은 청동기 시대부터 아시리아, 우라르트, 헬레니즘, 로마, 비잔틴, 셀주크, 오스만 제국에 이르는 다양한 시기의 유물을 고루 소장하고 있으며, 금속 무기와 도구, 장신구, 토기, 원통형 인장, 도장, 신전 용기, 동전, 의복, 은세공품 등 풍부한 컬렉션을 자랑한다. 이 박물관은 메소포타미아와 아나톨리아 접경 지역의 오랜 역사와 다문화적 전통을 한눈에 볼 수 있는 귀중한 공간이다.

이 사진들은 마르딘 박물관의 고고학 전시실 모습으로, 아시리아 시대를 비롯한 고대 메소포타미아 문명의 궁정 장면과 각종 무기 및 도구, 일상과 신앙에 사용된 유물을 종합적으로 보여주며, 지역 역사와 문화를 깊이 이해하는 데 중요한 자료가 된다.

마르딘 박물관에 전시된 유물들은 네오아시리아 시대의 활과 관련 무기를 재현·전시한 것으로, 고대 메소포타미아 특히 아시리아 제국 군사력의 상징인 활의 구조와 사용법, 그리고 그 역사적 의미를 잘 보여준다.

사진 왼쪽에는 실제 크기의 아시리아 궁전 궁수 복장을 한 모형과 함께 아시리아식 복합

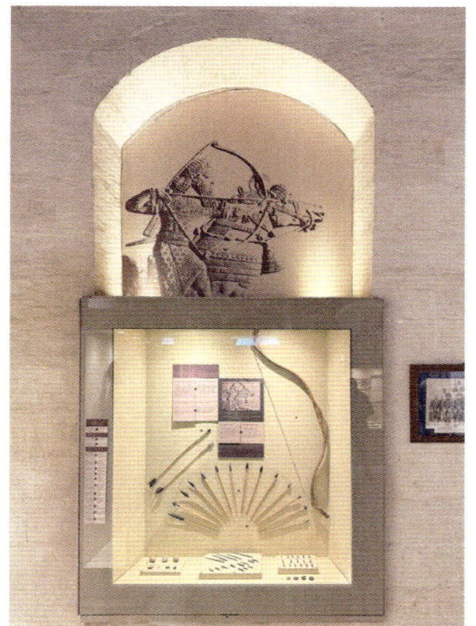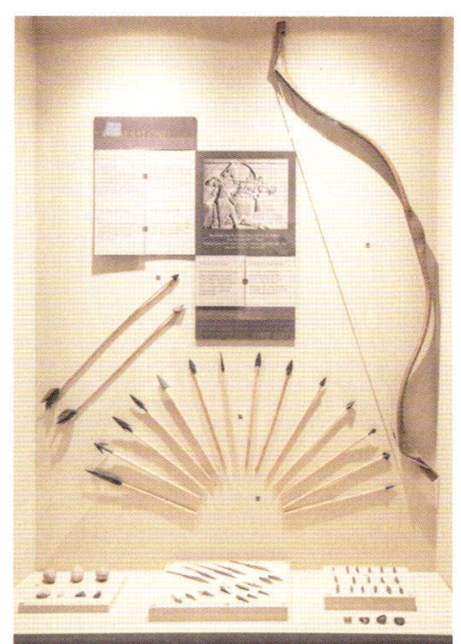

아시리아 시대 궁정 활 쏘는 장면과 무기 전시

궁과 화살이 전시되어 있다. 배경에는 아시리아 궁수들이 전투에서 활을 사용하는 모습을 묘사한 고대 부조가 함께 있어, 당시 활이 아시리아 군대에서 얼마나 중요한 무기였는지, 그리고 궁수들의 전투 자세와 장비 구성을 보여준다.

중앙과 오른쪽에는 다양한 형태의 고대 활, 화살촉, 그리고 활 제작에 사용된 재료와 구조에 대한 설명 패널이 있다. 아시리아식 복합궁은 나무, 뿔, 힘줄 등 여러 재료를 겹겹이 결합해 만들어졌고, 크기가 1.5~1.7m에 달하는 경우도 있었다. 화살촉들은 청동, 철 등 금속으로 제작되어 사냥과 전투에 모두 사용되었다.

아시리아 활은 단순한 목궁보다 사정 거리와 관통력이 뛰어나 아시리아 군의 원거리 전투력의 핵심이었으며, 왕권과 승리의 상징으로서 왕과 군대의 위업을 표현하는 중요한 상징물이었다. 이러한 활과 궁수의 묘사는 님루드와 니네베 등 아시리아 궁전 벽면 부조, 인장, 문헌 등에서 빈번하게 확인된다.

마르딘 박물관은 아시리아, 우라르트, 로마 등 다양한 시대의 무기와 도구를 소장하고 있어, 이 전시는 아시리아 군사 문화의 대표적 사례를 보여주는 귀중한 자료이다.

마르딘 박물관의 아시리아 활 전시는 네오아시리아 제국의 복합궁과 궁수 무장, 그리고 활의 군사적·상징적 의미를 실제 유물과 고대 부조, 재현 모형을 통해 종합적으로 보여준다. 활은 아시리아 군사력과 왕권, 승리의 상징이자 고대 메소포타미아 무기 기술의 정수를 대표한다.

마르딘 박물관에 전시된 고대 무기와 방어구는 아시리아 시대와 그 인근 시기의 전형적인 군사 문화를 보여주는 귀중한 자료이다. 이 박물관은 메소포타미아 북부와 아나톨리아 지역을 아우르는 다양한 문명의 유물을 소장하고 있으며, 청동기 시대에서 아시리아, 우라르트, 헬레니즘, 로마, 비잔틴에 이르는 여러 시대의 무기와 갑옷이 함께 전시된다. 그 가운데 사진 속 유물들은 특히 아시리아 군사력의 면모를 잘 드러낸다.

왼쪽에는 창, 방패, 투구, 갑옷 등으로 무장한 전사 모형이 전시되어 있으며, 배경에는 고대 아시리아 혹은 인근 문명의 전사들이 창을 들고 진군하는 모습이 부조나 벽화로 재현되어 있다. 이는 아시리아 시대의 전형적인 중무장 보병, 특히 창병의 모습을 재현한 것으로, 실제 역사 속 아시리아 군대는 강력한 보병 전력과 기병, 그리고 정교한 공성병기로 널리 알려져 있었다.

중앙 전시대에는 곡도(시클 소드), 전투 도끼, 곤봉, 창촉 등 다양한 무기들이 진열되어 있

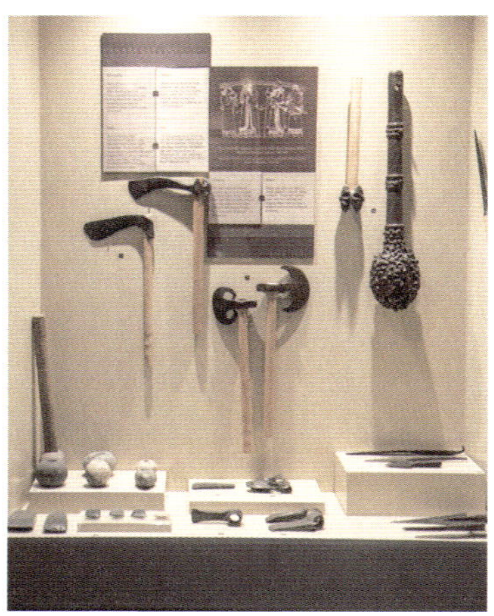

아시리아 시대 궁정 창을 든 병사 장면과 창, 방패, 갑옷 무기 전시

다. 곡도는 메소포타미아와 아시리아 지역에서 권위와 무력을 상징하는 중요한 무기로 자주 등장하며, 전투 도끼와 곤봉은 근접전에서 필수적인 무기로 사용되었다. 이러한 무기들은 청동기 시대에서 철기 시대로 이어지는 전환기의 군사 기술을 보여주며, 당시 아시리아 군사력의 기반이 되었음을 잘 보여준다.

오른쪽에는 금속판으로 제작된 방어구 조각이 전시되어 있는데, 이는 흉갑이나 허리 보호구의 일부로 추정된다. 아시리아를 비롯한 메소포타미아 지역에서는 금속 갑옷이 일반 병사보다는 고위 장수나 정예병에게 지급되었으며, 정교한 제작 기법과 장식은 단순한 전투 도구를 넘어 권위와 신분을 상징하는 역할을 했다. 동시에 실제 전투에서 병사의 생존 가능성을 높이는 방어 장치로도 큰 의미를 가졌다.

이처럼 아시리아는 청동기와 철기 시대를 아우르며 탁월한 금속 가공 기술을 바탕으로 다양한 무기와 방어구를 제작하였다. 그 결과 아시리아 군대는 당시 가장 강력하고 무서운 군사 집단으로 성장했고, 제국의 팽창과 정복을 가능하게 한 원동력이 되었다.

마르딘 박물관에 소장된 이러한 무기와 방어구는 단순한 전시품이 아니라, 고대 근동 지역의 군사적 전통과 기술 발전을 보여주는 실물 증거이다. 사진 속 전사의 복식, 다양한 금속 무기, 그리고 금속 방어구는 아시리아 시대 군사 문화의 핵심적인 특징을 잘 드러내며, 이 지역이 고대 메소포타미아와 아나톨리아 문명권 속에서 어떠한 역할을 했는지를 보여주는 중요한 단서가 된다.

마르딘 박물관에 전시된 유목민 비석은 마르딘 지역, 특히 시즈레 지구에서 발견된 것으로,. 이 비석들은 유목민 공동체의 특성을 반영하여, 주로 그들의 연례 이동 경로 주변에 위치한다. 이는 유목민들이 이동 중에도 고인을 기억하고 기릴 수 있는 중요한 공간을 제공했음을 의미한다.

유목민 비석은 양면에 다양한 장면이 새겨져 있는데, 한쪽 면에는 고인의 생애 과정이 담겨 있고, 반대쪽 면에는 죽음과 장례 의식을 묘사한 장면이 표현되어 있다. 이러한 묘비는 유목민들이 이슬람을 수용한 이후에도 계속해서 사용되었으며, 그 속에 담긴 상징과 의미는 여전히 중요한 문화적 가치를 지닌다.

유목민들은 자연과 깊은 유대감을 가지고 있었기 때문에, 비석의 조각에는 여러 동물들과

마르딘과 시즈레 지역의 유목민 묘비

자연의 모습이 포함되어 있다. 이는 유목 생활과 자연과의 밀접한 상호작용을 상징하는 한편, 중앙아시아 초원 문화와 아나톨리아 지역의 샤머니즘적 신앙 전통에서도 그 기원을 찾을 수 있다.

이 비석들은 유목민의 삶과 죽음, 그리고 자연과의 관계를 시각적으로 기록한 매우 중요한 문화유산이다. 이동 생활을 하는 유목민들의 묘비가 이동 경로에 위치함으로써, 그 공동체의 기억과 정체성 유지에 핵심적 역할을 해왔다. 단순한 무덤 표시를 넘어, 유목민들의 신앙, 사회 구조, 그리고 문화적 가치관을 이해하는 데 필수적인 자료로 평가된다.

이 유목민 비석들은 마르딘 지역 유목민들의 독특한 문화와 신앙, 그리고 자연과의 깊은 관계를 잘 보여주는 귀중한 유산으로, 오늘날에도 그 역사와 문화를 연구하는 데 큰 의미를 지닌다.

09.
바벨탑과
공중 정원의 도시
바빌로니아 제국

이슈타르 성문으로, 기원전 6세기 네부카드네자르 2세 왕 때 건설되었다. 이 문은 바빌론 성벽의 동쪽 출입구 중 하나였으며, 왕권과 도시의 위엄을 상징하는 중요한 건축물이었다. 본래 바빌론에서 발견된 벽돌과 부조들은 20세기 초 독일로 옮겨져 1930년대에 페르가몬 박물관에서 복원되었다.

이슈타르 문은 푸른빛 유약을 입힌 벽돌로 만들어졌으며, 당시 바빌론의 화려한 위엄을

바빌로니아 제국 이슈타르 성문 (복원 그림)

잘 보여준다. 벽돌에는 사자, 용, 황소 등 신화적 동물들이 부조로 장식되어 있는데, 이 동물들은 바빌론 신화와 왕권을 상징한다. 특히 문 양쪽 벽에 배치된 사자들은 각각 다른 갈기와 털 색깔로 다양성을 표현하며, 입구를 지키는 수호자로서 강한 인상을 준다.

이 문은 단순한 출입구가 아니라 바빌론의 정치적 권위와 종교적 신성함을 상징하는 대표적 유산이다. 바빌론의 주요 신인 마르둑 신에게 경배하는 새해 축제의 행렬이 이 문을 통과하였다고 전해진다. 그리하여 이슈타르 문은 고대 메소포타미아 문명 예술성과 건축기술의 정수를 보여주는 상징물이 되었다.

페르가몬 박물관은 1930년대 바빌론에서 발굴된 이슈타르 문의 벽돌들을 독일로 옮겨와 여러 차례에 걸친 운송과 복원 과정을 거쳐 재조립하였다. 이 문은 현재 박물관 내에서 가장 유명한 전시물 중 하나로, 많은 방문객이 고대 바빌론의 위엄을 직접 느낄 수 있다.

이슈타르 문은 거대한 바빌론 성벽과 도시의 일부에 지나지 않았지만, 바빌론 전성기 당시 도시를 구성한 벽돌이 1500만 개 이상에 달했다고 한다. 따라서 이 문은 고대 바빌론의 위엄과 예술성을 오늘날까지 전하는 대표적인 문화유산이다.

이슈타르 문 사자상은 신바빌로니아 제국 시대, 네부카드네자르 2세(재위 기원전 604~562년)가 건설한 바빌론 대표 건축물인 이슈타르 문의 상징적 부조이다. 사자상은 바빌론의 주요 여신인 이슈타르의 신수로서, 도시와 왕권 보호, 전쟁과 풍요의 힘을 상징한다. 이 사자는 푸른 유약을 입힌 벽돌에 양각으로 조각되어 행렬길에 약 120마리 이상이 반복 배치되어 있었으며, 각각의 사자는 생동감과 다양성을 주기 위해 갈기와 털 색깔이 달랐다.

기원전 약 604~562년, 신-바빌론 시대, 이슈타르 성문의 사자상, 메트로폴리탄 박물관

사자상은 바빌론 도시 입구와 성벽을 지키는 수호신으로서 외부의 적과 악령을 막는 역할을 하며, 바빌론 시민과 왕의 권위와 신성을 상징했다. 원래는 독일 페르가몬 박물관에 원본 벽돌과 함께 복원되어 전시 중이며, 일부 부조는 다른 박물관에도 분산되어 있다. 고대 바빌론 문명의 예술성과 왕권 상징성을 대표하는 작품으로, 뛰어난 장인정신과 역사적 가치를 지닌 귀중한 문화유산이다.

사진 속 사자 부조는 벽돌의 색상과 사자의 역동적인 자세, 섬세한 장식 등이 실제 이슈타르 문의 모습과 매우 흡사하며, 이 문을 통과하는 이들에게 바빌론의 위대함과 신성함을 강렬히 인상적인 역할을 하였다.

이 같은 사자상 120구가 나부쿠두리우푸르 2세가 세운 이슈타르 문에서 '신년 축제의 집' 비트 아키투까지 이어지는 행렬 길을 화려하게 장식하였다. 이슈타르 문의 정면도 아다드 신과 마르둑 신을 상징하는 575구의 황소와 용으로 꾸며져 있었다

지구라트는 고대 메소포타미아 문명에서 가장 독창적이고 상징적인 건축물 가운데 하나였다. 그 양식은 단순한 종교 건축을 넘어 정치와 사회 전반에 걸친 의미를 담고 있었으며, 도시 문명의 중심지로서 기능하였다.

지구라트는 기본적으로 계단식 피라미드 형태로 세워졌다. 보통 3단에서 많게는 7단까지

메소포타미아 지구라트 신전 (복원그림)

층을 쌓아 올렸으며, 각 단은 위로 올라갈수록 점점 좁아졌다. 층의 높이는 약 5~6미터 정도에 달했고, 전체 높이는 20미터 이상에 이르는 경우도 있었다. 이러한 계단식 구조는 인간이 하늘로, 곧 신에게 다가간다는 상징적 의미를 지녔다.

건축 재료는 주로 진흙벽돌이 사용되었다. 메소포타미아 지역은 목재와 석재가 부족했기 때문에 흙은 가장 흔한 자원이었다. 내부는 흙벽돌로 채워졌고, 외부는 태양과 비바람에 견디도록 구운 벽돌로 마감되었다. 내부에는 습기를 배출하고 구조적 안정성을 높이기 위한 통풍구와 배수 구조가 설계되어 있었다. 이러한 기술은 단순한 신전 건축을 넘어선 고도의 공학적 해법을 보여준다.

지구라트는 넓은 기단 위에 세워졌으며, 그 정상에는 신전을 두었다. 이 신전은 신의 거처로 여겨졌으며 일반인들은 접근할 수 없고 오직 사제들만이 들어갈 수 있었다. 신전으로 올라가는 방법은 나선형 경사로나 계단이었는데, 보통 세 방향에서 시작된 계단이 중앙에서 만나 정상부에 이르는 구조가 많았다. 이는 신에게 나아가는 길이 단순히 수직적 공간 이동이 아니라 의례적 순례 행위였음을 짐작하게 한다.

지구라트는 종교적 의미를 넘어 도시 전체의 상징적 건축물이기도 했다. 그것은 신과 인간을 연결하는 성스러운 장소로서, 사제들이 신에게 제사를 드리고 인간을 대신해 신과 소통하는 중개자의 역할을 수행하는 공간이었다. 동시에 도시의 중심부에 높이 솟아 있는 지구라트는 왕권과 신권을 하나로 결합한 권력의 상징이었다. 도시에 사는 모든 사람들은 매일 높이 치솟은 지구라트를 보며 신성한 권위와 도시의 질서를 의식했을 것이다.

일부 연구자들은 지구라트가 천문학적 기능도 가졌을 것으로 본다. 높은 위치에서 하늘의 별과 달, 태양을 관찰하기에 적합했으며, 이는 곧 달력 제작이나 의례 주기와도 밀접히 연결되었을 가능성이 높다. 고대 메소포타미아에서 종교와 천문학은 본래 긴밀하게 결합되어 있었으므로, 지구라트는 단순한 신전이 아니라 우주 질서를 관찰하고 신의 뜻을 해석하는 장소였다고 볼 수 있다.

또한 지구라트가 도시의 중심에 배치되었다는 사실은 도시 계획 측면에서도 중요한 의미를 가진다. 지구라트를 중심으로 성벽과 방어 시설이 조성되었으며, 이는 단순히 도시 방어뿐 아니라 공동체를 결집시키는 정신적 구심점의 역할을 하기도 했다.

니푸르의 엔릴 지구라트가 대표적인 사례이듯, 메소포타미아의 지구라트는 단순한 건축물이 아니었다. 그것은 종교와 정치, 사회와 천문학이 한데 얽혀 만들어 낸 복합적 문화유산이자 고대 도시 문명의 핵심을 드러내는 상징이었다.

고대 바빌론 수도 복원그림

　이 복원 그림은 고대 바빌론 수도의 위용을 정교하게 재현하고 있다. 그림의 전경에는 거대한 강이 도심을 가로지르며 흐르고, 양쪽 강변에는 방대한 규모의 성벽과 체계적으로 배치된 궁전, 신전, 도시 시설들이 실감나게 그려져 있다. 바빌론의 도시는 두꺼운 이중 성벽으로 둘러싸여 견고한 방어 구조를 갖추었으며, 강과 도시 안팎을 연결하는 여러 다리가 배치되어 있다.

　도시 가운데에는 왕의 궁전 단지가 성곽으로 보호되어 자리하고, 중앙의 주요 도로는 도시 깊숙이까지 뻗어 있다. 궁전 내부와 외곽 도로가 일직선으로 연결되고, 그 사이에는 정원과 광장, 귀족들의 저택이나 행정 시설이 배치되어 도시의 위계와 질서를 자연스럽게 드러낸다. 궁전과 도시를 나누는 성곽 바깥쪽에는 시민들의 거주지와 상업구역이 펼쳐져 있다.

　그림의 왼쪽에는 바빌론을 대표하는 거대한 계단식 탑, 즉 에테멘앙키 지구라트가 도시 풍경의 배경을 이룬다. 이 탑은 신전과 제사 의식의 중심지로, 당시 바빌론 시민과 왕권의 신성함을 상징했다. 신전 연결로와 주변에는 장식적인 부조와 아치형 구조물이 즐비하여, 고대 메소포타미아 건축의 예술성과 기술력, 그리고 종교적 정신세계가 동시에 어우러진 공간임을 확인할 수 있다.

강변에는 상업용 선박과 의례용 배들이 오가며 활발한 도시 생활의 일부가 묘사되어 있다. 강은 바빌론의 생명선 역할을 했으며, 도시의 경제와 무역, 식수, 농업에 필수적인 역할을 담당했다. 성곽 안팎에는 다양한 식생과 녹지가 어우러져, 사막에 둘러싸인 도심임에도 불구하고 도시의 풍요로움을 강조한다.

전체적으로, 이 복원 그림은 고대 바빌론 도시가 방대한 성벽과 강, 정교하게 설계된 신전과 궁전, 다양한 주거 및 상업기능, 그리고 생생한 일상생활이 공존하는 세계 최대의 도시였음을 잘 보여준다. 그림 속 공간 구도와 구조물들은 바빌론 도시의 역사적 위엄과 예술적 완성도를 현재까지도 생생하게 전해주고 있다

바빌론의 대표적 지구라트인 에테멘앙키의 복원도를 보여준다. 이 탑은 계단식으로 층층이 쌓아 올려졌으며, 정상에는 신전이 자리하고 있다. 에테멘앙키는 '하늘과 땅의 기초가 되

바빌론의 지구라트 에테멘앙키의 복원도, 바빌론 왕궁 입구와 전체 도시 조망그림 (복원그림)

는 집'이라는 이름처럼, 도시와 신, 그리고 인간 세계를 연결하는 상징적 역할을 맡았다. 탑 주변에는 고대 바빌론의 도시 구조가 촘촘히 펼쳐져 있고, 계단 길과 작업 인력의 존재까지 실감나게 표현되어 있다.

바빌로니아의 유명한 이슈타르 문의 복원 장면이다. 문은 푸른 유약 벽돌로 장식되어 화려한 색채를 띠며, 양식화된 동물 부조가 벽면을 따라 늘어서 있다. 궁전 앞에는 커다란 아치형 입구와 문 수호상(라마수, 사자 등)이 세워져 도시의 신성과 권위를 나타낸다. 이슈타르 문은 바빌론의 주요 출입구로, 신전과 궁전으로 이어지는 행렬길의 시작점이었다.

바빌론 도심의 주거 지역을 재현한 모습이다. 붐비는 노상과 가옥, 시장, 사회적 삶의 흔적이 도시 곳곳에 펼쳐져 있다. 다양한 크기와 형태의 흙벽돌 건물들이 빈틈없이 배치되어 당시 도시의 인구 밀집도와 활발한 상업 활동, 생활상을 보여준다. 도시의 골목과 건물 사이로 오가는 인파가 고대 바빌론의 생생한 일상 풍경을 실감나게 드러낸다.

바빌론 전체 도시의 위성도 같은 복원도다. 이중 성벽과 성곽이 도시 전체를 에워싸고 있고, 구획별로 신전·궁전·주거지·정원·상업구역 등이 세심하게 배치되어 있다. 넓은 수로와 도시를 가로지르는 강, 방대한 궁전과 신전 군, 방어적 성벽 구조가 고대 바빌론의 위엄과 체계적 도시 구조를 한눈에 보여준다. 성곽을 중심으로 활발한 도시 환경이 펼쳐져 있으며, 도시 전체의 질서와 분업이 돋보인다. 1번 사진은 바빌론의 상징적 지구라트, 에테멘앙키를 중심으로 도시 전경을 복원한 그림이다. 계단식 탑이 수직으로 높이 솟아 있으며, 정상에는 신전이 자리잡아 있다. 탑의 주변에는 고대 바빌론의 건축물과 주거지가 밀집해 있다. 넓은 계단과 거대한 벽돌 구조는 바빌론의 건축 기술과 종교적 위엄을 보여준다.

바빌론의 공중 정원은 고대 세계 7대 불가사의 중 하나로 손꼽히는 신비로운 건축물이다. 기원전 6세기 신바빌로니아 왕국의 네부카드네자르 2세가 왕비 아미티스의 고향인 산악지대 자연을 그리워하는 마음에서 사막 한가운데 조성한 것으로 전해진다. 다만, 실제 존재 여부에 관해서는 고고학적으로 명확한 증거가 부족해 논란이 있으나, 고대 문헌과 기록에 자주 등장하는 만큼 그 역사적 상징성은 매우 크다.

바빌론 공중정원 (복원 그림)

공중 정원은 사각형 모양으로, 각 변의 길이는 약 4플레트라 정도로 추정된다. 여러 층의
테라스형 정원으로 구성되었으며, 아치형 천장과 견고한 기초 위에 다양한 식물과 나무들이

자랐다. 정원 안에는 여러 종류의 과일나무와 꽃, 풀들이 자라고, 꿀과 물이 흐르는 연못과 분수도 있었다고 전해진다. 당시 뛰어난 관개 기술을 활용해 척박한 사막 환경에서도 풍부한 식생을 유지할 수 있었던 것으로 보인다.

역사적·문화적 의미는 매우 크다. 네부카드네자르 2세가 왕비를 위해 지은 이 정원은 사랑의 상징일 뿐 아니라 고대 바빌론의 뛰어난 기술력과 예술성을 보여주는 대표적 사례이다. 사막 한가운데 조성된 녹색 낙원은 메소포타미아 문명의 고도의 관개 및 건축 기술을 증명하며, 고대 그리스와 로마 역사가들이 이를 찬양해 후세에 전했다. 하지만 현재까지 발굴된 고고학적 자료가 부족해 일부 학자들은 이 정원을 신화나 전설로 보기도 한다.

이미지 속 공중 정원은 두 가지로 표현된다. 왼쪽 그림은 고대 바빌론 전경과 함께 공중 정원의 웅장함과 신비로움을 예술적으로 표현하였고, 오른쪽 그림은 테라스형 구조와 풍부한 식생, 아치형 천장 등을 묘사해 당시 정원의 모습을 상상할 수 있게 한다.

네부카드네자르 2세의 왕비 아미티스는 고대 메디아 왕국 출신이다. 메디아는 오늘날 이란 북서부 지역에 위치했던 고대 이란계 국가로, 네부카드네자르 2세는 메디아 왕국과의 동맹을 강화하기 위해 아미티스를 왕비로 맞이했다. 아미티스는 메디아의 왕 키악사레스(혹은 키약사레스)의 딸로 전해지며, 두 왕국 간 정치·군사적 동맹 강화에 기여했다. 공중 정원은 아미티스가 고향 산악지대의 푸른 자연을 그리워한 마음을 달래기 위해 조성된 것으로 알려져 있다.

이처럼 바빌론의 공중 정원은 고대 신바빌로니아의 문화와 기술, 사랑과 동맹의 상징적 공간으로, 지금까지도 고대 건축과 정원의 걸작으로 평가받고 있다.

바벨탑은 구약성경 창세기 11장에 등장하는 전설적인 건축물로, 인류가 하늘에 닿을 만큼 높은 탑을 쌓으려 했다는 이야기에서 유래한다. 이 탑은 인간의 오만과 교만을 상징하며, 신이 인간의 언어를 혼란스럽게 하여 서로 소통하지 못하게 만듦으로써 건설이 중단되었다고 전해진다. 바벨탑 이야기는 고대 메소포타미아 지역의 지구라트, 특히 바빌론의 지구라트 전통과 밀접한 관련이 있으며, 바빌론의 지구라트가 바벨탑의 실제 모델로 여겨진다.

바벨탑은 점토 벽돌로 건축되었다는 기록이 성경에 명확히 나오며, 당시 메소포타미아 지역에서는 진흙을 구워 만든 벽돌이 주요 건축 재료였다. 대영박물관에 전시된 점토 벽돌 조각은 바벨탑이나 유사한 지구라트 건축에 사용된 것으로 추정되는 벽돌의 일부이다. 이 벽돌에는 종종 왕의 이름이나 신에게 바치는 헌사 문구가 새겨져 있어 건축의 신성함과 권위를 보여준다.

역사적으로 바벨탑 전설은 메소포타미아 문명의 도시국가들이 하늘을 향해 쌓은 거대한 지구라트와 밀접히 연관되어 있다. 특히 바빌론의 에템엔안키 지구라트는 바벨탑 전설의 실제 모델로 자주 언급되는데, 이 지구라트는 네부카드네자르 2세 시대에 크게 재건되어 당시 높이가 약 90미터에 달했다고 전한다.

바벨탑 이야기는 인류 언어와 문화가 다양하게 분화된 기원을 신화적으로 설명하는 해석으로, 인간의 교만과 신의 권능을 대비시키는 도덕적 교훈의 성격도 갖는다.

한편, 바빌론 제국의 전성기인 기원전 6세기경 네부카드네자르 2세 통치 아래, 많은 유대인들이 예루살렘의 점령과 함께 포로로 잡혀 바빌론으로 이송되었다. 이들은 성벽, 궁전, 지구라트와 같은 대형 건축 공사에 동원되었으며, 바벨탑과 직접 관련이 있다고 명확히 증명되진 않았으나 유사한 대형 건축물 건설에 포로 노동력이 활용되었을 가능성이 크다.

바벨탑, 16세기 후반. 패널에 오일, 49.5x66.5㎝ 시에나 국립 피나코테카

바벨탑, 오른편 상단에 바벨탑 잔해 두개가 부착되어있다. 대영박물관

함무라비 법전 비문, 루브르 박물관

유대인 포로들은 바빌론에서 종교와 문화적 정체성을 지키려 노력했으며, 이 시기는 유대교 역사에서 중요한 전환점이 되었다. 바벨탑 건설에 참여했을 가능성이 있는 이들은 단순 노역자가 아니라 바빌론 사회 경제에 필수적인 노동력을 제공한 동시에, 포로로서 고통과 저항의 상징으로 남았다. 이러한 경험은 이후 유대인 역사와 신앙, 문학에 깊은 영향을 미쳤다.

바벨탑 이야기는 이후 서양 문학, 예술, 철학에 깊은 영향을 끼쳤고, 다양한 형태로 재해석되며 계속해서 중요한 주제로 남아 있다.

함무라비(Hammurabi)는 고바빌로니아의 6대 왕(기원전 약 1792년~1750년경)으로, 메소포타미아 전역을 통일한 위대한 군주이자 법률 제정자이다. . 그는 특히 세계 최초의 체계적인 법전 중 하나인 함무라비 법전(Code of Hammurabi)을 제정하여 법과 정의의 기준을 세웠고, 태양신 샤마쉬로부터 법을 받았다는 전설이 있다.

함무라비는 군사적으로도 강력한 정복자였으며, 엘람, 라르사를 포함한 여러 도시국가를 점령하고 바빌로니아 제국의 기초를 다졌다. 그의 통치는 도시 방어, 신전 확장, 경제 및 사회 발전 등 다방면에 걸쳤으며, 이후 중동지역에서 모범적인 왕으로 숭배받았다.

함무라비의 스텔레에서 볼 수 있는 장면은 태양의 신 샤마쉬 앞에 서 있는 함무라비 왕이 막대기를 뻗어 신성한 권위를 상징하는 엄숙한 제스처를 취하는 모습이다. 왕과 신이 손에 쥐고 있는 막대기와 고리는 단순한 도구가 아니라 정의와 신성함의 상징으로, 막대기는 통치권과 질서, 측정법을 뜻하고, 고리는 법의 영원성과 단결을 상징하는 것으로 해석된다. 이 신성한 권위의 전수는 함무라비의 법률이 단지 왕실의 칙령이 아니라 신으로부터 부여된 신성한 법임을 강조하는 의미이다.

함무라비 법전은 고바빌로니아의 가장 중요한 유산 중 하나이자 인류 최초의 성문법 중 하나로 평가받그 있다. 이 법전은 약 기원전 1755년에서 1750년 사이 함무라비 왕에 의해 제정된 것으로 추정되며, 높이 2.25미터의 검은 현무암 비석에 아카드어 쐐기문자로 새겨져 있다. 1901년 프랑스 탐험대가 발견해 현재 파리 루브르 박물관에 소장되어 있다.

함무라비 법전은 세계 최초의 성문법 중 하나로서, 농업, 상업, 노예제도 등 당시 사회의 다양한 법률을 포함하고 있다. 이 법전은 개별 도시의 법을 하나로 통합하여 왕국 전체에 적용할 통일된 법체계를 구축하는 데 중요한 역할을 했다.

가장 유명한 조항은 '눈에는 눈, 이에는 이'로 알려진 탈리오 법칙이다. 이 법칙은 피해자에게 입힌 해만큼의 보복만을 허용해 무차별적인 복수를 방지하고 사회적 분쟁 확산을 막았다.

법전은 서문, 282개의 조문으로 이루어진 본문, 그리고 맺음말로 구성된다. 서문에서는 법 제정 목적과 왕권을 찬양하고, 본문에서는 구체적인 법률 조항들이 다뤄지며, 맺음말은 법전의 영원성과 엄수를 기원한다.

또한 함무라티 법전은 당시 사회에 사유재산과 화폐 사용이 존재했음을 보여주며, 종교적 요소를 넘어선 고도의 법기술적 규정들을 찾아볼 수 있는 귀중한 자료이다. 함무라비 법전은 고대 사회 법률 체계 이해에 필수적인 자료로서 오늘날 법률에도 깊은 영향을 끼친 중요한 유산이다.

반짝반짝 빛나는 인류 역사를 담는
다큐멘터리 사진작가 김경상 (sajin1@naver.com)

국내외 개인전 83회를 개최하고, 『자비와 겸손의 목자 교황 프란치스코』를 포함해 총 30권의 저서를 집필한 김경상 작가는 지난 40여 년간 세계 각지의 유적과 인류의 삶을 기록해 왔습니다. 그는 깊은 인류학적 시각과 굳건한 현장 정신으로 한국을 대표하는 다큐멘터리 사진작가로 자리매김했습니다.

작가의 카메라는 유라시아를 횡단한 기마민족의 이동 경로, 고구려·가야·삼한 시대의 유적, 중국 내몽골 적봉의 홍산문화, 백두산과 발해 유적, 고조선, 고구려 고분벽화를 비롯해 아나톨리아, 코카서스 3국, 러시아, 중앙아시아, 알타이, 바이칼, 몽골, 한반도 암각화 등 유라시아와 동아시아 고대사의 뿌리를 탐구하는 현장을 누벼왔습니다. 그 결과물은 단순한 기록을 넘어, 인류 역사와 한국인의 정신적 근원을 세계적 관점에서 해석하려는 깊은 사유와 예술적 시선을 담고 있습니다.

김경상 작가의 작업은 유적과 문화적 교차점에만 머물지 않습니다. 아프리카 우간다의 신의 저항군, 잠비아 구리광산 마을의 에이즈 임종 마을, 도쿄 거리의 노숙자, 필리핀 동태평양 비락 섬, 캄보디아 쓰레기 마을, 한·중·일·인도의 한센인 마을, 나가사키 원폭 피해자 병원 등 사회적 약자와 소외 계층을 위한 따뜻한 관심과 애정을 확장하여, 세계 곳곳의 현장을 찾아 존엄과 희망이 깃든 삶의 모습을 포착했습니다. 특히 교황 요한 바오로 2세, 교황 프란치스코, 성인 마더 테레사, 성인 콜베, 김수환 추기경, 달라이 라마 등 세계적 종교인의 헌신과 신앙을 조명하며, 그들이 남긴 정신적 유산 또한 기록의 중요한 축으로 삼았습니다. 그의 대표적인 사진은 청와대 공식 의전 선물로 바티칸 교황청에서 교황 베네딕토 16세께 헌정되었으며, 교황 프란치스코 알현 시에는 『카롤 보이티아, 교황 요한 바오로 2세 사진집』을 직접 증정하기도 했습니다.

김경상 작가는 '아리랑 프로젝트, 한국의 얼'을 비롯해 한국의 문화적 정체성과 전통의 뿌리를 찾는 사업을 국제적으로 펼쳐왔습니다. 교황 프란치스코 공식 미디어 작가로 활동했으며, 유네스코·유니세프의 사진 작업에 참여했습니다. 그의 작품은 이탈리아, 프랑스, 미국, 부다페스트, 프라하, 뉴델리, 호주 등지에서 개인전으로 선보였고, 바티칸 교황청, 천주교 서울대교구청, 뉴욕 ICP, 시드니 파워하우스 뮤지엄 등 세계 주요 기관에 소장되어 있습니다.

최근 저서 『날개 아래 유라시아 신화와 인류 문명의 기원: 그리핀에서 메소포타미아 문명까지』는 알타이 고원의 광활한 지형에서 출발하여 유라시아 초원과 코카서스 3국, 아나톨리아 남부의 신석기 정착지를 거쳐 인류 최초의 도시국가 수메르 문명과 아시리아, 바빌로니아로 이어지는 메소포타미아 문명의 전개를 조망합니다. 이 저서는 고대 신화와 문명의 형성과정을 함께 고찰하며, 인류 역사 연구에서 중요한 해석의 단서를 제공합니다.

김경상 작가는 트로이와 팔라틴 언덕의 로마 제국 탄생, 지중해 북아프리카 3국 카르타고와 몰타섬, 시칠리아의 페니키아 유적 탐사, 아나톨리아 지중해 에게해 연안의 그리스 신전, 미케네 왕국, 델피, 올림푸스, 크레타섬, 산토리니섬 아크로티리 유적을 답사한 그리스 문명편 출간을 계획하고 있으며, 시나이반도와 알렉산드리아, 카이로, 룩소르, 아부심벨, 나일강 상류 누비아 유적을 담은 이집트 문명편 출간도 준비하고 있습니다.

그의 시대를 초월한 시선과 기록, 예술적 성취는 이러한 고대 문명과 인간의 삶을 재조명하며, 단순한 기록을 넘어 지적·정신적 울림과 현장 중심의 깊은 감동을 남기고, 동시대 인류와 미래 세대에게 가치 있는 사유와 실천의 영감을 전합니다.

출간 예정 도서

- 《페니키아와 카르타고—알파벳과 항해, 한니발이 남긴 지중해 문명의 전달자》
- 《헬레니즘의 빛—그리스와 아나톨리아의 지중해 연안 그리스 신전들》
- 《트라키아의 후예들—트로이와 로마제국의 탄생 이야기》
- 《토스카나 에트루리아 문명과 폼페이의 유산—로마제국 신전의 신비와 역사를 걷다》
- 《나일 강의 신비—모세의 길에서 피라미드까지》